PELTZER & RIESENKAMPFF
- Rechtsanwälte -
Niedenau 68 - Tel. 069 / 71 73 66
6000 Frankfurt / Main
PGiroKto. Ffm. 132423-600 (BLZ 500 100 60)

BEZ 6

Jura Studienbuch

AF855409

AUSGESONDERT

Jura
Juristische Ausbildung

Studienbuch

herausgegeben von
Prof. Dr. Hans-Uwe Erichsen, Münster
Prof. Dr. Klaus Geppert, Berlin
Prof. Dr. Albert von Mutius, Kiel
Prof. Dr. Harro Otto, Bayreuth
Prof. Dr. Peter Schlosser, München
Prof. Dr. Peter Schwerdtner, Bielefeld

de Gruyter · Berlin · New York

Gutgläubiger Erwerb

im bürgerlichen Recht, im Handels- und Wertpapierrecht sowie in der Zwangsvollstreckung

von
Klaus Tiedtke

W DE G

Walter de Gruyter & Co · Berlin · New York · 1985

Dr. Klaus Tiedtke
o. Professor an der Universität Würzburg

CIP-Kurztitelaufnahme der Deutschen Bibliothek

Tiedtke, Klaus:
Gutgläubiger Erwerb im bürgerlichen Recht im Handels- und Wertpapierrecht sowie in der Zwangsvollstreckung / von Klaus Tiedtke. – Berlin ; New York : de Gruyter, 1985.
(Jura-Studienbuch)
ISBN 3-11-010140-8

© 1985 by Walter de Gruyter & Co., 1000 Berlin 30
Alle Rechte, insbesondere das Recht der Vervielfältigung und Verbreitung sowie der Übersetzung, vorbehalten. Kein Teil des Werkes darf in irgendeiner Form (durch Fotokopie, Mikrofilm oder ein anderes Verfahren) ohne schriftliche Genehmigung des Verlages reproduziert oder unter Verwendung elektronischer Systeme verarbeitet, verviefältigt oder verbreitet werden.
Printed in Germany
Satz und Druck: Buch- und Offsetdruckerei Wagner GmbH, 8860 Nördlingen
Bindearbeiten: Lüderitz & Bauer Buchgewerbe GmbH, 1000 Berlin 61

Vorwort

Der gutgläubige Erwerb spielt im Rechtsleben eine wichtige Rolle. Er ist nicht nur im bürgerlichen Recht, sondern, darüber hinaus, im Handels- und Wertpapierrecht sowie in der Zwangsvollstreckung von Bedeutung. Fragen des gutgläubigen Erwerbs nehmen daher zu Recht in der juristischen Ausbildung einen breiten Raum ein. Dieser Problemkomplex ist nicht nur für den Anfänger schwer überschaubar. Es fehlt an einer einheitlichen Regelung. Dies gilt sowohl für den gutgläubigen Erwerb im Handels- und Wertpapierrecht als auch für das bürgerliche Recht. Im Bürgerlichen Gesetzbuch gibt es – an den verschiedensten Stellen – zahlreiche Einzelbestimmungen, die einen Erwerb kraft guten Glaubens vorsehen. Sie befinden sich in allen fünf Büchern, also nicht nur im Sachen- und Erbrecht, sondern auch im Allgemeinen Teil, im Schuld- und im Familienrecht.

Dieses Buch versucht, den Jurastudenten die Regelung des gutgläubigen Erwerbs verständlich zu machen. Es enthält daher, querschnittsartig, eine geschlossene und umfassende Darstellung dieses Problembereichs. Das Buch richtet sich an alle Studenten; es ist aber besonders für Studenten höherer Semester und Referendare geeignet, die sich auf das juristische Staatsexamen vorbereiten wollen.

Würzburg, im April 1985

Klaus Tiedtke

Inhaltsverzeichnis

Erster Teil
Gutgläubiger Erwerb im bürgerlichen Recht

Erstes Kapitel: Gutgläubiger Erwerb im Sachenrecht

Zweiter Abschnitt: Gutgläubiger Erwerb eines vertraglichen Pfandrechts

Abkürzungsverzeichnis

a. A.	anderer Ansicht
ADSp.	Allgemeine Deutsche Spediteurbedingungen
aaO.	am angegebenen Ort
AcP	Archiv für die civilistische Praxis
a. F.	alte Fassung
AGB	Allgemeine Geschäftsbedingungen
AGB-Gesetz	Gesetz zur Regelung des Rechts der Allgemeinen Geschäftsbedingungen
Ak	Alternativkommentar zum Bürgerlichen Gesetzbuch
Anh.	Anhang
AO	Abgabenordnung 1977
ArchBürgRecht	Archiv für Bürgerliches Recht
Aufl.	Auflage
BayAGBGB	Bayerisches Gesetz zur Ausführung des Bürgerlichen Gesetzbuchs und anderer Gesetze
BayObLG	Bayerisches Oberstes Landesgericht
BayObLGZ	Entscheidungen des Bayerischen Obersten Landesgerichts in Zivilsachen
BB	Betriebs-Berater
BGB	Bürgerliches Gesetzbuch
BGBl.	Bundesgesetzblatt
BGH	Bundesgerichtshof
BGHZ	Entscheidungen des Bundesgerichtshofs in Zivilsachen
DB	Der Betrieb
ders.	derselbe
dies.	dieselben
Diss.	Dissertation
DNotZ	Deutsche Notar-Zeitschrift
DRiZ	Deutsche Richterzeitung
EGBGB	Einführungsgesetz zum Bürgerlichen Gesetzbuch
FamRZ	Zeitschrift für das gesamte Familienrecht
Fn.	Fußnote
GBO	Grundbuchordnung
Großkomm.	Großkommentar
HGB	Handelsgesetzbuch
h. L.	herrschende Lehre
HRR	Höchstrichterliche Rechtsprechung
i. Vbdg. mit	in Verbindung mit

JA	Juristische Arbeitsblätter
JFG	Jahrbuch für Entscheidungen in Angelegenheiten der Freiwilligen Gerichtsbarkeit und des Grundbuchrechts
JherJb	Jherings Jahrbücher der Dogmatik des Bürgerlichen Rechts
JR	Juristische Rundschau
Jura	Juristische Ausbildung
JuS	Juristische Schulung
JW	Juristische Wochenschrift
JZ	Juristenzeitung
KEHE	Kuntze-Ertl-Herrmann-Eickmann, Grundbuchrecht
KG	Kammergericht, auch Kommanditgesellschaft
Komm.	Kommentar
KO	Konkursordnung
LG	Landgericht
LM	Nachschlagewerk des Bundesgerichtshofs in Zivilsachen, herausgegeben von Lindenmaier und Möhring
LZ	Leipziger Zeitschrift für Deutsches Recht
MDR	Monatsschrift für Deutsches Recht
MünchKomm.	Münchener Kommentar zum Bürgerlichen Gesetzbuch
m. w. N.	mit weiteren Nachweisen
NJW	Neue Juristische Wochenschrift
OHG	Offene Handelsgesellschaft
OLG	Oberlandesgericht
OLGRspr.	Die Rechtsprechung der Oberlandesgerichte auf dem Gebiete des Zivilrechts
OLGZ	Entscheidungen der Oberlandesgerichte in Zivilsachen (ab 1965)
Rdn.	Randnummer
Recht	Zeitschrift „Das Recht“
RG	Reichsgericht
RGBl.	Reichsgesetzblatt
RGRK	Das Bürgerliche Gesetzbuch mit besonderer Berücksichtigung der Rechtsprechung des Reichsgerichts und des Bundesgerichtshofs (Reichsgerichtsrätekommentar)
RGZ	Entscheidungen des Reichsgerichts in Zivilsachen
Rpfleger	Der Deutsche Rechtspfleger
SchG	Scheckgesetz
VersR	Versicherungsrecht
WarnRspr.	Warneyers Rechtsprechung des Reichsgerichts auf dem Gebiet des Zivilrechts
WEG	Gesetz über das Wohnungseigentum und das Dauerwohnrecht
WG	Wechselgesetz
WM	Wertpapier-Mitteilungen
WPR	Wertpapierrecht
ZHR	Zeitschrift für das gesamte Handels- und Wirtschaftsrecht
ZPO	Zivilprozeßordnung

Erster Teil

Gutgläubiger Erwerb im bürgerlichen Recht

Erstes Kapitel

Gutgläubiger Erwerb im Sachenrecht

Erster Abschnitt

Gutgläubiger Erwerb beweglicher Sachen

I. Allgemeine Voraussetzungen

1. Einigung

Bewegliche Sachen werden durch Einigung und Übergabe übereignet, § 929 Satz 1 BGB. Die Einigung genügt, wenn der Erwerber bereits im Besitz der Sache ist, § 929 Satz 2 BGB. Die Übergabe kann durch Vereinbarung eines Besitzkonstituts (§ 930 BGB) oder durch die Abtretung des Herausgabeanspruchs (§ 931 BGB) ersetzt werden. In allen Fällen ist es erforderlich, daß die Einigung über den Übergang des Eigentums zwischen dem Eigentümer und dem Erwerber zustande kommt. Gehört die Sache nicht dem Veräußerer, geht das Eigentum nicht nach den §§ 929 bis 931 BGB über. Der Erwerber, der an das Eigentum des Veräußerers glaubt, wird aber, falls sein Glaube nicht auf grober Fahrlässigkeit beruht, im Interesse der Sicherheit und Leichtigkeit des Verkehrs geschützt. Er darf auf den Schein vertrauen, daß der Veräußerer, der im Besitz der Sache ist, auch ihr Eigentümer ist. Geschieht dies, so erlangt der Erwerber das Eigentum kraft guten Glaubens nach den §§ 932 bis 935 BGB. Die Erfordernisse, die im einzelnen an den gutgläubigen Erwerb gestellt werden, sind verschieden ausgestaltet, je nachdem, wie der Erwerber das Eigentum erhalten soll.

In allen Fallgruppen ist eine Einigung zwischen dem Veräußerer und dem Erwerber über den Übergang des Eigentums notwendig. Der gute

Glaube des Erwerbers ersetzt nur den Umstand, daß die Sache nicht dem Veräußerer gehört; er ersetzt nicht das Fehlen der Einigung.

Die Einigung ist ein Rechtsgeschäft. Geschützt wird nur der rechtsgeschäftliche Erwerb. Der Erbe erwirbt auch dann nicht die im Nachlaß befindlichen Sachen, wenn er glaubt, sie hätten dem Erblasser gehört. Er erlangt den Nachlaß kraft Gesetzes, nicht kraft Rechtsgeschäftes. Ersteigert der Ersteher in der Zwangsvollstreckung eine gepfändete Sache, so erhält er das Eigentum aufgrund eines Hoheitsaktes, nicht aufgrund eines Rechtsgeschäftes; sein guter Glaube spielt keine Rolle.

Die Einigung zwischen dem Veräußerer, dem die Sache nicht gehört, und dem Erwerber, der die Sache kraft seines guten Glaubens erlangen soll, muß wirksam sein. Ist der Veräußerer geschäftsunfähig oder in der Geschäftsfähigkeit beschränkt, so ist die Einigung nicht wirksam, ein gutgläubiger Erwerb scheidet aus. *Der gute Glaube des Erwerbers an die Geschäftsfähigkeit des Veräußerers wird nicht geschützt.*

Tritt für den Veräußerer ein Vertreter auf, fehlt diesem aber die Vertretungsmacht, so kommt keine Einigung zwischen dem Veräußerer und dem Erwerber zustande. Der Erwerber erlangt das Eigentum auch dann nicht, wenn er annimmt, der Vertreter habe die erforderliche Vertretungsmacht. *Der gute Glaube an die Vertretungsmacht wird nicht geschützt.*

Übereignet der Veräußerer die Sache, die ihm, wie die Beteiligten wissen, nicht gehört, so kann der Erwerber das Eigentum gleichwohl erlangen, wenn der Eigentümer mit der Übereignung einverstanden ist. Die Übereignung ist eine Verfügung, und die Verfügung, die ein Nichtberechtigter über einen Gegenstand trifft, ist nach § 185 Abs. 1 BGB wirksam, wenn sie mit Einwilligung des Berechtigten erfolgt. Der Veräußerer ist nach wie vor Nichtberechtigter; ihm steht das Recht, das Eigentum, nicht zu. Er kann das Eigentum aber wirksam übertragen. Auf den guten Glauben des Erwerbers kommt es nicht an; er erwirbt die Sache unabhängig davon, ob er an das Eigentum des Veräußerers glaubt. Er erwirbt das Eigentum nach den §§ 929 ff BGB (i. Vbdg. mit § 185 Abs. 1 BGB), nicht nach den §§ 932 ff BGB. Veräußert der Käufer die Sache, die er unter Eigentumsvorbehalt erworben hat, an einen Dritten, so ist demgemäß nicht zuerst zu untersuchen, ob der Erwerber angenommen hat, die Sache gehöre dem Veräußerer. Zunächst muß vielmehr geprüft werden, ob dieser trotz seines fehlenden Eigentums die Sache wirksam übereignen konnte, und diese Befugnis steht ihm zu, wenn der Vorbehaltsverkäufer ihn ermächtigt hat, die Sache zu veräußern. Hat dieser ihn hierzu nicht ermächtigt oder hat der Veräußerer seine Ermächtigung überschritten, so kann der Dritte das Eigentum nur erlangen, wenn er an das Eigentum des Veräußerers glaubt und seine Unkenntnis nicht auf grober Fahrlässigkeit beruht. Weiß er, daß der Veräußerer nicht Eigentümer der Sache ist, nimmt er aber an, der Verkäufer habe ihn zur Veräußerung ermächtigt, so erlangt er im Bereich des bürgerlichen Rechts, anders als im Handelsrecht (§ 366 HGB), kein Eigentum; *der gute Glaube des Erwerbers an die Verfügungsmacht des Veräußerers wird nicht geschützt.*

Von diesem Sachverhalt ist der Sonderfall zu unterscheiden, daß die Ermächtigung als solche in Ordnung, der Ermächtigende aber nicht Eigentümer der Sache ist, von dem Erwerber jedoch dafür gehalten wird. A veräußert eine Sache mit Zustimmung des X an B; X ist nicht Eigentümer der Sache, B hält ihn aber dafür. A hat in diesem Falle die Sache veräußert; die Einigung über den Übergang des Eigentums ist zwischen A und B zustande gekommen. A ist aber nur juristisch – technisch Veräußerer. Der wahre, der eigentliche Veräußerer ist X, der von den Beteiligten, jedenfalls von B, als Eigentümer angesehen wird. Hier muß der Erwerber geschützt werden. Hätte A die Sache im Namen des X veräußert, so wäre die Einigung zwischen X und B zustande gekommen; der Weg für die Anwendung der §§ 932 ff BGB stünde offen. Die Rechtslage kann nicht anders sein, wenn A in eigenem Namen gehandelt hat, dies aber mit Zustimmung des X, des vermeintlichen Eigentümers, geschehen ist. Voraussetzung ist jedoch stets, daß B das Eigentum kraft guten Glaubens erlangt haben würde, wenn er den Übereignungsvertrag mit X geschlossen hätte. Es muß also der Rechtsscheintatbestand in der Person des X vorliegen. X muß im Besitz der Sache sein und B die Sache übergeben oder die Übergabe gemäß den §§ 930, 931 BGB ersetzen.[1] War B bereits im Besitz der Sache, muß er den Besitz nach § 932 Abs. 1 Satz 2 BGB von X, dem zustimmenden Dritten, erlangt haben.[2]

2. Relative Veräußerungsverbote

Der Veräußerer kann Eigentümer einer beweglichen Sache sein, sie aber gleichwohl nicht veräußern können. Es gibt gesetzliche, gerichtliche oder behördliche Veräußerungsverbote. § 932 BGB kommt dem redlichen Erwerber in diesen Fällen nicht zugute; er schützt nur den guten Glauben an das Eigentum des Veräußerers. Er unterscheidet sich insoweit von § 892 BGB; der Erwerber eines Grundstücks wird auch in seinem guten Glauben daran geschützt, daß der Eigentümer nicht in der Verfügung über das Grundstück zugunsten einer bestimmten Person beschränkt ist. Im Bereich der beweglichen Sachen fehlt eine entsprechende Regelung.

---

1 Vgl. BGHZ 10, 81, 85, 86; BGHZ 56, 123, 129; BGH, LM § 932 BGB Nr. 6; OLG Stuttgart, MDR 1953, 42.

2 BGHZ 56, 123, 130.

Der Erwerber kann dem Grundbuch mehr vertrauen als dem Besitz, und der durch das Verfügungsverbot Geschützte kann die Verfügungbeschränkung in das Grundbuch eintragen lassen. Auch der Erwerber einer beweglichen Sache braucht aber nicht zu verzagen. Ihm kommt der Schutz des § 135 Abs. 2 BGB zugute. Er wird allerdings nicht geschützt, wenn das gesetzliche Veräußerungsverbot absoluter Natur ist, wie dies bei Verfügungsbeschränkungen der Fall ist, denen ein Ehegatte im gesetzlichen Güterstand der Zugewinngemeinschaft unterworfen ist, §§ 1365, 1369 BGB.[3] Das gesetzliche, gerichtliche oder behördliche Veräußerungsverbot kann jedoch auch nur den Schutz bestimmter Personen bezwecken und damit relativer Natur sein. In diesem Fall finden nach § 135 Abs. 2 BGB die Vorschriften zugunsten derjenigen, die Rechte von einem Nichtberechtigten herleiten, entsprechende Anwendung. Der Erwerber wird also Eigentümer, wenn er das Veräußerungsverbot nicht kennt und seine Unkenntnis nicht auf grober Fahrlässigkeit beruht.

Ein relatives Veräußerungsverbot stellt z. B. die Beschlagnahme dar, die durch die Anordnung der Zwangsversteigerung oder Zwangsverwaltung des Grundstücks zur Entstehung gelangt, §§ 23, 146, 148 ZVG. Der Erwerber ist gutgläubig, wenn er die Beschlagnahme, ohne grobfahrlässig zu sein, nicht kennt. Er erlangt also das lastenfreie Eigentum, wenn er die Bestandteile der Sache, die von der Beschlagnahme erfaßt werden, nach der Beschlagnahme und der Entfernung der Sachen vom Grundstück erwirbt. Gerichtliche Veräußerungsverbote spielen vor allem im Rahmen der §§ 935, 938 ZPO eine Rolle. Befürchtet der Käufer, der Verkäufer werde die Sache nicht ihm, sondern einem Dritten übereignen, so kann er eine einstweilige Verfügung erwirken, durch die dem Verkäufer untersagt wird, die Sache einem Dritten zu veräußern.[4] Kümmert sich allerdings der Verkäufer nicht um das Verbot, so wird der Dritte Eigentümer, wenn er in bezug auf das Fehlen des Veräußerungsverbots gutgläubig ist.

Nach § 6 KO verliert der Gemeinschuldner die Befugnis, sein zur Konkursmasse gehörendes Vermögen zu verwalten und über dasselbe zu verfügen. Ob dieses Verfügungsverbot absolut oder relativ ist, ist in der Rechtslehre[5] umstritten, kann jedoch, was den gutgläubigen Erwerb

---

3 Allgemeine Meinung, vgl. BGHZ 40, 218; BGB-RGRK-*Finke*, 12. Aufl., § 1365 Rdn. 13; MünchKomm.-*Gernhuber*, § 1365 Rdn. 5.

4 Zur Geltendmachung der relativen Unwirksamkeit vgl. *Flume*, Allgemeiner Teil des Bürgerlichen Rechts, II. Band, Das Rechtsgeschäft, 3. Aufl., § 17, 6 d; MünchKomm.-*Mayer-Maly*, 2. Aufl., § 135 Rdn. 33; Staudinger-*Dilcher*, Komm. zum BGB, 12. Aufl., § 135 Rdn. 16.

5 Vgl. RGZ 83, 184, 189; RGZ 157, 294, 295; *Flume*, Allgemeiner Teil des Bürgerlichen Rechts, II. Band, Das Rechtsgeschäft, 3. Aufl., § 17, 6 b; *Jaeger/*

angeht, offenbleiben, da der Erwerb beweglicher Sachen, unabhängig von diesem Streit, nicht geschützt wird; dies ergibt sich aus § 7 KO, wonach nur die Vorschriften der §§ 892, 893 BGB, nicht der §§ 932 ff BGB unberührt bleiben. Wer eine bewegliche Sache vom Gemeinschuldner erwirbt, wird somit auch dann nicht geschützt, wenn er die Konkurseröffnung nicht kennt und auch nicht zu kennen braucht. Der Schutz der Konkursgläubiger geht vor.

Das Bürgerliche Gesetzbuch schützt den Erwerber auch in Fällen, in denen der Veräußerer in der Verfügung über sein Eigentum beschränkt ist, ohne daß ein relatives Verfügungsverbot besteht. Hat der Eigentümer A eine Sache B gemäß § 930 BGB unter einer aufschiebenden Bedingung und alsdann C durch Einigung und Übergabe übereignet, so erlangt C vor Eintritt der Bedingung das Eigentum. Er verliert es aber nach § 161 Abs. 2 BGB mit Eintritt der Bedingung. Der Verlust ist absoluter Natur. Die zweite Verfügung des A, die Übereignung der Sache an C, ist nach § 161 Abs. 2 BGB mit Wirkung gegen jedermann unwirksam geworden. Da aber die Verfügungbeschränkung, die absolute Wirkung hat, den Schutz einer bestimmten Person bezweckt, sind die Vorschriften über den gutgläubigen Erwerb nach § 161 Abs. 3 BGB entsprechend anwendbar. C verliert also das Eigentum nicht, wenn er die Verfügung des A zugunsten des B, ohne grobfahrlässig zu sein, nicht kennt. § 161 Abs. 3 BGB schränkt den Anwendungsbereich des § 161 Abs. 2 BGB ein. Diese Regelung versteht sich von selbst. Hätte A dem B die Sache unbedingt übereignet, wäre B also nach § 930 BGB Eigentümer geworden, so hätte C das Eigentum von dem in vollem Umfang nichtberechtigten A nach § 932 BGB erlangt, wenn er in bezug auf das Eigentum des A gutgläubig gewesen wäre. Die Rechtslage kann nicht anders sein, wenn A auflösend bedingter Eigentümer der Sache ist, also mehr als nichts hat.

Der gute Glaube an das Fehlen von Verfügungsbeschränkungen wird auch geschützt, wenn der Erbe bei Bestellung eines Testamentsvollstreckers oder wenn der Vorerbe über Nachlaßgegenstände verfügt, § 2211 Abs. 2, § 2113 Abs. 3 BGB.

Doppelt gutgläubig muß schließlich der Erwerber sein, der eine streitbefangene Sache erwirbt. Er braucht die Entscheidung, durch die der Veräußerer zur Herausgabe der Sache verurteilt wird, nicht gegen sich gelten zu lassen, wenn er sowohl hinsichtlich des Eigentums als auch hinsichtlich der Rechtshängigkeit gutgläubig gewesen ist, § 325 Abs. 2 ZPO.

Henckel, GroßKomm. zur KO, 9. Aufl., § 7 Rdn. 14 ff m.w.N.; Münch-Komm.-*Mayer-Maly*, 2. Aufl., § 135 Rdn. 22 m.w.N.; *Soergel/Hefermehl*, Komm. zum BGB, 12. Aufl., §§ 135, 136 Rdn. 14.

3. Verkehrsgeschäft

Der Erwerber hat auch dann noch nicht alle Hürden genommen, wenn die Einigung zwischen ihm und dem Veräußerer wirksam zustande gekommen ist und er auch den Besitz an der Sache vom Veräußerer erlangt hat. Der Erwerb kraft guten Glaubens soll die Sicherheit und Leichtigkeit des Rechtsverkehrs schützen. Die Interessen des Eigentümers, der durch den gutgläubigen Erwerb sein Eigentum verliert, müssen demgegenüber zurücktreten. Dieses Opfer ist nur gerechtfertigt, wenn das Rechtsgeschäft, das zwischen dem Veräußerer und dem Erwerber abgeschlossen wird, ein Verkehrsgeschäft ist. Dieses Erfordernis verlangt nicht, daß die Einigung entgeltlich erfolgt. Auch der Beschenkte erwirbt das Eigentum kraft guten Glaubens; er ist nur schuldrechtlich verpflichtet, das Erlangte herauszugeben, § 816 Abs. 1 Satz 2 BGB.

Ein Verkehrsgeschäft liegt nicht vor, wenn auf der Veräußerer- und der Erwerberseite dieselben Personen stehen. Übereignen die Miterben A, B und C eine Sache, die sich im Nachlaß befindet, an eine OHG, die aus denselben Personen besteht, so liegt zwar ein rechtsgeschäftlicher Erwerb der OHG vor. Es ist ein Vertrag zwischen dem Veräußerer und dem Erwerber zustande gekommen. Veräußerer sind A, B und C in ihrer gesamthänderischen Verbindung als Miterben. Erwerber sind A, B und C in ihrer gesamthänderischen Verbindung als Gesellschafter. Das Eigentum ist nach § 929 Satz 1 BGB von den Miterben auf die Gesellschafter übergegangen, wenn die Sache zum Nachlaß gehört. Stellt sich aber heraus, daß sich der Erblasser die Sache geliehen hatte, so findet kein gutgläubiger Erwerb statt. Der Wortlaut der §§ 932 ff BGB ist zwar gegeben. Der Sinn und Zweck des gutgläubigen Erwerbs rechtfertigt hier aber nicht die Enteignung des Eigentümers. A, B und C haben also in ihrer Eigenschaft als Gesellschafter nicht das Eigentum an der Sache erlangt. Es fehlt an einem Verkehrsgeschäft. Dieses Erfordernis, das das Gesetz nicht ausdrücklich aufstellt, ist in der Rechtslehre[6] und in der Rechtsprechung[7] anerkannt.

An einem Verkehrsgeschäft fehlt es auch, wenn die Miterben oder die Gesellschafter eine ihnen gesamthänderisch zustehende Sache auf die einzelnen Gesamthänder zu Bruchteilen[8] übertragen, wenn also A, B und C, die bisherigen Eigentümer zur gesamten Hand, Miteigentümer zu

---

6 Vgl. *Baur*, Sachenrecht, 12. Aufl., § 23 III, 3 d; *Lutter*, AcP 164, 122, 159 ff; MünchKomm.-*Quack*, § 932 Rdn. 24 ff; MünchKomm.-*Wacke*, § 892 Rdn. 38 ff m.w.N.; *Wiegand*, JuS 1975, 205, 210 f.

7 Vgl. RGZ 117, 257, 265 f; RGZ 119, 126; RGZ 123, 52, 56; RGZ 129, 119; RGZ 136, 148, 150; BGHZ 30, 255 f.

8 KG, OLGRspr. 46, 46 f; MünchKomm.-*Wacke*, § 892 Rdn. 40.

ideellen Bruchteilen werden sollen. Auch hier fehlt es nicht an einem Rechtsgeschäft zwischen A, B und C als Gesamthändern und A, B und C als Bruchteilseigentümern. Es liegt aber kein Verkehrsgeschäft vor. Stand also das Eigentum nicht den Gesamthändern zu, erwerben diese auch nicht kraft ihres guten Glaubens das Bruchteilseigentum.

In den bisherigen Beispielen sind die Personen auf der Veräußerer- und der Erwerberseite in vollem Umfang identisch. Die Rechtslage ist schwieriger, wenn auf beiden Seiten des Rechtsgeschäfts dieselben, aber nicht nur dieselben, sondern auch andere Personen stehen. Übereignen die Miterben eine vermeintliche Nachlaßsache an einen der Miterben oder veräußert die Offene Handelsgesellschaft eine Sache, die sie irrig als Eigentum der Gesellschaft ansieht, an einen der Gesellschafter, so verdient der Erwerber keinen Schutz.[9] Er steht auf beiden Seiten des Rechtsgeschäfts. Für seine Interessen spielt es keine Rolle, ob sich auf der Veräußererseite auch noch andere Personen befinden. Die Rechtslage ist aber anders, wenn die Miterben die Sache einer Offenen Handelsgesellschaft übereignen, die aus ihnen und weiteren Gesellschaftern besteht.[10] Hier befinden sich auf der Erwerberseite mehr Personen als auf der Veräußererseite. Die Personen, die nur auf der Erwerberseite stehen, sind schutzwürdig. Dies hat zur Folge, daß alle Erwerber das Eigentum kraft guten Glaubens erlangen. Veräußern also die Miterben A, B und C die vermeintliche Nachlaßsache an eine aus A, B, C und D bestehende Offene Handelsgesellschaft, so erlangen A, B, C und D das gesamthänderisch gebundene Eigentum, wenn sie alle gutgläubig sind. Das gleiche gilt, wenn eine Offene Handelsgesellschaft, die aus A, B und C besteht, die vermeintlich zum Gesellschaftsvermögen gehörende Sache an eine andere Offene Handelsgesellschaft übereignet, deren Gesellschafter A, B, C und D sind. Derartige Rechtsfolgen treten jedoch nicht ein, wenn die aus A, B und C bestehende Gesellschaft eine Sache an A, B, C und D mit der Maßgabe übereignen, daß jeder Erwerber ¼ Bruchteilseigentum erhalten soll. Hier erwirbt nur D das Miteigentum. Es liegen vier Rechtsgeschäfte vor, bei denen der Veräußererseite (A, B und C) jeweils nur einer der Erwerber gegenübersteht; dies gilt auch, wenn die Übereignungen in einem Vertragswerk erklärt werden.

An einem Verkehrsgeschäft kann es auch fehlen, wenn Veräußerer und Erwerber rechtlich zwar verschiedene Personen, wirtschaftlich aber identisch sind. Dies ist der Fall, wenn die Miterben A, B und C die vermeintliche Nachlaßsache an eine GmbH veräußern, die aus ihnen und nur aus ihnen besteht oder wenn die GmbH eine Sache an ihren einzigen Gesell-

9 Vgl. RGZ 129, 119, 121; BGHZ 30, 255, 256.
10 RGZ 117, 257, 267; MünchKomm.-*Wacke*, § 892 Rdn. 40 m.w.N.

schafter übereignet. Wirtschaftlich hat sich durch diese Rechtsgeschäfte nichts geändert. Es ist daher nicht gerechtfertigt, den Erwerber auf Kosten des Eigentümers zu schützen. Stehen aber auf der Erwerberseite weitere Personen, die sich, auch wirtschaftlich, nicht auf der Veräußererseite befinden, so wird der gute Glaube der Erwerber geschützt. Von diesem Grundsatz kann nur eine Ausnahme gemacht werden, wenn die wirtschaftliche Beteiligung der zusätzlichen Erwerber so gering ist, daß hiervon abgesehen werden muß. Diese Voraussetzungen sind aber, wie das RG[11] entschieden hat, nicht gegeben, wenn ein Gesellschafter einer GmbH eine ihm vermeintlich gehörende Sache an die GmbH veräußert, an der er zu ¾ beteiligt ist, oder wenn eine Aktiengesellschaft eine Sache an einen ihrer Aktionäre übereignet, der ⅖ der Aktien besitzt.

Schließlich fehlt es an einem Verkehrsgeschäft, wenn das Rechtsgeschäft einen später gesetzlich eintretenden Erwerb vorwegnimmt.[12] Hat der Vater seinem Sohn in vorweggenommener Erbfolge Sachen übereignet, so erwirbt der Sohn trotz seines guten Glaubens nicht das Eigentum an ihnen, wenn sie seinem Vater nicht gehört haben. Er hätte das Eigentum als Erbe nicht erlangt. Die vorweggenommene Erbfolge kann ihn, was den Erwerb kraft guten Glaubens angeht, nicht besser stellen. Der Sohn verdient insoweit keinen Schutz. Die Belange des Eigentümers gehen vor.

Ein Verkehrsgeschäft ist aber, was der BGH[13] offengelassen hat, gegeben, wenn der Testamentsvollstrecker, der vom Verbot des Insichgeschäftes befreit ist, eine vermeintliche Nachlaßsache an sich übereignet.[14] In einem derartigen Fall sind jedoch an das Vorliegen des guten Glaubens strenge Anforderungen zu stellen.

Ist das Rechtsgeschäft zwischen dem Veräußerer und dem Erwerber wirksam zustande gekommen und stellt es auch ein Verkehrsgeschäft dar, so liegen die allgemeinen Voraussetzungen für einen gutgläubigen Erwerb vor. Es ist dann zu prüfen, auf welche Weise das Eigentum übergehen soll.

---

11 JW 1930, 3740; JW 1929, 1387 f.

12 RGZ 123, 52, 56; RGZ 136, 148, 150; *H. Westermann*, Sachenrecht, 5. Aufl., § 85 III, 1 b.

13 NJW 1981, 1271.

14 *Gernhuber*, Bürgerliches Recht, 2. Aufl., § 8 II, 2 e.

II. Einigung und Übergabe

1. Übergabe ohne Hilfspersonen

a) Übergabe als Realakt

Die Übergabe ist ein Realakt; sie enthält keine Willenserklärungen. Sie tritt zu dem Rechtsgeschäft, der dinglichen und abstrakten (und bis zur Übergabe einseitig widerruflichen) Einigung, hinzu. Beide Tatbestandsmerkmale zusammen führen die Übereignung herbei.

Die Übergabe besteht in einem Geben und Nehmen. Der Veräußerer legt die Sache in die Hand des Erwerbers. Er verliert den unmittelbaren Besitz, der Erwerber erlangt ihn. Er muß den Besitz völlig aufgeben; es darf nicht der geringste Rest des Besitzes bei ihm zurückbleiben. Behält er den unmittelbaren Fremdbesitz und verschafft er dem Erwerber nur mittelbaren Eigenbesitz, fehlt es an einer Übergabe. Das gleiche gilt, wenn er den Mitbesitz zurückbehält.

Eine Übergabe liegt nicht vor, wenn der Erwerber die Sache dem Veräußerer wegnimmt; dieser muß sie ihm geben. Hieran ändert nichts, daß der Veräußerer aufgrund des Kaufvertrages verpflichtet ist, die Sache dem Käufer zu übergeben; die Verpflichtung zur Übergabe ersetzt nicht die Übergabe. Notfalls muß der Käufer auf Übereignung, also auf Abgabe der Einigungserklärung und Übergabe der Sache klagen.

b) Übergabe als Rechtsgeschäft

Die Übergabe kann ausnahmsweise ein Rechtsgeschäft sein. Nach § 854 Abs. 2 BGB genügt die Einigung des bisherigen Besitzers und des Erwerbers zum Besitzerwerb, wenn der Erwerber in der Lage ist, die Gewalt über die Sache auszuüben. Diese Voraussetzung ist selten gegeben. Sie liegt vor, wenn der Eigentümer die Sache seinem Besitzdiener[15] übereignet. Der Besitzdiener, der die tatsächliche Gewalt für einen anderen ausübt, hat keinen Besitz an der Sache. Er ist aber in der Lage, die Gewalt über sie für sich auszuüben. Er erlangt daher aufgrund der Einigung gemäß § 854 Abs. 2 BGB den Besitz. Diese Einigung stellt die Übergabe i. S. des § 929 Satz 1 BGB dar. Das gleiche gilt in dem Paradebeispiel[16] für die Anwendung des § 854 Abs. 2 BGB, in dem der Veräußerer Holz im Walde übereignet. Der Erwerber hat hier den gleichen Zugang zu der Sache wie der Veräußerer und jeder Dritte. Die bloße Einigung über den Übergang des Besitzes führt den Übergang des Besitzes herbei; durch die

15 BGB-RGRK-*Kregel*, 12. Aufl., § 854 Rdn. 14; *Soergel/Mühl*, Komm. zum BGB, 11. Aufl., § 854 Rdn. 14; *H. Westermann*, Sachenrecht, 5. Aufl., § 39 III, 2; a.A. *Wolff/Raiser*, Sachenrecht, 10. Bearbeitung, § 11 III, 1.

16 BGH, LM § 854 BGB Nr. 1 und Nr. 4.

Einigung übergibt der Veräußerer die Sache dem Erwerber. Verkauft also der Veräußerer das im Walde liegende Holz und gestattet er dem Erwerber, das Holz abzufahren, so wird der Erwerber Besitzer, bevor er das Holz abfährt. Mit der Einigung über den Besitzübergang gibt der Veräußerer den Besitz auf und erlangt ihn der Erwerber.

An der Aufgabe des Besitzes durch den Veräußerer scheiterte der Besitzübergang nach § 854 Abs. 2 BGB in einem Fall,[17] in dem der Eigentümer, der sich in ein Berliner Krankenhaus begeben mußte, seiner Nichte einen von mehreren Schlüsseln seiner Wohnung gab (damit sie die Wohnung während ihrer Anwesenheit in Berlin benutzen konnte) und ihr mehrere Bilder schenkte, die in seiner Wohnung hingen. Der Eigentümer hat hierdurch weder den Besitz an der Wohnung noch an den Bildern aufgegeben. Solange die Nichte die Bilder nicht abholte, wozu sie jederzeit berechtigt war, war daher der Besitz an den Bildern noch nicht auf sie übergegangen, obwohl sie die Gewalt über sie ausüben konnte.

Die Einigung über den Besitzübergang ist von der Einigung über den Übergang des Eigentums zu trennen. Sie fallen zwar in der Regel zeitlich zusammen, stellen aber zwei Rechtsgeschäfte dar, die einen verschiedenen Inhalt haben.

Soweit die Übergabe ein Rechtsgeschäft ist, gelten die allgemeinen Vorschriften über Rechtsgeschäfte auch für sie; die Einigung kann durch Stellvertreter erfolgen und wegen Irrtums angefochten werden. Die Übergabe durch Einigung unterliegt also anderen Regeln als die Übergabe durch Realakt. Bei einem Realakt ist keine Stellvertretung (und auch keine Anfechtung) möglich. Bei der Übergabe können aber Dritte mitwirken. Daß der Veräußerer persönlich die Sache in die Hand des Erwerbers legt, stellt nur den Grundfall, den Idealtyp, der Übergabe i. S. des § 929 Satz 1 BGB dar. Die Übergabe kann auch auf andere Weise geschehen, und dies ist der Fall, wenn auf der Erwerber- oder der Veräußererseite Hilfspersonen tätig werden.

2. Hilfspersonen auf der Erwerberseite

a) Besitzdiener

Händigt der Veräußerer die Sache dem Besitzdiener des Erwerbers aus, so übergibt er sie dem Erwerber, § 855 BGB.

b) Besitzmittler

Eine Übergabe findet auch statt, wenn der Veräußerer die Sache auf Veranlassung des Erwerbers einem Dritten aushändigt, der dem Erwerber

17 BGH, NJW 1979, 714.

den Besitz vermittelt. Gibt der Veräußerer die Sache einem Dritten, an den der Erwerber sie vermietet hat, so erlangt der Mieter den unmittelbaren und der Erwerber den mittelbaren Besitz. Damit hat der Veräußerer die Sache dem Erwerber übergeben. § 929 Satz 1 BGB setzt nicht voraus, daß der Erwerber unmittelbarer Besitzer wird. Es genügt der Erwerb des mittelbaren Besitzes. Es ist aber stets erforderlich, daß der Veräußerer den Besitz in vollem Umfang verliert. Es liegt deshalb keine Übergabe vor, wenn er den unmittelbaren Besitz behält und dem Erwerber seinerseits den mittelbaren Besitz vermittelt. Ebenso fehlt es an der Übergabe, wenn der Veräußerer den Mitbesitz behält. Gibt der Veräußerer jedoch den Besitz vollständig auf und geht dieser in vollem Umfang auf die Erwerberseite über, dann scheitert eine Übergabe nicht daran, daß der Erwerber im Einverständnis der Beteiligten nur den mittelbaren Besitz erlangt.

c) Geheißperson

Schließlich liegt auch ein Fall der Übergabe vor, wenn der Dritte, an den der Veräußerer die Sache weisungsgemäß liefert, dem Erwerber den Besitz nicht vermittelt.[18] Weist der Erwerber den Veräußerer an, die Sache einem Dritten zu bringen, an den er sie weiterverkauft hat, so wird der Erwerber in dem Augenblick, in dem die Sache bei dem Dritten, der Geheißperson, angelangt ist, Eigentümer der Sache. Unmittelbar darauf, nach einer juristischen Sekunde, erlangt der Dritte das Eigentum. Das Eigentum geht vom Veräußerer A auf den Erwerber B und von diesem auf den Dritten C über. A einigt sich nicht etwa mit C über den Übergang des Eigentums. A weiß nicht, ob C die Sache von B gemietet oder gekauft hat und ob dies gegebenenfalls unter Eigentumsvorbehalt geschehen ist. Selbst wenn er dies aber wissen sollte, will er mit der Lieferung an C seine Verpflichtung aus dem Kaufvertrag gegenüber B erfüllen; aufgrund des Kaufvertrages ist er aber verpflichtet, dem B das Eigentum zu verschaffen. Es liegt demgemäß eine Einigung zwischen A und B und eine weitere Einigung zwischen B und C vor. Die Übergabe findet dementsprechend zwischen A und B und zwischen B und C statt. Hieran kann kein Zweifel bestehen, wenn A die Sache zuerst B bringt und alsdann zu C fährt. Die Rechtslage kann nicht anders sein,[19] wenn er die Sache auf Weisung des B unmittelbar an C liefert. Er braucht nicht mit Rücksicht auf das Traditionsprinzip den Umweg über B zu machen. Die Rechtsordnung könnte nicht ernst genommen werden, wenn sie ein derartiges Erfordernis aufstellte. Das

---

18 BGH, WM 1969, 831; BGH, NJW 1973, 141, 142; *Gursky*, JZ 1984, 604, 605; *H. Westermann*, Sachenrecht, 5. Aufl., § 39 III, 3; *Wolff/Raiser*, Sachenrecht, 10. Bearbeitung, § 66 I, 1 a.

19 Vgl. MünchKomm.-*Quack*, § 929 Rdn. 146.

Ergebnis ist auch sachgemäß. Dies zeigt sich, wenn B von C arglistig getäuscht worden ist. B kann dann die Einigung mit C mit der Rechtsfolge anfechten, daß er Eigentümer der Sache wird.

3. Hilfspersonen auf der Veräußererseite

Auch auf der Seite des Veräußerers können Dritte als Hilfspersonen bei der Übergabe mitwirken. Der Veräußerer kann seinen Besitzdiener oder seinen Besitzmittler, z. B. seinen Lagerhalter, anweisen, die Sache dem Erwerber zu übergeben. Wird die Weisung befolgt, so ist die Übergabe vollzogen, der Erwerber erlangt das Eigentum gemäß § 932 BGB, wenn die Sache dem Veräußerer nicht gehört hat. Das gleiche gilt, wenn der Veräußerer einen Dritten anweist, die Sache dem Erwerber zu übergeben, der Dritte ihm, dem Veräußerer, aber nicht den Besitz vermittelt. Es genügt, daß der Dritte, die Geheißperson, der Weisung des Veräußerers nachkommt, sich also seinem Willen unterwirft. Diese Auffassung ist allgemein anerkannt.[20]

Umstritten ist jedoch die Frage, wie die Rechtslage sei, wenn der Veräußerer, der dem Erwerber die Sache im eigenen Namen veräußert hat, den Dritten anweist, die Sache dem Erwerber zu liefern, dem Dritten aber vorgespiegelt hat, er habe die Sache in seinem Namen an den Erwerber veräußert. Der Dritte wird dann nicht auf Weisung des Veräußerers als dessen Geheißperson tätig; er liefert die Sache auf eigene Rechnung. Aus der Sicht des Erwerbers erscheint der Dritte jedoch als Geheißperson des Veräußerers. Der BGH hat dies im *Koks-Fall*[21] und im *Hemden-Fall*[22] für den Erwerb kraft guten Glaubens ausreichen lassen. Er hat entscheidend darauf abgestellt, daß die Lieferung des Dritten objektiv betrachtet aus der Sicht des Empfängers als Leistung des wahren Schuldners, des Veräußerers, erscheine. Der Erwerb kraft guten Glaubens geht zwar zu Lasten des Dritten, der damit sein Eigentum verliert. Der BGH läßt seine Belange aber hinter die Interessen des Erwerbers zurücktreten. Daß die Lieferung des Dritten als Leistung des Veräußerers erscheine, sei letztlich auf das Verhalten des Dritten zurückzuführen und diesem daher zurechenbar.[23]

Diese Auffassung ist in der Rechtslehre [24] mit Recht auf Widerspruch

---

20 Vgl. BGHZ 36, 56, 60; BGH, NJW 1974, 1132, 1133; *Gursky*, JZ 1984, 604, 605; MünchKomm.-*Quack*, § 929 Rdn. 144; *von Caemmerer*, JZ 1963, 586, 588.

21 BGHZ 36, 56.

22 BGH, NJW 1974, 1132.

23 BGH, NJW 1974, 1132, 1134.

24 *Kupisch*, Gesetzespositivismus im Bereicherungsrecht (1978), S. 71 f; *Medicus*, Bürgerliches Recht, 12. Aufl., § 22 IV, 2a Rdn. 564; *Picker*, NJW 1974, 1790,

gestoßen. Der gute Glaube wird nach den §§ 932 ff BGB geschützt, wenn der Veräußerer die Sache dem Erwerber übergibt, und an einer Übergabe durch den Veräußerer fehlt es, wenn der Dritte die Sache dem Erwerber auf eigene Rechnung, in Erfüllung des vermeintlich zwischen ihm und dem Erwerber zustandegekommenen Kaufvertrages, geliefert hat und damit nicht als Geheißperson des Veräußerers tätig geworden ist. Der Erwerber hat zwar von seiner Sicht aus angenommen, die Sache sei ihm vom Veräußerer (durch den Dritten als Geheißperson) übergeben worden. Eine derartige Übergabe hat aber nicht stattgefunden, und *der gute Glaube an das Vorliegen der Übergabe wird nicht geschützt.*

4. Hilfspersonen auf der Erwerber- und der Veräußererseite

a) Mehrere Hilfspersonen

Werden sowohl auf der Veräußerer- als auch auf der Erwerberseite Hilfspersonen tätig, so ist eine Vielzahl von Fallgestaltungen möglich. Der Besitzdiener, der Besitzmittler oder die Geheißperson des Veräußerers kann die Sache dem Besitzdiener, dem Besitzmittler oder der Geheißperson des Erwerbers aushändigen.

Geheißpersonen stehen vor allem im *Streckengeschäft oder Kettenhandel* auf beiden Seiten des Rechtsgeschäfts. Bei einem derartigen Geschäft verkauft der Hersteller die Ware an A, A an B, B an C und C an D. Die Ware befindet sich aber bei Abschluß der einzelnen Kaufverträge, sofern sie dann überhaupt schon produziert sein sollte, beim Hersteller, wo sie einen (noch nicht ausgesonderten) Teil der dort lagernden Gesamtmenge bildet. Der letzte Käufer nominiert nunmehr das Transportmittel gegenüber seinem Vormann. Dieser gibt die Nominierung seinem Vormann weiter, bis sie an den ersten Verkäufer, den Hersteller, gelangt. Dieser sondert die Ware aus und gibt sie dem letzten Käufer oder dessen Transportperson. Der BGH hatte in einem solchen Fall, dem *Gasöl-Fall*,[25] über die Auswirkungen eines (zwischen den Beteiligten jeweils vereinbarten) verlängerten Eigentumsvorbehalts zu entscheiden. Verkauft waren 5000 t Gasöl aus laufender Produktion der Firma M.-AG in Amsterdam. B verlangte von D Zahlung des Kaufpreises aus dem Kaufvertrag C-D. D wandte unter anderem ein, der verlängerte Eigentumsvorbehalt sei gegenstandslos, da B nicht Eigentümer der Ware gewesen sei. Der BGH ist

---

1794; *Tiedtke*, Jura 1983, 460, 463 f; *von Caemmerer*, JZ 1963, 586, 588; *von Olshausen*, JZ 1975, 29; *Wadle*, JZ 1974, 689 ff; *Weitnauer*, NJW 1974, 1729, 1733; vgl. aber auch *Gursky*, Sachenrecht (Fälle und Lösungen) 5. Aufl., S. 47 ff.

25 BGH, NJW 1982, 2371.

dieser Ansicht mit Recht entgegengetreten. Wird die Ware ausgesondert, so nimmt das in der Person des Herstellers entstandene Eigentum grundsätzlich den Weg über die einzelnen Glieder der Kette. B hatte also das Eigentum an der Ware erlangt, als der Hersteller die Ware D oder dessen Transportperson gab, es aber im gleichen Augenblick dadurch wieder verloren, daß C die unter Eigentumsvorbehalt gekaufte, aber noch nicht bezahlte Ware mit Einwilligung des B an D veräußert hatte. B erwarb als Ersatz hierfür aufgrund der Vorausabtretung die Kaufpreisforderung aus dem zwischen C und D zustandegekommenen Kaufvertrag. „Die Eigentumsübertragung zwischen den einzelnen Gliedern einer derartigen Kette", heißt es in der Entscheidung des BGH,[26] „vollzieht sich dabei nach Konkretisierung der Ware gemäß § 929 Satz 1 BGB derart, daß die jeweiligen Vertragspartner die Einigung bereits mit Abschluß des Kaufvertrages stillschweigend erklären und die Besitzverschaffung – in der Form des sogen. Geheißerwerbs – dadurch vollzogen wird, daß der jeweilige Veräußerer – über seinen Vormann – den Erstverkäufer als unmittelbaren Besitzer anweist, seinen Besitz auf den Letztkäufer bzw. dessen Transportperson zu übertragen, und daß der Käufer sich – ebenfalls bereits im voraus – mit einer derartigen Form der Besitzübertragung einverstanden erklärt und den Letztkäufer entsprechend zur Inbesitznahme anweist bzw. anweisen läßt".

Die Beteiligten können im Kettenhandel aber auch vereinbaren, daß das Eigentum vom ersten Verkäufer unmittelbar auf den letzten Käufer übergehen soll. Der BGH hat eine derartige Vereinbarung im *Rohkakao-Fall*[27] angenommen, in dem die bei einem Lagerhalter eingelagerte Ware unter Verwendung sogenannter Liefer- oder Freistellungsscheine durchgehandelt wurde. Die unterschiedliche Behandlung der beiden Fälle stützt der BGH vor allem darauf, daß den Beteiligten im *Gasöl-Fall*,[28] anders als im *Rohkakao-Fall*,[29] an einer Sicherung ihrer jeweiligen Kaufpreisforderung durch den verlängerten Eigentumsvorbehalt gelegen war.

b) Ein und dieselbe Hilfsperson

aa) Besitzdiener

Ein und dieselbe Hilfsperson kann sowohl auf der Veräußerer- als auch auf der Erwerberseite tätig werden. Dies ist der Fall, wenn der Besitzdiener des Veräußerers die Gewalt über die Sache künftig als Besitzdiener des Erwerbers ausübt. Hat A sein Geschäft einschließlich der Kraftfahrzeuge

26 NJW 1982, 2371, 2372.
27 BGH, NJW 1971, 1608.
28 BGH, NJW 1982, 2371.
29 BGH, NJW 1971, 1608.

an B veräußert und wird ein Angestellter des A, der den Firmenwagen fährt, nunmehr für B, seinen neuen Chef, tätig, so ist B kraft seines guten Glaubens nach § 932 BGB Eigentümer des Wagens geworden, wenn dieser einem Dritten gehört hat.

bb) Besitzmittler

Eine Person kann auch auf beiden Seiten des Rechtsgeschäfts tätig werden, wenn sie unmittelbare Besitzerin der Sache ist. Derartige Fälle kommen vor allem vor, wenn die Ware eingelagert ist. Weist A den Lagerhalter an, die Ware künftig nicht mehr für ihn, sondern für B zu besitzen, und löst demgemäß der Lagerhalter das Besitzmittlungsverhältnis zu A und schließt er einen neuen Lagervertrag mit B, so hat A dem B die Sache übergeben.[30] Der gutgläubige B ist damit Eigentümer der Ware geworden, wenn diese nicht dem Veräußerer A gehörte. Er wäre Eigentümer nach § 929 Satz 1 BGB geworden, wenn die Sache A gehört hätte; er wird es nach § 932 Abs. 1 Satz 1 BGB, wenn diese Voraussetzung nicht gegeben ist.

Das Eigentum an der Ware kann also von A auf B durch (Einigung und) Übergabe der Ware übergehen, ohne daß die Sache ihren Platz verläßt. Die Beteiligten sind nicht darauf angewiesen, die Übergabe durch Vereinbarung eines Besitzkonstituts nach § 930 BGB oder durch die Abtretung des Herausgabeanspruchs nach § 931 BGB zu ersetzen. In der Rechtslehre[31] wird zwar vereinzelt die Ansicht vertreten, die Übergabe einer Sache sei ohne Veränderung der unmittelbaren Besitzverhältnisse nicht möglich. Damit wird aber den schutzwürdigen Belangen der Beteiligten nicht hinreichend Rechnung getragen. Beiden Parteien kann daran gelegen sein, daß der Lagervertrag mit dem Veräußerer beendet und ein Vertrag mit dem Erwerber geschlossen wird; der Veräußerer legt Wert darauf, nicht mehr vom Lagerhalter in Anspruch genommen zu werden, und der Erwerber ist daran interessiert, daß ihm keine Einwendungen aus dem alten Vertrag nach § 404 BGB entgegengesetzt werden können.

In der Rechtsprechung ist gelegentlich verkannt worden, daß die eingelagerte Ware an Ort und Stelle bleiben, gleichwohl aber durch

---

30 RGZ 103, 151, 153; RGZ 137, 23, 25; RG, WarnRspr. 1922 Nr. 77 (S. 93, 94); BGH, WM 1959, 813, 815 = NJW 1959, 1536, 1539; BGH, WM 1968, 1145; BGH, WM 1984, 1606, 1609; *Baur*, Sachenrecht, 12. Aufl., § 51 III, 2; *Erman/A. Schmidt*, Komm. zum BGB, 7. Aufl., § 929 Rdn. 14; *Gursky*, JZ 1984, 604, 608; *Tiedtke*, Jura 1983, 460, 464; *ders.*, WM 1979, 1142, 1144 f; *von Caemmerer*, JZ 1963, 586.

31 *Schwab*, Sachenrecht, 20. Aufl., § 29 III, 1; *Wadle*, JZ 1974, 689 (692 Fn. 45).

Einigung und Übergabe den Eigentümer wechseln kann. Der BGH hat im *Saulachse-Fall*[32] angenommen, in einem derartigen Fall scheide ein gutgläubiger Erwerb des B nach § 932 BGB aus, „weil es dazu der Übertragung des unmittelbaren Besitzes" bedürfe. Es genügt jedoch der Erwerb des mittelbaren Besitzes, wenn der Veräußerer seinen bisherigen Besitz in vollem Umfange aufgibt, und diese Voraussetzung ist gegeben, wenn der Veräußerer den Lagerhalter anweist, den alten Lagervertrag mit ihm zu beenden und einen neuen mit B zu schließen, und der Lagerhalter dieser Weisung nachkommt.

Auf diese Möglichkeit hat das RG[33] bereits im Jahre 1921 mit den Worten hingewiesen: „Denn eine Übereignung der im mittelbaren Besitz befindlichen Sache braucht nicht notwendig durch Übertragung des Herausgabeanspruchs zu geschehen, sondern kann auch im Wege des § 929 Satz 1 BGB vorgenommen werden. Sind Verkäufer und Käufer darüber einig, daß das Eigentum von jenem auf diesen übergehen soll, so kann der Verkäufer die Übertragung des mittelbaren Besitzes . . . bewirken. Dazu ist nötig, daß er den Lagerhalter beauftragt, die Sache von nun an für den Käufer zu besitzen, und daß der Lagerhalter den Auftrag ausführt."

Der VIII. Senat des BGH ist dieser Ansicht gefolgt. Im *Turmdrehkran-Fall*[34] schließt er sich der Auffassung an, „der mittelbare Eigenbesitzer könne den unmittelbaren Besitzer beauftragen, von nun an für den Erwerber zu besitzen; führe der Besitzmittler den Auftrag aus, z. B. durch Abschluß eines Verwahrungsvertrages mit dem Erwerber, so sei dieser mittelbarer Besitzer und Eigentümer geworden. In diesem Vorgang, nämlich der Beendigung des mittelbaren Besitzes des Veräußerers und der Begründung neuen mittelbaren Besitzes für den Erwerber, wird eine Übertragung des Eigentums nach § 929 BGB gesehen." An dieser Auffassung hat der BGH festgehalten. Er hat sich die im *Turmdrehkran-Fall*[35] gemachten Ausführungen im *Traubensaft-Fall*[36] und im *Rohkakao-Fall*[37] wörtlich zu eigen gemacht. Die entgegenstehende Auffassung im *Saulachse-Fall*[38] ist vereinzelt geblieben. Sie beruht (offenbar) auf einem Versehen des I. Zivilsenates, der sich mit diesen Problemen nicht so häufig zu befassen hat wie der VIII. Zivilsenat, von dem die anderen

32 BGH, WM 1979, 771, 773 = NJW 1979, 2037.
33 WarnRspr. 1922 Nr. 77 (S. 93, 94).
34 BGH, WM 1959, 813, 815 = NJW 1959, 1536.
35 BGH, WM 1959, 813 = NJW 1959, 1536.
36 BGH, WM 1968, 1145.
37 BGH, NJW 1971, 1608.
38 BGH, WM 1979, 771 = NJW 1979, 2037.

Entscheidungen stammen, und der seine bisherige Rechtsprechung in einem neuen Urteil[39] bestätigt hat.

cc) Geheißperson des Veräußerers und Besitzmittler des Erwerbers

Eine Übergabe liegt schließlich vor, wenn der Veräußerer, dem die Sache nicht gehört und der sie auch nicht eingelagert hat, also weder Eigentümer noch mittelbarer Besitzer ist, den Lagerhalter anweist, die eingelagerten Sachen künftig nicht mehr für den Eigentümer und Einlagerer zu besitzen, sondern mit dem Erwerber B einen Lagervertrag zu schließen und B hierdurch den mittelbaren Besitz zu vermitteln. Befolgt der Lagerhalter diese Weisung, so wird er auf beiden Seiten des Rechtsgeschäfts als Hilfsperson tätig: als Geheißperson des Veräußerers und als Besitzmittler des Erwerbers. Der redliche Erwerber erlangt dann mit Abschluß des Lagervertrages das Eigentum nach § 932 BGB. Daß der alte Eigentümer, der die Sachen eingelagert hatte, mittelbarer Besitzer der Sachen war, ändert daran nichts. Der mittelbare Besitzer ist von der Gnade des unmittelbaren abhängig. Diese Gnade kann ihm der unmittelbare Besitzer jederzeit entziehen. Dies geschieht dadurch, daß der unmittelbare Besitzer nicht mehr den tatsächlichen Willen hat, die Sachen für ihn zu besitzen. Dieser muß die Änderung seines Besitzwillens zwar irgendwie zum Ausdruck bringen; der Änderungswille ist unerheblich, wenn er nicht nach außen dringt. Er braucht dem mittelbaren Besitzer aber hiervon nichts mitzuteilen. Der unmittelbare Besitzer verwandelt seinen Fremdbesitz in Eigenbesitz und zerstört damit den mittelbaren Besitz des Eigentümers, wenn er seinen Namen in ein geliehenes Buch schreibt und das Buch dann in seinen Bücherschrank stellt; der Eigentümer braucht hiervon nichts zu erfahren.[40] Die gleiche Rechtslage besteht, wenn der unmittelbare Besitzer einem Dritten, dem Erwerber, mittelbaren Eigenbesitz vermittelt, und dies irgendwie zum Ausdruck bringt. Dies geschieht dadurch, daß er den Lagervertrag mit dem Erwerber schließt. Der Erwerber wird daher mit Abschluß des Lagervertrages gemäß § 932 BGB Eigentümer der Sachen.

dd) Nebenbesitz

In der Rechtslehre[41] wird allerdings die Auffassung vertreten, der Erwerber erlange nicht das Eigentum, wenn der unmittelbare Besitzer, der

39 BGH, WM 1984, 1606, 1609.

40 Allgemeine Meinung, vgl. RGZ 135, 75, 80; BGH, JZ 1966, 234; BGB-RGRK-*Kregel*, 12. Aufl., § 868 Rdn. 21; *Gursky*, JZ 1984, 604 m.w.N.; *Tiedtke*, WM 1978, 446, 451; a.A. *Hager*, WM 1980, 666, 670.

41 *Baur*, Sachenrecht, 12. Aufl., § 52 II, 4 c bb.

Lagerhalter, den Besitz sowohl dem Erwerber als auch dem alten Eigentümer, dem Einlagerer, vermitteln wolle. In diesem Falle seien die beiden mittelbare Nebenbesitzer. Der Nebenbesitz reiche zum gutgläubigen Erwerb nicht aus. Diese Ansicht scheitert jedoch daran, daß es keinen Nebenbesitz gibt. Das Bürgerliche Gesetzbuch sieht ihn nicht vor, und seine Regelung ist insoweit nicht lückenhaft, kann also nicht ergänzt werden. Die Rechtsprechung[42] hat daher seit eh und je den Nebenbesitz abgelehnt und die Rechtslehre[43] ist ihr weitgehend gefolgt. Der Nebenbesitz ist ein Widerspruch in sich. Der unmittelbare Besitzer kann nicht zwei Personen den mittelbaren Besitz vermitteln, wenn diese nicht durch das Band des Mitbesitzes miteinander verbunden sind. Der Besitzmittlungswille des unmittelbaren Besitzers besteht darin, daß er bereit ist, dem mittelbaren Besitzer zu gegebener Zeit die Sache herauszugeben. Der unmittelbare Besitzer kann die Sache aber nicht sowohl dem X als auch dem Y herausgeben, wenn jeder von ihnen den Alleinbesitz für sich beansprucht; er kann deshalb auch keinen entsprechenden Willen haben.

ee) Vorspiegelung eines Besitzmittlungsverhältnisses

In manchen Fällen schließt der Lagerhalter zwar auf Weisung des Veräußerers A, der weder Eigentümer noch mittelbarer Besitzer der eingelagerten Sachen ist, einen Lagervertrag mit dem Erwerber B. Er hat aber von vornherein nicht vor, die Sachen für B zu besitzen. Er will den Besitz vielmehr, wie bisher, ausschließlich E vermitteln, dem sie gehören und der sie auch bei ihm eingelagert hat. Der Lagervertrag ist dann zwischen dem Lagerhalter und dem Erwerber zustande gekommen. Der geheime Vorbehalt des Lagerhalters, das gegenüber B Erklärte nicht zu wollen, ist nach § 116 Satz 1 BGB unbeachtlich. Damit ist aber die Frage, ob B mittelbarer Besitzer der eingelagerten Ware geworden ist, noch nicht beantwortet. Der Lagerhalter ist aufgrund des Lagervertrages B gegenüber verpflichtet, die Sache für ihn zu besitzen. Besitzt er sie aber auch für ihn? Der mittelbare Besitzer lebt, wie wir gesehen haben, von der Gnade des unmittelbaren. Der unmittelbare kann dem mittelbaren Besitzer den Besitz jederzeit einseitig entziehen. Dies geschieht dadurch, daß er nicht

---

42 RGZ 135, 75; RGZ 138, 265; BGHZ 28, 16, 27; BGHZ 50, 45, 50 f.

43 BGB-RGRK-*Kregel*, 12. Aufl., § 868 Rdn. 9 und 21 m.w.N.; *Gursky*, Sachenrecht (Fälle und Lösungen) 5. Aufl., S. 68 ff; MünchKomm.-*Haase*, § 868 Rdn. 86; Staudinger-*Seufert*, Komm. zum BGB, 11. Aufl., § 868 Rdn. 27; *Tiedtke*, WM 1978, 446, 451; *ders.*, Jura 1983, 460, 465; a.A. vor allem *Baur*, Sachenrecht, 12. Aufl. § 52 II, 4 c bb beim Doppelspiel des unmittelbaren Besitzers, *Medicus*, Festschrift für Heinz Hübner (1984), S. 611 ff, und *H. Westermann*, Sachenrecht, 5. Aufl., § 19 II, 4.

mehr den tatsächlichen Willen hat, die Sache für ihn zu besitzen, und diese Änderung seines Willens irgendwie kundtut. Seine Verpflichtung, die Sache für den mittelbaren Besitzer zu besitzen, ändert daran nichts. Es fragt sich, ob man noch einen Schritt weitergehen und die Ansicht vertreten soll, der Erwerber erlange nicht den mittelbaren Besitz, wenn der unmittelbare von vornherein nicht den tatsächlichen Willen gehabt hat, ihm den Besitz zu vermitteln, er dem Erwerber einen derartigen tatsächlichen Willen vielmehr nur vorgespiegelt, Dritten gegenüber aber seinen wahren Willen zum Ausdruck gebracht hat? So lag die Sache (möglicherweise) in dem *Holzschneide-Fall*,[44] in dem A das ihm gehörende und bei einem Dritten gelagerte Holz zunächst an B und dann an C übereignet hatte. Der Dritte, der den Besitz am Holz aufgrund der ersten Sicherungsübereignung dem B vermittelte, hatte mit C einen Besitzmittlungsvertrag geschlossen, aber von Anfang an nicht den tatsächlichen Willen gehabt, das Holz für ihn zu besitzen; er hatte dies auch anderen Personen gegenüber kundgetan, dem C jedoch, wohlweislich, verschwiegen. In der Entscheidung des IV. Senates des BGH[45] heißt es: „Es kommt daher für die Frage, ob die Klägerin (C) den mittelbaren Besitz an dem Holz erlangt hat, nicht darauf an, ob durch das Verhalten des Beklagten (des Dritten) zwischen ihnen ein Rechtsverhältnis der in § 868 BGB bezeichneten Art zustande gekommen ist und wie die Klägerin das Verhalten des Beklagten im übrigen verstehen konnte. Entscheidend ist allein, ob der Beklagte tatsächlich den Besitz an dem Holz in Anlehnung an ein solches Rechtsverhältnis für die Klägerin ausgeübt hat und ausüben wollte". Der nach außen gedrungene, dem Erwerber C aber verheimlichte Vorbehalt des unmittelbaren Besitzers, die Sache weiterhin für den alten Besitzer B besitzen zu wollen, führt nach dieser Entscheidung also nicht die Rechtsfolge herbei, daß C den mittelbaren Besitz erlangt und damit das Eigentum an der Sache erwirbt.

Ich halte diese Entscheidung nicht für richtig.[46] Der geheime Vorbehalt, das Erklärte nicht zu wollen, ist bei der Abgabe einer Willenserklärung unbeachtlich, weil der Erklärungsempfänger auf die Wirksamkeit der Willenserklärung vertraut hat und der Erklärende nicht schutzwürdig ist; dieser handelt widersprüchlich, wenn er etwas erklärt, was er insgeheim nicht will. Er muß zu seinem Wort stehen. Der geheime Vorbehalt darf also nicht beachtlich sein. Diese Erwägungen müssen in gleicher Weise gelten, wenn der Erklärende dem Vertragspartner mitteilt, er habe einen bestimmten tatsächlichen Willen, falls das Vorhandensein eines

44 BGH, LM § 868 BGB Nr. 6.

45 LM § 868 BGB Nr. 6.

46 Vgl. *Tiedtke*, WM 1978, 446, 452; *ders.*, WM 1979, 1142, 1143 f.

derartigen Willens für die Rechtsstellung des Vertragspartners von Bedeutung, für ihn also, wie in unserem Fall, Voraussetzung für einen gutgläubigen Erwerb der ihm übereigneten Sache ist. Der Empfänger der Erklärung, die das Vorhandensein eines tatsächlichen Willens zum Gegenstand hat, muß darauf vertrauen dürfen, daß der Erklärende das, was er erklärt, auch tatsächlich will. Auch hier ist der Erklärende nicht schutzwürdig, weil er widersprüchlich handelt, wenn er seiner Erklärung zuwider später geltend macht, er habe den erklärten Willen früher nicht gehabt. Er kann zwar den mittelbaren Besitz, wenn er entstanden ist, einseitig beenden. Er kann aber nicht verhindern, daß der mittelbare Besitz zur Entstehung gelangt und der Erklärungsempfänger damit die Grundlage für einen gutgläubigen Erwerb erhält. Der unmittelbare Besitzer kann somit nicht geltend machen, er habe entgegen seiner Erklärung den tatsächlichen Besitzmittlungswillen bei der Begründung des Verhältnisses nach § 868 BGB nicht gehabt und er habe dies auch Dritten mitgeteilt. Die Rechtslage muß vielmehr so betrachtet werden, wie wenn der unmittelbare Besitzer den tatsächlichen Besitzmittlungswillen gehabt hätte. Auch Dritte können sich nicht auf den fehlenden Besitzmittlungswillen des unmittelbaren Besitzers berufen. Auch insoweit ist der Empfänger der Erklärung schutzwürdig. Diese Regelung entspricht § 116 BGB bei der Abgabe einer Willenserklärung, wonach der geheime Vorbehalt schlechthin unbeachtlich ist.

Diese Auffassung wird jetzt auch im *Saulachse-Fall*[47] vertreten, in dem der Lagerhalter die eingelagerten Sachen für B besaß, dann aber, auf Anweisung des A mit C einen Lagervertrag schloß, jedoch von vornherein nicht den tatsächlichen Willen hatte, die Sachen für C zu besitzen. Der I. Zivilsenat des BGH[48] hat die Rechtslage so angesehen, wie wenn der Lagerhalter den tatsächlichen Willen gehabt hätte, die Sachen, getreu seinem Worte, für C zu besitzen. C habe auf die entsprechende Erklärung des Lagerhalters vertraut. Dieses Vertrauen verdiene Schutz. Diese Entscheidung wird in der Rechtslehre[49] gebilligt.

---

47 BGH, WM 1979, 771, 773 = NJW 1979, 2037.

48 WM 1979, 771, 773 = NJW 1979, 2037.

49 Vgl. *Gursky*, JZ 1984, 604, 605; *Tiedtke*, WM 1979, 1142, 1144, a.A. *Medicus*, Festschrift für Heinz Hübner (1984), S. 611, 621 f.

III. Bloße Einigung

1. Identität zwischen Veräußerer und vermeintlichem Eigentümer

Nach § 929 Satz 2 BGB genügt die Einigung über den Übergang des Eigentums, wenn der Erwerber im Besitz der Sache ist. War der Veräußerer Eigentümer, spielt es keine Rolle, ob der Erwerber den Besitz von ihm oder einem Dritten bekommen hat. Gehörte die Sache jedoch nicht dem Veräußerer, so erhält der Erwerber das Eigentum kraft guten Glaubens gemäß § 932 Abs. 1 Satz 2 BGB nur, wenn er den Besitz von dem Veräußerer erlangt hatte. Es ist gleichgültig, ob der Erwerber vom Veräußerer den unmittelbaren oder den mittelbaren Besitz erhalten hat, solange der Veräußerer nicht unmittelbarer Besitzer bleibt und seinerseits dem Erwerber den mittelbaren Besitz vermittelt.[50]

Der Erwerber erlangt den Besitz nur dann vom Veräußerer, wenn der Besitz im Einverständnis mit dem Veräußerer übergeht. Hat B dem A die Sache entwendet, ihm später den Vorfall gebeichtet und alsdann die Sache übereignet erhalten, so wird B Eigentümer, wenn die Sache im Eigentum des A stand; er wird nicht Eigentümer, wenn die Sache einem Dritten gehört. Der gute Glaube des Erwerbers wird nur geschützt, wenn der Besitzübergang durch Geben (des Veräußerers) und Nehmen (des Erwerbers) erfolgt. Hat sich der Erwerber den Besitz eigenmächtig[51] verschafft, so scheidet ein gutgläubiger Erwerb aus, mag der (nichtberechtigte) Veräußerer die Sache auch später dem Erwerber übereignet und nunmehr dessen Besitzerstellung gebilligt haben.

2. Keine Identität zwischen Veräußerer und vermeintlichem Eigentümer

§ 932 Abs. 1 Satz 2 BGB setzt voraus, daß der Veräußerer mit dem vermeintlichen Eigentümer identisch ist; der angebliche Eigentümer veräußert die Sache dem Erwerber, in dessen Besitz sie sich befindet, durch bloße Einigung. Veräußerer und vermeintlicher Eigentümer können aber auseinanderfallen. Dies ist der Fall, wenn der Veräußerer die Sache dem Erwerber im eigenen Namen übereignet, dies jedoch mit Zustimmung eines Dritten geschieht, der von den Beteiligten, jedenfalls vom Erwerber, für den Eigentümer gehalten wird. Der Erwerber wird nach § 932 Abs. 1 Satz 2 BGB geschützt, wenn er den Besitz vom Veräußerer erlangt hat. Gilt dies auch in dem Fall, in dem Veräußerer und vermeintlicher Eigentümer auseinanderfallen, oder muß es dann darauf ankommen, ob der

---

50 RGZ 103, 151, 153; RGZ 126, 21, 25; RG, JW 1938, 1394.

51 BGH, WM 1960, 1148; BGB-RGRK-*Pikart*, 12. Aufl., § 932 Rdn. 69.

Erwerber den Besitz vom angeblichen Eigentümer, dem zustimmenden Dritten, erhalten hat? Der wahre Veräußerer ist in einem derartigen Fall der vermeintliche Eigentümer. Der Erwerber wird also nur geschützt, wenn er den Besitz von ihm erlangt hat. Diese Voraussetzung ist auch gegeben, wenn der vermeintliche Eigentümer in dem Augenblick, in dem der Veräußerer die Sache dem Erwerber übergibt, mittelbarer Besitzer war.[52] Hat also X eine Sache dem A vermietet und dieser sie B untervermietet und später mit Einwilligung des X übereignet, so wird B Eigentümer kraft seines guten Glaubens an das Eigentum des Dritten, des X, wenn die Sache einem Vierten, dem E, gehört. B wird aber trotz seines guten Glaubens nicht Eigentümer, wenn der zustimmende Dritte niemals Besitz an der Sache gehabt hat, der Veräußerer den Besitz, den er dem Erwerber B übertragen hat, vielmehr von anderer Seite bekommen hat. Es reicht zum Erwerb des B nicht aus, daß er den Besitz vom Veräußerer A erlangt hat. Er muß ihn vielmehr vom wahren, dem eigentlichen Veräußerer erhalten haben, und das ist der zustimmende Dritte.

Zweifelhaft ist die Rechtslage, wenn der zustimmende Dritte die Sache, die sich früher in seinem Besitz befand, A gegeben hatte, A aber in dem Zeitpunkt, in dem er die Sache B vermietete, Eigenbesitzer, also nicht Besitzmittler des Dritten war. Ein derartiger Fall wird selten vorkommen, kann jedoch eintreten, wenn A die Sache, die er B vermietet hat, von dem Dritten käuflich erworben hatte, der Veräußerungsvertrag aber nichtig war und A die Sache, nachdem sich dies herausgestellt hat, mit Einwilligung des Dritten an seinen Mieter B veräußert. Ist der Dritte nur vermeintlicher Eigentümer, so taucht die schwierige Frage auf, ob B den Besitz an der Sache, wenn auch auf dem Umweg über den Veräußerer, vom Dritten, dem Scheineigentümer, erlangt hatte; nur wenn diese Voraussetzung gegeben ist, erwirbt er das Eigentum. Die Frage ist m. E. zu bejahen. Im Augenblick der Einigung über den Eigentumsübergang sprach die Eigentumsvermutung für den zustimmenden Dritten. Nach § 1006 Abs. 2 BGB wird zugunsten des früheren Besitzers vermutet, daß er während der Dauer seines Besitzes Eigentümer der Sache gewesen sei, und es wird weiter vermutet, daß er es über diesen Zeitpunkt hinaus geblieben ist, wenn die Vermutung des § 1006 Abs. 1 BGB nicht für den jetzigen Besitzer spricht. Es steht aber zur Zeit der Einigung über den Übergang des Eigentums an B fest, daß A, der mittelbare Eigenbesitzer,

52 BGH, LM § 932 BGB Nr. 6; BGHZ 10, 81; *H. Westermann*, Sachenrecht, 5. Aufl., § 46, 2 a, meint dagegen, es müsse der gute Glaube an das Eigentum eines (nicht besitzenden) Dritten ausreichen, der der Verfügung des besitzenden Veräußerers zustimme und der von dem Veräußerer als Eigentümer bezeichnet werde.

das Eigentum nicht von dem Dritten erlangt hatte, und B war ohnehin nur Fremdbesitzer. Zu der Eigentumsvermutung, die in diesem Zeitpunkt für den Dritten sprach, kommt hinzu, daß der Dritte die Sache dem B gegeben, dieser sie also dem Dritten nicht entwendet hatte. B hat damit den Besitz an der Sache im Sinne des § 932 Abs. 1 Satz 2 BGB von dem zustimmenden Dritten erhalten.

Für diese Auffassung kann auch eine Entscheidung des BGH herangezogen werden. Der BGH[53] will in den Fällen, in denen der Veräußerer und der vermeintliche Eigentümer bei Anwendung des § 929 Satz 2 BGB auseinanderfallen, den Erwerber nicht nur schützen, wenn der zustimmende Dritte, der Scheineigentümer, in dem Augenblick, in dem der Erwerber den Besitz an der Sache von dem unmittelbaren Besitzer, dem (späteren) Veräußerer, erhält, mittelbarer Besitzer der Sache war; er bejaht vielmehr auch dann einen Erwerb kraft guten Glaubens, wenn der zustimmende Dritte „sonst in einer tatsächlichen Beziehung zu der veräußerten Sache steht, die das Vertrauen des Erwerbers rechtfertigt." Diese Voraussetzung ist gegeben, wenn der Veräußerer den Besitz von dem Dritten und der Erwerber den Besitz vom Veräußerer erlangt hatte, der Veräußerer aber in dem Augenblick, in dem er dem Erwerber die Sache weitergab, dem Dritten den Besitz nicht vermittelte.

Ein Erwerb kraft guten Glaubens kann auch dann ausgeschlossen sein, wenn der Erwerber den Besitz vom zustimmenden Dritten, dem vermeintlichen Eigentümer, erlangt hatte. Dies ist der Fall, wenn der Dritte dem Erwerber den mittelbaren Besitz verschafft, jedoch den unmittelbaren Besitz behalten hat. So lag der Sachverhalt im *Bagger-Fall.*[54] Der BGH hat hier mit Recht einen gutgläubigen Erwerb verneint. Hätte der Dritte die Sache selbst an den Erwerber veräußert, so wäre der redliche Erwerber nicht Eigentümer geworden. Es genügt zwar grundsätzlich für die Anwendung des § 932 Abs. 1 Satz 2 BGB, daß der Erwerber den mittelbaren Besitz erhält. Von diesem Grundsatz besteht aber eine Ausnahme, wenn der Veräußerer den unmittelbaren Besitz behält, er also Besitzmittler des Erwerbers ist. Ein Erwerb kraft guten Glaubens findet nur statt, wenn der Veräußerer sich seines Besitzes in vollem Umfang begibt. Die Rechtslage kann nicht anders sein, wenn der zustimmende Dritte die Sache nicht selbst veräußert, sondern sich damit begnügt, der Übereignung durch den nichtberechtigten Veräußerer zuzustimmen. Fallen Veräußerer und vermeintlicher Eigentümer auseinander, so tritt, was die Besitzverhältnisse angeht, der vermeintliche Eigentümer an die Stelle des Veräußerers.

53 BGHZ 10, 81, 86 = NJW 1953, 1506 mit Anmerkung von *Hoche*.

54 BGHZ 56, 123 mit Besprechung von *Wieser*, JuS 1972, 567, und *Wacke*, JuS 1973, 683.

IV. Vereinbarung eines Besitzmittlungsverhältnisses

1. Veräußerer als unmittelbarer oder mittelbarer Besitzer

In vielen Fällen will der Eigentümer einem anderen das Eigentum an der Sache übertragen, ohne den Besitz an ihr aufzugeben. Er benötigt die Sache, das Auto oder die Maschine, für sich persönlich oder für seinen Betrieb, will sie aber als Kreditunterlage verwerten. Er kann sie seinem Gläubiger nicht verpfänden, weil ein Pfandrecht nicht wirksam bestellt werden kann, wenn der Verpfänder die Pfandsache in seinem Besitz behält, § 1205 BGB. Der Eigentümer muß sie also seinem Gläubiger zur Sicherheit übereignen. § 930 BGB ermöglicht die Vornahme eines derartigen Rechtsgeschäfts. Hiernach kann die Übergabe der Sache, die sich im Besitz des Veräußerers befindet, dadurch ersetzt werden, daß zwischen ihm und dem Erwerber ein Rechtsverhältnis vereinbart wird, vermöge dessen der Erwerber den mittelbaren Besitz erlangt.

In der Regel hat der Veräußerer den unmittelbaren Besitz an der Sache. Er behält ihn nach der Übereignung gemäß § 930 BGB. Aus dem unmittelbaren Eigenbesitz wird jedoch unmittelbarer Fremdbesitz. Der Erwerber erlangt den mittelbaren Eigenbesitz. Der Veräußerer ist aber auch im Besitz der Sache, wenn er mittelbarer Besitzer[55] ist, er die Sache also verliehen, vermietet oder eingelagert hat. Auch in einem derartigen Fall kann die Sache nach § 930 BGB übereignet werden. Der Veräußerer behält den erststufigen mittelbaren Besitz und vermittelt dem Erwerber zweitstufigen mittelbaren Besitz. Der Dritte, bei dem sich die Sache befindet, ist dann unmittelbarer Fremdbesitzer, der Veräußerer mittelbarer Fremdbesitzer erster Stufe und der Erwerber zweitstufiger mittelbarer Eigenbesitzer.

Der Veräußerer kann somit die Sache, die bei einem Lagerhalter eingelagert ist, dem Gläubiger, der Bank, auf verschiedene Weise zur Sicherheit für einen Kredit übereignen, ohne daß die Sache ihren Platz verläßt. Der Veräußerer kann, wie oben (II, 3) dargelegt,[56] den Lagerhalter anweisen, das Besitzmittlungsverhältnis mit ihm zu beenden und ein neues Besitzmittlungsverhältnis mit dem Erwerber zu begründen. Folgt der Lagerhalter dieser Anweisung, so geht der mittelbare Besitz des Veräußerers unter; an seine Stelle tritt der mittelbare Besitz des Erwerbers, den dieser dadurch erhält, daß der Lagerhalter mit ihm einen Lagervertrag schließt. Der Erwerber hat dann das Eigentum gemäß § 929 Satz 1 BGB erlangt. Der Veräußerer kann aber auch den mittelbaren

55 BGB-RGRK-*Pikart*, 12. Aufl., § 930 Rdn. 3 m.w.N.; *Soergel/Mühl*, Komm. zum BGB, 11. Aufl., § 930 Rdn. 2.

56 S. 12.

Besitz an der Sache behalten und dem Erwerber den zweitstufigen mittelbaren Besitz vermitteln. Dann wird die Sache gemäß § 930 BGB übereignet. Ob die Beteiligten den ersten oder den zweiten Weg eingeschlagen haben, läßt sich im allgemeinen leicht feststellen. Gehen sie den ersten Weg, wird die Sache also durch Einigung und Übergabe übereignet, so muß der Lagerhalter informiert werden. Er ist die Hauptperson. Er muß den Lagervertrag mit dem Veräußerer beenden und einen neuen mit dem Erwerber schließen. Er muß mit dem Veräußerer abrechnen und verlangt die Lagergebühren künftig von dem Erwerber. Gehen die Beteiligten aber den zweiten Weg, wird also die Übergabe durch Vereinbarung eines Besitzmittlungsverhältnisses ersetzt, so braucht der Lagerhalter nicht unterrichtet zu werden.[57] Ihn geht die Übereignung nichts an. Auch wenn er über sie informiert wird, ändert sich seine Rechtsstellung nicht. Er besitzt die Sache weiter aufgrund des Lagervertrages mit dem Veräußerer; er kann die Lagergebühren nur von ihm fordern und muß die Sache bei der Beendigung des Lagervertrages an ihn herausgeben.

2. Kein gutgläubiger Erwerb bei der Übereignung

Der Erwerber erlangt bei der Übereignung der Sache gemäß § 930 BGB das Eigentum nur, wenn der Veräußerer Eigentümer war. Er erlangt es nicht, wenn die Sache einem Dritten gehört, der Veräußerer also nur der vermeintliche Eigentümer war. Zwar spricht der Rechtsschein auch hier für den Veräußerer; er ist im Besitz der Sache. Ein Erwerb kraft guten Glaubens setzt aber stets voraus, daß der Veräußerer den Besitz, die Grundlage des Rechtsscheins, in vollem Umfang aufgibt.[58] Dies geschieht hier nicht. Der Veräußerer behält den Besitz.

Diese Regelung gilt einmal, wenn der Veräußerer unmittelbarer Besitzer bleibt, wie es der Fall ist, wenn er ein Kraftfahrzeug übereignet, auf dessen unmittelbaren Besitz er angewiesen ist. Übereignet der Käufer sein unter Eigentumsvorbehalt gekauftes Auto einer Bank zur Sicherheit, so wird diese nicht Eigentümer. Dem Veräußerer gehört das Auto nicht, und ein Erwerb kraft guten Glaubens findet nicht statt. Der Käufer kann der Bank nur das Anwartschaftsrecht am Auto, das aufschiebend bedingte Eigentum, übertragen. Der Erwerb des Anwartschaftsrechts nutzt der Bank aber nichts, wenn der Käufer die Raten nicht zahlt und der Verkäufer deshalb vom Kaufvertrag zurücktritt; die Bank kann den Rücktritt des Verkäufers nur dadurch abwenden, daß sie selbst die Raten zahlt. Welche Bank tut das aber gerne?

---

57 BGB-RGRK-*Pikart*, 12. Aufl., § 930 Rdn. 3.

58 Vgl. RGZ 137, 23, 25; BGH, WM 1977, 1353, 1355; *Baur*, Sachenrecht, 12. Aufl., § 52 II, 3 b m.w.N.

Ein Erwerb kraft guten Glaubens scheidet ebenfalls aus, wenn der Veräußerer der Bank die eingelagerte Ware gemäß § 930 BGB übereignet, die Übergabe also durch Verschaffung des zweitstufigen mittelbaren Besitzes der Bank ersetzt wird. Aus diesem Grunde ist es für die Bank von großer Bedeutung, ob die Übereignung nach § 929 Satz 1 BGB oder nach § 930 BGB stattfindet. Im ersten Fall wird sie nach § 932 BGB Eigentümer, im zweiten nicht. Der Grund für diese unterschiedliche Regelung besteht darin, daß der Veräußerer im ersten Fall den Besitz in vollem Umfang aufgibt, im zweiten aber den unmittelbaren oder mittelbaren Besitz behält.

3. Gutgläubiger Erwerb bei späterer Übergabe

Der Erwerber, der gemäß § 930 BGB den mittelbaren Besitz, aber nicht das Eigentum erlangt hat, braucht jedoch nicht alle Hoffnungen auf einen Erwerb kraft guten Glaubens fahren zu lassen. Er erlangt nach § 933 BGB auch in diesem Falle das Eigentum, wenn ihm der Veräußerer die Sache später übergibt und er dann noch gutgläubig ist. Durch die Übergabe verliert der Veräußerer den Besitz in vollem Umfang; der Erwerber erlangt ihn uneingeschränkt. Jetzt ist der Weg für einen gutgläubigen Erwerb frei.

§ 933 BGB entspricht der Regelung, die in den §§ 929, 932 BGB getroffen ist. Es liegen Einigung und (wenn auch späte) Übergabe vor. Die Parteien wollen zwar im Rahmen der §§ 930, 933 BGB dem Erwerber bei der Übergabe nicht das Eigentum verschaffen. Sie gehen davon aus, daß der Erwerber es bereits hat. Das ist jedenfalls die Auffassung des Erwerbers. Die Beteiligten müssen sich aber bei der Übergabe der Sache noch über den Übergang des Eigentums einig sein. Das kommt auf dasselbe hinaus.[59]

In dem *Winterbauhallen-Fall*[60] hatte der Verkäufer V dem Käufer K eine Halle unter Eigentumsvorbehalt übereignet. Dieser übereignete die Halle einer Sparkasse nach § 930 BGB. Die Übereignung war unwirksam, da K nicht Eigentümer der Halle war. Sie wurde aber nach § 185 Abs. 2 Satz 1 (2. Fall) BGB wirksam, als V auf seinen Eigentumsvorbehalt verzichtete. Die verklagte Sparkasse verlor jedoch ihr Eigentum wieder. Dies geschah dadurch, daß V die Halle der Klägerin übereignete und die Übergabe dadurch ersetzte, daß er ihr seinen vermeintlichen Herausgabeanspruch gegen K abtrat; K war hiermit einverstanden und schloß mit der Klägerin einen Leihvertrag, aufgrund dessen die Klägerin den mittelbaren

---

59 Vgl. *Tiedtke*, WM 1978, 446, 449 f.

60 BGH, NJW 1978, 696.

Besitz und damit das Eigentum an der Halle nach § 934 (2. Fall) BGB erlangte. Später gab K die Halle der verklagten Sparkasse heraus. Die Sparkasse konnte das Eigentum, das sie erlangt und wieder verloren hatte, nicht (erneut) gemäß § 933 BGB erhalten. Diese Vorschrift setzt voraus, daß die Übereignung nach § 930 BGB nicht zum Ziel, dem Eigentumserwerb des Sicherungsnehmers, geführt hat; durch die Übergabe wird dann die bisher unwirksame Übereignung wirksam. Die Sparkasse hatte hier jedoch aufgrund des Vorbehaltsverzichts des V und des Eigentumserwerbs durch K das Eigentum erworben. Die Sparkasse konnte das Eigentum aber nach § 932 BGB[61] erlangt haben. In der Übergabe der Halle von K an die Sparkasse kann, wie der BGH im Anschluß an den *Traubensaft-Fall*[62] mit Recht[63] ausgeführt hat, eine neue Einigung über den Eigentumsübergang liegen; sie könnte den Inhalt haben, daß die Sparkasse für den Fall, daß sie nicht bereits das Eigentum erhalten hätte, es nunmehr bekommen sollte. Die Sparkasse wäre dann zwar nicht nach § 933 BGB (i. Vbdg. mit § 930 BGB), wohl aber nach § 932 BGB (i. Vbdg. mit § 929 Satz 1 BGB) Eigentümerin der Halle geworden. Dieser Fall zeigt, daß § 933 BGB keine große Bedeutung hat. Gäbe es diese Vorschrift nicht, würde der Sicherungsnehmer in vielen Fällen das Eigentum nach § 932 BGB erwerben, da in der späteren Übergabe hilfsweise eine neue Einigung läge und das Eigentum dann durch Einigung und Übergabe der Sache übertragen würde. Auch für die Frage des guten Glaubens spielt es keine Rolle, auf welchem Wege der Sicherungsnehmer das Eigentum zu später Stunde erlangt; er muß stets noch in dem Augenblick gutgläubig sein, in dem ihm das Sicherungsgut übergeben wird.

Unter der Übergabe in § 933 BGB ist dasselbe zu verstehen wie in § 929 Satz 1 BGB.[64] Es ist also ein Geben und Nehmen erforderlich. Häufig holen die Sicherungsnehmer die ihnen gemäß § 930 BGB übereigneten Sachen eigenmächtig vom Sicherungsgeber ab, wenn sie erfahren, daß dieser in wirtschaftliche Schwierigkeiten geraten ist. Um diesen Mißständen entgegenzutreten, stellt der BGH[65] an die Freiwilligkeit des Besitzüberganges strenge Anforderungen. Es genügt nicht, daß der Siche-

---

61 Also nicht, wie der BGH, NJW 1978, 696, versehentlich meint, nach § 933 BGB; vgl. auch *Gursky*, Sachenrecht (Fälle und Lösungen), 5. Aufl., S. 71, Fn. 29.

62 WM 1968, 1145, 1146.

63 *Tiedtke*, WM 1978, 446, 454; a.A. *Derleder*, JuS 1979, 477 ff; *Gursky*, aaO. (Fn. 61), S. 71.

64 RGZ 137, 23, 25; BGHZ 67, 207, 208; BGB-RGRK-*Pikart*, 12. Aufl., § 933 Rdn. 4.

65 BGH, WM 1977, 1353; BGHZ 67, 207; vgl. auch *Damrau*, JuS 1978, 519.

rungsgeber sich in der Sicherungsabrede damit einverstanden erklärt hat, daß der Sicherungsnehmer die Sache jederzeit abholen kann. Er muß sie ihm geben.

In der Regel hat die Übergabe zur Folge, daß der Erwerber den unmittelbaren Besitz erhält. Notwendig ist dies aber nicht. Es genügt, daß die Sache einem Dritten gegeben wird, der dem Erwerber den Besitz vermittelt. Der Erwerber hatte zwar schon den mittelbaren Besitz. Besitzmittler war aber der Sicherungsgeber; das reicht nach den §§ 930, 933 BGB nicht zum gutgläubigen Erwerb aus. Der gute Glaube wird jedoch geschützt, wenn der Besitzmittler auf der Erwerberseite steht. Hat also der Sicherungsgeber, der die eingelagerte Ware dem Sicherungsnehmer nach § 930 BGB übereignet hat, später den Lagerhalter angewiesen, das Besitzmittlungsverhältnis mit ihm zu beenden, und ein Besitzmittlungsverhältnis mit dem Sicherungsnehmer durch Abschluß eines Lagervertrages zu begründen, so wird der Sicherungsnehmer Eigentümer kraft guten Glaubens, wenn der Lagerhalter die Weisung des Sicherungsgebers, des vermeintlichen Eigentümers, befolgt. Der Sicherungsgeber hat die Sache dem Sicherungsnehmer in dem Augenblick übergeben, in dem der Vertrag zwischen dem Lagerhalter und dem Sicherungsnehmer abgeschlossen worden ist.

Die Sache ist auch dann übergeben, wenn der Lagerhalter sich beim Abschluß des Lagervertrages mit dem Sicherungsnehmer insgeheim vorbehalten hat, die Sache nicht für den Sicherungsnehmer zu besitzen, er ihm also nur vorgespiegelt hat, er habe den tatsächlichen Willen, die Sache für ihn zu besitzen. Der geheime Vorbehalt ist gemäß § 116 BGB unbeachtlich.[66]

Der Sicherungsgeber übergibt die Sache dem Sicherungsnehmer auch, wenn er sie auf Geheiß des Sicherungsnehmers an einen Dritten liefert, gleichgültig, ob dieser dem Sicherungsnehmer den Besitz vermittelt oder ob dies nicht der Fall ist. Der Sicherungsnehmer wird auch dann gemäß § 933 BGB Eigentümer kraft guten Glaubens, wenn ihm der Sicherungsgeber seinen Herausgabeanspruch gegen den Lagerhalter abtritt.[67] Die Abtretung des Herausgabeanspruchs stellt zwar keine Übergabe dar, und § 933 BGB verlangt zum gutgläubigen Erwerb die Übergabe der Sache. Es reicht aber zum Erwerb kraft guten Glaubens aus, daß der Sicherungsgeber den Besitz in vollem Umfang verliert und der Sicherungsnehmer ihn in vollem Umfang erhält. Dies kann auch im Rahmen des § 933 BGB durch Abtretung des dem Sicherungsgeber zustehenden Herausgabeanspruchs gegen den Lagerhalter geschehen.

---

66 Vgl. dazu oben II, 4 b ee, S. 18 ff.

67 BGB-RGRK-*Pikart*, 12. Aufl., § 933 Rdn. 10.

4. Übereignung von Haushaltsgegenständen unter Ehegatten

Einen Sonderfall des Erwerbs gemäß § 930 BGB stellt der Fall dar, daß ein Ehegatte dem anderen zum Haushalt gehörende Sachen, z. B. ein wertvolles Bild oder eine kostbare Vase, schenkweise übereignet. Die Besonderheit liegt hier darin, daß beide Ehegatten an dieser Sache Besitz haben und es dabei auch bleiben soll; Bild und Vase sollen weiterhin das Wohnzimmer schmücken. Die Übereignung durch (Einigung und) Übergabe scheidet also aus. Der BGH[68] hat aber eine Übereignung nach § 930 BGB für möglich gehalten und in einem Fall, in dem der Ehemann seiner Frau einen ihm allein gehörenden Haushaltsgegenstand geschenkt hat, ausgeführt, vor der Übereignung hätten beide Ehegatten Mitbesitz gehabt, der Mann, der Eigentümer, als Eigenbesitzer, die Frau, die Nichteigentümerin, als Fremdbesitzerin. Die Ehe sei ein Besitzmittlungsverhältnis im Sinne des § 868 BGB; dadurch, daß die Frau als Fremdbesitzerin dem Mann den Besitz vermittle, habe der Mann auch mittelbaren Besitz. Durch die Übereignung würden diese Rollen vertauscht; der Mann verwandle seinen unmittelbaren Eigen(mit-)besitz in Fremdbesitz und vermittle hierdurch der Frau den mittelbaren Eigenbesitz; gleichzeitig verwandle die Frau, die die Sache nunmehr als ihr gehörend besitze, ihren unmittelbaren Fremd(mit-)besitz in Eigenbesitz. Mag die Konstruktion auch künstlich[69] erscheinen, so steht sie doch einem sachgerechten Ergebnis nicht im Wege: der erwerbende Ehegatte wird Eigentümer, wenn die Sache dem veräußernden Ehegatten gehört hat; ein gutgläubiger Erwerb vom nichtberechtigten Ehegatten scheidet jedoch aus, da keine Übergabe vorliegt.

Dieser Fall stellt insofern einen Sonderfall dar, als der eine Mitbesitzer, der Eigentümer, Eigenbesitzer, der andere, dem die Sache nicht gehört, Fremdbesitzer ist. Im allgemeinen werden alle Mitbesitzer entweder Eigen- oder Fremdbesitzer sein. Sie sind Eigenbesitzer, wenn die Sache in ihrem Miteigentum steht, Fremdbesitzer, wenn sie die Sache gemeinschaftlich gemietet haben. Es ist aber, wie der BGH[70] mit Recht entschieden hat, auch möglich, daß der eine Mitbesitzer Eigenmitbesitz, der andere Fremdmitbesitz an der Sache hat. Der Eigenmitbesitzer ist dann, zusätzlich, mittelbarer Eigenbesitzer, soweit ihm der andere Mitbesitzer, der Fremdmitbesitzer, den Besitz vermittelt. Er ist aber stets nur Eigenbesitzer, wenngleich auf zwei Stufen. Es ist jedoch nicht möglich, daß ein

---

68 BGHZ 73, 253.

69 *Baur*, Sachenrecht, 12. Aufl., § 51 V, 4 b, meint daher, es reiche die bloße Einigung der Ehegatten über den Eigentumsübergang aus. Am Ergebnis ändert dies nichts.

70 BGHZ 73, 253, 257.

Mitbesitzer sowohl Eigen- als auch Fremdbesitzer ist. Diese Auffassung ist auch vom BGH[71] in einem Fall vertreten worden, in dem es um den Besitz an einem Grundschuldbrief ging. Hiermit hat es folgende Bewandtnis. Tritt der Gläubiger eine ihm zustehende Grundschuld ab, so kann die Übergabe des Grundschuldbriefes durch Vereinbarung eines Besitzmittlungsverhältnisses ersetzt werden, § 1192 Abs. 1, § 1154 Abs. 1 Satz 1, § 1117 Abs. 1 Satz 2 BGB. Tritt er dem Erwerber nur einen Teil der Grundschuld ab, so ist er nicht in der Lage, die Bildung eines Teilgrundschuldbriefes und dessen Übergabe dadurch zu ersetzen, daß er den ungeteilten Grundschuldbrief sowohl als ihm gehörend als auch als Besitzmittler für den Erwerber besitzt, er also Eigenbesitzer ist, soweit er Inhaber der Grundschuld bleibt, Fremdbesitzer, soweit der Erwerber die Grundschuld erhalten soll. Ein und dieselbe Sache kann der Besitzer nur entweder als Eigen- oder als Fremdbesitzer besitzen, aber nicht sowohl als Eigen- als auch als Fremdbesitzer; das wäre ein Widerspruch in sich.

V. Abtretung des Herausgabeanspruchs

1. Eigentümer als mittelbarer Besitzer

Ist ein Dritter im Besitz der Sache, kann die Übergabe nach § 931 BGB dadurch ersetzt werden, daß der Eigentümer dem Erwerber den Anspruch auf Herausgabe der Sache abtritt. Ist der Eigentümer mittelbarer Besitzer, so tritt er den schuldrechtlichen Herausgabeanspruch, der ihm aufgrund des Besitzmittlungsverhältnisses, des Leih-, des Miet- oder des Verwahrungsvertrages, zusteht, an den Erwerber ab. Der Herausgabeanspruch braucht nicht fällig zu sein. Hat der Veräußerer die Sache für zehn Jahre fest vermietet, kann er die Sache gleichwohl durch Einigung und Abtretung des Herausgabeanspruchs sofort übereignen. Der Besitzer kann sich dagegen wehren, daß der neue Eigentümer von ihm schon jetzt die Herausgabe der Sache verlangt, § 986 Abs. 2 BGB; das ändert aber nichts an der Wirksamkeit des Eigentumsübergangs. Der Dritte, der die Sache in Besitz hat, braucht von der Abtretung des Herausgabeanspruchs nicht unterrichtet zu werden.[72] Der mittelbare Besitz geht nach § 870 BGB auch dann auf den Erwerber über, wenn der unmittelbare Besitzer von der Abtretung nichts erfährt, er also glaubt, dem früheren Eigentümer den Besitz zu vermitteln. Der Lagerhalter kann, wenn er von der Abtretung Kenntnis erlangt, den mittelbaren Besitz des Erwerbers dadurch

---

71 NJW 1983, 568 m.w.N.

72 BGB-RGRK-*Kregel*, 12. Aufl., § 870 Rdn. 2; BGB-RGRK-*Pikart*, 12. Aufl., § 931 Rdn. 18 u. 20; *H. Westermann*, Sachenrecht 5. Aufl., § 41 III, 1.

einseitig beenden, daß er den tatsächlichen Willen aufgibt, für diesen zu besitzen. Er braucht dies dem Erwerber nicht bekannt zu machen; es genügt, daß er seinen tatsächlichen Willen, die Sache nicht mehr für den Erwerber zu besitzen, irgendwie kundgibt, also nicht in seiner Brust verschließt. Durch das Verhalten des unmittelbaren Besitzers verliert der Erwerber den mittelbaren Besitz, den er durch die Abtretung ohne die Mitwirkung des unmittelbaren Besitzers erhalten hat; er verliert ihn aber nicht mit rückwirkender Kraft. Der Erwerber geht aber, wenn er dem Dritten die Abtretung nicht mitteilt, ein Risiko ein. Gibt der Lagerhalter die eingelagerten Sachen in Unkenntnis der Abtretung an den nichtberechtigten früheren Eigentümer heraus, so wird er von seiner Verpflichtung, die Sache dem Erwerber herauszugeben, nach § 407 BGB frei.[73]

Die Abtretung des Herausgabeanspruchs hat nicht zur Folge, daß der Vertrag, auf dem der Herausgabeanspruch beruht, nunmehr zwischen dem unmittelbaren Besitzer und dem Erwerber fortgeführt wird. Der Vertrag bleibt zwischen den alten Parteien bestehen; lediglich der Herausgabeanspruch geht auf den Erwerber über. Die Kosten für die Einlagerung trägt, nach wie vor, der frühere Eigentümer, der die Sachen eingelagert hat.

Steht dem Eigentümer ein schuldrechtlicher Herausgabeanspruch zu, hat er aber mit dem Schuldner nach § 399 BGB vereinbart, daß dieser Anspruch nicht abgetreten werden kann, so kann er das Eigentum nicht nach § 931 BGB übertragen. Das Abtretungsverbot kann aber durch Vertrag des Gläubigers, des Veräußerers, mit dem Schuldner, dem unmittelbaren Besitzer, jederzeit formlos aufgehoben werden. Ein derartiger Aufhebungsvertrag liegt vor, wenn der Veräußerer den Herausgabeanspruch abtritt und der unmittelbare Besitzer diese Abtretung anerkennt; die Anerkennung ist jedenfalls gegeben, wenn der Schuldner die Sache dem Erwerber herausgibt oder mit ihm ein Besitzmittlungsverhältnis vereinbart.[74]

2. Eigentümer ist nicht mittelbarer Besitzer

Steht dem Eigentümer kein schuldrechtlicher Herausgabeanspruch gegen den Dritten zu, der im Besitz der Sache ist, so genügt für den Übergang des Eigentums die bloße Einigung.[75] Die Abtretung des dinglichen Herausgabeanspruchs ist nicht erforderlich. Sie würde zwar nicht an dem

73 Vgl. BGB-RGRK-*Pikart*, 12. Aufl., § 931 Rdn. 20.

74 *Tiedtke*, WM 1979, 1142, 1150 f.

75 *Baur*, Sachenrecht, 12. Aufl., § 51 VI, 1 b; *H. Westermann*, Sachenrecht, 5. Aufl., § 41 II, 4 b.

Grundsatz scheitern, daß der Eigentumsherausgabeanspruch nicht abgetreten werden kann. Dieser Grundsatz soll verhindern, daß das Eigentum und der Herausgabeanspruch verschiedenen Personen zusteht. Tritt der Veräußerer aber seinen dinglichen Herausgabeanspruch ab und geht damit das Eigentum auf den Erwerber über, so kann es nicht zu einer Spaltung zwischen Eigentümer und Gläubiger des dinglichen Herausgabeanspruchs kommen. Hat der Eigentümer jedoch nicht den mittelbaren Besitz an der in fremden unmittelbaren Besitz befindlichen Sache, so erschöpft sich sein Eigentum im wesentlichen in dem Herausgabeanspruch. Es erscheint daher gekünstelt, die Abtretung des Anspruchs zur Voraussetzung des Eigentumsübergangs zu machen. Es liegt näher, das Eigentum durch bloße Einigung übergehen zu lassen, so daß dem Erwerber der Herausgabeanspruch als Folge des auf ihn übergegangenen Eigentums zusteht. Die Frage ist aber ohne rechtliche Auswirkungen.

3. Verschiedene Möglichkeiten zur Übereignung eingelagerter Ware

a) Die drei Wege

Hat der Veräußerer Waren bei einem Lagerhalter eingelagert, so kann er die Sachen, die dort einstweilen bleiben sollen, einem Erwerber auf dreierlei Weise übereignen. Die Übereignung kann durch Einigung und Übergabe erfolgen und die Übergabe dadurch geschehen, daß der Veräußerer den Lagerhalter anweist, das Besitzmittlungsverhältnis mit ihm zu beenden und ein neues Besitzmittlungsverhältnis mit dem Erwerber zu begründen, und der Lagerhalter dieser Weisung nachkommt *(erster Weg)*. Der Veräußerer kann dem Erwerber das Eigentum durch Einigung und Vereinbarung eines Besitzmittlungsverhältnisses übertragen; er ist dann erststufiger mittelbarer Fremd- und der Erwerber zweistufiger mittelbarer Eigenbesitzer *(zweiter Weg)*. Schließlich kann er den Erwerber durch Einigung und Abtretung des Herausgabeanspruchs zum Eigentümer machen *(dritter Weg)*. Es bleibt den Beteiligten überlassen, welchen Weg sie gehen wollen. Haben sie keine klare Vereinbarung getroffen, muß ihr Wille durch Auslegung ermittelt werden.

b) Abgrenzung des ersten Weges vom zweiten und dritten

Im allgemeinen wird es leicht festzustellen sein, ob die Beteiligten den ersten Weg eingeschlagen haben. Der Lagerhalter muß hier bei der Übereignung mitwirken. Er muß den Lagervertrag mit dem Veräußerer beenden und einen neuen Vertrag mit dem Erwerber schließen. Von diesem hat er die künftigen Lagergebühren zu fordern.

Schwierig ist jedoch die Beantwortung der Frage, ob die Beteiligten den zweiten (§ 930 BGB) oder dritten Weg (§ 931 BGB) gewählt haben.

Hierfür kann die Benachrichtigung des Lagerhalters ein Indiz sein. Sie ist nur sinnvoll, wenn die Übereignung nach § 931 BGB stattgefunden hat. Ist sie aber unterblieben, so kann daraus nicht geschlossen werden, der Herausgabeanspruch sei nicht abgetreten. Die Abtretung setzt keine Unterrichtung des Schuldners, des Lagerhalters, voraus, und den Parteien, die einander vertrauen, kann daran gelegen sein, die Abtretung geheimzuhalten; der Erwerber hat keine Angst vor § 407 BGB.

c) Abgrenzung des zweiten vom dritten Weg

Der BGH hat im *Schweineleber-Fall*[76] bei der Abgrenzung des zweiten Weges vom dritten Weg Ausführungen gemacht, die nicht zutreffend sind. Er hat ausgeführt, die Beteiligten hätten den zweiten Weg eingeschlagen. Dies gelte auch, wenn der Sicherungsvertrag zwischen ihnen so auszulegen sei, daß mit der Abtretung der dem Veräußerer zustehenden Rechte am Sicherungsgut auch der Herausgabeanspruch des Veräußerers gegen den Lagerhalter gemeint sei; denn der Lagerhalter, der von der Übereignung nicht unterrichtet worden sei, habe den Besitz weiterhin dem Veräußerer vermittelt. Hat der Veräußerer aber den Herausgabeanspruch abgetreten, so hat er den mittelbaren Besitz verloren und hat der Erwerber ihn erlangt, auch wenn der Lagerhalter nichts von der Abtretung weiß und er den Besitz nach wie vor dem Veräußerer vermitteln will. Hat der Veräußerer den Herausgabeanspruch gegen den Lagerhalter dem Erwerber abgetreten, dann steht fest, daß die Beteiligten den dritten Weg (§ 931 BGB) gegangen sind. Daran bestehen keine Zweifel. Die Auffassung des BGH,[77] der Veräußerer behalte den mittelbaren Besitz, bis der Lagerhalter von der Abtretung Kenntnis erlange und dem Abtretungsempfänger den Besitz vermittle, ist rechtlich nicht haltbar. Sie beruht (offenbar) auf einem Versehen. Das RG[78] hat bereits im Jahre 1902 dargelegt, daß die Abtretung des Herausgabeanspruchs den Übergang des mittelbaren Besitzes auch dann zur Folge habe, wenn der unmittelbare Besitzer die Abtretung nicht kenne. „Nach § 870 BGB kann der mittelbare Besitz dadurch auf einen anderen übertragen werden", heißt es in der Entscheidung des RG,[79] „daß diesem der Anspruch auf Herausgabe der Sache abgetreten wird. Einer Mitwirkung des unmittelbaren Besitzers oder auch nur seiner Kenntnis von der Übertragung bedarf es nicht".

76 WM 1977, 1090.
77 WM 1977, 1090, 1091.
78 RGZ 52, 274.
79 RGZ 52, 274, 277.

d) Gutgläubiger Erwerb vom mittelbar besitzenden vermeintlichen Eigentümer

War der Veräußerer nicht Eigentümer der eingelagerten Sachen, so erlangt der Erwerber kraft seines guten Glaubens das Eigentum, wenn der Veräußerer mittelbarer Besitzer der Sachen war und er dem Erwerber den schuldrechtlichen Herausgabeanspruch abgetreten hat, § 934 (1. Fall) BGB. Der Erwerber wird mit der Abtretung Eigentümer; in diesem Augenblick verliert der Veräußerer den mittelbaren Besitz und erhält ihn der Erwerber. Sind die Beteiligten den dritten Weg gegangen, so hat der Erwerber das Eigentum ebenso erlangt, wie wenn sie den ersten Weg (§ 929 Satz 1 BGB) gewählt hätten; er ist aber nicht Eigentümer geworden, wenn die Parteien den zweiten Weg (§ 930 BGB) eingeschlagen haben. Die Frage, ob die Parteien die Übergabe der Sache durch Vereinbarung eines Besitzmittlungsverhältnisses oder durch Abtretung des Herausgabeanspruchs ersetzt haben, ist also von entscheidender Bedeutung. Dies gilt auch dann, wenn der Erwerber nach § 931 BGB von der Sache weiter entfernt ist als der Erwerber nach § 930 BGB. Ein derartiger Sachverhalt war im *Fräsmaschinen-Fall*[80] gegeben, in dem A die Maschine an B unter Eigentumsvorbehalt veräußert, B sie gemäß § 930 BGB an C übereignet und C sie durch Abtretung seines Herausgabeanspruchs gegen B an D veräußert hatte. C hat gemäß § 933 BGB das Eigentum nicht erlangt. D ist aber gemäß § 934 (1. Fall) BGB Eigentümer geworden. Dieses Ergebnis beruht darauf, daß bei der Übereignung von B an C der unmittelbare Besitz bei B geblieben war, C aber seinen mittelbaren Besitz durch Abtretung des Herausgabeanspruchs verloren und D ihn erlangt hat.

e) Gutgläubiger Erwerb vom nichtbesitzenden vermeintlichen Eigentümer

War der Veräußerer, dem die Sache nicht gehörte, auch nicht mittelbarer Besitzer der Sache, die sich im Besitz eines Dritten befand, so kann er dem Erwerber keinen Herausgabeanspruch abgetreten haben; er hatte keinen solchen Anspruch. Er hat ihm lediglich einen vermeintlichen Herausgabeanspruch abgetreten. Die Abtretung dieses angeblichen Anspruchs reicht zum gutgläubigen Erwerb nicht aus, § 934 (2. Fall) BGB. Für den Veräu-

80 BGHZ 50, 45; vgl. *Baur*, Sachenrecht, 12. Aufl., § 52 II, 4 a; *Gursky*, Sachenrecht (Fälle und Lösungen), 5. Aufl., S. 52 ff; *Lange*, JuS 1969, 162 ff; *Lange/Scheyhing*, Fälle zum Sachenrecht, S. 41; *Medicus*, Bürgerliches Recht, 12. Aufl., § 22 IV, 1 b Rdn. 559 ff; *Michalski*, AcP 1981, 384 ff; *H. Westermann*, Sachenrecht, 5. Aufl., § 48 II, 2.

ßerer spricht kein Rechtsscheintatbestand (er hat keinen Besitz gehabt), und der Erwerber erhält auch nicht den Besitz. Der Erwerber wird aber gleichwohl Eigentümer, wenn er den Besitz der Sache später von dem Dritten erlangt. Der gute Glaube wird in diesem Falle geschützt, weil der Dritte die Sache dem Erwerber aufgrund der Veräußerung gibt, der Veräußerer dem Erwerber also, wenn auch auf dem Umweg über den Dritten, den Besitz verschafft. Der Erwerber erlangt den Besitz nur dann von dem Dritten, wenn dieser ihm die Sache freiwillig gibt, er erlangt ihn also nicht von dem Dritten, wenn er sie diesem wegnimmt. Andererseits braucht der Dritte dem Erwerber nicht den unmittelbaren Besitz zu übertragen. Es reicht aus, daß er mit ihm ein Besitzmittlungsverhältnis begründet, er ihm also künftig den mittelbaren Besitz vermittelt.[81]

Schulbeispiel für einen derartigen gutgläubigen Erwerb ist der *Uhrmacher-Fall*,[82] in dem A einen Reparaturschein über eine Uhr findet, B die Uhr unter Übergabe des Scheines übereignet und die Übergabe durch Abtretung seines vermeintlichen Herausgabeanspruchs gegen den Uhrmacher ersetzt. Durch die Abtretung hat B das Eigentum nicht erlangt, da der Veräußerer weder Eigentümer noch mittelbarer Besitzer war. Gibt der Uhrmacher aber B die Uhr heraus, so erwirbt dieser das Eigentum nach § 934 (2. Fall) BGB. Das gleiche gilt, wenn der Uhrmacher, der die Uhr noch nicht repariert hat, mit B einen Werkvertrag schließt und dadurch den mittelbaren Besitz des alten Eigentümers zerstört und mittelbaren Besitz des B begründet.

Ähnliche Sachverhalte waren in den viel erörterten *Zucker-Fällen*[83] gegeben. Der Eigentümer hatte Zucker verkauft, aber, vorsichtig wie er war, nicht dem Käufer übergeben, sondern selbst eingelagert und mit dem Lagerhalter, mit dem er den Lagervertrag geschlossen hatte, vereinbart, der Zucker dürfe nur mit seinem Einverständnis herausgegeben werden. Der Vorbehaltskäufer übereignete gleichwohl den Zucker an einen Erwerber und trat diesem seinen vermeintlichen Herausgabeanspruch gegen den Lagerhalter ab. Mit der Abtretung hatte der Erwerber das Eigentum nicht erlangt, da der Veräußerer weder Eigentümer noch mittelbarer Besitzer war. Der Lagerhalter schloß aber aufgrund der Veräußerung der Ware mit dem Erwerber einen Lagervertrag. Dadurch vernichtete er den mittelbaren Besitz des Eigentümers und begründete er mittelbaren Besitz des Erwerbers, so daß dieser, wenn er jetzt noch redlich war, das Eigentum nach § 934 (2. Fall) BGB erlangte.

81 BGH, NJW 1978, 696 m.w.N.; MünchKomm.-*Quack*, § 934 Rdn. 16.
82 *Baur*, Sachenrecht, 12. Aufl., § 52 II, 4 c.
83 RGZ 135, 75; RGZ 138, 265.

Die Rechtslehre[84] hat in den *Zucker-Fällen* versucht, einen gutgläubigen Erwerb zu verneinen, da der Lagerhalter den Willen gehabt habe, den Zucker sowohl für den alten Eigentümer, der die Ware eingelagert hatte, als auch für den Erwerber zu besitzen, er also dem Erwerber nur den Nebenbesitz verschafft habe, der zur Anwendung des § 934 (2. Fall) BGB nicht ausreiche. Es gilt aber auch hier, was bei der Übereignung gemäß § 929 BGB dargelegt worden ist:[85] es gibt keinen Nebenbesitz.[86] Der Lagerhalter kann den Zucker nicht sowohl für den alten Einlagerer als auch für den Erwerber besitzen, wenn diese nicht Mitbesitzer sind. Der unmittelbare Besitzer will die Sache an den mittelbaren Besitzer, dem er den Besitz vermittelt, herausgeben, wenn der Herausgabeanspruch fällig ist. Er kann die Sache aber nicht sowohl dem Einlagerer als auch dem Erwerber herausgeben, wenn jeder von ihnen den Alleinbesitz für sich in Anspruch nimmt. Er kann einen derartigen Willen ebensowenig haben wie den Willen, die Sache sowohl als ihm gehörend (als Eigenbesitzer) als auch für einen anderen (als Fremdbesitzer) zu besitzen. Ein derartiger Wille wäre in beiden Fällen in sich widerspruchsvoll.

Ein gutgläubiger Erwerb scheidet auch dann nicht aus, wenn der Lagerhalter von vornherein nicht den Willen gehabt hat, dem Erwerber den Besitz zu vermitteln, er diesem vielmehr nur einen solchen Willen vorgespiegelt hat. Ein derartiger geheimer Vorbehalt ist, wie bei den Eigentumsübertragungen gemäß § 929 BGB und § 930 BGB ausgeführt worden ist,[87] nach § 116 BGB unbeachtlich; diese Vorschrift ist auch dann anzuwenden, wenn sich der geheime Vorbehalt auf die Erklärung bezieht, einen bestimmten tatsächlichen Willen, nämlich den Willen zu haben, die Sachen als Lagerhalter für den Erwerber zu besitzen und ihm damit den mittelbaren Besitz zu verschaffen.

Den *Zucker-Fällen*, in denen das RG[88] mit Recht einen gutgläubigen Erwerb bejaht hat, entspricht die Auffassung des BGH[89] im *Saulachse-Fall*, in dem der Veräußerer die von ihm beim Lagerhalter eingelagerten Sachen durch Abtretung des Herausgabeanspruchs gegen diesen wirksam einer Bank B übereignet hatte und alsdann seinen vermeintlichen Herausgabeanspruch gegen den Lagerhalter an C, den Zweiterwerber, abtrat und dem Lagerhalter erklärte, er stelle die Sachen für C frei, worauf dieser

84 Vgl. *Baur*, Sachenrecht, 12. Aufl., § 52 II, 4 c bb; *Medicus*, Bürgerliches Recht, 12. Aufl., § 22 IV, 1 Rdn. 558; *H. Westermann*, Sachenrecht, 5. Aufl., § 48 III.
85 Vgl. oben II, 4 b dd, S. 17 f.
86 Vgl. die Nachweise in Fn. 42 und 43.
87 Vgl. oben II, 4 b ee, S. 18 ff.
88 RGZ 135, 75; RGZ 138, 265.
89 WM 1979, 771 = NJW 1979, 2037.

einen Lagervertrag mit C schloß. Lehnt man hier eine Übergabe der Sache i. S. des § 929 Satz 1 BGB und damit einen gutgläubigen Erwerb des C gemäß § 932 BGB ab, so liegt jedenfalls ein gutgläubiger Erwerb aufgrund des § 934 (2. Fall) BGB vor, da C den (mittelbaren) Besitz an den eingelagerten Sachen vom unmittelbaren Besitzer, dem Lagerhalter, erlangt hat. Der BGH[90] hat es in dieser Entscheidung mit Recht für unerheblich erklärt, daß der Lagerhalter von Anfang an nicht den tatsächlichen Willen gehabt hat, die eingelagerten Sachen für C zu besitzen, er dies dem C vielmehr nur vorgegaukelt habe. Ein derartiger geheimer Vorbehalt ist unerheblich.

Schließlich scheidet ein Erwerb kraft guten Glaubens auch dann nicht aus, wenn der vermeintliche Herausgabeanspruch, falls er bestünde und dem Veräußerer zustünde, gemäß § 399 BGB nicht abgetreten werden könnte. Gegen diese Auffassung kann nicht eingewandt werden, der Erwerber dürfe in diesem Falle nicht geschützt werden, weil er den Herausgabeanspruch und damit den Besitz und das Eigentum auch nicht erlangt hätte, falls der Veräußerer Inhaber dieses Anspruchs gewesen wäre. Das Abtretungsverbot kann aufgehoben werden, und die Beteiligten, der Veräußerer und der Lagerhalter, heben es auf, wenn der Veräußerer den Herausgabeanspruch abtritt und der Lagerhalter die Abtretung dadurch anerkennt, daß er dem Erwerber im Hinblick auf die Abtretung des Herausgabeanspruchs und die damit verbundene Veräußerung die Sache übergibt oder ihm den Besitz daran vermittelt.[91] Diese Voraussetzungen sind in dem Fall, in dem der Veräußerer den ihm nur vermeintlich zustehenden Herausgabeanspruch abtritt, stets gegeben; anderenfalls lägen die Tatbestandsmerkmale des § 934 (2. Fall) BGB nicht vor.

VI. Guter Glaube

Nur der gutgläubige Erwerber wird geschützt. Er ist nicht in gutem Glauben, wenn ihm bekannt oder infolge grober Fahrlässigkeit unbekannt ist, daß die Sache nicht dem Veräußerer gehört, § 932 Abs. 2 BGB; der gute Glaube ersetzt also nur das fehlende Eigentum des Veräußerers. Es wird vermutet, daß der Erwerber gutgläubig ist, § 932 Abs. 1 Satz 1 BGB; der Veräußerer muß nachweisen, daß diese Voraussetzung nicht gegeben ist. Die Unkenntnis des Erwerbers ist grobfahrlässig, wenn er die erforderliche Sorgfalt nach den gesamten Umständen in ungewöhnlich grobem Maße verletzt und dasjenige unbeachtet gelassen hat, was im gegebenen

90 WM 1979, 771, 773 = NJW 1979, 2037.
91 Vgl. *Tiedtke*, WM 1979, 1142, 1150 f.

Fall jedem hätte einleuchten müssen.[92] Ein solcher Fall ist z. B. gegeben, wenn der Erwerber einen gebrauchten Wagen kauft, ohne sich den Kraftfahrzeugbrief übergeben zu lassen,[93] oder wenn er sich bei seinem Verkäufer nicht nach den Eigentumsverhältnissen erkundigt, obwohl die Sache, die wertvoll ist, in der Regel nur unter Eigentumsvorbehalt geliefert wird und er weiß, daß sein Verkäufer sich in einer schwierigen wirtschaftlichen Lage befindet.[94] Den Käufer trifft aber keine allgemeine Erkundigungspflicht. Das gleiche gilt für den Sicherungsnehmer; er braucht den Sicherungsgeber nicht zu fragen,[95] ob er die Sache bereits einem anderen zur Sicherheit übereignet habe.

Der gute Glaube muß in der Zeit gegeben sein, in der der Erwerber Eigentümer würde, wenn die Sache dem Veräußerer gehörte. Der Erwerber muß also im Zeitpunkt der Vollendung des Rechtserwerbs redlich sein: folgt die Übergabe der Einigung nach, im Augenblick der Übergabe, folgt die Einigung der Übergabe nach, im Augenblick der Einigung.

Ist die Einigung unter einer aufschiebenden Bedingung erklärt, so genügt der gute Glaube beim Zustandekommen der bedingten Übereignung (und der Übergabe der Sache);[96] beim Eintritt der Bedingung braucht er nicht mehr vorzuliegen. Wer eine Sache unter Eigentumsvorbehalt gekauft hat, erlangt mit der Zahlung der letzten Rate auch dann das Eigentum, wenn er in diesem Augenblick weiß, daß die Sache nicht dem Veräußerer gehörte. Wird der Erwerber bei der Einigung über den Übergang des Eigentums vertreten, so kommt es nach § 166 Abs. 1 BGB auf den guten Glauben des Vertreters an. Besteht Gesamtvertretung, schadet der böse Glaube eines Vertreters. Hat der Bevollmächtigte nach bestimmten Weisungen des Erwerbers gehandelt, müssen beide gutgläubig sein, § 166 Abs. 2 BGB.

War der Veräußerer bei der Übereignung Eigentümer der Sache, ficht aber ein Dritter, von dem er das Eigentum erlangt hat, die Übereignung an ihn wegen arglistiger Täuschung an, so verliert er mit rückwirkender Kraft das Eigentum, da die Anfechtung wegen arglistiger Täuschung auch die dingliche Einigung zerstört. Der Erwerber hat die Sache also, wie sich jetzt herausstellt, vom Nichtberechtigten erhalten, so daß sich die Frage stellt, ob er sie kraft guten Glaubens erworben hat. Der Erwerber konnte im Zeitpunkt des Erwerbs nicht bösgläubig sein; der Veräußerer war damals, als noch nicht angefochten war, Eigentümer der Sache. In diesem

92 BGHZ 10, 14, 16.
93 BGHZ 47, 207; BGHZ 68, 323, 325; BGH, NJW 1981, 226, 227.
94 BGH, WM 1969, 242, 244.
95 BGH, WM 1970, 120; BGH, WM 1966, 792, 793.
96 BGHZ 10, 69, 73; BGHZ 30, 374, 377.

Fall muß es, was den guten Glauben angeht, darauf ankommen, ob der Erwerber die Anfechtbarkeit der zwischen dem Dritten und dem Veräußerer vorgenommenen Einigung kannte oder seine Unkenntnis auf grober Fahrlässigkeit beruhte. Diese Regelung ist in § 142 Abs. 2 BGB getroffen. Hiernach wird, wer die Anfechtbarkeit kannte oder kennen mußte, für den Fall, daß die Anfechtung erfolgt, so behandelt, wie wenn er die Nichtigkeit des Rechtsgeschäfts gekannt hätte oder hätte kennen müssen. Da beim Erwerb des Eigentums nur die grobe Fahrlässigkeit bösgläubig macht, gilt hier die entsprechende Regelung.

Auf die Kenntnis der Anfechtbarkeit kommt es auch an, wenn das Rechtsgeschäft, aufgrund dessen der Veräußerer (vermeintlich) das Eigentum von dem Dritten erlangt hat, sowohl (wegen Sittenwidrigkeit oder Formmangels) nichtig als auch wegen arglistiger Täuschung anfechtbar ist und der Erwerber in bezug auf das Eigentum des Veräußerers gutgläubig, in bezug auf die Anfechtbarkeit aber bösgläubig ist. Der Erwerber kann in dem Fall, in dem die Einigung zwischen dem Dritten und dem Veräußerer sowohl nichtig als auch anfechtbar ist (und später angefochten wird), nicht besser stehen, als er stünde, wenn das Rechtsgeschäft nur anfechtbar wäre.

VII. Abhanden gekommene Sachen

1. Begriff

Der redliche Erwerber wird nach § 935 Abs. 1 Satz 1 BGB nicht geschützt, wenn die Sache dem Eigentümer gestohlen, verlorengegangen oder sonst abhanden gekommen war. Eine Sache ist abhanden gekommen, wenn sie dem unmittelbaren Besitzer ohne seinen Willen aus dem Besitz gekommen ist. Die Sache kann dem Eigentümer also nur abhanden gekommen sein, wenn er den unmittelbaren Besitz an ihr hatte. Mitbesitz reicht aus. Die Sache ist dem mitbesitzenden Eigentümer auch dann abhanden gekommen, wenn der andere Mitbesitzer sie ohne seinen Willen an einen Dritten veräußert. Besitzen Ehegatten Sachen gemeinsam, wie dies bei Haushaltsgegenständen der Fall ist, so erlangt der Erwerber nicht das Eigentum, wenn der Ehegatte, der nicht Eigentümer ist, den Besitz des anderen (ohne dessen Willen) gebrochen hat. Auf die Sonderregelung, die gemäß § 1369 BGB für den gesetzlichen Güterstand gilt, kommt es dann nicht an.

Hat der Eigentümer die Sache einem anderen gegeben und dieser sie treuwidrig an einen Dritten veräußert, ist die Sache nicht abhanden gekommen. Der gute Glaube des Dritten wird geschützt. Der Eigentümer hat dadurch, daß er die Sache einem anderen überließ, das Risiko geschaffen, daß dieser sie einem redlichen Erwerber veräußert. Die Folgen dieses Risikos muß er tragen; mit dem Erwerb des Dritten verliert er sein Eigentum.

2. Veräußerung durch einen Besitzdiener

Die Sache ist dem Eigentümer abhanden gekommen, wenn sein Besitzdiener sie veräußert hat. Der Besitzdiener hat keinen unmittelbaren Besitz. Bricht er den unmittelbaren Besitz des Besitzherrn, so kommt die Sache diesem ohne seinen Willen aus dem Besitz. Dies gilt auch, wenn der Besitzdiener nach außen hin eine selbständige Stellung hatte.[97] Der Erwerber wird nur geschützt, wenn der Rechtsscheintatbestand, der Besitz des Veräußerers, objektiv vorgelegen hat (hieran fehlt es bei dem Besitzdiener); er wird nicht geschützt, wenn es nur so scheint, als ob der Rechtsscheintatbestand bei dem Veräußerer vorgelegen hätte. Ist der Besitzdiener in einem Laden oder in einem offenen Warenlager angestellt, so gilt er allerdings gemäß § 56 HGB als ermächtigt zu Verkäufen, wie sie in einem derartigen Laden oder Warenlager gewöhnlich geschehen. Soweit der Besitzdiener im Rahmen dieser fiktiven Ermächtigung gehandelt hat, ist die Sache dem Besitzer, dem Kaufmann, nicht abhanden gekommen;[98] andernfalls liefe die Vorschrift leer.

3. Besitzverlust des Besitzmittlers

Hat der Eigentümer die Sache einem Besitzmittler gegeben und ist sie diesem abhanden gekommen, so treten, obwohl die Sache nicht dem Eigentümer, sondern dem Besitzmittler abhanden gekommen ist, die gleichen Rechtsfolgen ein, wie wenn sie ihm abhanden gekommen wäre; der gute Glaube des Erwerbers wird nicht geschützt, § 935 Abs. 1 Satz 2 BGB. Diese Regelung gilt nicht, wenn die Sache dem unmittelbaren Besitzer abhanden gekommen ist, der dem Eigentümer den Besitz nicht vermittelt hat, wenn der Verwahrer also die Sache an einen bösgläubigen Dritten veräußert hat,[99] dem sie seinerseits gestohlen worden ist. Der Erwerber, der die Sache von einem Dieb gutgläubig gekauft hat, wird in

---

97 Herrschende Meinung, vgl. RGZ 71, 248, 252; RGZ 106; 4, 6; *Baur*, Sachenrecht, 12. Aufl., § 52 V, 2 a bb; BGB-RGRK-*Pikart*, 12. Aufl., § 935 Rdn. 18 m.w.N.; MünchKomm.-*Quack*, § 935 Rdn. 13; a.A. *Schmelzeisen*, AcP 136, 129, 149; *H. Westermann*, Sachenrecht, 5. Aufl., § 49 I, 6.

98 *H. Westermann*, Sachenrecht, 5. Aufl., § 49 I, 6.

99 Streitig, wie hier OLG Düsseldorf, JZ 1951, 269; *Heck*, Sachenrecht, § 60, 5; *Raiser*, JZ 1951, 270; a.A. *Baur*, Sachenrecht, 12. Aufl., § 52 V, 2 a aa; *H. Westermann*, Sachenrecht, 5. Aufl., § 49 I, 5.

diesem Fall geschützt. Der Eigentümer hat die Sache in den Verkehr gegeben und der Schaden ist dadurch eingetreten, daß sein Besitzmittler, der Verwahrer, die Sache an einen Dritten veräußert hat. Dieses Risiko muß der Eigentümer, der die Sache in den Verkehr gegeben hat, tragen; er hätte es auch tragen müssen, wenn der Vertragspartner des Verwahrers gutgläubig gewesen wäre.

4. Besitz des Erben

Da der Besitz nach § 857 BGB auf den Erben übergeht, ist die Sache dem wahren Erben abhanden gekommen, wenn ein Dritter, mag er sich auch für den Erben halten, eine Nachlaßsache an sich nimmt, die bisher im unmittelbaren Besitz des Erblassers stand. Er kann daher einem anderen nicht das Eigentum verschaffen. Die Sache ist dem wahren Erben abhanden gekommen, auch wenn dieser noch nichts von der Erbschaft weiß. Ist der Veräußerer jedoch im Besitz eines Erbscheins,[100] der ihn als Erben ausweist, dann gilt zu seinen Gunsten der Erbschein als richtig, es sei denn, daß der Erwerber die Unrichtigkeit kennt oder weiß, daß das Nachlaßgericht die Rückgabe des Erbscheins wegen Unrichtigkeit verlangt hat, § 2366 BGB. Soweit der Veräußerer aufgrund des Erbscheins im Verhältnis zum Erwerber als Erbe angesehen wird, wird der Umstand, daß ein anderer der Erbe ist, nicht beachtet: dieser wird nicht als Erbe angesehen; ihm kann daher die Sache nicht abhanden gekommen sein.

5. Sonderfälle

a) Täuschung

Hat der Veräußerer die Sache aufgrund einer Täuschung übergeben, so ist sie ihm nicht abhanden gekommen; auch der getäuschte Besitzer gibt den Besitz freiwillig auf. Daran ändert sich nichts, wenn der Veräußerer die Übereignung anficht. Die Anfechtung vernichtet die Einigung, nicht die Übergabe. Diese bleibt als Realakt bestehen. Ist sie allerdings gemäß § 854 Abs. 2 BGB, also durch eine Einigung erfolgt, kann sie angefochten werden. Mit der Anfechtung wird sie ex tunc unwirksam. Holt der Erwerber das gekaufte Holz im Wald gleichwohl ab, ist es dem Veräußerer abhanden gekommen. Hat der Erwerber das Holz aber bereits vor der Anfechtung im Einverständnis mit dem Veräußerer abgefahren, ist es nicht abhanden gekommen. Die Besitzübergabe gemäß § 854 Abs. 2 BGB ist zwar weggefallen. Da das Holz aber mit Willen des Veräußerers abtransportiert worden ist, ist der Besitz gemäß § 854 Abs. 1 BGB

---

100 Zum öffentlichen Glauben des Erbscheins vgl. *Wiegand*, JuS 1975, 283 ff und Zweites Kapitel, fünfter Abschnitt, S. 197 ff.

übergegangen. Die in § 854 Abs. 2 BGB getroffene Regelung soll den Erwerber besser stellen. Sie kann nicht dazu dienen, seine Rechtsstellung zu verschlechtern.[101] Ohne eine Einigung über den Besitzübergang gemäß dieser Vorschrift hätte der Erwerber aber den Besitz mit dem einverständlichen Abtransport erhalten.

b) Drohung

Hat der Veräußerer den Besitz aufgrund einer Drohung weggegeben, so verdient sein Interesse an der Erhaltung des Eigentums den Vorrang vor den Belangen des redlichen Erwerbers. Die Sache ist ihm deshalb, entgegen der Auffassung des BGH,[102] auch dann abhanden gekommen, wenn die Drohung nicht so stark war, daß sie einen seelischen Zwang herbeiführte, der einer unwiderstehlichen physischen Gewalt gleichkam. Der bedrohte Besitzer gibt den Besitz an der Sache nicht freiwillig auf.[103]

c) Weggabe durch Geschäftsunfähige oder in der Geschäftsfähigkeit Beschränkte

Ob einem Geschäftsunfähigen oder einem in der Geschäftsfähigkeit Beschränkten die Sache abhanden gekommen ist, hängt davon ab, ob er fähig war, sich über die Bedeutung der Besitzweggabe ein zutreffendes Bild zu machen.[104] Diese Frage wird bei einem Geschäftsunfähigen in der Regel zu verneinen sein. Bei einem in der Geschäftsfähigkeit Beschränkten kommt es auf die Umstände des Einzelfalles an.

d) Wegnahme aufgrund eines Hoheitsaktes

Wird die Sache dem Eigentümer aufgrund eines Hoheitsaktes weggenommen, ist sie ihm nicht abhanden gekommen;[105] der fehlende Wille des Besitzers wird durch die öffentlich-rechtliche Befugnis des Eingreifenden ersetzt. Dies gilt auch, wenn der Hoheitsakt gesetzwidrig war. Er ist dann

---

101 Vgl. *Reinicke/Tiedtke*, Kaufrecht, 2. Aufl., S. 65.

102 BGHZ 4, 10, 34 ff.

103 *Baur*, Sachenrecht, 12. Aufl., § 52 V, 2 b ff; *Heck*, Sachenrecht, § 60, 5; *H. Westermann*, Sachenrecht, 5. Aufl., § 49 I, 3.

104 Vgl. *Hübner*, Der Rechtsverlust im Mobiliarsachenrecht (1955), S. 114 ff; die herrschende Lehre nimmt bei einem Geschäftsunfähigen stets ein Abhandenkommen an. Bei einem in der Geschäftsfähigkeit Beschränkten wird entweder, wie oben, auf die Urteilsfähigkeit im einzelnen Fall abgestellt (so *Baur*, Sachenrecht, 12. Aufl., § 52 V, 2 b aa) oder ein Abhandenkommen immer bejaht (so *Flume*, Allgemeiner Teil des Bürgerlichen Rechts, II. Band, Das Rechtsgeschäft, 3. Aufl., § 13, 11 d) oder immer verneint (so BGB-RGRK-*Pikart*, 12. Aufl., § 935 Rdn. 14. m.w.N.).

105 Vgl. BGHZ 4, 10, 33; BGHZ 4, 283, 285.

nur anfechtbar; bis zu seiner Aufhebung muß er beachtet werden. Die Rechtslage ist anders, wenn der Hoheitsakt nichtig war.

6. Rechtsfolgen des Abhandenkommens

Ist die Sache dem Eigentümer (oder seinem Besitzmittler) abhanden gekommen, so scheidet ein gutgläubiger Erwerb aus. Dies gilt für alle Veräußerungen. Hat A die Sache dem Eigentümer gestohlen, so behält dieser sein Eigentum, auch wenn B die Sache, die er von A gekauft hat, an C und dieser sie an D veräußert.

Die Vorschriften über den Ausschluß des redlichen Erwerbs abhanden gekommener Sachen finden nach § 935 Abs. 2 BGB keine Anwendung auf Geld oder Inhaberpapiere. Das gleiche gilt für Sachen, die im Wege öffentlicher Versteigerung veräußert werden.

Ein Pfandgläubiger ist nach § 1228 Abs. 1 BGB berechtigt, die seinem Schuldner gehörende und ihm verpfändete Sache nach den Vorschriften der §§ 1234 bis 1240 BGB zu verkaufen. Der Verkauf findet im Wege der öffentlichen Versteigerung statt, § 1235 BGB. Der Pfandgläubiger, vertreten durch den Gerichtsvollzieher, schließt mit dem Ersteigerer einen Kaufvertrag (§ 156 BGB) und übereignet ihm die Sache in Erfüllung dieses Vertrages. Durch die rechtmäßige Veräußerung erlangt der Erwerber die gleichen Rechte, wie wenn er die Sache vom Eigentümer erworben hätte, § 1242 Abs. 1 BGB. Hat der Pfandgläubiger kein Pfandrecht erlangt, weil die Sache dem Eigentümer abhanden gekommen war, so erwirbt der gutgläubige Ersteigerer gleichwohl das Eigentum, §§ 935, 1244 BGB.

VIII. Lastenfreier Erwerb

1. Voraussetzungen

Den schutzwürdigen Belangen des gutgläubigen Erwerbers wäre nicht hinreichend Rechnung getragen, wenn er zwar das Eigentum erlangte, die Sache aber mit einem Pfandrecht oder einem Nießbrauch belastet wäre. § 936 BGB ordnet deshalb an, daß diese Rechte mit dem Erwerb des Eigentums erlöschen. Scheitert der Erwerb an § 935 BGB, bleiben die alten Rechte bestehen. Die beschränkt dinglichen Rechte erlöschen nur, wenn der Erwerber Eigentümer wird. Geschieht dies, so spielt es grundsätzlich keine Rolle, ob der Erwerber das Eigentum vom Berechtigten oder vom Nichtberechtigten erhält. In beiden Fällen erlangt er das unbelastete Eigentum. Erwirbt er es aber vom Eigentümer, so tritt die Lastenfreiheit nur ein, wenn auf der Veräußererseite ein Rechtsscheintatbestand vorgelegen hat, auf den er sich verlassen durfte; die Lasten erlöschen nur, wenn der Erwerber das Eigentum kraft seines guten Glaubens erlangt hätte, falls die Sache dem Veräußerer nicht gehört hätte.

§ 935 BGB ist im Rahmen des § 936 BGB, obwohl das Gesetz dies nicht ausdrücklich anordnet, auch in dem Fall anwendbar, in dem die Sache (nicht dem Eigentümer, sondern) dem Inhaber des beschränkt dinglichen Rechts abhanden gekommen ist. Ist das der Fall, so erlischt dieses Recht nicht. Hat der Eigentümer die Sache dem Pfandgläubiger oder Nießbraucher ohne dessen Willen weggenommen und die Sache alsdann veräußert, so erlangt auch der redliche Erwerber nur das belastete Eigentum.

2. Besonderheiten bei einer Übereignung nach § 931 BGB

Überträgt der Veräußerer das Eigentum nach § 931 BGB, so erlöschen die Pfand- und Nießbrauchsrechte nicht, wenn sich die Sache im Besitze des Pfandgläubigers oder des Nießbrauchers befinden, § 936 Abs. 3 BGB. Die Interessen des Inhabers des beschränkt dinglichen Rechts sind, wenn er Besitzer der Sache ist, schutzwürdiger als die Belange des Erwerbers, der weiß, daß sich die gekauften Sachen im Besitz eines Dritten befinden. Er muß damit rechnen, daß diesem ein Recht an der Sache zusteht.

Diese Regelung kommt auch dem Vorbehaltskäufer zugute. Veräußert der Vorbehaltsverkäufer die ihm gehörende Sache an einen Dritten, so erwirbt dieser das Eigentum vom Berechtigten. Das Eigentum geht jedoch mit dem Eintritt der Bedingung, der Zahlung der letzten Kaufpreisrate, unter, § 161 Abs. 1 BGB. Nach § 161 Abs. 3 BGB finden zwar die Vorschriften zugunsten derjenigen, welche Rechte von einem Nichtberechtigten herleiten, entsprechende Anwendung. Zu diesen Vorschriften gehört aber auch § 936 Abs. 3 BGB, der einen gutgläubigen Erwerb zu Lasten des besitzenden Inhabers eines beschränkt dinglichen Rechts ausschließt. Inhaber eines derartigen Rechts ist auch der Anwartschaftsberechtigte.[106] Er erwirbt also mit der letzten Kaufpreisrate das Eigentum, auch wenn der Dritte, dem der Vorbehaltsverkäufer die Sache gemäß § 931 BGB übertragen hatte, nicht wußte, daß die Sache unter Eigentumsvorbehalt veräußert war.

3. Pfändungspfandrecht

§ 936 BGB ist auch anwendbar, wenn der Gläubiger in eine Sache seines Schuldners vollstreckt und dadurch ein Pfändungspfandrecht erlangt

106 Vgl. dazu *Reinicke/Tiedtke*, Kaufrecht, 2. Aufl., S. 260.

hat.[107] Hat der Schuldner das Siegel entfernt und die in seinem Besitz belassene Sache veräußert, so erlangt der redliche Erwerber lastenfreies Eigentum.

4. Grundpfandrechte

a) Bestandteile und Erzeugnisse

Bewegliche Sachen können nicht nur mit einem Pfandrecht an beweglichen Sachen, sie können auch mit einer Hypothek oder einer Grundschuld belastet sein.[108] Ein Grundpfandrecht an beweglichen Sachen ist kein Widerspruch in sich, wenngleich es, natürlich, nur in Ausnahmefällen besteht. Das Grundpfandrecht belastet das Grundstück. Hierzu gehören auch seine wesentlichen und nicht wesentlichen Bestandteile. Die Hypothek erstreckt sich auf das Wohnhaus, den Apfelbaum und die Ähren auf dem Felde. Wird das Haus abgerissen, fällt der Apfel vom Baum und wird das Getreide geerntet, so werden die Bestandteile des Grundstücks selbständige Sachen. Das Grundpfandrecht bleibt an ihnen bestehen. Die Hypothek erstreckt sich, heißt es in § 1120 BGB, auf die von dem Grundstück getrennten Erzeugnisse und sonstigen Bestandteile, soweit sie nicht mit der Trennung nach den §§ 953 bis 957 BGB in das Eigentum eines anderen als des Eigentümers oder des Eigenbesitzers des Grundstücks gelangt sind. Der Pächter oder der Nießbraucher erhält also die Früchte unbelastet, der Eigentümer oder Eigenbesitzer nicht. Das Pfandrecht kann jedoch an den getrennten Bestandteilen nicht so lange fortbestehen wie am Grundstück. Der Eigentümer will sie verwerten. Er darf durch die Hypothek nicht daran gehindert werden, Obst und Getreide zu veräußern. Sie müssen von der Haftung frei werden. Das Gesetz sieht eine entsprechende Regelung in § 1122 BGB vor. Sind die Erzeugnisse oder Bestandteile innerhalb der Grenzen einer ordnungsgemäßen Wirtschaft von dem Grundstück getrennt worden, so erlischt die Haftung auch ohne Veräußerung, wenn sie vor der Beschlagnahme von dem Grundstück entfernt werden, es sei denn, daß die Entfernung nur zu einem vorübergehenden Zweck erfolgt. Das Gesetz mißt der Beschlagnahme eine besondere Bedeutung zu. Durch sie wird die Haftung der Verwertung näher gerückt, aus der potentiellen wird eine aktuelle Haf-

---

107 RGZ 161, 109; BGH, WM 1962, 1117; MünchKomm.-*Quack*, § 936 Rdn. 4; vgl. aber auch *Lüke*, JZ 1955, 484, 486 f.

108 Vgl. dazu *Klinkhammer/Rancke*, JuS 1973, 665, 668 ff; *Plander*, JuS 1975, 345; *Reinicke/Tiedtke*, Gesamtschuld und Schuldsicherung durch Bürgschaft, Hypothek, Grundschuld, Pfandrecht an beweglichen Sachen und Rechten (1981), S. 186 ff.

tung. Die Beschlagnahme tritt durch die Anordnung der Zwangsversteigerung oder Zwangsverwaltung des Grundstücks (§§ 20, 21, 146, 148 ZVG) oder dadurch ein, daß der Gläubiger aufgrund der Hypothek einen dinglichen Titel erwirkt und hieraus die Mobiliarzwangsvollstreckung in die Bestandteile betreibt, sie also durch den Gerichtsvollzieher pfänden läßt.[109]

Sind die Voraussetzungen des § 1122 BGB nicht gegeben, so spielt für die Enthaftung die Veräußerung der Bestandteile eine Rolle; hierbei kann es auf den guten Glauben des Erwerbers ankommen. Das Gesetz stellt auf drei Ereignisse ab: die Beschlagnahme, die Veräußerung und die Entfernung der Sachen vom Grundstück. Es bildet drei Fälle, je nachdem, welches Ereignis sich am Ende der jeweiligen Reihe befindet.

Der erste Fall ist in § 1121 Abs. 1 BGB geregelt. Hier steht die *Beschlagnahme am Schluß*. Die Bestimmung erfaßt die Reihe „Entfernung-Veräußerung-Beschlagnahme" und die Reihe „Veräußerung-Entfernung-Beschlagnahme".Die Beschlagnahme kommt zu spät. Die Sachen sind bereits veräußert und entfernt oder entfernt und veräußert. Die Beschlagnahme geht, was diese Sachen angeht, ins Leere. Die Sachen sind frei geworden. Auf den guten Glauben des Erwerbers kommt es nicht an.[110]

Im zweiten Fall steht die *Veräußerung an letzter Stelle*. Zu diesem Fall gehört die Reihe „Beschlagnahme-Entfernung-Veräußerung" und die Reihe „Entfernung-Beschlagnahme-Veräußerung". Der Veräußerer steht hier schlechter. Die Sachen sind bei der Veräußerung bereits beschlagnahmt. Da die Sachen sich aber bei der Veräußerung nicht mehr auf dem Grundstück befinden, also die Verbindung der Sachen mit dem belasteten Grundstück nicht mehr sichtbar ist, wird der Erwerber geschützt, wenn er beim Erwerb im Hinblick auf die Beschlagnahme gutgläubig ist.[111] Diese Regelung ist in den §§ 135, 136 BGB enthalten. Die durch die Anordnung der Zwangsversteigerung oder Zwangsverwaltung herbeigeführte Beschlagnahme des Grundstücks stellt ein relatives Veräußerungsverbot dar, § 23, § 146 ZVG. Erfolgt die Beschlagnahme im Wege der Mobiliarzwangsvollstreckung aus dem dinglichen Titel, so hat die Pfändung neben der Verstrickung die Entstehung eines Pfändungspfandrechts

---

109 RGZ 81, 146, 148; RGZ 103, 137, 138; MünchKomm.-*Eickmann*, § 1121 Rdn. 9.

110 *Plander*, JuS 1975, 345, 347 f; *Soergel/Baur*, Komm. zum BGB, 11. Aufl., § 1121 Rdn. 2.

111 *Reinicke/Tiedtke*, aaO. (Fn. 108), S. 186 m.w.N.; *Soergel/Baur*, Komm. zum BGB, 11. Aufl., § 1121 Rdn. 3 und 4; Staudinger-*Scherübl*, Komm. zum BGB, 12. Aufl., § 1121 Rdn. 11 a; *H. Westermann*, Sachenrecht, 5. Aufl., § 98 III, 4.

zur Folge. Die Freiheit von dieser Last erlangt der redliche Erwerber aufgrund des § 936 BGB.

Der dritte Fall ist in § 1121 Abs. 2 BGB geregelt. Hier ist die *Entfernung das letzte Ereignis*. Dieser Fall erfaßt die Reihe „Beschlagnahme-Veräußerung-Entfernung" und die Reihe „Veräußerung-Beschlagnahme-Entfernung". Die Sachen befinden sich bei der Veräußerung noch auf dem Grundstück. Der Erwerber muß deshalb damit rechnen, daß die im Grundbuch eingetragene Hypothek sich auch auf sie erstreckt. Daß die Hypothek im Grundbuch eingetragen war, ist vom Gesetz als selbstverständlich vorausgesetzt. Fehlt es hieran oder ist die Hypothek versehentlich gelöscht, so erlangt der redliche Erwerber die Sachen lastenfrei.[112] Er erwürbe das Grundstück nach § 892 BGB unbelastet. Die Rechtslage kann nicht anders sein, wenn er nur die Bestandteile des Grundstücks erwirbt. Ist die Hypothek aber im Grundbuch eingetragen, so kann der Erwerber sich nicht darauf berufen, daß er die Hypothek nicht gekannt hat. Er bleibt jedoch auch in diesem Fall nicht ohne jeden Schutz. Er erlangt die Sachen lastenfrei, wenn er sie vom Grundstück entfernt und zu diesem Zeitpunkt noch hinsichtlich der Beschlagnahme gutgläubig ist.[113] Die Kenntnis des Versteigerungsantrags steht nach § 23 Abs. 2 Satz 1 ZVG einer Kenntnis der Beschlagnahme gleich, und schließlich gilt die Beschlagnahme als bekannt, sobald der Versteigerungsvermerk eingetragen ist, § 23 Abs. 2 Satz 2 ZVG.

b) Zubehör

Die Hypothek erstreckt sich nach § 1120 BGB auch auf das Zubehör, das dem Eigentümer des Grundstücks gehört. Ein Lastkraftwagen oder eine Kuh kann mit einer Hypothek belastet sein. Die Zubehörstücke werden nach § 1122 Abs. 2 BGB ohne Veräußerung von der Haftung frei, wenn die Zubehöreigenschaft innerhalb der Grenzen einer ordnungsmäßigen Wirtschaft vor der Beschlagnahme aufgehoben wird. Ist diese Voraussetzung nicht gegeben, so werden sie nach § 1121 BGB durch die Veräußerung in gleicher Weise frei wie dies bei Bestandteilen der Fall ist; der gute Glaube des Erwerbers von Zubehör wird also in demselben Umfang wie beim Erwerb von Bestandteilen geschützt.[114]

---

112 MünchKomm.-*Eickmann*, § 1121 Rdn. 39 und *Plander*, JuS 1975, 345, 348, 350 stützen diese Ansicht auf § 936 BGB, *Wolff/Raiser*, Sachenrecht, 10. Bearbeitung, § 135 II, 1 (Fn. 17) wenden zu Recht § 892 BGB entsprechend an.

113 *Plander*, JuS 1975, 345, 349 ff; *Soergel/Baur*, Komm. zum BGB, 11. Aufl., § 1121 Rdn. 3 und 4; *H. Westermann*, Sachenrecht, 5. Aufl., § 98 III, 4.

114 Vgl. *Klinkhammer/Rancke*, JuS 1973, 665, 668 ff; *Reinicke/Tiedtke*, aaO. (Fn. 108), S. 187 f m.w.N.

Hat der Eigentümer Zubehörstücke unter Eigentumsvorbehalt gekauft, so erfaßt die Hypothek das Anwartschaftsrecht am Zubehör.[114a] Der Vorbehaltskäufer kann das Anwartschaftsrecht durch Vertrag mit dem Verkäufer nur aufheben, wenn der Inhaber des Grundpfandrechts zustimmt. § 1276 BGB schützt den Pfandgläubiger vor der Gefahr, daß das verpfändete Recht aufgehoben wird. Diese Gefahr besteht auch bei dem – mit einem Grundpfandrecht belasteten – Anwartschaftsrecht auf den Erwerb von Zubehörstücken. § 1276 BGB ist deshalb entsprechend anzuwenden.[114b]

IX. Rechtsstellung des redlichen Erwerbers

1. Rechtsstellung des Eigentümers

Der Erwerber, der die Sache kraft seines guten Glaubens vom Nichtberechtigten erlangt hat, steht grundsätzlich so, wie wenn er sie vom Berechtigten erhalten hätte. Er kann die Sache einem Dritten übereignen, auch wenn dieser weiß, daß er, der gutgläubige Erwerber, sie von einem Nichtberechtigten erworben hat. Mit dem Erwerb des Eigentums durch den redlichen Erwerber ist das Eigentum des alten Eigentümers endgültig untergegangen. Der Erwerber kann die Sache auch dem Veräußerer zurückübereignen. Stehen die beiden Veräußerungen in keinem Zusammenhang miteinander, so erlangt der alte Veräußerer das Eigentum seines Vertragspartners, des früheren redlichen Erwerbers.

Der nichtberechtigte Veräußerer wird aber im Falle der *Rückübereignung*[115] nicht Eigentümer, wenn er das Hin und Her geplant und nur in Szene gesetzt hat, um das Eigentum zu erlangen. Hier ist der Veräußerer nicht schutzwürdig. Das Eigentum fällt deshalb mit der Übereignung wieder an den alten Eigentümer zurück. Das gleiche gilt, wenn die Übertragung des Eigentums vom Veräußerer an den gutgläubigen Erwerber nur vorläufiger Natur war (diesem war die Sache nur zur Sicherheit oder treuhänderisch übereignet worden) oder wenn das schuldrechtliche

---

114a BGHZ 35, 88 m.w.N.; BGH, NJW 1965, 1475; BGH, NJW 1970, 2212, 2215; BGH, NJW 1985, 376, 378.

114b So auch *Kollhosser*, JA 1984, 196, 201; *Marotzke*, Das Anwartschaftsrecht, ein Beispiel sinnvoller Rechtsfortbildung? (1977), S. 38 f.; *G. Reinicke*, Gesetzliche Pfandrechte und Hypotheken am Anwartschaftsrecht aus bedingter Übereignung (1941), S. 42; *ders.*, MDR 1961, 681, 682; a.A. BGH, NJW 1985, 376; hiergegen *Kollhosser*, JZ 1985, 370 und *Tiedtke*, NJW 1985, 1305.

115 Vgl. *Baur*, Sachenrecht, 12. Aufl., § 52 IV, 2; BGB-RGRK-*Pikart*, 12. Aufl., § 932 Rdn. 35 m.w.N.; MünchKomm.-*Quack*, § 932 Rdn. 75 ff m.w.N.

Grundgeschäft rückgängig gemacht, der Kaufvertrag also gewandelt oder ein Rücktrittsrecht ausgeübt wird. Auch hier geht das Eigentum mit der Rückübereignung[116] des gutgläubigen Erwerbers an den Veräußerer auf den früheren Eigentümer über. Dieser ist schutzwürdiger als der Veräußerer.

2. Schuldrechtliche Ansprüche gegen den redlichen Erwerber

Der gutgläubige Erwerber ist keinen schuldrechtlichen Ansprüchen des früheren Eigentümers ausgesetzt. Er ist auch dann nicht schadensersatzpflichtig, wenn er leichtfahrlässig gehandelt hat. Würde er dem Eigentümer den durch den Verlust des Eigentums entstandenen Schaden nach § 823 Abs. 1 BGB ersetzen müssen, wäre der gutgläubige Erwerb bei leichter Fahrlässigkeit des Erwerbers wertlos.[117] Das Gesetz bringt dadurch, daß es den leichtfahrlässigen Erwerber schützt, zum Ausdruck, daß dieser nicht für den Schaden verantwortlich ist, der mit dem Eigentumserwerb verbunden ist.

Der gutgläubige Erwerber erlangt das Eigentum auch, wenn er die Sache *unentgeltlich* erworben hat. In diesem Fall verdienen aber die Interessen des früheren Eigentümers den Vorrang. War die Veräußerung entgeltlich, kann der frühere Eigentümer den Kaufpreis vom Veräußerer fordern, § 816 Abs. 1 Satz 1 BGB. War sie unentgeltlich, fällt diese Möglichkeit weg. An ihre Stelle tritt die Verpflichtung des Erwerbers, dem früheren Eigentümer das Erlangte herauszugeben, § 816 Abs. 1 Satz 2 BGB;[118] er muß ihm also Eigentum und Besitz daran verschaffen. Er kann sich aber auf den Wegfall der Bereicherung berufen, wenn er den Mangel des rechtlichen Grundes nicht gekannt hat, § 818 Abs. 3, § 819 Abs. 1 BGB.

---

116 Nach anderer Ansicht (*Jauernig*, BGB, 3. Aufl., § 932, 1; *Schwab*, Sachenrecht, 20. Aufl., § 32 VI; *Wiegand*, JuS 1971, 62 ff) fällt das Eigentum nicht automatisch an den früheren Eigentümer zurück. Sie meint, der Veräußerer, auf den das Eigentum übergehe, sei aus Vertrag, Delikt oder aus unerlaubter Handlung verpflichtet, das Eigentum dem früheren Berechtigten herauszugeben.

117 Vgl. RGZ 85, 61, 63 f; RGZ 90, 395, 397; BGH, JZ 1956, 490; BGHZ 37, 363, 368; BGB-RGRK-*Pikart*, 12. Aufl., § 932 Rdn. 74.

118 BGHZ 88, 232, 236; BGH, NJW 1984, 2156.

X. Sonderfälle

1. Eigentumserwerb durch Ersteigerung einer verpfändeten Sache

Bei der Ersteigerung einer verpfändeten Sache geht es um den Erwerb einer nach den Vorschriften des Bürgerlichen Gesetzbuchs verpfändeten, also nicht um den Erwerb einer nach den Bestimmungen der Zivilprozeßordnung im Wege der Zwangsvollstreckung gepfändeten Sache.

a) Erwerb vom Berechtigten

Der Pfandgläubiger kann das Pfand nach § 1204 Abs. 1 BGB zur Befriedigung der gesicherten Forderung verwerten,[119] wenn diese fällig geworden ist. Das Verwertungsrecht ist der Inhalt des Pfandrechts. Die Befriedigung aus dem Pfande erfolgt nach § 1228 BGB durch Verkauf. Für ihn gelten Sonderregelungen. Hat der Pfandgläubiger für sein Recht zum Verkauf einen vollstreckbaren Titel gegen den Eigentümer erlangt, kann er den Verkauf gemäß § 1233 Abs. 2 BGB nach den für den Verkauf einer gepfändeten Sache geltenden Vorschriften der Zivilprozeßordnung bewirken lassen. Fehlt es hieran, wie dies in der Regel der Fall ist, muß das Pfand gemäß § 1233 Abs. 1 BGB nach den Vorschriften der §§ 1234 bis 1240 BGB verkauft werden. Der Verkauf des Pfandes ist gemäß § 1235 BGB im Wege öffentlicher Versteigerung zu bewirken. Was unter einer öffentlichen Versteigerung zu verstehen ist, ist in § 383 Abs. 3 BGB definiert; die Versteigerung hat durch einen Gerichtsvollzieher oder eine andere Versteigerungsperson öffentlich zu erfolgen. Wird die Pfandsache auf diese Weise verkauft, so schließt der Pfandgläubiger, vertreten durch den Gerichtsvollzieher, mit dem Ersteigerer einen privatrechtlichen Kaufvertrag. Der Kaufvertrag kommt nach § 156 BGB mit dem Zuschlag zustande. Der Pfandgläubiger übereignet alsdann, wiederum durch den Gerichtsvollzieher vertreten, dem Ersteigerer die Pfandsache, obwohl sie ihm nicht gehört. Er ist aufgrund des Pfandrechts ermächtigt, die Übereignung im eigenen Namen mit Wirkung für und gegen den Eigentümer vorzunehmen. Nach § 1242 Abs. 1 Satz 1 BGB erhält der Erwerber durch die rechtmäßige Veräußerung des Pfandes die gleichen Rechte, wie wenn er die Sache von dem Eigentümer erworben hätte.

b) Erwerb vom Nichtberechtigten

Der Ersteigerer wird auch dann Eigentümer der Sache, wenn der Pfandgläubiger das Pfandrecht nicht wirksam erlangt hatte, weil er beim Erwerb

---

119 Vgl. dazu *Reinicke/Tiedtke*, Gesamtschuld und Schuldsicherung durch Bürgschaft, Hypothek, Grundschuld, Pfandrecht an beweglichen Sachen und Rechten (1981), S. 241 f.

des Pfandrechts bösgläubig gewesen oder die Sache dem Eigentümer abhanden gekommen ist. Der Erwerber wird geschützt, wenn er nicht weiß, daß der Pfandgläubiger kein Pfandrecht gehabt hat und seine Unkenntnis nicht auf grober Fahrlässigkeit beruht. Der gute Glaube des Ersteigerers muß sich auf das Pfandrecht des Pfandgläubigers erstrecken. § 1244 BGB erklärt die Vorschriften der §§ 932 bis 934, 936 BGB für entsprechend anwendbar. § 935 BGB ist in § 1244 BGB nicht aufgeführt. Der Ersteher erlangt auch dann das Eigentum, wenn die Sache dem Eigentümer abhanden gekommen ist. Er wird in besonderem Maße geschützt; anderenfalls würden sich vielleicht nur wenige Bieter an der Versteigerung beteiligen. Voraussetzung ist lediglich, daß der Verkauf nach § 1233 Abs. 2 BGB erfolgt ist oder die Vorschriften des § 1235 BGB oder des § 1240 Abs. 2 BGB beachtet worden sind.

Der Erlös, den der Erwerber dem Gerichtsvollzieher gibt und den dieser als Vertreter des Gläubigers in Empfang nimmt, wird nicht Eigentum des Gläubigers, wenn diesem kein Pfandrecht zustand. Er fällt vielmehr in das Eigentum des früheren Eigentümers der Pfandsache. Dieser verliert das Eigentum hieran und erhält dafür als Ersatz das Eigentum am Erlös. Der Erlös tritt nach § 1247 Satz 2 BGB an die Stelle des Pfandes. Diese Vorschrift enthält eine Ausnahme von § 929 BGB;[120] denn der Ersteigerer und der Gerichtsvollzieher, der Vertreter des Gläubigers, sind sich einig darüber, daß das Eigentum am Erlös auf den Gläubiger übergehen soll.

2. Ersitzung

Wer eine bewegliche Sache 10 Jahre im Eigenbesitz hat, erwirbt das Eigentum nach § 937 Abs. 1 BGB. Die Ersitzung ist gemäß § 937 Abs. 2 BGB ausgeschlossen, wenn der Erwerber bei dem Erwerb des Eigenbesitzes nicht in gutem Glauben ist oder wenn er später erfährt, daß ihm das Eigentum nicht zusteht. Der gute Glaube des Eigenbesitzers muß sich auf das eigene Eigentum erstrecken. Wer eine gestohlene Sache erwirbt, kann somit nach 10 Jahren das Eigentum an ihr erlangen. Er kann die Sache dann auch behalten, braucht sie also dem früheren Eigentümer nicht nach den Vorschriften über die ungerechtfertigte Bereicherung gemäß § 812 Abs. 1 Satz 1 (2. Fall) BGB herauszugeben, weil er sie auf andere Weise als durch die Leistung eines anderen auf dessen Kosten ohne rechtlichen Grund erlangt habe (Eingriffskondiktion). Er hat das Eigentum nicht ohne rechtlichen Grund erlangt. Der rechtliche Grund liegt in der Ersitzung. Hierüber besteht kein Streit.[121]

---

120 *Baur*, Sachenrecht, 12. Aufl., § 55 B IV, 2 d bb.

121 Vgl. MünchKomm.-*Quack*, § 937 Rdn. 21 m.w.N.

Es fragt sich aber, ob der Ersitzer die Sache nach § 812 Abs. 1 Satz 1 (1. Fall) BGB herausgeben muß, wenn er sie aufgrund einer fehlgeschlagenen Leistung erhalten hat *(Leistungskondiktion)*. Hat ein Geschäftsunfähiger eine Sache dem Käufer veräußert, so erlangt dieser nach 10 Jahren das Eigentum an ihr. Darf er sie auch in diesem Fall behalten, obwohl das Kausalgeschäft, anders als beim Erwerb einer gestohlenen Sache, nichtig ist, oder muß er sie herausgeben, weil er um das Eigentum an der Sache ungerechtfertigt bereichert ist? Eine derartige Verpflichtung wird vielfach[122] im Hinblick auf den Fall bejaht, daß der Veräußerer dem Erwerber eine Sache wirksam, aber ohne Rechtsgrund übereignet. Der Käufer wird hier mit der Übergabe der Sache Eigentümer, ist aber ungerechtfertigt bereichert. Der frühere Eigentümer kann die Herausgabe und Übereignung der Sache verlangen. Dieser Anspruch verjährt in 30 Jahren. Kann der Erwerber besser stehen, wenn nicht nur der schuldrechtliche, sondern auch der dingliche Vertrag, die Übereignung, nichtig ist? Da diese Frage nicht bejaht werden könne, wird in der Rechtslehre[123] weitgehend die Ansicht vertreten, bei fehlgeschlagener Leistung (also beim Fehlen eines wirksamen schuldrechtlichen Rechtsgeschäfts) müsse der Besitzer die Sache trotz der Ersitzung nach den Vorschriften über die ungerechtfertigte Bereicherung herausgeben, solange dieser Anspruch nicht verjährt sei. Diese Auffassung hat sich auch das RG[124] in einer Sache zu eigen gemacht, in der die geschäftsunfähige Nichte von Adolf von Menzel 66 Bilder ihres Onkels der Pinakothek in München geschenkt hatte, die Bilder aber später im Hinblick auf ihre Geschäftsunfähigkeit herausverlangte.

Die bessere Lösung[125] stellt es jedoch dar, den Widerspruch zwischen den beiden Fällen durch die Annahme zu beheben, der Anspruch aus ungerechtfertigter Bereicherung könne in dem Fall, in dem nur das schuldrechtliche Geschäft nichtig sei, nach 10 Jahren nicht mehr geltend gemacht werden, weil der Erwerber die Sache nach Ablauf dieser Zeit ersessen hätte und dann behalten könnte, wenn auch das dingliche Rechtsgeschäft nichtig wäre. Der Erwerber ersitzt dann nach Ablauf der 10 Jahre

---

122 *Baur*, Sachenrecht, 12. Aufl., § 53 h III, 2; *Wolff/Raiser*, Sachenrecht, 10. Bearbeitung, § 71 IV.

123 Vgl. die Nachweise in Fn. 122 und *Gursky*, Sachenrecht (Fälle und Lösungen), 5. Aufl., S. 66 ff; MünchKomm.-*Quack*, § 937 Rdn. 27; *Soergel/Mühl*, Komm. zum BGB, 11. Aufl., § 937 Rdn. 6; *H. Westermann*, Sachenrecht, 5. Aufl., § 52 III, 2.

124 RGZ 130, 69, 73.

125 Vgl. *Erman/Hefermehl*, Komm. zum BGB, 7. Aufl., § 937 Rdn. 6 m.w.N.; *J. von Gierke*, ZHR 111, 38, 73.

die Freiheit von seiner Verpflichtung, die Sache als ungerechtfertigte Bereicherung herausgeben zu müssen. Diese Lösung trägt dem Sinn und Zweck der Ersitzung, nach 10 Jahren eine Beruhigung der Rechtslage eintreten zu lassen, besser Rechnung als die Ansicht, der Erwerber habe zwar die Sache ersessen, müsse sie aber gleichwohl herausgeben. Die Ersitzung nützt dem Ersitzer dann nicht viel, solange der Bereicherungsanspruch nicht verjährt ist; die erstrebte Beruhigung der Rechtslage tritt nicht ein.

Der Eigenbesitzer erlangt mit der Ersitzung das Eigentum an der Sache lastenfrei. Mit dem Eigentumserwerb erlöschen nach § 945 BGB die an der Sache vor dem Erwerb des Eigenbesitzes begründeten Rechte Dritter, es sei denn, daß der Eigenbesitzer bei dem Erwerb des Eigenbesitzes in Ansehung dieser Rechte nicht in gutem Glauben ist oder ihr Bestehen später erfährt. Der gute Glaube muß hinsichtlich jedes einzelnen Rechts vorliegen. Ist der Eigenbesitzer hinsichtlich eines Rechts bösgläubig, erwirbt er die Lastenfreiheit nur bezüglich der anderen Rechte. Hat der Eigenbesitzer das Eigentum bereits auf andere Weise erlangt, führt die Ersitzung ausschließlich die Lastenfreiheit herbei.

3. Gutgläubiger Erwerb von Früchten

Wer eine Sache im Eigenbesitz hat, erwirbt das Eigentum an den Früchten mit der Trennung; der Erwerb ist jedoch ausgeschlossen, wenn der Eigenbesitzer nicht zum Eigenbesitz (oder ein anderer zum Fruchterwerb) berechtigt ist und er bei dem Erwerb des Eigenbesitzes nicht in gutem Glauben ist oder vor der Trennung den Rechtsmangel erfährt, § 955 BGB. Hat der geschäftsunfähige Veräußerer dem Erwerber Hühner und Kühe veräußert, so erwirbt der Käufer nicht das Eigentum an ihnen. Als Trostpreis erlangt er jedenfalls das Eigentum an den Eiern und an der Milch und, wenn er Glück hat, am Kalb, falls er gutgläubig war, also an sein Recht zum Eigenbesitz geglaubt hat. § 955 BGB bestimmt nur, daß die Früchte dem Eigenbesitzer gehören. Er ordnet nicht an, daß sie ihm gebühren, er sie also behalten kann. Ob dies der Fall ist, richtet sich nach den §§ 987 ff BGB.

Streitig ist die (wenig bedeutungsvolle) Frage, ob § 935 BGB sich auch auf die Früchte auswirkt, also deren gutgläubigen Erwerb verhindert, wenn die Muttersache gestohlen war und die Früchte zur Zeit des Diebstahls schon im Entwicklungsstadium vorhanden waren. Die herrschende Meinung [126] verneint die Anwendung des § 935 BGB im Rahmen

---

126 *Baur*, Sachenrecht, 12. Aufl., § 53 e IV, 4; BGB-RGRK-*Pikart*, 12. Aufl., § 955 Rdn. 4; *Erman/Hefermehl*, Komm. zum BGB, 7. Aufl., § 937 Rdn. 8;

des § 955 BGB. Dieser Auffassung ist zu folgen. Sie stellt die praktikabelste Lösung dar. Die Früchte werden als neue Sachen angesehen, die, auch wenn die Muttersache gestohlen war, nicht den Makel haben, abhanden gekommen zu sein.

4. Gutgläubiger Erwerb von Erzeugnissen und Bestandteilen bei Gestattung der Aneignung

Gestattet der Eigentümer einem anderen, sich Erzeugnisse oder sonstige Bestandteile der Sache anzueignen, so erwirbt dieser das Eigentum an ihnen, wenn ihm der Besitz der Sache überlassen ist, mit der Trennung, anderenfalls mit der Besitzergreifung, § 956 BGB. Diese Vorschrift ist gemäß § 957 BGB auch anzuwenden, wenn derjenige, der die Aneignung gestattet hat, hierzu nicht berechtigt ist, es sei denn, daß der andere, falls ihm der Besitz an der Sache überlassen wird, bei der Überlassung, anderenfalls bei der Ergreifung des Besitzes der Erzeugnisse oder der sonstigen Bestandteile nicht in gutem Glauben ist oder vor der Trennung den Rechtsmangel erfährt.

Der gute Glaube des Erwerbers, der sich auf das Recht des Gestattenden zur Gestattung beziehen muß, kann den Erwerb nur rechtfertigen, wenn ein Rechtsschein für das Recht des Gestattenden spricht. Dieser muß also, obwohl das Gesetz dies nicht ausdrücklich anordnet, im Besitz[127] der Muttersache oder jedenfalls im Teilbesitz der ungetrennten Bestandteile sein, auf deren Aneignung sich die Gestattung bezieht. Es reicht nicht aus,[128] daß ein unbeteiligter Dritter einen Wanderer, der die Weintrauben im Weinberg bewundert, aus Spaß ermuntert, nur tüchtig zuzugreifen. § 957 BGB wird aber nicht nur in diesem Schulbeispiel[129] akut. Die Rechtsprechung[130] hat sich auch mit Fällen befaßt, in denen ein Dritter dem Erwerber gestattet hatte, Holz im Walde zu schlagen. Das RG[131] hat in einer derartigen Sache den Grundsatz entwickelt, der Gestattende müsse, wenn er nicht zur Gestattung berechtigt sei, den Besitz am Wald oder jedenfalls Teilbesitz an den zu schlagenden Bäumen haben.

MünchKomm.-*Quack*, § 937 Rdn. 6; a.A. vor allem *Wolff/Raiser*, Sachenrecht, 10. Bearbeitung, § 77 III, 4.

127 BGB-RGRK-*Pikart*, 12. Aufl., § 957 Rdn. 2; *Wiegand*, JuS 1974, 545, 551; *Wolff/Raiser*, Sachenrecht, 10, Bearbeitung, § 77 IV, 5 b.

128 *Schwab*, Sachenrecht, 20. Aufl., § 38 V, 2 b; *Wolff/Raiser*, Sachenrecht, 10. Bearbeitung, § 77 IV, 5 b.

129 *Cosack/Mitteis*, Lehrbuch des Bürgerlichen Rechts, II. Band, 7./8. Aufl., § 47, 3; *Wolff/Raiser*, Sachenrecht, 10. Bearbeitung, § 77 IV, 5 b.

130 RGZ 108, 269; OLG *München*, OLGRspr. 26, 1.

131 RGZ 108, 269, 271.

Das RG[132] hat in dieser Entscheidung auch mit Recht darauf hingewiesen, daß dieses Erfordernis unabhängig von der umstrittenen[133] Frage bestehe, ob der Erwerb kraft Aneignung nur ein Sonderfall der §§ 929 ff BGB (Übertragungstheorie) oder einen arteigenen Erwerbstatbestand (Aneignungstheorie) darstelle. Diese Frage teilt das Schicksal vieler Streitfragen; sie hat keine rechtlichen Auswirkungen.

§ 935 BGB ist im Rahmen des § 957 BGB ebensowenig wie in § 955 BGB anzuwenden, soweit es um den Erwerb der Früchte geht. Soweit die Gestattung aber die Aneignung der Bestandteile zum Inhalt hat, greift § 935 BGB ein.[134] Bestandteile sind Teile der abhanden gekommenen Muttersache. Sie sind abhanden gekommen, wenn die Muttersache abhanden gekommen ist; sie bleiben es nach der Trennung. Ihr Erwerb scheitert an § 935 BGB.

5. Gutgläubiger Erwerb des Miteigentums

Das Miteigentum zu Bruchteilen ist Eigentum. Es besteht an der ganzen Sache. Der Miteigentümer wird lediglich durch die Rechte des oder der anderen Miteigentümer in der Herrschaft über die Sache eingeschränkt. Die Miteigentümer können nur gemeinschaftlich über die Sache, jeder Miteigentümer kann aber allein über seinen Anteil, das bruchteilsmäßige ideelle Miteigentum, verfügen, § 747 BGB. Das Miteigentum wird wie das Volleigentum übertragen. Es genügt jedoch die Einräumung des Mitbesitzes. Alleinbesitz kann der Miteigentümer nicht beanspruchen. Der Mitbesitz erstreckt sich auf die Sache, nicht auf das Miteigentum; auch der Alleinbesitzer besitzt die Sache, nicht das Eigentum an ihr. Für den gutgläubigen Erwerb des Miteigentums gelten die §§ 932 ff BGB, soweit sich nicht aus dem Umstand etwas anderes ergibt, daß der Miteigentümer, wie das in der Regel der Fall ist, nur Mitbesitzer ist.

Überträgt der vermeintliche Alleineigentümer, der die Sache in Alleinbesitz hat, dem Erwerber, der auf das Alleineigentum des Veräußerers vertraut, das Miteigentum zu einer bestimmten Quote, so wird der Erwerber, dem der Mitbesitz eingeräumt wird, kraft seines guten Glaubens Miteigentümer zu dem vereinbarten Bruchteil.

Teilt der Alleinbesitzer dem Erwerber jedoch mit, er sei nicht Alleineigentümer, sondern nur Miteigentümer zur Hälfte, so erlangt der Erwerber mit dem (Allein-)Besitz nicht das vermeintliche Miteigentum des

---

132 RGZ 108, 269, 271.

133 Vgl. dazu *Baur*, Sachenrecht, 12. Aufl., § 53 e V, 2 a cc m.w.N.

134 BGB-RGRK-*Pikart*, 12. Aufl., § 957 Rdn. 4; MünchKomm.-*Quack*, § 957 Rdn. 5.

Veräußerers. Die Vermutung, dieser sei Alleineigentümer, hat er selbst widerlegt, und es wird nicht vermutet, daß er Miteigentümer zur Hälfte sei. Es besteht keine Vermutung, daß der Alleinbesitzer, der unstreitig nicht Alleineigentümer ist, jedenfalls Miteigentümer zu der von ihm behaupteten Quote sei. Der Erwerber hat insoweit nur auf die Worte des Veräußerers vertraut. Dieses Vertrauen wird nicht geschützt.[135]

Sind die vermeintlichen Miteigentümer insgesamt Alleinbesitzer der Sache, so wird der Erwerber in seinem Vertrauen darauf, daß die Mitbesitzer zusammen Volleigentümer der Sache sind, geschützt, gleichgültig, ob die Veräußerer ihm gemeinschaftlich die Sache übereignen oder ob jeder von ihnen ihm seinen Anteil überträgt. Es wird vermutet, daß die Mitbesitzer zusammen (Voll-)Eigentümer der Sache sind. Hierauf kann sich der Erwerber verlassen.

Sind A, B und C insgesamt die alleinigen Mitbesitzer der Sache und überträgt C seinen vermeintlichen Miteigentumsanteil durch Einigung und Einräumung des Mitbesitzes an X, so erlangt dieser nicht kraft seines guten Glaubens den angeblichen Miteigentumsanteil des C, gleichgültig, ob E der wahre Eigentümer ist oder ob A und B jeweils Miteigentümer zur Hälfte sind. C war nur Mitbesitzer, und der Mitbesitz stellt keine ausreichende Grundlage für einen gutgläubigen Erwerb dar. Es wird vermutet, daß die Mitbesitzer insgesamt Eigentümer der Sache sind. Es wird demgemäß zugunsten des einzelnen Mitbesitzers vermutet, daß er Miteigentümer zu irgendeiner Quote ist. Es besteht jedoch keine Vermutung, daß er Inhaber der Quote ist, deren Inhaber er bei der Veräußerung zu sein behauptet. Mitbesitz ist Mitbesitz; man sieht dem Mitbesitz nicht an, zu welcher Quote dem Mitbesitzer das Eigentum zusteht, das ihn zum Mitbesitz berechtigt. X hat sich, als er den angeblichen Miteigentumsanteil des C in Höhe von ⅓ erwarb, auf die Worte des Veräußerers C verlassen. Dieses Vertrauen wird nicht geschützt.

Diese Regelung gilt auch, wenn die Mitbesitzer A, B und C Bruchteilseigentümer zu je ⅓ sind, C seinen Anteil dann nach § 930 BGB an D überträgt und nunmehr C den ihm vermeintlich noch zustehenden Anteil an X veräußert. X wird in seinem guten Glauben, C sei Miteigentümer zu ⅓, auch hier nicht geschützt. Für C spricht auch in diesem Falle nur der Rechtsschein, er sei Miteigentümer zu irgendeiner Quote. Der Erwerber will aber nicht irgendeine Quote, sondern Miteigentum zu ⅓ erlangen. Dieses Ziel hat er nicht erreicht.

In der Rechtslehre[136] ist der Fall gebildet worden, daß A, B und D Mitbesitzer der Sache sind, D aber nur vermeintlich Miteigentümer ist, da

135 Vgl. *Koller*, JZ 1972, 646, 649 m.w.N.
136 *Koller*, JZ 1972, 646, 650.

er seinen Anteil von C erworben hat, die Übereignung jedoch unwirksam war; D überträgt dann mit Zustimmung von A und B seinen vermeintlichen Anteil an E. „Der Erwerber kann aufgrund des Mitbesitzes", heißt es bei *Koller*,[137] „darauf vertrauen, daß der Veräußerer überhaupt Miteigentümer ist und aufgrund der Zustimmung der anderen, daß die Abtretung im Hinblick auf den Umfang der Quote entweder nach Rechtsscheingrundsätzen oder infolge der Ermächtigung gerechtfertigt ist. Mit anderen Worten: Hat in einer Miteigentumsgemeinschaft aus A, B, C zu je ⅓ C seinen Anteil rechtsunwirksam auf D übertragen, der nun als Nichtberechtigter seinen Scheinanteil von ⅓ unter Zustimmung von A und B an E weiterüberträgt, so erwirbt E Miteigentum zu ⅓".

Ich halte diese Auffassung nicht für richtig. Die Zustimmung von A und B könnte als Ermächtigung nach § 185 Abs. 1 BGB der Übereignung des (vermeintlichen) Anteils von D auf E nur Wirksamkeit verleihen, wenn A und B der vermeintliche Anteil des D, zusätzlich, zustand. Diese Voraussetzung ist aber nicht gegeben. Der Anteil steht C zu, und C hat nicht zugestimmt.

Auch Rechtsscheingrundsätze können den redlichen Erwerb des E nicht rechtfertigen. Es liegt hier nicht der Fall vor, daß der Erwerber auf die Zustimmung eines Dritten vertraut, der im Besitz der Sache ist. Das Vertrauen auf die Wirksamkeit der Zustimmung wird nur geschützt, wenn der Erwerber glaubt, der zustimmende Dritte sei Eigentümer der Sache. E hält aber nicht die zustimmenden A und B, sondern D für den Inhaber des gekauften Anteils. E glaubt auch nicht etwa, A und B seien zumindest in dem Fall, daß D der Anteil nicht gehöre, Inhaber dieses Anteils. Warum sollte er das glauben? A und B sind der Ansicht, der Anteil stehe dem D zu, weil sie nicht wissen, daß die Übertragung des Anteils von C auf D unwirksam war. Sie haben E demgemäß nicht erklärt, der Anteil des D stehe ihnen für den Fall zu, daß er D nicht gehöre. In diesem Fall ist (auch nach der Ansicht von A und B) C Miteigentümer. Es fehlt also, im Gegensatz zu der Auffassung von *Koller*,[138] an Anhaltspunkten für die Annahme, nach der Vorstellung des E kämen A und B hilfsweise als Inhaber des von ihm gekauften Anteils in Betracht.

Auch in den Fällen, in denen das Miteigentum grundsätzlich gutgläubig erworben werden kann, scheidet ein Erwerb kraft guten Glaubens aus, wenn die Sache abhanden gekommen ist. Scheitert aus diesem Grund der Erwerb des Alleineigentums vom Alleinbesitzer, so kann der redliche Erwerb des Miteigentums (vom Alleinbesitzer oder von den Mitbesitzern insgesamt) nicht geschützt werden.

---

137 JZ 1972, 646, 650.
138 JZ 1972, 646, 650.

Hat der Dieb die gestohlenen Sachen mit anderen, ihm gehörenden Sachen dergestalt miteinander verbunden, daß sie wesentliche Bestandteile einer einheitlichen Sache geworden sind, so steht diese Sache im Miteigentum des Bestohlenen und des Diebes, § 947 BGB. Veräußert der Dieb die neue Sache an einen gutgläubigen Dritten, so erlangt dieser nur den Miteigentumsanteil des Diebes; den Anteil des Bestohlenen erwirbt er nicht. Dieser Anteil ist an die Stelle der gestohlenen Sachen getreten. Für ihn gilt § 935 BGB. Der Dritte erhält den Miteigentumsanteil des Bestohlenen ebensowenig wie er die Bestandteile erworben hätte, falls sie selbständig geblieben wären. Der Makel des Abhandengekommenseins ist von den gestohlenen Bestandteilen auf das an ihre Stelle getretene Miteigentum übergegangen. Nur diese Auffassung[139] entspricht dem Sinn und Zweck des § 935 BGB. Der Anwendungsbereich dieser Vorschrift wird durch § 947 BGB nicht eingeschränkt. § 947 BGB dient nicht dem Schutz eines späteren Erwerbers, sondern dem Schutz der Allgemeinheit und des früheren Eigentümers der miteinander verbundenen Sachen. Es soll verhindert werden, daß die Bestandteile der einheitlichen Sache verschiedenen Eigentümern gehören und damit die Gefahr besteht, daß die neue Sache wieder in ihre Bestandteile zerlegt werden muß und damit Werte zerschlagen werden.

6. Gutgläubiger Erwerb des Anwartschaftsrechts

Verkauft der Verkäufer eine Sache unter Eigentumsvorbehalt, so erlangt der Käufer, dem die Sache übergeben wird, das aufschiebend bedingte Eigentum. Die Bedingung tritt mit Zahlung der letzten Kaufpreisrate ein. In diesem Augenblick wird der Käufer Eigentümer, ohne daß die Beteiligten sich dann noch über den Übergang des Eigentums einig zu sein brauchen.[140] Die Rechtsstellung des Käufers wird als Anwartschaftsrecht bezeichnet. Dieses Recht kann veräußert und belastet werden. Die Übertragung geschieht nach den Regeln des Vollrechts. Das Anwartschaftsrecht geht also durch Einigung und Übergabe (oder durch Übergabeersatz) auf den Erwerber über. Ist der Verkäufer nicht Eigentümer der Sache, so wird der Käufer, der ihn gutgläubig dafür hielt, gemäß dem entsprechend anwendbaren § 932 BGB Inhaber des Anwartschaftsrechts. Er wird also bei vollständiger Zahlung Eigentümer der Sache. Darüber besteht weitgehend Einigkeit.[141]

---

139 Vgl. *G. und D. Reinicke*, DRiZ 1951, 143; *Soergel/Mühl*, Komm. zum BGB, 11. Aufl., § 949 Rdn. 3 m.w.N.; a.A. LG Bielefeld, MDR 1951, 164, *Wolff/Raiser*, Sachenrecht, 10. Bearbeitung, § 72 II, Fn. 14.

140 BGHZ 10, 69, 73; BGHZ 30, 374, 377.

141 Vgl. *Baur*, Sachenrecht, 12. Aufl., § 59 V, 3 a; *Brox*, JuS 1984, 657, 661; *Larenz*, Schuldrecht, Band II, 12. Aufl., § 43 II c.

Hat der Inhaber das Anwartschaftsrecht (also nicht die Sache, die ihm nicht gehört) seiner Bank zur Sicherheit gemäß § 930 BGB übereignet und überträgt er es dann durch Einigung und Übergabe dem Zweiterwerber, so erlangt dieser das Anwartschaftsrecht kraft seines guten Glaubens. Er hätte das Eigentum nach § 932 BGB erworben, wenn der Käufer ihm die Sache, also das Eigentum an ihr, übereignet hätte; er erhält das Anwartschaftsrecht, wenn ihm der Käufer das (der Bank gehörende) Anwartschaftsrecht überträgt. § 932 BGB findet entsprechende Anwendung.[142] Der Zweiterwerber erlangt das Anwartschaftsrecht, wenn er, ohne grobfahrlässig zu sein, glaubt, der Käufer sei Inhaber des Anwartschaftsrechts. Für den Käufer spricht zwar nicht die Vermutung des § 1006 BGB. Die Vermutung, daß er Eigenbesitzer und Eigentümer sei, hat er selbst widerlegt, und § 1006 BGB enthält keine Vermutung, daß der Besitzer Inhaber des Anwartschaftsrechts sei, wenn feststeht, daß sie ihm nicht gehört. Der Erwerber verdient aber Schutz, wenn das Anwartschaftsrecht besteht, jedoch einem anderen zusteht. Er hätte das Eigentum erworben, wenn der Käufer die ihm gehörende Sache zuerst der Bank nach § 930 BGB und alsdann ihm als Zweiterwerber nach § 929 BGB übertragen hätte. Die Rechtslage kann nicht anders sein, wenn der Käufer der Bank das ihm zustehende Anwartschaftsrecht und sodann dem Zweiterwerber das ihm vermeintlich noch zustehende Anwartschaftsrecht überträgt. Das Anwartschaftsrecht ist nichts anderes als das in der Entwicklung befindliche Eigentum, und die Besitzverhältnisse sind die gleichen wie bei der Übereignung der Sache.

Der Erwerber geht jedoch leer aus, wenn das Anwartschaftsrecht nicht besteht. Hier kann keine Bedingung eintreten, die den Erwerber zum Eigentümer macht. Dies gilt auch, wenn zwischen dem Verkäufer und dem Käufer ein Kaufvertrag zustande gekommen,[143] dies aber nicht unter Eigentumsvorbehalt geschehen ist, der Käufer also kein Anwartschaftsrecht erhalten hat.

---

142 Herrschende Lehre, vgl. *Baur*, Sachenrecht, 12. Aufl., § 59 V, 3; *Larenz*, Schuldrecht, Band II, 12. Aufl., § 43 II, c; *Raiser*, Dingliche Anwartschaften (1961), S. 35 ff; *Reinicke/Tiedtke*, Kaufrecht, 2. Aufl., S. 265; *Serick*, Eigentumsvorbehalt und Sicherungsübertragung, Band I, § 11 IV, 1; *Tiedtke*, Jura 1983, 460, 475; a.A. *Brox*, JuS 1984, 657, 661 f; *Flume*, Allgemeiner Teil des Bürgerlichen Rechts, II. Band, Das Rechtsgeschäft, 3. Aufl., § 42, 4 c; *ders.*, AcP 161, 385, 394 ff; *Medicus*, Bürgerliches Recht, 12. Aufl., Rdn. 475; *Wiegand*, JuS 1974, 201, 211 f.

143 Vgl. aber *Raiser*, Dingliche Anwartschaften (1961), S. 38 f.

Zweiter Abschnitt

Gutgläubiger Erwerb eines vertraglichen Pfandrechts

I. Gutgläubiger Erwerb bei Bestellung des Pfandrechts

1. Erwerb vom Berechtigten

a) Grundzüge

Eine bewegliche Sache kann nach § 1204 Abs. 1 BGB zur Sicherung einer Forderung in der Weise belastet werden, daß der Gläubiger berechtigt ist, Befriedigung aus der Sache zu suchen. Das Pfandrecht ist ein streng akzessorisches Verwertungsrecht. Der Inhaber des Pfandrechts muß eine Forderung gegen den Schuldner haben: ohne Forderung kein Pfandrecht. Davon gibt es keine Ausnahme. Das Pfandrecht kann dem Gläubiger vom Schuldner oder von einem Dritten bestellt werden; Verpfänder und Schuldner können auseinanderfallen. Das Verwertungsrecht ist ein Recht, das an sich dem Eigentümer zusteht; er kann dic Sache nutzen und veräußern. Der Verpfänder spaltet einen Teil seiner Befugnisse, die aus dem Eigentum fließen, ab und überträgt sie dem Gläubiger. Es findet eine Art von Teilveräußerung statt. Dementsprechend folgt die Bestellung des Pfandrechts grundsätzlich den Regeln über die Übertragung des Eigentums. Sie ist in den §§ 1205, 1206 BGB geregelt.

b) Einigung

Zur Verpfändung einer Sache ist eine Einigung erforderlich. Die Einigung bezieht sich auf die Bestellung des Pfandrechts; die Beteiligten müssen sich darüber einig sein, daß dem Gläubiger ein Pfandrecht zustehen soll. Von diesem Unterschied abgesehen, gelten für die Einigung gemäß § 1205 BGB dieselben Regeln wie für die Einigung nach § 929 BGB.

c) Übergabe

Grundsätzlich muß der Eigentümer die Sache dem Pfandgläubiger übergeben. Unter Übergabe ist dasselbe zu verstehen wie in § 929 Satz 1 BGB.

d) Übergabe kurzer Hand

Nach § 1205 Abs. 1 Satz 2 BGB genügt die Einigung, wenn der Gläubiger im Besitz der Sache ist. Diese Vorschrift entspricht § 929 Satz 2 BGB.

e) Verschaffung des Mitbesitzes

Anstelle der Übergabe genügt nach § 1206 BGB die Einräumung des Mitbesitzes. Soll das Eigentum auf den Erwerber übergehen, so verliert der Veräußerer alle Rechte; er muß deshalb auch die tatsächliche Gewalt, den Besitz, in vollem Umfang aufgeben. Verpfändet der Eigentümer die Sache aber, so bleibt er Eigentümer. Die in dem Eigentum steckenden Rechte werden zwischen ihm und dem Gläubiger aufgeteilt; der Eigentümer behält alle Rechte bis auf das Verwertungsrecht, das der Gläubiger erwirbt. Der Mitbesitz muß qualifiziert sein. Die Sache muß sich derart unter dem Mitverschluß des Gläubigers befinden, daß der Eigentümer nicht allein an die Sache heran kann. Es genügt also nicht, daß die Sache verschlossen wird, wenn der Eigentümer das Schloß mit einem Schlüssel ohne Mitwirkung des Gläubiger öffnen kann. Befindet sich die Sache im Besitz eines Dritten, reicht es (anstelle der Übergabe) aus, daß der unmittelbare Besitzer sich verpflichtet, die Sache nur an den Eigentümer und den Gläubiger gemeinschaftlich herauszugeben.

f) Kein Ersatz der Übergabe durch Besitzkonstitut

Wird die Verpfändung gegenüber der Übereignung der Sache gemäß § 1206 BGB erleichtert, so wird sie insofern erschwert, als die Übergabe nicht dadurch ersetzt werden kann, daß zwischen dem Verpfänder und dem Gläubiger ein Rechtsverhältnis vereinbart wird, vermöge dessen der Gläubiger den mittelbaren Besitz erlangt. Es fehlt eine dem § 930 BGB entsprechende Vorschrift. Der Grundsatz der Publizität wird beim Pfandrecht ernst genommen. Die Bestellung des Pfandrechts muß sichtbar sein. Dies ist der Grund, weshalb das Pfandrecht in weitem Umfang durch die Sicherungsübereignung verdrängt ist. In vielen Fällen kann der Eigentümer den unmittelbaren Besitz an der Sache nicht aufgeben. Er will das Auto, das den Kredit sichern soll, weiter benutzen. Er kann es deshalb seinem Gläubiger nicht verpfänden; er muß es ihm zur Sicherheit übereignen. Das Pfandrecht ist daher nur in den Fällen von Bedeutung, in denen der Eigentümer nicht auf den unmittelbaren Besitz der Sache angewiesen ist, wie dies vor allem bei Wertpapieren der Fall ist.

Hat der Eigentümer dem Gläubiger die Sache durch Besitzkonstitut verpfändet, so kann das Rechtsgeschäft, das kein Pfandrecht entstehen läßt, nicht nach § 140 BGB in eine Sicherungsübereignung umgedeutet werden. Das gilt auch, wenn die Parteien die Sache gemäß § 930 BGB übereignet hätten, falls sie gewußt hätten, daß die getroffene Vereinbarung nicht zum Ziele führe. Das nichtige Rechtsgeschäft entspricht nicht den Erfordernissen des Ersatzgeschäftes, da das Ersatzgeschäft, die Sicherungsübereignung, in seinen Rechtswirkungen über die nichtige Pfandbestellung hinausgeht.[1]

g) Abtretung des Herausgabeanspruchs

Nach § 1205 Abs. 2 BGB kann die Übergabe einer im mittelbaren Besitz des Eigentümers befindlichen Sache dadurch ersetzt werden, daß der Eigentümer den mittelbaren Besitz auf den Pfandgläubiger überträgt und die Verpfändung dem Besitzer anzeigt.

Diese Regelung unterscheidet sich von der entsprechenden Rechtslage bei der Übereignung einmal dadurch, daß die Pfandbestellung nur möglich ist, wenn der Eigentümer mittelbarer Besitzer ist. Diese Voraussetzung stellt § 931 BGB nicht auf. Hat der Eigentümer die Sache verloren und ist sie noch nicht aufgefunden worden, hat also keiner Besitz an ihr, so kann der Eigentümer die Sache einem Dritten übereignen, aber nicht verpfänden. Das gleiche gilt, wenn ein Dritter im Besitz der Sache ist, dieser sie aber als ihm gehörend oder für einen anderen besitzt.

Zur Wirksamkeit der Verpfändung ist weiter erforderlich, daß der Verpfänder dem Dritten, der die Sache in Besitz hat, die Verpfändung anzeigt. Auch hier ist mit dem Grundsatz der Publizität Ernst gemacht. Will der Eigentümer die Sichtbarkeit vermeiden, muß er die Sache seinem Gläubiger zur Sicherheit übereignen. Hiervon wird oft Gebrauch gemacht. Der Grundsatz der Publizität hat damit im Ergebnis sein Ziel nicht erreicht.

In der Rechtslehre[2] wird der Fall erörtert, daß der Eigentümer den unmittelbaren Besitzer anweist, die Sache künftig für den Gläubiger zu besitzen, und dieser der Weisung folgt. Es wird die Ansicht[3] vertreten, eine derartige Weisung stehe einer Verpfändungsanzeige gleich. Der Verpfänder tue hier mehr, als § 1205 Abs. 2 BGB verlange; sein Tun könne daher nicht geringere Wirkungen haben. Andere[4] nehmen einen Sonderfall des § 1205 Abs. 1 Satz 2 BGB an. Diese Auffassungen sind nicht zutreffend. In der Weisung des Eigentümers und der Befolgung der Weisung durch den unmittelbaren Besitzer, der Beendigung also des alten Besitzmittlungsverhältnisses und der Begründung eines neuen, liegt viel-

---

1 BGH, WM 1956, 258; Staudinger-*Dilcher*, Komm. zum BGB, 12. Aufl., § 140 Rdn. 7; a.A. Staudinger-*Wiegand*, Komm. zum BGB, 12. Aufl., § 1205 Rdn. 31.

2 Vgl. Staudinger-*Wiegand*, Komm. zum BGB, 12. Aufl., § 1205 Rdn. 24 m.w.N.

3 RGZ 103, 151, 153; *H. Westermann*, Sachenrecht, 5. Aufl., § 128 II, 3 b (S. 639).

4 *Soergel/Augustin*, Komm. zum BGB, 11. Aufl., § 1205 Rdn. 38; BGB-RGRK-*Kregel*, 12. Aufl., § 1205 Rdn. 19.

mehr eine Übergabe der Sache vom Eigentümer an den Gläubiger.[5] Wird die Weisung vom unmittelbaren Besitzer nicht befolgt, hat der Gläubiger kein Pfandrecht erlangt. Dies ist auch nicht nach § 1205 Abs. 2 BGB geschehen. Es fehlt an der Abtretung des Herausgabeanspruchs, die gemäß § 870 BGB den Übergang des mittelbaren Besitzes zur Folge hat. Diese liegt nur vor, wenn das Besitzmittlungsverhältnis, der Lagervertrag, zwischen dem Eigentümer und dem Dritten, dem Lagerhalter, bestehen bleiben soll; lediglich der Herausgabeanspruch geht auf den Gläubiger über. Durch die Anweisung des Verpfänders an den Lagerhalter soll aber der alte Lagervertrag beendet und ein neuer mit dem Gläubiger geschlossen werden. Das ist ein Unterschied.[6] Im Abtretungsfall muß der Verpfänder weiter die Lagerkosten zahlen und hat der Lagerhalter gegenüber dem Gläubiger die Einwendungen nach § 404 BGB. Im Weisungsfall hört die Verpflichtung des Verpfänders zur Zahlung der Kosten mit der Beendigung des alten Lagervertrages auf; der neue Lagervertrag geht den Eigentümer nichts an.

h) Erwerb des Pfandrechts nach § 185 BGB

Ist der Verpfänder nicht Eigentümer der Sache, so erwirbt der Gläubiger das Pfandrecht nicht nach den §§ 1205, 1206 BGB. Bevor jedoch geprüft werden kann, ob der Gläubiger kraft seines guten Glaubens Pfandgläubiger geworden ist, muß untersucht werden, ob dies nicht auf andere Weise, und zwar dadurch geschehen ist, daß der Eigentümer der Verpfändung zustimmt. Die Verpfändung ist wirksam, wenn der Eigentümer in sie eingewilligt hat, § 185 Abs. 1 BGB. Sie wird wirksam, wenn der Eigentümer sie genehmigt, § 185 Abs. 2 Satz 1 (1. Fall) BGB; sie wird weiter wirksam, wenn der Verpfänder das Eigentum an der verpfändeten Sache später erwirbt, § 185 Abs. 2 Satz 1 (2. Fall) BGB, oder wenn er vom Eigentümer beerbt wird und dieser für die Nachlaßverbindlichkeiten unbeschränkt haftet, § 185 Abs. 2 Satz 1 (3. Fall) BGB.

2. Erwerb vom Nichtberechtigten

a) Allgemeine Voraussetzungen

Gehört die Sache nicht dem Verpfänder und greift auch § 185 BGB nicht ein, so finden nach § 1207 BGB auf die Verpfändung die für den Erwerb

5 Vgl. RGZ 137, 23, 25; BGH, WM 1959, 813, 815; BGH, WM 1968, 1145; *Baur*, Sachenrecht, 12. Aufl., § 51 III, 2; *Tiedtke*, WM 1979, 1142, 1144 f; *von Caemmerer*, JZ 1963, 586; a.A. *Schwab*, Sachenrecht, 20. Aufl., § 29 III, 1; *Wadle*, JZ 1974, 689, 692 (Fn. 45).

6 *Tiedtke*, Jura 1983, 460, 464.

des Eigentums geltenden Vorschriften der §§ 932, 934 und 935 BGB entsprechende Anwendung. Es wird also der gute Glaube an das fehlende Eigentum des Verpfänders geschützt. Der Erwerbstatbestand als solcher muß gegeben und wirksam sein. Der Gläubiger wird nur geschützt, wenn alle Tatbestandsmerkmale bis auf das Eigentum des Verpfänders vorliegen und der Gläubiger gutgläubig ist, er also nicht weiß, daß die Sache dem Verpfänder nicht gehört und seine Unkenntnis nicht auf grober Fahrlässigkeit beruht. Schließlich muß die Verpfändung ein Verkehrsgeschäft sein. Übertragen die Miterben A, B und C eine vermeintlich zum Nachlaß gehörende Sache an eine OHG, die aus ihnen, und nur aus ihnen, besteht, so erlangt die OHG nicht das Eigentum kraft guten Glaubens. Dementsprechend erwirbt die OHG kein Pfandrecht an der Sache, wenn die Miterben die vermeintliche Nachlaßsache der OHG verpfänden. Auf der Veräußerer- und der Erwerberseite stehen dieselben Personen. Der Erwerb kraft guten Glaubens ist verschieden ausgestaltet, je nachdem, auf welche Weise das Pfandrecht bestellt wird.

b) Verpfändung nach § 1205 Abs. 1 Satz 1 BGB

Geschieht die Verpfändung durch Einigung und Übergabe, so muß der Gläubiger noch in dem Augenblick gutgläubig sein, in dem sich der Rechtserwerb vollendet. Fallen Einigung und Übergabe zeitlich auseinander, muß der gute Glaube in dem Zeitpunkt vorliegen, in dem der zweite Erwerbstatbestand eintritt. Hat der Verpfänder, dem die Sache nicht gehört, seinen Lagerhalter angewiesen, die Sache für den Gläubiger zu besitzen, so wird die Übergabe der verpfändeten Sache dadurch bewirkt, daß der Lagerhalter die Weisung des Verpfänders, des vermeintlichen Eigentümers, befolgt und mit dem Gläubiger einen Lagervertrag abschließt; in diesem Augenblick muß der Gläubiger noch gutgläubig sein. Erteilt der Verpfänder der Geheißperson, die ihm nicht den Besitz vermittelt, die Weisung, die Sache dem Besitzdiener, dem Besitzmittler oder der Geheißperson des Gläubigers zu geben, so ist die Sache in dem Augenblick übergeben, in dem die Weisung befolgt wird. Zu diesem Zeitpunkt muß der Gläubiger noch an das Eigentum des Verpfänders glauben, ohne daß ihm eine grobe Fahrlässigkeit zur Last fällt.

Hat der Verpfänder die Sache dem Gläubiger unter einer aufschiebenden Bedingung verpfändet (also nicht, was etwas anderes ist, dem Gläubiger ein unbedingtes Pfandrecht für eine bedingte Forderung bestellt), so genügt der gute Glaube beim Abschluß der bedingten Einigung. Beim Eintritt der Bedingung kann der Gläubiger bösgläubig sein. Mit der Vornahme der bedingten Einigung hat der Gläubiger eine gesicherte Rechtsstellung erlangt. Spätere Verfügungen des Verpfänders werden beim Eintritt der Bedingung nach § 161 BGB unwirksam, soweit sie das

Pfandrecht beeinträchtigen. Dem Gläubiger soll nach dem Zustandekommen der bedingten Einigung nichts mehr passieren können. Es schadet demgemäß nichts, wenn er nach diesem Zeitpunkt und der Übergabe der Sache erfährt, daß die Sache nicht dem Verpfänder gehört. Die Rechtslage ist also die gleiche wie bei der bedingten Übereignung.[7]

c) Verpfändung nach § 1205 Abs. 1 Satz 2 BGB

Befindet sich der Gläubiger bei der Bestellung des Pfandrechts im Besitz der Sache, so erwirbt er das Pfandrecht vom Eigentümer auch dann, wenn er den Besitz von einem Dritten erlangt hat. Gehört die Sache aber nicht dem Verpfänder, wird sein guter Glaube an das Eigentum des Verpfänders nur geschützt, wenn er den Besitz vom Verpfänder erhalten hat, § 1207 i.V.m. § 932 Abs. 1 Satz 2 BGB.

d) Verpfändung nach § 1206 BGB

Nach § 1206 BGB genügt anstelle der Übergabe die Einräumung des qualifizierten Mitbesitzes. Die Verschaffung dieses Besitzes steht der Übergabe gleich. Dies gilt auch, wenn die verpfändete Sache dem Verpfänder nicht gehört. Der Gläubiger wird rechtlich so behandelt, wie wenn ihm die Sache übergeben worden wäre. Dann aber wird sein guter Glaube nach den §§ 1207, 932 BGB geschützt. Das gleiche gilt hier.

e) Verpfändung nach § 1205 Abs. 2 BGB

Hat der Verpfänder dem Gläubiger die ihm nicht gehörende Sache durch Einigung und Übertragung des mittelbaren Besitzes und Anzeige der Verpfändung an den Besitzer verpfändet, so erwirbt der Gläubiger das Pfandrecht kraft seines guten Glaubens, wenn er noch in dem Augenblick gutgläubig ist, in dem die Verpfändungsanzeige dem Besitzer zugeht. In diesem Augenblick vollendet sich der Rechtserwerb.

In der Rechtslehre[8] wird, vereinzelt, die Auffassung vertreten, es genüge der gute Glaube des Gläubigers bei Einigung und Abtretung des Herausgabeanspruchs. Hiermit sei das eigentliche Verfügungsgeschäft abgeschlossen. Es werde zwar erst mit der Anzeige an den Besitzer in Kraft gesetzt; damit habe aber der Gläubiger nichts mehr zu tun. Der Fall stehe einer bedingten Verpfändung sehr nahe. Dieser Auffassung kann nicht zugestimmt werden. Der Fall der bedingten Verpfändung liegt anders. Ist diese gegeben, so hat der Gläubiger aufgrund des § 161 BGB bereits eine gesicherte Rechtsstellung erlangt. Daran fehlt es, wenn die Verpfändung durch (Einigung und) Abtretung des Herausgabeanspruchs

---

7 Vgl. BGHZ 10, 69, 73.

8 Staudinger-*Wiegand*, Komm. zum BGB, 12. Aufl., § 1207 Rdn. 11.

erfolgt, die Verpfändung dem Besitzer aber noch nicht angezeigt ist. Verfügt der Verpfänder in der Zwischenzeit anderweit über die Sache, muß der Gläubiger dies hinnehmen. Es bleibt demgemäß bei der Regel, daß der gute Glaube bei Vollendung des Rechtserwerbs vorliegen muß.[9] Es genügt daher auch nicht der gute Glaube des Gläubigers bei Absendung[10] der Anzeige. Andererseits kommt es auch nicht auf den Zeitpunkt an, in dem der Besitzer von der Anzeige Kenntnis erlangt. Gibt der Besitzer die Sache nach dem Zugang der Anzeige, aber vor Kenntnis hiervon dem Verpfänder zurück, so ist er allerdings gemäß § 407 BGB von seiner Verpflichtung zur Herausgabe frei geworden. Dies ändert jedoch nichts daran, daß die Verpfändung mit Zugang der Anzeige wirksam geworden ist, gleichgültig, ob der Verpfänder Eigentümer ist oder ob das fehlende Eigentum durch den guten Glauben des Gläubigers ersetzt wird.

f) Verpfändung durch Besitzkonstitut

Hat der Verpfänder in Verkennung der Rechtslage dem Gläubiger die ihm gehörende Sache durch Besitzkonstitut verpfändet, so hat der Gläubiger kein Pfandrecht erworben. Das Gesetz läßt eine derartige Verpfändung nicht zu. Der Gläubiger kann daher auch kein Pfandrecht erwerben, wenn die Sache dem Verpfänder nicht gehört. Der Gläubiger, der an das Eigentum des Verpfänders glaubt, kann nicht mehr Rechte erlangen, als er erlangt hätte, wenn der Verpfänder Eigentümer der Sache gewesen wäre.

Es fragt sich aber, ob der Gläubiger alle Hoffnung auf ein Pfandrecht fahren lassen muß, wenn ihm die Sache zunächst durch Besitzkonstitut verpfändet und später vom Verpfänder im Hinblick auf die vermeintlich wirksame Verpfändung übergeben worden ist. Hätten die Beteiligten nach der Verpfändung durch Besitzkonstitut die Unwirksamkeit dieses Rechtsgeschäftes erkannt und hätte der Verpfänder dem Gläubiger deshalb das Pfandrecht nunmehr durch Einigung und Übergabe bestellt, so hätte der Gläubiger das Pfandrecht erworben, und zwar vom Berechtigten, wenn die Sache dem Verpfänder gehört, vom Nichtberechtigten kraft seines guten Glaubens. Wissen die Parteien aber nichts von der Unwirksamkeit der Verpfändung, so gibt der Verpfänder die Sache dem Gläubiger nicht, damit er das Pfandrecht erwerbe; er übergibt sie ihm, weil er glaubt, dieser habe das Pfandrecht bereits erworben. Es könnte daher an der in § 1205 BGB aufgestellten Voraussetzung fehlen, daß sich die Parteien bei der Übergabe der Sache darüber einig sind, dem Gläubiger solle ein Pfandrecht zustehen. Es fragt sich jedoch, ob diesem Bedenken nicht dadurch

9 BGB-RGRK-*Kregel*, 12. Aufl., § 1207 Rdn. 7.
10 So offenbar *Erman/Ronke*, Komm. zum BGB, 7. Aufl., § 1207 Rdn. 11.

Rechnung getragen werden kann, daß die Erklärungen der Parteien so auszulegen sind, der Gläubiger solle für den Fall, daß er noch kein Pfandrecht erlangt habe, nunmehr ein Pfandrecht erlangen. Ist das der Fall, dann liegt bei der Übergabe hilfsweise eine Einigung der Parteien über die Bestellung des Pfandrechts vor, so daß der Gläubiger das Pfandrecht vom Berechtigten oder kraft guten Glaubens vom Nichtberechtigten erwirbt. Der BGH[11] hat diese Frage bei der Sicherungsübereignung bejaht. Bei der Bestellung eines Pfandrechts ist die Rechtslage die gleiche. Der Gläubiger erlangt also das Pfandrecht mit der Übergabe nach § 1205 Abs. 1 Satz 1 BGB, wenn die Sache dem Verpfänder gehört. Er erwirbt es nach § 1207 i. Vbdg. mit § 932 BGB, wenn der Verpfänder nicht Eigentümer der Sache ist; der Umstand, daß § 933 BGB bei der Verpfändung gemäß § 1207 BGB keine Anwendung findet, schließt nicht aus, daß das Pfandrecht in einem derartigen Fall nach den §§ 1207, 1205, 932 BGB entsteht.

g) Verpfändung durch Abtretung des Herausgabeanspruchs gegen den Besitzer durch den nicht mittelbar besitzenden Verpfänder

Bestellt der Verpfänder in Unkenntnis der Rechtslage dem Gläubiger ein Pfandrecht an der im Besitz eines Dritten befindlichen Sache, obwohl er, der Verpfänder, nicht mittelbarer Besitzer ist, so erwirbt der Gläubiger kein Pfandrecht. Das Gesetz sieht eine derartige Verpfändung nicht vor. Der Gläubiger kann demgemäß auch kein Pfandrecht erwerben, wenn der Verpfänder in einem solchen Fall nicht Eigentümer ist. Der Gläubiger kann hierdurch nicht besser stehen, als er stünde, wenn die Sache dem Verpfänder gehörte.

Es fragt sich aber auch hier, ob der Gläubiger nicht dann ein Pfandrecht erhält, wenn der Dritte die Sache im Hinblick auf die Verpfändungsanzeige an den Gläubiger herausgibt (oder ihm den Besitz an der Sache vermittelt). Die Frage ist in gleicher Weise zu beantworten wie in dem Fall, der im Rahmen des Besitzkonstituts erörtert ist. Übergibt der Besitzer die Sache auf Weisung des Verpfänders dem Gläubiger, so liegt hierin eine Übergabe der Sache vom Verpfänder an den Gläubiger. Zu dieser Übergabe tritt die Einigung der Beteiligten, daß dem Gläubiger ein Pfandrecht an der Sache zustehen soll. Die Parteien glauben zwar, dem Gläubiger stehe bereits ein Pfandrecht zu. Sie haben aber, stillschweigend und hilfsweise, den Willen, der Gläubiger solle das Pfandrecht erwerben, falls er es noch nicht erworben haben sollte. Der Gläubiger erhält damit ein Pfandrecht nach § 1205 BGB, wenn dem Verpfänder die Sache gehört, anderenfalls nach den §§ 1205, 1207, 932 BGB.

---

11 WM 1977, 1409; WM 1968, 1144; vgl. auch oben erster Abschnitt, IV, 3, S. 27.

In einem alten Schulfall[12] hat A einen Reparaturschein über eine Uhr gefunden, die der Eigentümer dem Uhrmacher zur Reparatur gegeben hat. Verpfändet A die Uhr dem B (übereignet er sie ihm also nicht, wie der Schulfall es vorsieht, durch Einigung und Abtretung seines vermeintlichen Herausgabeanspruchs gegen den Uhrmacher), so erlangt B hierdurch kein Pfandrecht, gleichgültig, ob A dem Uhrmacher die Verpfändung angezeigt oder nicht angezeigt hat. Es fehlt A der mittelbare Besitz. Gibt der Uhrmacher aber später die Uhr aufgrund der Verpfändung an B heraus (oder schließt er mit ihm einen Werkvertrag), so kann B nach den oben angestellten Erörterungen das Pfandrecht gemäß den §§ 1205, 1207, 932 BGB erwerben, da zu der Übergabe (von A an B) die stillschweigende Einigung der Beteiligten hinzukommt, daß B, wenn er noch kein Pfandrecht erlangt habe, es jedenfalls mit der Übergabe der Uhr erhalten solle.

h) Ausschluß des gutgläubigen Erwerbs

Der Gläubiger erwirbt trotz seines guten Glaubens kein Pfandrecht, wenn die Sache dem Eigentümer oder seinem Besitzmittler abhanden gekommen ist. Von dieser Regelung besteht eine Ausnahme, wenn der Verpfänder, was allerdings kaum vorkommen wird, dem Gläubiger Geld verpfändet, oder wenn er ihm ein Pfandrecht an Inhaberpapieren bestellt. Unter Abhandenkommen ist bei der Verpfändung nichts anderes zu verstehen als bei der Übereignung; die Sache muß dem unmittelbaren Besitzer ohne dessen Willen aus dem Besitz gekommen sein.

3. Erwerb des Vorranges

a) Allgemeine Regelung

Hat der Gläubiger das Pfandrecht vom Eigentümer oder kraft seines guten Glaubens vom Nichteigentümer erworben, so taucht, wenn die verpfändete Sache bereits mit einem anderen Pfandrecht belastet ist, die Frage auf, welchen Rang die Pfandrechte haben. Hat der Veräußerer dem Erwerber die Sache übereignet, erlangt der Erwerber das Eigentum nach Maßgabe des § 936 BGB lastenfrei; die Last erlischt. Der neue Pfandgläubiger braucht nicht in so weitem Umfange geschützt zu werden. Es reicht aus, daß er durch das alte Pfandrecht nicht beeinträchtigt wird, und er wird hierdurch nicht beeinträchtigt, wenn das alte Pfandrecht ihm im Range nachgeht. Das neue Pfandrecht erhält demgemäß nach § 1208 BGB den ersten Rang. Voraussetzung hierfür ist, daß der Gläubiger gutgläubig in bezug auf das alte Pfandrecht und die Sache dem alten Pfandgläubiger nicht abhanden gekommen ist. Auch darf die Sache sich nicht im unmit-

12 Vgl. *Baur*, Sachenrecht, 12. Aufl., § 52 II, 4 c.

telbaren Besitz des alten Gläubigers befinden und die Verpfändung nach § 1205 Abs. 2 BGB durch Einigung und Übertragung des mittelbaren Besitzes geschehen sein; ist dies der Fall, geht das alte Pfandrecht dem neuen vor, § 1208, § 936 Abs. 3 BGB.

Bei der Anwendung des § 1208 BGB ist zunächst zu prüfen, ob der Gläubiger das Pfandrecht überhaupt erworben hat. Scheitert es hieran, weil die Sache dem Eigentümer abhanden gekommen oder der Gläubiger in bezug auf das Eigentum des Verpfänders bösgläubig ist, kommt § 1208 BGB nicht zur Anwendung. Hat der Gläubiger kein Pfandrecht erhalten, taucht die Frage des Vorranges nicht auf. Hat A demgemäß die Sache dem Eigentümer entwendet und alsdann dem Gläubiger B und, nachdem er diesem die Sache weggenommen hat, dem Gläubiger C verpfändet, so hat weder B noch C ein Pfandrecht erlangt. Hat A aber die ihm vom Eigentümer zur Aufbewahrung gegebene Sache dem B durch Einigung und Übergabe verpfändet, diesem aber später heimlich weggenommen und sodann C ein Pfandrecht bestellt, so wird die Frage des Vorranges zwischen den beiden Pfandnehmern akut; sie ist in diesem Falle zugunsten des B zu entscheiden, da ihm die Sache abhanden gekommen ist.

b) Sonderfälle

Schwierigkeiten können sich ergeben, wenn die Sache, die der Verpfänder dem Gläubiger C verpfändet, mit zwei Pfandrechten belastet ist, von denen das erste dem A, das zweite dem B zusteht, und C bezüglich des ersten Pfandrechtes gutgläubig und bezüglich des zweiten bösgläubig ist. C geht dann dem A im Range vor und A dem B. C geht jedoch dem B nach. Es ergeben sich demnach relative Rangverhältnisse.

Da § 1208 BGB keine Sonderbestimmung für diesen Fall enthält, liegt es nahe zu prüfen, ob die Regelung entsprechend anwendbar ist, die das Bürgerliche Gesetzbuch in einem anderen Fall getroffen hat, in dem die Rangverhältnisse relativer Natur sind. Das ist beim Rangvorbehalt in § 881 BGB geschehen. Nehmen wir an,[13] ein Grundstück sei mit einer Hypothek des A in Höhe von 21 000 DM mit der Maßgabe belastet, daß der Eigentümer sich vorbehalten habe, eine andere Hypothek in Höhe von 20 000 DM mit dem Range vor der ersten Hypothek eintragen zu lassen. Bevor dies geschieht, wird eine – nicht mit einem entsprechenden Vorbehalt versehene – Hypothek zugunsten des B in Höhe von 6000 DM bestellt. Alsdann wird die Hypothek des C in Verwertung des Rangvorbehaltes in Höhe von 20 000 DM eingetragen. C geht hier A vor, A dem B und B dem C. Diese relative Rangfolge führt zu sonderbaren Ergebnissen. Beträgt der Versteigerungserlös 20 000 DM, erhält B nichts; er muß sich

13 Vgl. *Wolff/Raiser*, Sachenrecht, 10. Bearbeitung, § 43 V, 2.

die 21 000 DM des A vorgehen lassen. A erhält ebenfalls nichts; er muß den 20 000 DM des C den Vorrang einräumen. C erhält also den gesamten Versteigerungserlös. Beträgt der Erlös jedoch 27 000 DM, bekommt B 6000 DM; er muß sich von dem Erlös in Höhe von 27 000 DM nur die 21 000 DM des A vorgehen lassen. A hat 7000 DM zu beanspruchen; ihm geht C nur in Höhe von 20 000 DM vor. C erlangt also, trotz des höheren Versteigerungserlöses, nur 14 000 DM.

Diese Regelung kann nicht für § 1208 BGB übernommen werden. Sie führt in beiden Beispielen zu Ergebnissen, die nicht sachgemäß sind. Im ersten Beispiel, in dem der Versteigerungserlös 20 000 DM beträgt, kann C nicht 20 000 DM erhalten. Er kennt das Pfandrecht des B. Er kann nicht mehr beanspruchen, als ihm zustünde, wenn das Pfandrecht des A erloschen wäre, er also nur mit B konkurrierte. Dann erhielte er aber nur 14 000 DM. Beträgt der Versteigerungserlös 27 000 DM, muß C 20 000 DM (und nicht nur 14 000 DM) bekommen. Anderenfalls würde sich das Pfandrecht des A zu seinen Lasten auswirken.

Die Lösung des Problems muß vielmehr dem Sinn und Zweck des § 1208 BGB entnommen werden. Am besten geht man von der Rechtsstellung des C aus. Dem C geht das Pfandrecht des B, aber nicht das Pfandrecht des A vor. Beträgt der Versteigerungserlös 20 000 DM, darf C nur 14 000 DM erhalten. Mehr erhielte er auch nicht, wenn das Pfandrecht des A erloschen wäre und C es nur mit B zu tun hätte. Was geschieht aber mit den restlichen 6000 DM, die in den Topf gelangt sind, der für A und B bestimmt ist? A muß die 6000 DM erhalten. B muß sich A vorgehen lassen, und A steht ein Pfandrecht von 21 000 DM zu. B darf nicht dadurch beeinträchtigt werden, daß C dem A vorgeht; er darf hierdurch aber auch nicht begünstigt werden.

Beträgt der Erlös 27 000 DM, ist zunächst wieder die Rechtsstellung des C zu erörtern. C kennt das Pfandrecht des B, muß sich also dessen 6000 DM vorgehen lassen. Er bekäme demgemäß 21 000 DM; da seine Forderung aber nur 20 000 DM beträgt, muß er sich mit diesem Betrag zufrieden geben. Er erhält also 20 000 DM. Die restlichen 7000 DM gelangen wieder in den großen Topf. Hiervon erhält B 6000 DM. Ihm gehen von dem Erlös in Höhe von 27 000 DM die 21 000 DM des A, aber auch nur diese 21 000 DM vor. A erlangt also, obwohl der Versteigerungserlös größer als im ersten Beispiel ist, weniger; er muß sich mit dem Rest von 1000 DM begnügen.

Diese Ergebnisse sind, obwohl sie zunächst eigenartig anmuten, in der Sache gerechtfertigt.[14] B darf durch den Tausch der Rangverhältnisse

14 Vgl. Planck-*Flad*, Komm. zum BGB, 5. Aufl., § 1208, 3; *Strohal*, JherJb 31, 325 ff.

zwischen A und C nicht berührt werden, nicht im Guten und nicht im Bösen. Er hat den Erlös stets, aber nur insoweit zu beanspruchen, als dieser mehr als 21 000 DM beträgt. C darf andererseits nicht durch das Pfandrecht des A beeinträchtigt werden. A muß froh sein, daß sein Pfandrecht nicht erlischt, wie dies nach § 936 BGB der Fall wäre, wenn dem C nicht ein Pfandrecht bestellt, sondern das Eigentum übertragen worden wäre. Seine Rechtsstellung ist schlechter als die Rechtsstellung des ersten Hypothekars, zu dessen Lasten ein Rangvorbehalt in Höhe von 20 000 DM besteht. A hat hier, im Falle des Rangvorbehalts, sein Risiko begrenzt; mehr als 20 000 DM braucht er sich nicht vorgehen zu lassen. Da B durch den Vorbehalt nicht beeinträchtigt werden darf (Zwischenrechte bleiben unberührt), muß C den Nachteil tragen, wenn der Erlös seine Ansprüche nicht deckt, nachdem B und C befriedigt sind. Daß er diesen Nachteil tragen muß, hat das Gesetz in § 881 Abs. 4 BGB ausdrücklich bestimmt. Im Verpfändungsfall hat A sein Risiko aber nicht begrenzt. Sein Recht müßte eigentlich, entsprechend § 936 BGB, in vollem Umfange erlöschen. Es bleibt jedoch bestehen, weil C hierdurch nicht beeinträchtigt wird, und C wird hierdurch nicht beeinträchtigt, wenn A ihm im Range nachgeht. Dies muß in vollem Umfange geschehen. A darf C nicht in die Quere kommen. Er käme ihm jedoch in die Quere, wenn er, nachdem B von den 27 000 DM 6000 DM erhalten hat, mehr als 1000 DM beanspruchte. Wäre das Recht des A erloschen, bekäme C von den restlichen 21 000 DM den Betrag von 20 000 DM. Diesen Betrag darf A nicht teilweise für sich beanspruchen. Er muß sich mit dem bescheidenen Betrag von 1000 DM zufrieden geben und froh sein, daß er überhaupt etwas erhält.

Daß eine derartige Verteilung sachgemäß ist, zeigt auch ein anderes Beispiel. Nehmen wir an, A, B und C hätten jeweils ein Pfandrecht von 20 000 DM und C kenne das Pfandrecht des B, aber nicht das Recht des A. Beträgt der Versteigerungserlös 20 000 DM, so bekommt C nichts, er muß sich B vorgehen lassen, und dieser nimmt ihm alles weg. A, nicht B, erhielte aber diese 20 000 DM; denn A geht B vor. B hat nur etwas zu beanspruchen, wenn der Erlös größer als 20 000 DM ist, und das ist nicht der Fall. A kommt also die Existenz des zweiten Pfandrechts zugute. Bestünde dieses Recht nicht, erhielte C diesen Betrag. A erzielt hierdurch aber keinen unberechtigten Gewinn; die Nachteile, die er wegen des gutgläubigen Erwerbs des C tragen muß, wirken sich lediglich nicht aus.

Beträgt der Versteigerungserlös 40 000 DM, bekommt C 20 000 DM. Er muß sich das Pfandrecht des B vorgehen lassen. Geschieht dies, so bleiben noch 20 000 DM für ihn übrig. Die restlichen 20 000 DM erhält dieses Mal der B. Ihm gehen nur 20 000 DM von dem Erlös in Höhe von

40 000 DM vor. A bekommt also nichts. Er muß dieses Ergebnis hinnehmen, da er dem C nicht in die Quere kommen darf.

Sind die Pfandrechte des A und des B gleichrangig, so ändert sich hierdurch die Rechtsstellung des C nicht. Er muß sich das Pfandrecht des B vorgehen lassen. Wie der Betrag, der auf B entfällt, zwischen A und B aufgeteilt wird, berührt seine Interessen nicht.

Beträgt der Erlös in dem eben gebildeten Beispiel 20 000 DM, so erhält C nichts, da B ihm in Höhe dieses Betrages vorgeht. Die 20 000 DM müssen sich A und B teilen. B würde auch nur 10 000 DM erhalten, wenn C kein Pfandrecht erworben hätte. Beträgt der Erlös 40 000 DM, bekommt C hiervon 20 000 DM; dieser Betrag bleibt nach Abzug von 20 000 DM (Pfandrecht des B) für ihn übrig. Die restlichen 20 000 DM kann B in vollem Umfange für sich beanspruchen. Bestünde das Pfandrecht des C nicht, so stünden die 40 000 DM A und B zu gleichen Teilen zur Verfügung, B erhielte also 20 000 DM. Er darf durch das Bestehen des dem C zustehenden Pfandrechts nicht beeinträchtigt werden. Er würde die 20 000 DM auch erhalten, wenn er A im Range nachginge. Seine Rechtsstellung kann nicht schlechter sein, wenn die beiden Pfandrechte gleichrangig sind. Der Lösung von *Wiegand*[15], der Betrag, der nicht auf C entfalle, müsse zwischen A und B quotenmäßig geteilt werden, kann also für diesen Fall nicht zugestimmt werden.

4. Rechtsstellung des redlichen Pfandgläubigers

Erwirbt der Gläubiger das Pfandrecht kraft seines guten Glaubens, so erlangt er dieselbe Rechtsstellung, die er hätte, wenn er das Pfandrecht vom Berechtigten erworben hätte. Er ist keinen schuldrechtlichen Ansprüchen des Eigentümers ausgesetzt. Dies gilt auch, wenn er beim Erwerb des Pfandrechts leichtfahrlässig gehandelt hat. Das Gesetz bringt dadurch, daß es den leichtfahrlässigen Gläubiger beim Pfandrechterwerb schützt, zum Ausdruck, daß dieser nicht für den Schaden verantwortlich ist, der dem Eigentümer durch die Belastung der Sache mit dem Pfandrecht entsteht.

Der Gläubiger erlangt kraft seines guten Glaubens das Pfandrecht auch dann, wenn es unentgeltlich bestellt worden ist. Der Gläubiger haftet dem Eigentümer dann zwar gemäß § 816 Abs. 1 Satz 2 BGB. Dieser Fall wird aber kaum je vorkommen. Der Gläubiger erhält das Pfandrecht nicht unentgeltlich,[16] wenn er dem Verpfänder aufgrund des Pfandrechts einen Kredit gewährt oder einen gewährten Kredit verlängert.

---

15 In Staudinger, Komm. zum BGB, 12. Aufl., § 1208 Rdn. 6.

16 Vgl. RGZ 29, 297, 300; RG, Warn. 1933 Nr. 158; Staudinger-*Lorenz*, Komm. zum BGB, 12. Aufl., § 816 Rdn. 29.

5. Erwerb des Pfandrechts aufgrund Allgemeiner Geschäftsbedingungen (AGB)

a) Grundzüge

Zahlreiche AGB enthalten Pfandklauseln, nach denen dem Gläubiger Sachen als Pfand dienen, die auf Veranlassung des Auftraggebers, des Schuldners, in seinen Besitz gelangen. Gibt dieser in einem derartigen Fall Sachen an den Gläubiger, so entsteht ein Pfandrecht auch dann, wenn der Schuldner die AGB, denen er sich unterworfen hat, nicht oder nur flüchtig gelesen oder nicht richtig verstanden hat; er verpfändet die Sache, auch wenn er sich dessen nicht bewußt ist. Es fragt sich aber, wie sich die Pfandklausel auswirkt, wenn die Sache dem Schuldner nicht gehört. Die Frage wird vor allem in drei Fällen akut.

b) Erster Fall

§ 50 Abs. a ADSp. a. F. hatte folgenden Wortlaut:

„Der Spediteur hat wegen aller fälligen und nicht fälligen Ansprüche, die ihm aus dem in § 2a genannten Verrichtungen an den Auftraggeber zustehen, ein Pfandrecht und ein Zurückbehaltungsrecht an den in seiner Verfügungsgewalt befindlichen Gütern oder sonstigen Werten."

Zu den in § 2a ADSp genannten Verrichtungen gehören alle Verrichtungen des Spediteurs, gleichgültig, ob sie Speditions-, Fracht-, Lager-, Kommissions- oder sonstige mit dem Speditionsgewerbe zusammenhängende Geschäfte betreffen. Die Pfandklausel gewährt dem Spediteur somit auch ein Pfandrecht zur Sicherung inkonnexer Forderungen, also von Forderungen, die nicht durch den Speditionsvertrag entstanden sind, aufgrund dessen das Gut in die Verfügungsgewalt des Spediteurs gelangt. Das vertragliche Pfandrecht geht damit (das ist der Sinn der Pfandklausel) über das gesetzliche Pfandrecht nach § 410 HGB hinaus, das nur konnexe Forderungen sichert.

Der BGH[17] hatte die Frage zu entscheiden, ob der Spediteur aufgrund der Pfandklausel ein vertragliches Pfandrecht an einer schuldnerfremden Sache wegen einer inkonnexen Forderung erlangt hatte. Er hat diese Frage verneint. Die Klausel sei einschränkend so auszulegen, daß ein Pfandrecht wegen inkonnexer Forderungen nur an dem Speditionsgut entstehe, das dem Auftraggeber gehöre. Anderenfalls wäre die Klausel sittenwidrig und nichtig. Im Hinblick auf diese Entscheidung ist § 50 Abs. a ADSp neu gefaßt. Ihm ist folgender Satz 2 zugefügt worden: „Soweit das Pfand- oder Zurückbehaltungsrecht aus Satz 1 über das gesetzliche Pfand- oder Zurückbehaltungsrecht hinausgehen würde, ergreift es nur solche Güter

---

17 BGHZ 17, 1; WM 1963, 1156.

und Werte, die dem Auftraggeber gehören." Die Rechtslage ist damit geklärt. Die beiden Speditionsentscheidungen des BGH[18] sind aber weiterhin von großer Bedeutung. Sie enthalten grundlegende Ausführungen über die Wirksamkeit und Unwirksamkeit von Pfandklauseln, die in AGB vorgesehen sind. Diese Ausführungen sind bei der Auslegung anderer AGB zu beachten.

c) Zweiter Fall

Die Bedingungen[19] für die Ausführung von Arbeiten an Kraftfahrzeugen und deren Teilen sehen in Nr. VII 1 folgende Pfandklausel vor:

„Dem Auftragnehmer steht wegen seiner Forderungen aus dem Auftrag ein Zurückbehaltungsrecht sowie ein vertragliches Pfandrecht an den aufgrund des Auftrages in seinen Besitz gelangten Gegenständen zu." Der BGH[20] hat entschieden, aufgrund dieser Klausel komme ein Pfandrecht auch an Kraftfahrzeugen zustande, die einem Dritten gehörten. Er hat diese Auffassung als selbstverständlich angesehen und sich ausschließlich mit der (von ihm verneinten) Frage befaßt, ob der Unternehmer grobfahrlässig gehandelt habe, wenn er sich bei der Übergabe des Wagens zur Reparatur (und der hierin liegenden Verpfändung des Wagens) nicht den Kraftfahrzeugbrief habe vorlegen lassen. M. E. ist der Auffassung des BGH nicht zuzustimmen; die Pfandklausel führt nicht zur Entstehung eines Pfandrechts an schuldnerfremden Kraftfahrzeugen.

Dieses Ergebnis versteht sich von selbst, wenn die Klausel einschränkend auszulegen ist und nur Fahrzeuge erfaßt, die dem Auftraggeber, dem Besteller, gehören *(erste Auslegungsmöglichkeit)*. Die gleiche Rechtslage tritt ein, wenn die Klausel so zu deuten ist, daß sie sich auf alle Kraftfahrzeuge erstreckt, gleichgültig, ob sie dem Besteller oder einem Dritten gehören *(zweite Auslegungsmöglichkeit)*. Der Auftraggeber würde eine unerlaubte, möglicherweise sogar eine strafbare Handlung begehen, wenn er eine fremde Sache verpfändet, um eine eigene Verbindlichkeit zu sichern. Hierzu darf ihn der Unternehmer nicht verleiten. Die Klausel kann jedoch auf eine dritte Weise verstanden werden *(dritte Auslegungsmöglichkeit)*.[21] Das Pfandrecht soll sich danach auf die Wagen beziehen, die dem Unternehmer zur Reparatur gegeben werden; der Unternehmer geht aber, wenn ihm sein Vertragspartner nicht das Gegenteil erklärt, davon aus, daß diesem die Fahrzeuge gehören: trifft dies zu, will er das

18 BGHZ 17, 1; WM 1963, 1156.
19 Wiedergegeben in BGHZ 68, 323.
20 BGHZ 68, 323.
21 Vgl. BGHZ 86, 300.

Pfandrecht vom Berechtigten, trifft es nicht zu, kraft seines guten Glaubens erwerben. Die Pfandklausel wird dann, wie es der BGH,[22] wenn auch nicht gerade elegant, formuliert hat, so ausgelegt, daß das Pfandrecht an den vom Besteller dem Unternehmer „zur Verfügung gestellten, grundsätzlich als in seinem Eigentum stehend vorausgesetzten Geräten vereinbart wird." Es fragt sich, ob die Pfandklausel in diesem dritten Fall zu einem Erwerb des Pfandrechts durch den Unternehmer führt.

Der gute Glaube des Unternehmers wird geschützt, wenn der Besteller die Sache durch Individualvertrag verpfändet. Bei der Verpfändung erklärt der Besteller stillschweigend, ihm gehöre das Auto (sonst darf er es nicht verpfänden). Auf diese Erklärung und den durch den Besitz verursachten Rechtsschein darf sich der Unternehmer verlassen, wenn er nicht weiß, daß das Auto einem Dritten gehört und seine Unkenntnis nicht auf grober Fahrlässigkeit beruht. Der Unternehmer braucht sich nicht mit dem gesetzlichen Pfandrecht zu begnügen, das sich nur auf schuldnereigene Sachen erstreckt. Er hat ein berechtigtes Interesse daran zu klären, ob diese Voraussetzung gegeben ist. Er kann seinen Vertragspartner fragen, ob ihm die Sachen gehören. Bejaht dieser die Frage zu Unrecht, kann ein gutgläubiger Erwerb des vertraglich vereinbarten Pfandrechts in Betracht kommen; verneint er sie, muß der Unternehmer sich anderweit sichern.

Die Rechtslage ist jedoch anders, wenn die Bestimmung, welche die Verpfändung vorsieht, in den AGB des Unternehmers enthalten ist, die Verpfändung also formularmäßig geschieht. Der Besteller gibt zwar, weil er sich den AGB unterworfen hat, auch hier (stillschweigend) die Willenserklärung ab, er verpfände das Auto. In dieser Willenserklärung steckt aber nicht die Erklärung des Bestellers, ihm gehöre das Auto. Der Unternehmer weiß, daß der Besteller die AGB, die auf der Rückseite des vom Besteller unterschriebenen Reparaturscheins abgedruckt sind, in aller Regel nicht oder nur flüchtig liest und sich der Existenz oder Tragweite der Pfandklausel nicht bewußt ist. Er kann hier in der stillschweigenden Verpfändung nicht die Versicherung des Bestellers sehen, er sei Eigentümer des Wagens.

Bei dieser Sachlage fehlt die Grundlage für einen gutgläubigen Erwerb des Pfandrechts. Der auf dem Besitz beruhende Rechtsschein allein reicht hierfür nicht aus. Hinzu kommen muß die ausdrückliche oder stillschweigende Erklärung des Bestellers, die Sache gehöre ihm. Wird diese Erklärung nicht abgegeben, ist der Eigentümer schutzwürdiger als der Unternehmer. Der BGH hat im ersten *Speditions-Fall*[23] mit Recht darauf

22 BGHZ 86, 300, 305.
23 BGHZ 17, 1, 4, 5.

abgestellt, ob die Verpfändung durch Individualvertrag oder aufgrund einer Pfandklausel in den AGB zustande komme. In der Entscheidung heißt es:

„Wohl hat das Gesetz bei Bestellung eines Pfandrechts an fremder Sache im Einzelfall zugunsten des gutgläubigen Erwerbers und zu Lasten des Eigentümers entschieden und nur einen gutgläubigen Erwerb des Pfandrechts an abhanden gekommenen Sachen ausgeschlossen. Maßgebend ist, daß der Eigentümer, der seine Sache einem anderen überläßt, diesem vertraut und sich daher auch an ihn halten soll, wenn dieser sein Vertrauen mißbraucht. Dieser Gedanke versagt jedoch, wenn in Allgemeinen Geschäftsbedingungen, deren Einzelheiten der Auftraggeber nicht zu kennen braucht, ein Pfandrecht an fremden Sachen vorgesehen ist. Hier würde der Auftraggeber unter Umständen über fremdes Eigentum verfügen, ohne daß er davon weiß und ohne daß er es will; hier ist es also durchaus nicht so, daß dem Spediteur ein ebenso schutzwürdiges oder sogar noch schutzwürdigeres Interesse zur Seite steht als dem dritten Eigentümer."

Der BGH hat dementsprechend im zweiten *Speditions-Fall*[24] ausgeführt, der Spediteur handele bedingt vorsätzlich, wenn ihm gemäß seinem Verlangen ein Pfandrecht an fremdem Gut bestellt werde. Die Rechtslage ist dieselbe, wenn das Pfandrecht zwar nur an schuldnereigenen Sachen entstehen soll, der Unternehmer aber davon ausgeht, die Sachen gehörten dem Besteller, falls dieser nicht bei der Übergabe der Sache das Gegenteil erkläre. Der Besteller erklärt nicht das Gegenteil, weil er die AGB nicht gelesen oder nicht verstanden hat. Das weiß der Unternehmer. Er kann also das Schweigen des Bestellers nicht so deuten, dieser gebe stillschweigend die Erklärung ab, er sei Eigentümer des Fahrzeugs. Die Klausel kann daher bei Bejahung der dritten Auslegungsmöglichkeit zu keinen anderen Ergebnissen führen als beim Vorliegen der zweiten. Diese Fälle unterscheiden sich in der Sache nicht. Der Unternehmer will in beiden Fällen ein Pfandrecht erhalten, auch wenn das Auto einem Dritten gehört. Die Unternehmer wollen durch die Pfandklausel die Rechtsprechung des BGH[25] überspielen, nach der ein gutgläubiger Erwerb eines gesetzlichen Pfandrechts nicht möglich ist; sie schaffen deshalb eine gesetzesähnliche Regelung zu Lasten eines Dritten und wollen hierdurch die Rechtslage herbeiführen, die bestünde, wenn das gesetzliche Pfandrecht gutgläubig erworben werden könnte.

Es ist zu bedauern, daß der BGH an diesem unseriösen Verhalten der

---

24 WM 1963, 1156, 1157.

25 BGHZ 34, 122 und 153; BGHZ 87, 274, 280 m.w.N.

Unternehmer keinen Anstoß genommen hat.[26] Die Ergebnisse, zu denen er gelangt, sind besonders bedenklich,[27] wenn die Reparatur dem Dritten nicht zugute kommt, wie dies in einer Sache geschehen ist, in der der BGH[28] den gutgläubigen Erwerb des Pfandrechts an einer im Auto eingebauten Telefonanlage bejaht hat, die der Besteller, der Eigentümer des Autos, nur gemietet hatte. Die Rechtslage ist aber nicht anders, wenn die Reparatur dem Eigentümer, dem Vorbehaltsverkäufer oder dem Sicherungsnehmer, zugute kommt. Dieser Umstand mag bei der Frage erheblich sein, ob dem Unternehmer Verwendungsansprüche gegen den Eigentümer zustehen; bei der Entstehung des Pfandrechts ist er ohne Bedeutung.

Um Mißverständnisse zu vermeiden, sei abschließend darauf hingewiesen, daß das Unternehmerpfandrecht nicht etwa deshalb aufgrund der Pfandklausel wirksam entstehen kann, weil es sich bei dem Werklohnanspruch um eine konnexe Forderung handelt und der BGH[29] in einem derartigen Fall ein Pfandrecht des Spediteurs nicht beanstandet hat. Er hat es nicht beanstandet, weil dem Spediteur an konnexen Forderungen bereits ein gesetzliches Pfandrecht zusteht, das nach § 366 HGB gutgläubig erworben werden kann. Das vertragliche Pfandrecht kann hier entstehen; es beeinträchtigt den Eigentümer nicht, da die ihm gehörende Sache bereits mit dem gesetzlichen Pfandrecht belastet ist und das vertragliche Pfandrecht nicht darüber hinausgeht. Beim Unternehmerpfandrecht sind diese Voraussetzungen nicht gegeben. Es kann nicht gutgläubig erworben werden. Gerade weil es hieran fehlt, ist die Pfandklausel in die AGB aufgenommen worden. Es geht also nur vordergründig um die Frage, ob das Pfandrecht konnexe oder inkonnexe Forderungen sichert. Entscheidend ist, ob das vertragliche Pfandrecht (wie beim Unternehmerpfandrecht) den Eigentümer stärker belastet als das gesetzliche oder ob dies (wie beim Pfandrecht des Spediteurs) nicht der Fall ist, das vertragliche Pfandrecht also neben dem gesetzlichen keine Bedeutung hat.

Nach alledem ist die Klausel trotz des entgegenstehenden Willens der Unternehmer mit Rücksicht auf die schutzwürdigen Belange der Besteller

---

26 Gegen die Wirksamkeit der Pfandklausel auch AK-*Reich*, §§ 1207, 1208 Rdn. 8; *Gursky*, JZ 1984, 604, 612; *Müller*, VersR 1981, 499, 502, 503; *Müller-Laube*, JZ 1983, 807; *Picker*, NJW 1978, 1417; Staudinger-*Wiegand*, Komm. zum BGB, 12. Aufl., Anh. zu § 1257 Rdn. 8. Dagegen stimmen dem BGH zu: *Medicus*, Bürgerliches Recht, 12. Aufl., Rdn. 592; Staudinger-*Schlosser*, Komm. zum BGB, 12. Aufl., § 9 AGB-Gesetz, Rdn. 184 und *Brandner* in Ulmer-Brandner-Hensen, Komm. zum AGB-Gesetz, 4. Aufl., Anh. §§ 9–11 Rdn. 603, 659.

27 Vgl. *Tiedtke*, WM 1981, 1097, 1099.

28 NJW 1981, 226.

29 BGHZ 17, 1 ff.

und deren Verständnis von der Bedeutung der Klausel so auszulegen, daß das Pfandrecht nur an schuldnereigenen Sachen entsteht. Andernfalls wäre sie nach § 9 AGB-Gesetz unwirksam.[30] Überdies wäre der Unternehmer nicht gutgläubig; er handelte bedingt vorsätzlich.

d) Dritter Fall

Nr. 19 Abs. 2 der Allgemeinen Geschäftsbedingungen der Banken (AGB-Banken) lautet wie folgt:

„Die in den Besitz oder die Verfügungsgewalt irgendeiner Stelle der Bank gelangten oder noch gelangenden Sachen und Rechte, einschließlich der Ansprüche des Kunden gegen die Bank selbst, dienen als Pfand für alle bestehenden und künftigen – auch bedingten oder befristeten – Ansprüche der Bank gegen den Kunden. Dieses Pfandrecht besteht auch für Ansprüche gegen den Kunden, die von Dritten auf die Bank übergehen, und für Ansprüche der Bank gegen Firmen, für deren Verbindlichkeiten der Kunde persönlich haftet. Es macht keinen Unterschied, ob die Bank den mittelbaren oder unmittelbaren Besitz, die tatsächliche oder rechtliche Verfügungsgewalt über die Gegenstände erlangt hat."

Diese Bestimmung, die eine große Bedeutung hat, ist so auszulegen, wie dies bei der Pfandklausel im zweiten Fall geschehen ist. In der Regel wird der Kunde Eigentümer der Wertpapiere sein, die er der Bank zur Aufbewahrung gibt. Gehören sie ihm aber nicht, erwirbt die Bank an den kundenfremden Papieren ebensowenig ein Pfandrecht wie der Unternehmer an einem zu reparierenden Auto, das nicht im Eigentum des Bestellers steht. Dies gilt um so mehr, als die (antizipierte) Verpfändung bereits in der Unterwerfung des Kunden unter die AGB-Banken liegt,[31] sie somit zu einem Zeiptunkt erklärt wird, in dem der Kunde die Papiere oft noch nicht hat. Er müßte also (falls man der dritten Auslegungsmöglichkeit folgte) die Verpfändungserklärung widerrufen, und dies hätte spätestens in dem Augenblick zu geschehen, in dem die Wertpapiere, die dem Dritten gehörten, in den Besitz der Bank gelangten; anderenfalls erstreckte sich das Pfandrecht auch auf diese Papiere. Das weiß der Kunde aber nicht, und die Bank weiß, daß der Kunde es nicht weiß. Sie ist daher nicht schutzwürdig. Will die Bank bei Gewährung eines Kredites nicht das Risiko tragen, daß die Wertpapiere ausnahmsweise nicht ihrem Kunden gehören, bleibt ihr nichts anderes übrig, als sich die Papiere durch

---

30 A. A. Staudinger-*Schlosser*, Komm. zum BGB, 12. Aufl., § 9 AGB-Gesetz, Rdn. 104; *Brandner* in Ulmer-Brandner-Hensen, Komm. zum AGB-Gesetz, 4. Aufl., Anh. §§ 9–11 Rdn. 603, 659.

31 BGH, NJW 1983, 2701, 2702; *Canaris*, Bankvertragsrecht, 2. Bearbeitung, Rdn. 2657.

Individualvertrag verpfänden zu lassen. In der Rechtslehre[32] wird dieser Weg als ein unsinniger formalistischer Umweg bezeichnet. Es sei schlechterdings nicht einzusehen, warum man die Bank vor die Alternative stellen solle, entweder jeweils eine besondere Verpfändungserklärung einzuholen oder auf die Möglichkeit gutgläubigen Erwerbs zu verzichten; es sei unverständlich, warum die Möglichkeit gutgläubigen Erwerbs nach Nr. 19 Abs. 2 AGB-Banken mit dem Denken redlicher Parteien generell unvereinbar oder gar sittenwidrig sein solle. Die Notwendigkeit, eine Verpfändung durch Individualvertrag herbeizuführen, ergibt sich jedoch daraus, daß es anderenfalls an einer Erklärung des Kunden fehlt, ihm gehörten die Wertpapiere; der Kunde kennt in der Regel Nr. 19 Abs. 2 AGB-Banken nicht oder ist sich jedenfalls seiner Tragweite nicht bewußt. Die Einholung der Verpfändungserklärung im Einzelfall mag ein umständlicher Weg sein; die Bank darf ihren Geschäftsbetrieb aber nicht auf Kosten Dritter erleichtern.

Da sich die Banken durch Nr. 19 Abs. 2 AGB-Banken in überaus großem Umfang gesichert haben, will die Rechtslehre[33] den Belangen des Eigentümers dadurch Rechnung tragen, daß sie die Banken nur schützt, wenn diese dem Kunden im Hinblick auf die bei ihr lagernden Papiere einen Kredit gewährt oder einen gewährten Kredit stundet und dies zu einem Zeitpunkt geschieht, in dem sie noch nicht erfahren hat, daß die Papiere einem Dritten gehören; soweit die Bank die Wertpapiere darüber hinaus in Anspruch nehme, verstoße sie gegen Treu und Glauben. Der Kunde muß jedoch nachweisen, daß die Bank sich treuwidrig verhalten hat. Er wird diesen Nachweis in der Regel nicht erbringen können. Mit der Einschränkung des Pfandrechts oder seiner Ausübung ist ihm daher nicht gedient; er erhält Steine statt Brot. Er wird nur wirksam geschützt, wenn, wie das OLG *Hamburg*[34] mit Recht entschieden hat, Nr. 19 Abs. 2 AGB-Banken so auszulegen ist, daß sich das Pfandrecht nur auf Gegenstände erstreckt, die dem Kunden gehören. Sollte sie anders auszulegen sein, wäre sie nach § 9 AGB-Gesetz unwirksam.

6. Sonderfälle

a) Miteigentum

Ein Pfandrecht kann auch an einem Miteigentumsanteil des Verpfänders bestehen. § 1258 BGB setzt dies als selbstverständlich voraus. Diese Fälle

---

32 *Canaris*, Bankvertragsrecht, 2. Bearbeitung, Rdn. 2665.

33 *Canaris*, Bankvertragsrecht, 2. Bearbeitung, Rdn. 2665, 2666.

34 MDR 1970, 422; a.A. die herrschende Lehre, vgl. Canaris, Bankvertragsrecht, 2. Bearbeitung, Rdn. 2665; *Liesecke*, WM 1969, 546, 550; Staudinger-*Wiegand*, Komm. zum BGB, 12. Aufl., Anh. zu § 1257 Rdn. 9.

treten vor allem ein, wenn bewegliche Sachen derart miteinander verbunden werden, daß sie wesentliche Bestandteile einer einheitlichen Sache werden, oder wenn Sachen untrennbar miteinander vermischt oder vermengt werden. Das Eigentum an der einzelnen Sache verwandelt sich dann in Miteigentum an der Gesamtsache, und das Pfandrecht an der Einzelsache setzt sich an dem Anteil fort, der an die Stelle der Sache tritt, § 949 BGB.

Der Miteigentümer kann dem Gläubiger auch ein Pfandrecht an seinem Anteil bestellen. Die Verpfändung des Miteigentumsanteils geschieht wie die Verpfändung der Sache. Eine solche Möglichkeit besteht auch für den Alleineigentümer.[35] Er kann den Gläubiger zum Miteigentümer seiner Sache machen. Es muß ihm daher auch die Befugnis zustehen, ihm das Pfandrecht an einer Quote seines Eigentums zu bestellen. Er wird von dieser Möglichkeit selten Gebrauch machen. Daraus ergibt sich aber nicht, daß eine derartige Möglichkeit nicht besteht.

Steht dem Verpfänder der verpfändete Miteigentumsanteil nicht zu, so erlangt der Gläubiger das Pfandrecht kraft seines guten Glaubens, wenn er das Miteigentum gutgläubig erworben hätte, falls ihm dieses übertragen worden wäre.[36]

b) Anwartschaftsrecht

Hat der Verkäufer eine Sache unter Eigentumsvorbehalt verkauft, so erlangt der Käufer das aufschiebend bedingte Eigentum; die Bedingung tritt mit der Zahlung der letzten Kaufpreisrate ein. In der Zwischenzeit steht dem Käufer ein Anwartschaftsrecht zu. Dieses Recht wird wie eine Sache übereignet und wie eine Sache verpfändet. Besteht das Anwartschaftsrecht nicht, weil z. B. der Verkäufer vom Kaufvertrag zurückgetreten ist, kann der gutgläubige Erwerber das nur vermeintlich bestehende Anwartschaftsrecht nicht erlangen. Demgemäß kann der Gläubiger auch kein Pfandrecht kraft seines guten Glaubens erwerben.

Besteht das Anwartschaftsrecht jedoch, steht es aber einem Dritten zu, dem der Käufer es nach § 930 BGB zur Sicherheit übereignet hat, dann kann der Käufer, der weiterhin unmittelbarer Besitzer der Sache ist, dem Erwerber das Anwartschaftsrecht durch Einigung und Übergabe übereignen, so daß dieser es nach § 932 BGB kraft seines guten Glaubens erwirbt.[37] Dementsprechend kann der Käufer das Anwartschaftsrecht mit

35 Herrschende Meinung, vgl. Staudinger-*Wiegand*, Komm. zum BGB, 12. Aufl., § 1258 Rdn. 2; *Wolff/Raiser*, Sachenrecht, 10. Bearbeitung, § 173 II, 1; *Zunft*, NJW 1955, 441, 442; a.A. *H. Westermann*, Sachenrecht, 5. Aufl., § 126 I, 2.

36 *Koller*, JZ 1972, 646, 649.

37 *Reinicke/Tiedtke*, Kaufrecht, 2. Aufl., S. 265 m.w.N.; a.A. vor allem *Flume*,

der Rechtsfolge durch Einigung und Übergabe verpfänden, daß der Gläubiger das Pfandrecht kraft guten Glaubens erwirbt.

c) Verpfändung einer Sache an eine öffentliche Pfandleihanstalt oder einen privaten Pfandleiher

Bestellt der Verpfänder einer öffentlichen Pfandleihanstalt oder einem privaten Pfandleiher ein Pfandrecht, gelten grundsätzlich die Vorschriften des Bürgerlichen Gesetzbuchs. Der Gläubiger muß also, wenn dem Verpfänder die Sache nicht gehört, gutgläubig und die Sache darf dem Eigentümer nicht abhanden gekommen sein. Es sind aber einige Sonderregelungen getroffen. Nach Art. 94 Abs. 2 EGBGB bleiben die landesgesetzlichen Vorschriften unberührt, nach welchen öffentlichen Pfandleihanstalten das Recht zusteht, die ihnen verpfändeten Sachen dem Berechtigten nur gegen Bezahlung des auf die Sache gewährten Darlehens herauszugeben. Eine derartige Bestimmung findet sich z. B. in Art. 91 BayAGBGB.[38] Für die privaten Pfandrechte gilt die Verordnung[39] über den Geschäftsbetrieb der gewerblichen Pfandleiher. Nach § 5 Abs. 1 Nr. 1 dieser Verordnung darf der Pfandleiher das Pfand nur annehmen, wenn er mit dem Verpfänder vereinbart, er dürfe sich wegen seiner Forderung nur aus dem Pfand befriedigen. Den Schuldner trifft also die reine Sachhaftung. Er ist zur Zahlung berechtigt, nicht verpflichtet; er wird frei, wenn das Pfand einen Mindererlös erbringt.

II. Gutgläubiger Erwerb bei Übertragung des Pfandrechts

1. Übertragung vom Berechtigten

Mit der Abtretung der Forderung geht das Pfandrecht nach § 1250 Abs. 1 BGB auf den neuen Gläubiger über. Die Forderung wird abgetreten, das Pfandrecht läuft mit; die Forderung geht kraft Vertrages über, das Pfandrecht kraft Gesetzes. Ohne Forderung kann das Pfandrecht nicht übertragen werden, § 1250 Abs. 1 Satz 2 BGB. Wird der Übergang des Pfandrechts ausgeschlossen, erlischt es nach § 1250 Abs. 2 BGB. Der Gläubiger der Forderung und der Inhaber des Pfandrechts können also nicht auseinanderfallen.

Allgemeiner Teil des Bürgerlichen Rechts, II. Band, Das Rechtsgeschäft, 3. Aufl., § 42, 4 c; *ders.*, AcP 161, 385, 394 ff.

38 Vom 9. 6. 1899, Bereinigte Sammlung des Bayerischen Landesrechts III, 89.

39 Vom 1. 2. 1961, BGBl. I, 58 i.d. Fassung vom 30. 5. 1976, BGBl. I, 1335.

2. Übertragung vom Nichtberechtigten

a) Nichtbestehen der Forderung

Ist die Forderung nicht zur Entstehung gelangt oder ist sie erloschen, so besteht kein Pfandrecht. Das Pfandrecht ist streng akzessorisch: ohne Forderung kein Pfandrecht. Überträgt der Gläubiger die angebliche Forderung (mit dem vermeintlichen Pfandrecht), so erwirbt der neue Gläubiger keine Forderung und damit auch kein Pfandrecht; der gute Glaube an das Bestehen der Forderung wird nicht geschützt. Die Forderung gelangt in der Person des neuen Gläubigers auch nicht „für das Pfandrecht" zur Entstehung, so daß dieser zwar nicht aus der Forderung, wohl aber aus dem Pfandrecht vorgehen könnte. Eine derartige Regelung, die für die Verkehrshypothek in §1138 BGB enthalten ist, hat das Gesetz für das Pfandrecht an beweglichen Sachen nicht getroffen. Hierüber herrscht kein Streit.

b) Bestehen der Forderung

Besteht die Forderung, ist sie aber nur vermeintlich durch ein Pfandrecht gesichert, so erwirbt der neue Gläubiger die Forderung. Er erhält sie vom Berechtigten. Es fragt sich, ob er in diesem Falle das Pfandrecht kraft seines guten Glaubens erlangt, sich also das nur vermeintlich bestehende Pfandrecht in seiner Person in ein wahres Pfandrecht verwandelt. Eine derartige Regelung gilt für die Sicherungshypothek; besteht die Forderung, wird der gute Glaube an die Hypothek geschützt. Für das Pfandrecht an beweglichen Sachen ist eine derartige Regelung nicht getroffen. Die herrschende Lehre[40] zieht aus dem Schweigen des Gesetzes den Schluß, daß das Pfandrecht auch in diesem Falle nicht kraft guten Glaubens zur Entstehung gelangt. Dieser Auffassung ist zuzustimmen. Die Rechtslage ist in doppelter Hinsicht anders als bei der Übertragung der Sicherungshypothek.

aa) Fehlen des Rechtsscheins

Für das Bestehen der Sicherungshypothek spricht ein Rechtsschein. Sie ist im Grundbuch eingetragen. Beim Pfandrecht fehlt ein derartiger Rechtsschein. Der Gläubiger ist zwar im Besitz der Sache. Hieraus ergibt sich aber nur die Vermutung, daß er Eigentümer der Sache sei. Diese Vermutung hat er selbst widerlegt. Er erklärt dem neuen Gläubiger, daß ihm die Sache nicht gehöre. Es wird jedoch nicht vermutet, daß ein Besitzer, der

---

40 *Baur*, Sachenrecht, 12. Aufl., § 55 B V, 3; *Reinicke*, NJW 1964, 2373, 2376 ff; a.A. *Heck*, Sachenrecht, § 105 V; *H. Westermann*, Sachenrecht, 5. Aufl., § 132 I, 1 b.

nicht Eigentümer ist, ein Pfandrecht an der Sache habe. Der alte Gläubiger kann die Sache zwar dem neuen verpfänden; dieser erlangt dann kraft seines guten Glaubens das Pfandrecht. Dann hat der alte Gläubiger aber auch die Vermutung für sich in Anspruch genommen, daß ihm die Sache gehöre. Der Umstand, daß dieser Weg zum Ziel führt, hat nicht zur Folge, daß auch der andere Weg, die Übertragung der Forderung mit dem vermeintlichen Pfandrecht, zum Ziele führen muß. Der neue Gläubiger vertraut hier nicht auf den Rechtsschein, sondern auf die trügerischen Worte des alten Gläubigers. Dieses Vertrauen wird nicht geschützt. Die Rechtslage kann auch nicht mit dem gutgläubigen Erwerb eines Pfandrechts an einem Anwartschaftsrecht (bei Bestellung des Pfandrechts) verglichen werden. Der Verpfänder trägt hier zwar auch vor, er sei nicht Eigentümer der Sache. Das Anwartschaftsrecht als solches besteht aber, es steht nur einem anderen zu. In einem derartigen Fall reicht der Besitz als Rechtsscheingrundlage für den Erwerb des Pfandrechts an dem Anwartschaftsrecht aus.

bb) Unsichtbarkeit des Rechtsübergangs

Die Rechtslage unterscheidet sich weiter dadurch von der Regelung beim Erwerb der Sicherungshypothek, daß sich die Übertragung der vermeintlich mit der Hypothek versehenen Forderung nach sachenrechtlichen Grundsätzen vollzieht. Zwar wird auch hier die Forderung abgetreten, die Hypothek läuft mit; die Forderung geht auch in diesem Falle kraft Vertrages über, die Hypothek kraft Gesetzes. Die Abtretung der Forderung geschieht aber durch Einigung und Eintragung in das Grundbuch. Sie ist sichtbar. Die mit dem vermeintlichen Pfandrecht versehene Forderung wird jedoch formlos abgetreten; das Pfandrecht geht, wenn es besteht, unsichtbar und formlos über. Hierzu ist auch die Übergabe der Pfandsache nicht erforderlich. Der neue Gläubiger kann die Sache vom alten nach § 1251 BGB herausverlangen, weil er mit der Abtretung das Pfandrecht erworben hat, nicht, um es mit der Übergabe zu erwerben. Das Bürgerliche Gesetzbuch hat aber den gutgläubigen Erwerb stets an die Voraussetzung geknüpft, daß die Rechtsscheingrundlage (der Besitz oder die Grundbucheintragung) nicht nur beim Veräußerer besteht, sondern auf den Erwerber übergeht.

Dritter Abschnitt

Gutgläubiger Erwerb eines gesetzlichen Pfandrechts

I. Erwerb vom Berechtigten

Das Bürgerliche Gesetzbuch hat in einigen Fällen angeordnet, daß Pfandrechte kraft Gesetzes zur Entstehung gelangen. Von besonderer Bedeutung[1] sind das Vermieter- und das Unternehmerpfandrecht. Nach den §§ 559, 580 BGB hat der Vermieter eines Grundstücks, eines Wohnraums oder eines anderen Raumes für seine Forderungen aus dem Mietverhältnis ein Pfandrecht an den eingebrachten Sachen des Mieters, nach § 647 BGB der Unternehmer für seine Forderung aus dem Werkvertrag ein Pfandrecht an den von ihm hergestellten oder ausgebesserten beweglichen Sachen des Bestellers, wenn sie bei der Herstellung oder zum Zwecke der Ausbesserung in seinen Besitz gekommen sind; das Unternehmerpfandrecht wird vor allem bei der Reparatur von *Kraftfahrzeugen* akut. Das Pfandrecht entsteht nur an Sachen des Mieters oder des Bestellers; die Sachen müssen also dem Mieter oder dem Besteller gehören. Hat der Mieter oder Besteller die Sache unter Eigentumsvorbehalt gekauft und dann in die Mietwohnung eingebracht oder zur Reparatur gegeben, so erlangt der Gläubiger ein Pfandrecht am Anwartschaftsrecht, das sich in ein Pfandrecht an der Sache verwandelt, wenn das Anwartschaftsrecht zum Vollrecht erstarkt. Das Pfandrecht am Anwartschaftsrecht nutzt dem Gläubiger aber in den kritischen Fällen nichts; wird der Kaufpreis nicht gezahlt und tritt der Vorbehaltsverkäufer deshalb vom Kaufvertrag zurück, erlischt das Anwartschaftsrecht und damit das Pfandrecht an ihm.

II. Erwerb nach § 185 BGB

1. Verpflichtungsermächtigung

Erkennt man dieses – vom Bürgerlichen Gesetzbuch nicht geregelte – Rechtsinstitut an, so kann der Eigentümer seinen Vertragspartner ermächtigen, den Vertrag mit dem Dritten im eigenen Namen, aber mit Wirkung (auch) für und gegen ihn zu schließen. Geschieht dies, so wird der Eigentümer (Mit-)Mieter oder (Mit-)Besteller. Das gesetzliche Pfandrecht gelangt dann ebenso zur Entstehung, wie dies der Fall wäre, wenn der

1 Vgl. außerdem das Pfandrecht des Verpächters (§§ 581, 585 BGB), des Pächters (§ 590 BGB) und des Gastwirts (§ 704 BGB).

Miet- oder Werkvertrag (auch) im Namen des Eigentümers abgeschlossen worden wäre. Es kann offenbleiben, ob das Bürgerliche Gesetzbuch eine Verpflichtungsermächtigung zuläßt oder ausschließt.[2] Jedenfalls will der Eigentümer nicht Mitmieter oder Mitbesteller werden; er will nicht Schuldner der Verpflichtungen werden, die aus diesen Verträgen entstehen. Er erteilt also keine Verpflichtungsermächtigung.

2. Verfügungsermächtigung

In dem Abschluß des Werkvertrages und der Übergabe der Sache an den Werkunternehmer wird in der Rechtslehre[3] ein verfügungsähnlicher Tatbestand gesehen und hieraus der Schluß gezogen, der Eigentümer könne dieser Verfügung des Bestellers mit der Maßgabe zustimmen, daß ein Unternehmerpfandrecht an seiner (des Eigentümers) Sache zur Entstehung gelange. Die entsprechende Anwendbarkeit des §185 BGB setzt aber voraus, daß der Eigentümer mit der Entstehung des Pfandrechts einverstanden ist. Der Berechtigte, der einer Verfügung des Nichtberechtigten zustimmt, will die Rechtsfolgen herbeiführen, die entstünden, wenn der Nichtberechtigte berechtigt wäre; dann wäre die Sache mit einem gesetzlichen Pfandrecht belastet. Es reicht jedoch, entgegen der in der Rechtslehre[4] vertretenen Ansicht, nicht aus, daß der Eigentümer mit dem Abschluß des Werkvertrages und der Übergabe der Sache an den Unternehmer einverstanden ist. Der Eigentümer will, daß der Vorbehaltskäufer oder Sicherungsgeber die Sache auf eigene Kosten repariert.[5] Der Eigentümer handelt auch nicht widersprüchlich, wenn er die Vorteile des Werkvertrages in Anspruch nimmt, seine Nachteile, die Belastung der Sache mit einem Pfandrecht, aber vermeiden will. Der Eigentümer verlangt den Abschluß des Werkvertrages mit den gesetzlichen Rechtsfolgen, und das Gesetz gewährt dem Unternehmer nur ein Pfandrecht, wenn die Sache dem Besteller gehört. Die entsprechende Anwendung des §185 BGB ist in diesen Fällen nichts anderes als ein Kunstgriff, durch den ein Ergebnis erzielt werden soll, das dem Gesetz widerspricht. Der BGH[6] hat daher diese Meinung mit Recht abgelehnt.

---

2 Vgl. dazu *Flume*, Allgemeiner Teil des Bürgerlichen Rechts, II. Band, Das Rechtsgeschäft, 3. Aufl., § 57, 1 d.

3 *Benöhr*, ZHR 135, 144, 161 ff; *Medicus*, Bürgerliches Recht, 12. Aufl., Rdn. 594; *Picker*, NJW 1978, 1417, 1418; *H. Westermann*, Sachenrecht, 5. Aufl., § 133 I.

4 Vgl. vor allem *Benöhr*, ZHR 135, 144, 166.

5 *Baur*, Sachenrecht, 12. Aufl., § 55 C II, 2 a; *Gursky*, Sachenrecht (Fälle und Lösungen), 5. Aufl., S. 162; vgl. auch *Raiser*, JZ 1961, 285, 286.

6 BGHZ 34, 122, 125; BGHZ 34, 153; BGHZ 87, 274.

III. Erwerb vom Nichtberechtigten

1. Auslegung des § 1257 BGB

Nach § 1257 BGB sind die Vorschriften über das durch Rechtsgeschäft bestellte Pfandrecht auf ein kraft Gesetzes entstandenes Pfandrecht entsprechend anzuwenden. Die entsprechende Anwendung gilt nur für den Fall, daß das gesetzliche Pfandrecht entstanden ist; sie gilt nicht für die Entstehung, also nicht für den Erwerb vom Berechtigten oder vom Nichtberechtigten kraft guten Glaubens. § 1257 BGB ist so auszulegen, wie wenn er einen zweiten Satz enthielte, der bestimmte, die §§ 1205 bis 1208 BGB seien nicht entsprechend anwendbar. Der Gesetzgeber hat diese Regelung bewußt getroffen. Die Entstehungsgeschichte[7] ergibt, daß nicht nur der Wortlaut des Gesetzes, sondern auch der (im Gesetz zum Ausdruck gelangte) Wille des Gesetzgebers eindeutig ist. An die Entscheidung des Gesetzgebers sind die Richter gebunden. Ein gutgläubiger Erwerb des gesetzlichen Pfandrechts scheidet damit aus. Dies ist für das Vermieterpfandrecht[8] anerkannt. Für das Unternehmerpfandrecht wird jedoch in der Rechtslehre die entgegengesetzte Auffassung vertreten. Der Unternehmer erhalte den Besitz an der Sache, und dieser Umstand rechtfertige die entsprechende Anwendung des § 366 HGB, in dem der gute Glaube des Kommissionärs, des Spediteurs, des Lagerhalters und des Frachtführers, also von Personen geschützt werde, die jeweils den Besitz an der Sache erlangten. Die analoge Anwendung dieser Bestimmung setzt aber eine Lücke der gesetzlichen Regelung im bürgerlichen Recht voraus, und diese Voraussetzung ist nicht gegeben. Das Bürgerliche Gesetzbuch hat die Frage, ob dem Unternehmer kraft seines guten Glaubens ein gesetzliches Pfandrecht zustehe, nicht offengelassen; es hat sie verneint.

Der Gesetzgeber des Handelsgesetzbuchs ging auch nicht, wie in der Rechtslehre[9] gemeint wird, davon aus, der gute Glaube an das Eigentum des Auftraggebers werde bereits im bürgerlichen Recht geschützt, § 366 HGB erweitere diesen Schutz lediglich dadurch, daß er auch den guten Glauben an die Verfügungsmacht schütze. Der Wortlaut des § 366 HGB, der eine derartige Auslegung nahe legt, ist insoweit mißglückt. Wie sich aus der Entstehungsgeschichte,[10] wiederum eindeutig, ergibt, wollte der

---

7 Vgl. Motive zum Bürgerlichen Gesetzbuch, Band II, S. 404, 405; Band III, S. 797, und BGHZ 34, 153 ff.

8 *Baur*, Sachenrecht, 12. Aufl., § 55 C II, 2 a m. w. N.; vgl. auch die Nachweise in BGHZ 34, 153, 154 (Fn. 1).

9 *Baur*, Sachenrecht, 12. Aufl., § 55 C II, 2 a.

10 Vgl. die Denkschrift zum Entwurf eines Handelsgesetzbuchs, S. 207 in *Hahn/Mugdan*, Die gesamten Materialien zum HGB, 1897, S. 362; *Frohn*, AcP 161, 31, 33; *Henke*, AcP 161, 1, 11, 12; *Münzel*, NJW 1961, 1233.

Gesetzgeber, der die Rechtslage im bürgerlichen Recht nicht verkannte, den gutgläubigen Erwerb auch für den Fall ermöglichen, in dem der gute Glaube sich auf das Eigentum des Auftraggebers bezog. Er setzte den gutgläubigen Erwerb insoweit nicht voraus; er führte ihn herbei.

2. Korrektur des Gesetzes

Die Richter könnten sich von § 1257 BGB nur lösen, wenn sie berechtigt sein sollten, das Gesetz abzuändern. Eine derartige Korrektur ist jedoch nur in extrem liegenden Sonderfällen möglich; ohne sie muß eine grobe Ungerechtigkeit eintreten. Dies ist bei der Anwendung des § 1257 BGB, so wie ihn der Gesetzgeber geschaffen hat, nicht der Fall. Die Unternehmer sind bei Zahlungsunfähigkeit des Bestellers nicht rechtlos gestellt, wenn sie das gesetzliche Pfandrecht nicht gutgläubig erwerben. Sie können sich allerdings nicht dadurch sichern, daß sie in ihre Allgemeinen Geschäftsbedingungen eine Pfandklausel aufnehmen. Eine derartige Klausel läßt, wie im zweiten Abschnitt unter I,5 dargetan ist,[11] entgegen der Auffassung des BGH[12] auch dann kein vertragliches Pfandrecht entstehen, wenn der Unternehmer an das Eigentum des Bestellers glaubt. Der Unternehmer kann jedoch Verwendungsansprüche gegen den Eigentümer gemäß den §§ 994 ff BGB geltend machen. Zwar stehen die Unternehmer hierdurch nicht so gut wie beim Erwerb eines Pfandrechts. Nicht alle Arbeitsleistungen sind (ersatzfähige) Verwendungen. Weiter muß, wenn auch nicht im Zeitpunkt der Verwendung, so doch im Augenblick der Geltendmachung der Ansprüche, eine Vindikationslage gegeben sein. Auch ist die Verwertung der Sache gemäß § 1003 BGB umständlicher als die Befriedigung aus der Pfandsache; es ist vor allem ein Titel erforderlich. Trotz dieser Schwächen führen die Verwendungsansprüche den Unternehmer aber häufig zum Ziel. Will sich ein Unternehmer damit nicht begnügen, muß er sich anderweit sichern. Er muß sich vom Besteller durch Individualvertrag ein Pfandrecht bestellen (und sich hierbei, wiederum entgegen der Auffassung des BGH,[13] den Kraftfahrzeugbrief vorlegen) lassen oder vom Besteller eine Anzahlung fordern. Bei dieser Rechtslage ist der Richter nicht berechtigt, das Gesetz abzuändern. Das hat zur Folge, daß der Unternehmer, wie der BGH[14] mit Recht entschie-

11 S. 74 ff.
12 BGHZ 68, 323; NJW 1981, 226.
13 BGHZ 68, 323; NJW 1981, 226.
14 BGHZ 34, 122; BGHZ 34, 153; BGHZ 87, 274. Dieser Rechtsprechung ist die Rechtslehre weitgehend gefolgt, vgl. *Berg*, JuS 1972, 323; *Flume*, AcP 161, 385, 395 (Fn. 16); *Grunsky*, NJW 1969, 497; *Gursky*, Sachenrecht (Fälle und Lösun-

den hat, das gesetzliche Pfandrecht nach § 647 BGB nicht gutgläubig erwerben kann.

Vierter Abschnitt

Gutgläubiger Erwerb des Nießbrauchs an beweglichen Sachen

Ein Nießbrauch an einer beweglichen Sache kann dadurch bestellt werden, daß der Eigentümer die Sache dem Erwerber übergibt und beide sich darüber einig sind, daß diesem der Nießbrauch zustehen soll. Ist der Nießbraucher bereits im Besitz der Sache, genügt die Einigung. Die Übergabe kann durch Vereinbarung eines Besitzmittlungsverhältnisses oder durch Abtretung des Herausgabeanspruchs ersetzt werden. Gehört die Sache nicht dem Besteller, so sind die Vorschriften der §§ 932 bis 936 BGB entsprechend anwendbar. Der Erwerber erlangt den Nießbrauch, wenn er das Eigentum erlangt haben würde, falls ihm die Sache übereignet worden wäre. Ist die Sache bereits mit einem Pfandrecht oder mit einem anderen Nießbrauch belastet, so ist § 936 BGB mit der Maßgabe anzuwenden, daß der redliche Nießbraucher die Sache mit dem Vorrang vor dem Recht des Dritten erhält. Diese Regelungen sind in § 1032 BGB getroffen.

Der Nießbrauch an einer beweglichen Sache kann nach § 1033 BGB auch durch Ersitzung erworben werden. Die für den Erwerb des Eigentums durch Ersitzung geltenden Vorschriften sind dann entsprechend anzuwenden. Soweit bei der Ersitzung des Eigentums Rechte an der Sache gemäß § 945 BGB erlöschen, bleiben sie bei der Ersitzung des Nießbrauchs bestehen, gehen aber dem Nießbrauch nach.

---

gen), 5. Aufl., S. 167 m.w.N.; *Henke*, AcP 161, 1 ff.; *Larenz*, Schuldrecht, Band II, 12. Aufl., § 53 III e; *Schwab*, Sachenrecht, 20. Aufl., § 67 III, 3; *Münzel*, NJW 1961, 1233; *Reinicke/Tiedtke*, JA 1984, 202, 214; a.A. *Baur*, Sachenrecht, 12. Aufl., § 55 C II, 2 a; BGB-RGRK-*Kregel*, 12. Aufl., § 1257 Rdn. 2; *Erman/Ronke*, Komm. zum BGB, 7. Aufl., § 1257 Rdn. 3; Münch-Komm.-*Damrau*, § 1257 Rdn. 3; Staudinger-*Wiegand*, Komm. zum BGB, 12. Aufl., § 1257 Rdn. 14.

Fünfter Abschnitt

Gutgläubiger Erwerb unbeweglicher Sachen

I. Allgemeine Grundsätze

Das Eigentum an Grundstücken geht durch Einigung (Auflassung) und Eintragung in das Grundbuch über, §§873, 925 BGB. Es findet ein Erwerb kraft guten Glaubens statt, wenn der Veräußerer im Grundbuch eingetragen war; zugunsten desjenigen, welcher ein Recht an einem Grundstück erwirbt, gilt der Inhalt des Grundbuchs nach §892 Abs. 1 Satz 1 BGB als richtig. Auf die Übergabe kommt es nicht an, eine dem §935 BGB entsprechende Vorschrift fehlt daher. Von diesem – erheblichen – Unterschied abgesehen, sind die meisten Erwägungen, die beim redlichen Erwerb beweglicher Sachen angestellt worden sind, auch hier von Bedeutung; dies gilt sowohl für den Erwerbsvorgang als auch für die Rechtsstellung des redlichen Erwerbers.

Nach §892 BGB wird nur der rechtsgeschäftliche, nicht der Erwerb kraft Gesetzes oder kraft Hoheitsaktes geschützt. *Das Rechtsgeschäft muß ein Verkehrsgeschäft sein.* Es gelten die gleichen Grundsätze wie im Recht der beweglichen Sachen.[1] Es fehlt an einem Verkehrsgeschäft,[2] wenn die Veräußerer und die Erwerber rechtlich oder wirtschaftlich dieselben Personen sind oder wenn auf der Veräußererseite mehr Personen als auf der Erwerberseite stehen, alle Erwerber aber auch Veräußerer sind. Ein Verkehrsgeschäft liegt jedoch vor, wenn auf der Erwerberseite mehr Personen stehen als auf der Veräußererseite, mögen auch alle Veräußerer Erwerber sein.[3] Die zusätzlichen Erwerber verdienen Schutz, und dies führt bei einem unteilbaren Rechtsgeschäft dazu, daß alle Erwerber geschützt werden. Übereignen die drei Miterben ein vermeintlich zum Nachlaß gehörendes Grundstück an eine OHG, die aus ihnen und einem Vierten besteht, so erlangt die OHG das Eigentum, werden also die Miterben und der Vierte gesamthänderische Miteigentümer in ihrer Eigenschaft als Gesellschafter. Übereignen die Miterben das Grundstück aber an eine aus ihnen und dem Vierten bestehende schlichte Rechtsgemeinschaft, so erwirbt nur der Vierte einen Miteigentumsanteil zu ¼, während der wahre Eigentümer das Eigentum zu ¾ behält. In der Sache

---

1 Vgl. Erster Abschnitt, I, 3, S. 6 ff.

2 Vgl. RGZ 117, 257; RGZ 123, 52, 56; RGZ 129, 119; RGZ 136, 148, 150; BGHZ 30, 255 f.

3 RG, JW 1930, 3740; MünchKomm.-*Wacke*, § 892 Rdn. 40 m.w.N.; *H. Westermann*, Sachenrecht, 5. Aufl., § 85 III, 1 b.

werden hier vier Rechtsgeschäfte abgeschlossen, bei denen die drei Miterben auf der Veräußererseite stehen und sich der einzelne Erwerber jeweils auf der anderen Seite befindet; dies gilt auch, wenn die Verträge in *einem* Vertragswerk enthalten sind. Ein gutgläubiger Erwerb scheidet schließlich auch bei der vorweggenommenen Erbfolge aus.

Es gelten insoweit dieselben Regeln wie beim Erwerb beweglicher Sachen. Beim Erwerb unbeweglicher Sachen werden aber *zwei weitere Fälle* erörtert, die bei beweglichen Sachen nicht eintreten, weil die Miteigentümer in der Regel nur Mitbesitzer sind und der Mitbesitz keinen Erwerb kraft guten Glaubens ermöglicht.

Im ersten Fall sind A, B und C als vermeintliche Miteigentümer zu je ⅓ im Grundbuch eingetragen und übereignet A seinen angeblichen Anteil an C. Hätte er den Anteil an den redlichen D übertragen, so wäre D Miteigentümer zu ⅓ geworden. Erlangt aber auch C diese Rechtsstellung oder scheitert hier der gutgläubige Erwerb daran, daß C selbst Mitglied der vermeintlichen Rechtsgemeinschaft ist?

Der Erwerb des C kraft guten Glaubens wird einmal mit der Begründung abgelehnt,[4] §892 BGB schütze nur neu hinzutretende, also nur Personen, die bisher dem Gegenstand der Veräußerung rechtlich und wirtschaftlich ferngestanden hätten; nur sie seien auf die Angaben im Grundbuch angewiesen. Diese Begründung überzeugt nicht. Der Erwerb vom Bucheigentümer wird nur dann nicht geschützt, wenn der Erwerber weiß, daß das Grundbuch unrichtig ist; ein Erwerb kraft guten Glaubens findet jedoch statt, wenn der Erwerber dies hätte wissen müssen, weil er dem Gegenstand der Veräußerung rechtlich oder wirtschaftlich nahe steht. Es ist unerheblich, ob der Erwerber auf die Angaben im Grundbuch angewiesen ist; entscheidend ist allein, ob er die Unrichtigkeit des Grundbuchs kennt oder nicht kennt.

Gegen den gutgläubigen Erwerb des dem A vermeintlich gehörenden Miteigentumsanteils durch C wird weiter geltend gemacht,[5] ein derartiger Erwerb sei ausgeschlossen, weil die Unrichtigkeit des Grundbuchs alle vermeintlichen Miteigentümer einheitlich treffe. Habe der geschäftsunfähige E sein Grundstück an A und B veräußert, so wirke sich die Nichtigkeit der Auflassung für A und B in gleicher Weise aus. B könne jetzt nicht den vermeintlichen Anteil des A kraft guten Glaubens erwerben. Die Rechtslage müsse vielmehr so angesehen werden, wie sie wäre, wenn B das Grundstück in vollem Umfange von E erworben hätte. Aber

4 OLG Köln, LZ 1930, 1127 f.

5 KG, JW 1927, 2521; BayObLG, JW 1928, 522; MünchKomm.-*Wacke*, § 892 Rdn. 41; *Soergel/Baur*, Komm. zum BGB, 11. Aufl., § 892 Rdn. 24; *Wolff/Raiser*, Sachenrecht, 10. Bearbeitung, § 45 (Fn. 19).

warum sollte dies der Fall sein? Das Bürgerliche Gesetzbuch hat dem Miteigentum die gleiche rechtliche Behandlung zukommen lassen wie dem Volleigentum. Der Anteil des Miteigentümers kann im Grundbuch eingetragen, er kann veräußert und belastet werden; er ist umlaufsfähig ausgestaltet. Es besteht daher kein Grund, der Übereignung des vermeintlichen Miteigentumsanteils des A an B den Charakter eines Verkehrsgeschäfts abzusprechen. Der Erwerber B steht weder rechtlich noch wirtschaftlich auf der Veräußererseite und ist in gleicher Weise schutzwürdig wie ein Dritter, der den vermeintlichen Anteil des A erwirbt.[6]

Im zweiten Fall übereignete der Vater seiner Tochter ein Grundstück, als dessen Eigentümer er im Grundbuch eingetragen war. Beide gingen davon aus, der Vater sei Alleineigentümer. Das Grundstück gehörte jedoch einer fortgesetzten Gütergemeinschaft, die aus dem Vater, der Tochter und einem Sohn bestand. Das *OLG Hamburg*[7] bejahte im Anschluß an eine Entscheidung des *OLG Stettin*[8] einen gutgläubigen Erwerb. Bei einer rein objektiven Betrachtungsweise müsse allerdings, hat das *OLG Hamburg*[9] ausgeführt, das Vorliegen eines Verkehrsgeschäftes verneint werden, da die Tochter gesamthänderisch mitberechtigt sei. Es müsse jedoch auf das Wissen der Beteiligten abgestellt werden, und die Beteiligten hätten die Mitberechtigung der Tochter nicht gekannt. Diese Begründung ist verfehlt. Es liegt objektiv ein Verkehrsgeschäft vor.[10] Die Frage, ob dies der Fall sei, muß bei dem Rechtsgeschäft gestellt werden, das abgeschlossen ist, nicht bei dem Rechtsgeschäft, das hätte abgeschlossen werden müssen, wenn die Beteiligten die Mitberechtigung der Tochter gekannt hätten. Abgeschlossen ist aber der Vertrag zwischen dem Vater als Veräußerer und der Tochter als Erwerberin; auf der Veräußerer- und auf der Erwerberseite stehen also rechtlich und wirtschaftlich verschiedene Personen. Der Umstand, daß die Tochter als Mitglied der Gesamthand auf der Veräußererseite gestanden haben würde, wenn sie das Grundstück vom Berechtigten erworben hätte, ändert nichts daran, daß sie das Grundstück kraft guten Glaubens ausschließlich vom nichtberechtigten Vater erworben hat. Das *OLG Hamburg*[11] vermengt die beiden

---

6 Ebenso BGB-RGRK-*Augustin*, 12. Aufl., § 892 Rdn. 10; *Erman/H. Hagen*, Komm. zum BGB, 7. Aufl., § 892 Rdn. 12; *Koller*, JZ 1972, 646, 648; *Lutter*, AcP 164, 122, 162; Staudinger-*Seufert*, Komm. zum BGB, 11. Aufl. § 892 Rdn. 23.

7 MDR 1959, 759.

8 HRR 1937 Nr. 1005.

9 MDR 1959, 759.

10 *Lutter*, AcP 164, 122, 163 (Fn. 147).

11 MDR 1959, 759.

Erwerbsmöglichkeiten der Tochter, wenn es die Frage, ob objektiv ein Verkehrsgeschäft vorliege, im Hinblick auf die Mitberechtigung der Tochter verneint. Die Tochter kann das Grundstück nicht zugleich vom Berechtigten (der Gesamthand) als auch vom Nichtberechtigten (dem Vater) erhalten haben. Sie hat es ausschließlich vom Nichtberechtigten erlangt, und deswegen spielt ihre Mitberechtigung an der Gesamthand keine Rolle.

Ist das Grundstück versehentlich auf zwei Grundbuchblättern aufgeführt und ist auf dem einen Blatt der Berechtigte A, auf dem anderen der Nichtberechtigte B als Eigentümer angegeben, so kann der Erwerber das Grundstück nur von A, nicht kraft seines guten Glaubens von B erwerben. Die beiden Grundbuchblätter zusammen bilden das Grundbuch. Enthält das Grundbuch einander widersprechende Angaben, so darf der Erwerber sich nicht auf den (widerspruchsvollen) Grundbuchtatbestand verlassen.[12] Der redliche Erwerber erlangt jedoch das Eigentum, wenn er, was allerdings nur im Examen vorkommen wird, das Grundstück vorsichtshalber sowohl von A als auch von B erwirbt und sich später herausstellt, daß es dem C gehört.

II. Guter Glaube

Nur der gutgläubige Erwerber wird geschützt. Der Erwerber ist gutgläubig, wenn er nicht weiß, daß dem eingetragenen Veräußerer das Grundstück nicht gehört; dies gilt auch, wenn die Unkenntnis auf grober Fahrlässigkeit beruht. Der gutgläubige Erwerber wird auch dann geschützt, wenn er nicht in das Grundbuch eingesehen und nicht im Vertrauen auf das Grundbuch gehandelt hat;[13] es reicht aus, daß der Veräußerer als Eigentümer im Grundbuch eingetragen war.

Der Rechtsschein der Grundbucheintragung ist stärker als der Rechtsschein des Besitzes. In ungezählten Fällen ist der Besitzer nicht Eigentümer. Das Grundbuch ist selten unrichtig. Die einzelnen Bestimmungen des Bürgerlichen Gesetzbuches und der Grundbuchordnung, vor allem die Regelung, daß der Erwerber das Recht erst mit der Eintragung und nicht schon mit der dinglichen Einigung erwirbt, sowie die sorgfältige Führung des Grundbuchs haben zur Folge, daß die Eintragungen im Grundbuch in der Regel mit der wahren Rechtslage übereinstimmen.

---

12 RGZ 56, 58, 61; *Baur*, Sachenrecht, 12. Aufl., § 23 II, 2 c; MünchKomm.-*Wacke*, § 892 Rdn. 27 m.w.N.

13 RGZ 86, 353, 356; BGH, NJW 1980, 2413, 2414.

Hieran kann es jedoch fehlen, wenn ein vermeintlicher Erbe als Eigentümer eingetragen wird oder die Auflassung nichtig ist. In diesen Fällen wird aber der wahre Eigentümer, um einen Rechtserwerb eines redlichen Dritten und damit den Verlust seines Eigentums zu verhindern, den Grundbuchberichtigungsanspruch geltend machen. Die Vorschriften über den gutgläubigen Erwerb sorgen daher prophylaktisch[14] dafür, daß das Grundbuch im allgemeinen richtig ist, sie deshalb nicht häufig unmittelbar eingreifen.

Der Erwerber muß, um bösgläubig zu sein, wissen, daß der eingetragene Veräußerer nicht Eigentümer des Grundstücks ist. Es genügt nicht, daß er die Tatsachen kennt, aus denen sich dies ergibt. Er muß auch die Schlußfolgerung ziehen.[15] Ein Rechtsirrtum[16] kommt ihm zugute. Er darf sich allerdings nicht seine Augen zuhalten, um seinen guten Glauben nicht zu gefährden. Er wird als bösgläubig behandelt, wenn er über die Unrichtigkeit des Grundbuchtatbestandes so aufgeklärt worden ist, daß sich ein redlich Denkender der Überzeugung hiervon nicht verschlösse.[17] In einem derartigen Fall ist der Erwerber nicht Eigentümer des Grundstücks geworden. Es bedarf daher nicht des Umwegs über eine Schadensersatzpflicht gemäß §826 BGB.[18]

Der gute Glaube muß im Zeitpunkt der Vollendung des Rechtserwerbs gegeben sein. Hierbei bleibt es, wenn die Einigung der Eintragung nachgeht. Geht sie, wie dies in der Regel der Fall ist, der Eintragung vor, so genügt der gute Glaube in dem Augenblick, in dem der Eintragungsantrag beim Grundbuchamt eingeht, §892 Abs. 2 BGB. Die Verzögerung der Eintragung durch das Grundbuchamt geht nicht zu Lasten des Erwerbers. Ob die Eintragung vom Veräußerer oder vom Erwerber beantragt worden ist, ist unerheblich. Der Erwerber wird aber guttun, den Antrag selbst zu stellen, da der Veräußerer seinen Antrag zurücknehmen kann, solange diesem nicht stattgegeben worden ist. Ist eine Auflassungsvormerkung eingetragen, so genügt es, daß der Erwerber in dem Augenblick gutgläubig ist, in dem der Antrag auf Eintragung der Vormerkung gestellt wird.[19] Es ist also nicht erforderlich, daß der Erwerber noch an das Eigentum des Veräußerers glaubt, wenn der Antrag gestellt wird, ihn als Eigentümer einzutragen; die Auflassungsvormerkung schützt den Erwer-

---

14 *Baur*, Sachenrecht, 12. Aufl., § 23 I, 4.

15 Vgl. KG, NJW 1973, 56, 58 m.w.N.

16 RGZ 117, 180, 187 ff; MünchKomm.-*Wacke*, § 892 Rdn. 50 m.w.N.

17 BGHZ 26, 256, 260; BGH, LM § 892 BGB Nr. 5.

18 Vgl. aber RGZ 117, 180, 189.

19 BGHZ 57, 341, 343; BGH, NJW 1981, 446; *Tiedtke*, Jura 1981, 354, 360 ff m.w.N.

ber auch vor seinem bösen Glauben nach Stellung des Antrages, die Vormerkung einzutragen.

Ist die Auflassung unwirksam und haben die Beteiligten, die dies später erkannt haben, die Auflassung nach Stellung des Eintragungsantrages erneut erklärt, so muß der gute Glaube des Erwerbers zu diesem Zeitpunkt gegeben sein, §892 Abs. 2 (2. Fall) BGB. Die entsprechende Regelung gilt, wenn die Wirksamkeit der Auflassung von einer privat- oder öffentlich-rechtlichen Genehmigung abhängig ist. Der gute Glaube muß noch vorhanden sein, wenn die Genehmigung erteilt wird; daß die Genehmigung zurückwirkt, ändert daran nichts.[20] Wird der Veräußerer erst nach Auflassung und Stellung des Eintragungsantrages in das Grundbuch eingetragen, muß der Erwerber zur Zeit dieser (Vor-)Eintragung (des Betroffenen) an das Eigentum des Veräußerers geglaubt haben.[21] Es reicht nicht aus, daß er zur Zeit der Antragstellung redlich war; der verfrühte Antrag darf seine Rechtsstellung nicht verbessern. Es ist aber nicht erforderlich, daß er noch im Augenblick der Vollendung des Rechtserwerbs gutgläubig ist;[22] die Verzögerung der Eintragung durch das Grundbuchamt soll ihn auch hier nicht benachteiligen.

III. Zerstörung des gutgläubigen Erwerbs durch Eintragung eines Widerspruchs

Ein gutgläubiger Erwerb ist nach §892 Abs. 1 Satz 1 BGB ausgeschlossen, wenn ein Widerspruch gegen die Richtigkeit des Grundbuchs eingetragen ist. Dies gilt auch, wenn der Erwerber redlich, also der Überzeugung ist, der Widerspruch sei zu Unrecht erfolgt; der Widerspruch schließt nicht den guten Glauben, sondern den Erwerb kraft guten Glaubens aus. Der Erwerber muß sich also, wenn er den Eintragungsantrag stellt, danach erkundigen, ob ein Widerspruch eingetragen oder ein Antrag auf Eintragung eines Widerspruchs gestellt ist. Ist dies nicht der Fall, dann ist er in der Regel gesichert. Beantragt der wahre Eigentümer nunmehr die Eintragung eines Widerspruchs, so muß das Grundbuchamt gemäß §17 GBO zunächst den Antrag des Erwerbers erledigen. Ist dies geschehen, so ist

---

20 Streitig, wie hier RGZ 134, 283, 286; BGB-RGRK-*Augustin*, 12. Aufl., § 892 Rdn. 114; *Wiegand*, JuS 1971, 205, 210 m.w.N.; *Lutter*, AcP 164, 122, 169; a.A. RGZ 142, 59, 62 f.; *Soergel/Baur*, Komm. zum BGB, 11. Aufl., § 892 Rdn. 38 m.w.N.

21 BGB-RGRK-*Augustin*, 12. Aufl., § 892 Rdn. 123; *Soergel/Baur*, Komm. zum BGB, 11. Aufl., § 892 Rdn. 41; *Wiegand*, JuS 1975, 205, 210 m.w.N.

22 So aber RGZ 116, 351, 354; RGZ 147, 298.

der Antrag auf Eintragung des Widerspruchs unbegründet; das Grundbuch ist durch die Eintragung des Erwerbers richtig geworden. Verletzt das Grundbuchamt allerdings die Ordnungsvorschrift des § 17 GBO, trägt es also zunächst den Widerspruch ein, so wird der Erwerber nicht Eigentümer. § 892 Abs. 2 BGB bezieht sich nur auf den guten Glauben des Erwerbers, nicht auf den Ausschluß des gutgläubigen Erwerbs durch die Eintragung eines Widerspruchs.

Der Widerspruch wirkt nur für den, zu dessen Gunsten er eingetragen ist. Hat X gegen die Richtigkeit der Eintragung des A als Eigentümer einen Widerspruch eintragen lassen, so wird B Eigentümer des Grundstücks, wenn sich herausstellt, daß das Grundstück Y gehörte. Wirkt aber der Widerspruch für X, so zerstört er auch den gutgläubigen Erwerb eines Dritten, an den der Erwerber das Grundstück veräußert hat.[23] Der Dritte darf nicht auf einen Buchbestand vertrauen, dessen Richtigkeit durch die Eintragung eines Widerspruchs in Frage gestellt ist. Veräußert also A trotz des Widerspruchs zugunsten des X das Grundstück an B und dieser an C, so wird C nicht Eigentümer, wenn das Grundstück X gehört.

IV. Lastenfreier Erwerb

Der Erwerber erlangt das Grundstück lastenfrei, wenn die Last nicht eingetragen war. Der Inhalt des Grundbuchs gilt als richtig, und das Grundbuch enthält insoweit keine Eintragungen. Dieser Fall ist auch gegeben, wenn die Hypothek, die eingetragen war, zu Unrecht gelöscht worden ist. Die Löschung hat die Hypothek nicht vernichtet. Dies geschieht erst durch den lastenfreien Erwerb des Grundstücks durch den redlichen Erwerber. Die Last muß aber eintragungsfähig sein. Öffentliche Belastungen und Einschränkungen können nicht eingetragen werden.[24] Sie gehen auf den Erwerber über. Der Erwerber muß mit ihnen rechnen.

V. Verfügungsbeschränkungen

Ist der Veräußerer in der Verfügung über sein Eigentum beschränkt, so ist die Beschränkung dem Erwerber gegenüber nach § 892 Abs. 1 Satz 2 BGB nur wirksam, wenn sie aus dem Grundbuch ersichtlich oder dem Erwerber bekannt ist. Es muß sich um die Verfügungsbeschränkung zugunsten einer bestimmten Person handeln. Absolute Verfügungsverbote werden

23 Vgl. RGZ 129, 124, 127.

24 MünchKomm.-*Wacke*, § 892 Rdn. 20.

nicht in das Grundbuch eingetragen. Der Erwerber kann sich nicht darauf verlassen, daß sie nicht bestehen. Dies gilt vor allem für den Fall, daß einem Ehegatten ein Grundstück gehört, das sein einziges Vermögen darstellt. Er kann dann das Grundstück nach §1365 BGB nur mit Zustimmung seines Ehegatten veräußern, wenn er im gesetzlichen Güterstand der Zugewinngemeinschaft lebt. Über diese Tatsachen gibt das Grundbuch keine Auskunft.

Zu den relativen Verfügungsbeschränkungen, denen der Eigentümer unterliegt, gehört neben den Veräußerungsverboten aufgrund einer einstweiligen Verfügung insbesondere die Beschränkung seiner Verfügungsmacht durch die Eröffnung des Konkurses, §§6, 7 KO. Der Konkursverwalter muß deshalb dafür sorgen, daß der Konkursvermerk sofort in das Grundbuch eingetragen wird. Anderenfalls kann ein Dritter das Grundstück vom Gemeinschuldner erwerben, wenn er nicht weiß, daß der Veräußerer in Konkurs gefallen ist. Auf seinen guten Glauben kommt es jedoch nicht an, wenn bereits die Auflassung erklärt und der Eintragungsantrag gestellt war, als der Konkurs eröffnet wurde. In diesem Fall wirkt sich die Verfügungsbeschränkung des Veräußerers nicht auf die Veräußerung aus, §878 BGB; der Dritte erlangt also das Eigentum vom Verfügungsberechtigten, nicht kraft seines guten Glaubens vom Nichtverfügungsberechtigten.

Der Vorerbe kann über sein Grundstück nicht ohne Zustimmung des Nacherben verfügen, §2113 Abs. 1 BGB. Geschieht dies gleichwohl, finden nach §2113 Abs. 3 BGB die Vorschriften über den gutgläubigen Erwerb vom Nichtberechtigten entsprechende Anwendung. Ist der Vorerbe als Erbe eingetragen, enthält das Grundbuch aber keinen Nacherbenvermerk, so erlangt der Erwerber das Grundstück, wenn er von der Einsetzung eines Nacherben nichts weiß. Ein derartiger Erwerb scheidet aber aus, wenn der Vorerbe nicht eingetragen war, das Grundbuch vielmehr noch den Erblasser als Eigentümer angab. Für die Eintragung eines Nacherbenvermerks ist nur Raum, wenn der Erbe als Eigentümer eingetragen ist.[25]

VI. Kenntnis des Grundbuchamts von der Unrichtigkeit des Grundbuchs

Der Erwerber wird nach §892 Abs. 2 BGB geschützt, wenn er erst nach Auflassung und Stellung des Eintragungsantrags erfährt, daß der eingetragene Veräußerer nicht Eigentümer des Grundstücks oder in der Verfü-

25 BGH, NJW 1970, 943 mit Anmerkung von *Batsch*, NJW 1970, 1314.

gungsbefugnis beschränkt ist. Ist er bei der Antragstellung redlich, muß er sich darauf verlassen können, daß er das (unbelastete) Eigentum erlangt. Er muß den Kaufpreis zahlen können, ohne Risiken ausgesetzt zu sein. Die herrschende Meinung[26] schützt den Erwerber gleichwohl nicht in vollem Umfang. Sie ist der Ansicht, das Grundbuchamt müsse den Eintragungsantrag des Erwerbers zurückweisen, wenn es aus anderen Vorgängen oder vom Konkursverwalter erfahren habe, daß das Grundstück nicht dem Veräußerer gehöre oder dieser in der Verfügung beschränkt sei; das Grundbuchamt könne nicht gezwungen sein, sehenden Auges an einem materiell unberechtigten Erwerbsvorgang mitzuwirken. Diese Auffassung ist in der Rechtslehre[27] mit Recht auf Widerspruch gestoßen. Der Erwerb des redlichen Erwerbers ist nicht materiell unberechtigt, wenn er sich nach § 892 BGB vollzieht. Es geht vielmehr um die Frage, ob das Erhaltungsinteresse des Eigentümers (bzw. das Interesse des Dritten, der durch die Verfügungsbeschränkung geschützt wird) den Vorrang vor den Belangen des redlichen Erwerbers haben soll. Diese Frage hat das Gesetz in § 892 BGB zugunsten des gutgläubigen Erwerbers verneint. Die herrschende Lehre[28] setzt sich auch in unzulässiger Weise über § 17 GBO hinweg. Das Grundbuchamt darf das fehlende Eigentum des Veräußerers oder den Mangel seiner Verfügungsbefugnis nur berücksichtigen, wenn ein Berichtigungsantrag des Berechtigten oder ein Antrag des durch die Verfügungsbeschränkung begünstigten Dritten (oder des Konkursverwalters) gestellt ist, und es darf diesen Antrag erst bescheiden, wenn es den zuerst gestellten Antrag des Erwerbers erledigt, ihm also stattgegeben hat. Die schutzwürdigen Belange der Konkursgläubiger werden dadurch nicht preisgegeben. Der Konkursverwalter kann den Erwerb anfechten, wenn die Voraussetzungen der Konkursanfechtung gegeben sind, § 42 KO.

VII. Erwerb des Miteigentums

Der gutgläubige Erwerb des Miteigentums an einer beweglichen Sache scheitert oft daran, daß der vermeintliche Miteigentümer nur Mitbesitzer der Sache ist und der Mitbesitz keine Rechtsscheingrundlage für einen gutgläubigen Erwerb darstellt; der Erwerb kraft guten Glaubens ist

---

26 OLG München, JFG 16, 144, 149; KG, NJW 1973, 56, 58; BayObLGZ 1954, 97; BGB-RGRK-*Augustin*, 12. Aufl., § 892 Rdn. 125; *Schönfeld*, JZ 1959, 140.

27 *Ertl*-KEHE, Komm. zur GBO, 3. Aufl., § 19 Rdn. 98; MünchKomm.-*Wacke*, § 892 Rdn. 70 m.w.N.

28 Vgl. die Nachweise in Fn. 26.

deshalb eingeschränkt.[29] Diese Einschränkungen entfallen beim Miteigentum an einem Grundstück. Der Miteigentümer ist als solcher im Grundbuch eingetragen. Für ihn spricht der Rechtsschein, daß er Eigentümer in Höhe der eingetragenen, also nicht nur zu irgendeiner Quote ist. Der gutgläubige Erwerber eines solchen Anteils wird daher genau so geschützt wie der Erwerber, dem das Volleigentum übertragen, das Grundstück also übereignet wird.

Sind A, B und C als Miteigentümer zu Bruchteilen von je 1/3 im Grundbuch eingetragen und überträgt C seinen Anteil an D, so wird D kraft seines guten Glaubens Inhaber dieses Anteils, wenn er C nicht zustand. Hierfür spielt es keine Rolle, ob das Grundbuch, was die Eintragungen des A und des B angeht, richtig oder ob sie ebenfalls unrichtig sind, das Grundstück also E gehört. Entscheidend ist allein, daß die Eintragung bezüglich des Miteigentumsanteils des C unrichtig war und D auf die Richtigkeit dieser Eintragung vertraut hat.

In der Rechtslehre[30] ist folgender Fall erörtert worden. A, B und C waren Miteigentümer eines Grundstücks, und zwar A zu 1/2 und B sowie C zu je 1/4. Im Grundbuch eingetragen waren jedoch A zu 1/8, B zu 1/8 und D zu 6/8. D übertrug seinen vermeintlichen Anteil an E. E erwirbt dann kraft seines guten Glaubens den vermeintlichen Anteil des D; er wird also Miteigentümer zu einer Quote von 6/8. Dies geschieht auf Kosten des nicht eingetragenen C; C verliert seinen Anteil. C gehörte aber nur 1/4 des Grundstücks. Die restlichen 4/8 müssen also zu Lasten von A und B gehen. Dies darf aber nur insoweit geschehen, als ihre Miteigentumsanteile nicht im Grundbuch eingetragen sind. Soweit dies der Fall ist, behalten sie ihre Rechtsstellung. A ist zu 1/8 eingetragen; er verliert die restlichen 3/8. B ist ebenfalls zu 1/8 eingetragen; er geht seines Anteils in Höhe von 1/8 verlustig. Das Grundstück gehört jetzt also: A zu 1/8, B zu 1/8 und E zu 6/8.

Waren, was selten vorkommen wird, A, B, C und D je zu 1/3 im Grundbuch eingetragen, übersteigen also die einzelnen Quoten 1/1 des Grundstücks, so erlangt E, dem der vermeintliche Anteil des D übereignet wird, trotz seines guten Glaubens nichts.[31] A, B und C können ihre im Grundbuch eingetragenen Anteile nicht verlieren. E ist auch nicht schutzwürdig. Die Eintragungen im Grundbuch sind widersprüchlich; das konnte E erkennen. Es gelten hier die gleichen Erwägungen wie bei den Doppelbuchungen. Dies hat zur Folge, daß E auch dann nichts erworben hat, wenn X Eigentümer des Grundstücks war.

Sind A, B und C als Miteigentümer zu je 1/3 eingetragen, gehört das

---

29 Vgl. Erster Abschnitt, X, 5, S. 55 ff.

30 *Koller*, JZ 1972, 646, 647.

31 *Koller*, JZ 1972, 646, 647.

Grundstück aber E und veräußert A seinen Anteil an den gutgläubigen C, so wird C Miteigentümer zu ⅓. Die Übereignung stellt, wie unter I. dieses Abschnitts dargetan,[32] ein Verkehrsgeschäft dar. C steht nur auf der Erwerberseite, nicht auf der Veräußererseite; dort befindet sich ausschließlich A.

VIII. Erwerb des Wohnungseigentums

Das Wohnungseigentum, das im Wohnungseigentumsgesetz (WEG) vom 15. März 1951 geregelt ist, umfaßt das Sondereigentum, also das Alleineigentum, an einer Wohnung in Verbindung mit dem bruchteilsmäßigen Miteigentum an dem gemeinschaftlichen Eigentum, zu dem es gehört, §1 Abs. 2 WEG; das Miteigentum erstreckt sich auf den Grund und Boden, die tragenden Teile des Gebäudes und die gemeinschaftlichen Anlagen und Einrichtungen. Das Wohnungseigentum ist Eigentum und kann übertragen und belastet werden. Es entsteht durch eine Vereinbarung mehrerer Grundstücksmiteigentümer gemäß §3 WEG oder durch Teilung des Grundstücks durch den Eigentümer, gewissermaßen auf Vorrat, nach §8 WEG.

Veräußert ein Wohnungseigentümer A das Wohnungseigentum, nachdem er geschäftsunfähig geworden ist, an B und dieser an C, so erlangt C das dem A gehörende Wohnungseigentum kraft seines guten Glaubens, §892 BGB. Die Rechtslage ist in diesem Falle eindeutig. Das Wohnungseigentum bestand in der Person des A. A hat es verloren. C hat es erworben. Die Rechtsverhältnisse der übrigen Wohnungseigentümer werden nicht berührt. Es ergeben sich jedoch Zweifel, wie die Rechtslage sei, wenn das Wohnungseigentum bisher nicht bestand, es somit um die Frage geht, ob es in der Person des redlichen Erwerbers zur Entstehung gelangt.

A, B und C sind Miteigentümer des Grundstücks. Sie vereinbaren gemäß §3 WEG, jedem von ihnen solle an einer bestimmten Wohnung das Sondereigentum zustehen. A überträgt das eingetragene Wohnungseigentum an X. Es stellt sich nunmehr heraus, daß C geschäftsunfähig ist. Der Gründungsvertrag ist also unwirksam. A stand kein Wohnungseigentum zu. Hat der redliche X es erworben?

Die Tatsache, daß das Recht bisher nicht bestand, schließt einen gutgläubigen Erwerb nicht aus. Überträgt A die im Grundbuch eingetragene, aber nicht (mehr) bestehende Grundschuld an B, so wird der redliche B Inhaber der Grundschuld; diese gelangt in seiner Person zur Entstehung. Die vermeintliche Grundschuld wird eine wirkliche Grundschuld.

---

32 Vgl. S. 90 f.

Die Schwierigkeiten, die auftauchen, ergeben sich aus einem anderen Umstand. Sie betreffen die Rechtsstellung von B und C. Nehmen wir an, X habe das Wohnungseigentum kraft seines guten Glaubens erworben, so berührt dies die Rechtsstellung des B und C. B und C sind, da die Gründungsvereinbarung nichtig ist, Miteigentümer des Grundstücks geblieben. Da X aber das Sondereigentum an seiner Wohnung erlangt hat, kann sich ihr Miteigentum nur auf das Grundstück abzüglich der X allein gehörenden Wohnung erstrecken. Die Wohnung des X ist aus dem Objekt, auf das sich ihr Miteigentum bezieht, herausgebrochen. Andererseits darf X an den restlichen Wohnungen kein Miteigentum zustehen. Er stünde sonst besser, als er stehen würde, wenn der Gründungsvertrag wirksam gewesen wäre und er das Wohnungseigentum vom Berechtigten erlangt hätte; sein Miteigentumsanteil hätte sich dann nur auf das Haus abzüglich des Sondereigentums von B und C bezogen.

Dem Wohnungseigentum des X steht somit das Miteigentum des B und C gegenüber, das sich auf das gesamte Hausgrundstück abzüglich der Wohnung des X bezieht, also auch die restlichen Wohnungen erfaßt, da sich insoweit kein Sondereigentum gebildet hat. Da das Miteigentum des X sich aber auf das Grundstück abzüglich aller Wohnungen bezieht, liegt den Miteigentumsanteilen des X ein anderes Objekt zugrunde als den Miteigentumsanteilen von B und C. Derartige Rechtsverhältnisse sind in dem Wohnungseigentumsgesetz nicht vorgesehen.

Die Miteigentumsrechte unterliegen auch verschiedenen Regelungen. Für das Miteigentum des X sind die Vorschriften des Wohnungseigentumsgesetzes, für die Miteigentumsrechte von B und C die Bestimmungen des Bürgerlichen Gesetzbuches maßgebend. Kein Wohnungseigentümer kann Aufhebung der Gemeinschaft (§ 11 WEG), jeder Teilhaber an einer schlichten Rechtsgemeinschaft kann aber jederzeit die Aufhebung verlangen, § 749 BGB. Die Verwaltung des gemeinschaftlichen Eigentums obliegt den Wohnungseigentümern nach Maßgabe der §§ 20 ff WEG. Diese Vorschriften gelten für X. Sie gelten aber nicht für B und C; ihre Rechte und Pflichten richten sich nach den §§ 741 ff BGB.[33]

Diese Widersprüche können nur dadurch behoben werden, daß entweder X trotz seines guten Glaubens das Wohnungseigentum nicht erlangt oder daß der Erwerb des Wohnungseigentums durch X zur Folge hat, daß sich das Miteigentum von B und C auch in Wohnungseigentum verwandelt.

Die erste Lösung[34] ist mit § 892 BGB und den ihm zugrundeliegenden

---

33 Der Ansicht von *Däubler*, DNotZ 1964, 216, 224, der diese unterschiedlichen Regelungen in Kauf nimmt, ist daher nicht zu folgen.

34 Vgl. *Bärmann/Pick*, Komm. zum WEG, 5. Aufl., § 3 Rdn. 90; *Gaberdiel*, NJW 1972, 847 ff.

Wertungen nicht zu vereinbaren. Daß ein im Grundbuch eingetragenes und übertragbares Recht kraft guten Glaubens erworben werden kann, ist ein elementarer Grundsatz des Sachenrechts. Der Erwerber soll auf die Eintragung im Grundbuch vertrauen dürfen, wenn es sich um eine zulässige Eintragung handelt. Es bleibt demnach nur die andere Lösung übrig;[35] das Miteigentum des B und C verwandelt sich dadurch, daß X das Wohnungseigentum erwirbt, in Wohnungseigentum. Es tritt die Rechtswirkung ein, die von Anfang an bestanden hätte, wenn die Gründungsvereinbarung wirksam gewesen wäre. Hat X das Wohnungseigentum erworben, so müssen auch B und C Wohnungseigentümer werden, da das Wohnungsrecht des X das Wohnungseigentum des B und C voraussetzt; die Rechte korrespondieren miteinander. Erlangt X neben dem Sondereigentum das dem Wohnungseigentumsgesetz unterliegende Miteigentum, so führt dies zu dem Ergebnis, daß die für ihn maßgebende Regelung sich auch auf B und C auswirkt. X kann das Eigentum nur nach den Bestimmungen des Wohnungseigentumsgesetzes mitverwalten, wenn diese Vorschriften auch für die anderen Miteigentümer gelten. Die Versammlung der Wohnungseigentümer kann keine Beschlüsse fassen, wenn X der einzige Wohnungseigentümer ist. Der Erwerb des Wohnungseigentums durch X hat demgemäß zwangsläufig zur Folge, daß sich das Miteigentum der anderen in Wohnungseigentum verwandelt; anderenfalls könnte X das Recht, das er kraft seines guten Glaubens erhalten hat, nicht verwirklichen.

IX. Erwerb eines Anwartschaftsrechts

Das klassische Anwartschaftsrecht im Bereich der beweglichen Sachen ist das aufschiebend bedingte Eigentum des Käufers bei einem Kauf unter Eigentumsvorbehalt. Im Recht der unbeweglichen Sachen kann ein derartiges Gebilde nicht zur Entstehung gelangen, da die Auflassung nach § 925 Abs. 2 BGB nicht unter einer Bedingung erklärt werden kann; anderenfalls wäre aus dem Grundbuch nicht ersichtlich, wer Eigentümer des Grundstücks ist. Es besteht aber im Grundstücksrecht ein Bedürfnis für den Käufer, die Stellung, die er aufgrund der Auflassung erhalten hat, vor seiner Eintragung als Eigentümer an einen Dritten zu übertragen. Er soll nicht warten müssen, bis er Eigentümer geworden ist. Er soll vielmehr die durch die Auflassung erhaltene Rechtsposition, mit Eintragung im Grundbuch Eigentümer des Grundstücks zu werden, einem Dritten

35 MünchKomm.-*Röll*, § 3 WEG, Rdn. 25; *Weitnauer* Komm. zum WEG, 6. Aufl., § 3 Rdn. 6 f.

übertragen können, so daß dieser mit seiner Eintragung Eigentümer wird, ohne daß der Käufer eingetragen wird. In diesem Fall geht das Eigentum vom Veräußerer A unmittelbar auf den Dritten über; B, der Käufer, ist nicht Durchgangserwerber. Es besteht Einigkeit[36] darüber, daß B nach der Auflassung jedenfalls dann ein übertragbares Anwartschaftsrecht zusteht, wenn er beim Grundbuchamt beantragt hat, ihn als Eigentümer einzutragen. Steht ihm ein derartiges Anwartschaftsrecht nicht zu, weil die Auflassung des Grundstücks zwischen A und B nichtig war, so kann C das dem B vermeintlich zustehende Anwartschaftsrecht nicht kraft guten Glaubens erwerben. Der gutgläubige Erwerb setzt voraus, daß das Recht, das übertragen wird, im Grundbuch eingetragen ist. Im Grundbuch wird aber nur das Eigentum, nicht das Anwartschaftsrecht eingetragen; das Anwartschaftsrecht ist ein nicht eintragungsfähiges Recht, das durch bloße Auflassung übertragen wird.[37]

Ist die Auflassung zwischen A und B wirksam, der Bucheigentümer A aber nicht der wahre Eigentümer des Grundstücks, so hat B das Anwartschaftsrecht jedenfalls dann erworben, wenn er den Eintragungsantrag gestellt hat. Er hat das Recht erlangt, mit der Eintragung Eigentümer zu werden, auch wenn das Grundstück A nicht gehören sollte. Dieses Recht ist Inhalt des Anwartschaftsrechts. Erwirbt C das Anwartschaftsrecht, so hat er die Rechtsstellung erhalten, die B hatte. C wird also mit seiner Eintragung Eigentümer des Grundstücks, auch wenn es A nicht gehört; er erhält das Anwartschaftsrecht vom Berechtigten und aufgrund des Anwartschaftsrechts das Eigentum am Grundstück.

X. Erwerb von Grundstückszubehör

Sind sich der Veräußerer und der Erwerber (was im Zweifel anzunehmen ist) darüber einig, daß sich die Veräußerung auf das Zubehör des Grundstücks erstrecken soll, so erlangt der Erwerber mit dem Eigentum an dem Grundstück auch das Eigentum an dem Zubehör, soweit es dem Veräußerer gehört, §926 Abs. 1 BGB. Gehört es ihm nicht oder ist es mit Rechten Dritter belastet, so gelten gemäß §926 Abs. 2 BGB die §§932 bis 936 BGB. Der Erwerber muß in dem Augenblick gutgläubig sein, in dem er den Besitz der Zubehörstücke erlangt.

---

36 BGHZ 83, 395, 399, m.w.N.; BGHZ 49, 197, 200 f; *Baur*, Sachenrecht, 12. Aufl., § 19 B I, 2 c; BGB-RGRK – *Augustin*, 12. Aufl., §§ 925, 925 a, Rdn. 84; MünchKomm.-*Kanzleiter*, § 925 Rdn. 32; vgl. aber auch *Reinicke/Tiedtke*, NJW 1982, 2281.

37 BGHZ 49, 197, 202 m.w.N.; BGB-RGRK-*Augustin*, 12. Aufl., §§ 925, 925 a Rdn. 85.

Sechster Abschnitt

Gutgläubiger Erwerb der Auflassungsvormerkung

I. Erwerb vom Berechtigten

Zwischen dem Abschluß eines Kaufvertrages über ein Grundstück und seiner Erfüllung vergeht viel Zeit. Inzwischen kann sich die Rechtslage auf Seiten des Verkäufers ändern, und dies kann zur Folge haben, daß der Anspruch des Käufers auf lastenfreie Übereignung des Grundstücks nicht oder nicht mehr voll verwirklicht werden kann. Um dies zu verhindern, kann für den Käufer eine Vormerkung in das Grundbuch eingetragen werden. Sie wird als Auflassungsvormerkung bezeichnet, obwohl der Ausdruck nicht genau ist. Die Vormerkung sichert nicht den Anspruch des Käufers auf Auflassung, sondern auf Verschaffung des (lastenfreien) Eigentums. Sie kann demgemäß auch nach der Auflassung des Grundstücks bestellt und eingetragen werden.[1] Dies geschieht, wenn der Eintragung des Käufers als Eigentümer noch rechtliche Hindernisse entgegenstehen oder wenn die Parteien übereingekommen sind, der Käufer solle erst später den Antrag stellen, ihn als Eigentümer einzutragen.

Besteht der Anspruch des Käufers auf Eigentumsverschaffung nicht, so ist die Vormerkung unwirksam; ohne Anspruch keine Vormerkung. Die Vormerkung kann nach §883 Abs. 1 Satz 2 BGB für einen bedingten oder künftigen Anspruch bestellt werden. Sie wirkt sich dann erst aus, wenn der Anspruch (unbedingt) zur Entstehung gelangt. Ist er aber entstanden, so schützt er den Inhaber der Forderung, rückwirkend, von dem Zeitpunkt an, in dem er beantragt hat, die Vormerkung einzutragen. Ein vormerkungsfähiger künftiger Anspruch liegt nur vor, wenn der Rechtsboden für seine Entstehung durch ein rechtsverbindliches Angebot oder Abkommen soweit vorbereitet ist, daß die Entstehung des Anspruchs nur noch von dem Willen des demnächst Berechtigten abhängt.[2] Für einen nichtigen Anspruch kann keine Vormerkung eingetragen werden.[3] Geschieht dies gleichwohl, ist die Vormerkung ebenfalls nichtig. Sie ist gegenstandslos; sie kann keinen Anspruch sichern, der nicht besteht. Haben die Parteien den Kaufpreis zu niedrig angegeben, so ist der

---

1 KG, DNotZ 1971, 418, 420; *Raiser*, Dingliche Anwartschaften (1961), S. 29 m.w.N.; *Wolff/Raiser*, Sachenrecht, 10. Bearbeitung, § 48 I, 1 (Fn. 4).

2 RGZ 151, 75, 77; BGHZ 12, 115, 118; BGH, NJW 1981, 446, 447; BayObLG, NJW 1978, 700 m.w.N.

3 BGHZ 54, 56, 63; *Baur*, Sachenrecht, 12. Aufl. § 20 II, 3; *Medicus*, Bürgerliches Recht, 12. Aufl., Rdn. 555; a.A. *Lüke*, JuS 1971, 341 ff.

beurkundete Kaufvertrag als Scheingeschäft nichtig und damit die Vormerkung unwirksam. Hieran ändert nichts, daß der Kaufvertrag, der von den Parteien gewollt, aber nicht richtig beurkundet worden ist, nach § 313 Satz 2 BGB mit Auflassung und Eintragung gültig wird. Die Heilung wirkt nicht zurück.[4] Die Vormerkung kann daher keine Rechtswirkung äußern. Sie könnte erst mit der Eintragung des Käufers als Eigentümer wirksam werden. Zu diesem Zeitpunkt braucht der Käufer aber nicht mehr durch eine Vormerkung geschützt zu werden; das vorgemerkte Recht ist entstanden. Der Anspruch des Käufers aus dem fehlerhaft beurkundeten Kaufvertrag ist auch kein künftiger Anspruch,[5] weil die Heilung nicht ausschließlich vom Willen des Käufers abhängt. Der Verkäufer kann sie dadurch verhindern, daß er die Auflassung nicht vornimmt; hat sie bereits stattgefunden, kann er sie nach h. L.[6] bis zur Umschreibung des Grundstücks kondizieren.

Der Gläubiger wird nach § 883 Abs. 2 BGB durch die Vormerkung davor geschützt, daß der Verkäufer über das Grundstück verfügt, es also einem Dritten übereignet oder ihm ein beschränkt dingliches Recht bestellt. Hierzu ist der Verkäufer berechtigt. Ihm gehört das Grundstück noch. Der Dritte erwirbt es vom Berechtigten. Hieran ändert der Umstand nichts, daß das Grundstück möglicherweise schon an den Vormerkungsberechtigten aufgelassen ist. Die Auflassung hat zwar nach § 873 Abs. 2 BGB bindende Wirkung. Die Bindung verhindert aber nur den einseitigen Widerruf der dinglichen Einigungserklärung, wie er bei der Einigung über den Übergang des Eigentums an beweglichen Sachen bis zur Vollendung des Rechtserwerbs erklärt werden kann. Die Bindung beseitigt jedoch nicht das Recht des Eigentümers, zugunsten Dritter über das Grundstück zu verfügen. Will der Käufer sich hiervor schützen, muß er sich eine Vormerkung eintragen lassen. Diese blockiert zwar das Grundbuch nicht. Es tritt keine Grundbuchsperre ein. Der Dritte, zu dessen Gunsten der Veräußerer nach Eintragung der Auflassungsvormerkung verfügt hat, wird in das Grundbuch eingetragen. Er muß aber dem Vormerkungsberechtigten weichen. Die vormerkungswidrige Verfügung ist nach § 883 Abs. 2 BGB insoweit unwirksam, als sie den vorgemerkten Anspruch vereiteln oder beeinträchtigen würde; dies ist bei einer Auflas-

4 RGZ 75, 114, 115; RGZ 115, 6, 12; RGZ 134, 83, 87; BGHZ 54, 56, 63; *Erman/Battes*, Komm. zum BGB, 7. Aufl., § 313 Rdn. 77; Staudinger-*Wufka*, Komm. zum BGB, 12. Aufl., § 313 Rdn. 229 m.w.N.; a.A. *Larenz*, Schuldrecht, Band I, 13. Aufl., § 5.

5 BGHZ 54, 56, 64; a.A. *Lüke*, JuS 1971, 341, 343.

6 RGZ 108, 329, 333 f; RGZ 109, 351, 354; RGZ 117, 287, 290; RGZ 118, 120; RGZ 133, 275, 276; a.A. *Reinicke/Tiedtke*, Kaufrecht, 2. Aufl., S. 31 m.w.N.

sungsvormerkung in vollem Umfang der Fall. Der Dritte ist somit im Verhältnis zu anderen, jedoch nicht im Verhältnis zum Vormerkungsberechtigten Eigentümer des Grundstücks geworden. Soweit der Dritte nicht Eigentümer geworden ist, ist es der Verkäufer geblieben. Der Verkäufer ist also berechtigt, dem Vormerkungsberechtigten das Grundstück aufzulassen, soweit dies noch nicht geschehen ist.

Der Käufer wird auch nach der Auflassung erst in das Grundbuch eingetragen, wenn der Dritte, der als Eigentümer im Grundbuch steht, die Eintragung bewilligt. Eine Eintragung erfolgt nach § 19 GBO nur, wenn derjenige sie bewilligt, dessen Recht von ihr betroffen ist, und betroffen im Sinne dieser Vorschrift ist jeder, dessen grundbuchmäßiges Recht durch die beantragte Eintragung beeinträchtigt wird oder beeinträchtigt werden kann.[7] Der Vormerkungsberechtigte ist also aus verfahrens-rechtlichen Gründen auf die grundbuchmäßige Zustimmung des Dritten angewiesen. Den Anspruch auf diese Zustimmung gewährt ihm § 888 BGB, wonach der Dritte, dessen Rechte dem Vormerkungsberechtigten gegenüber nach § 883 Abs. 2 BGB unwirksam sind, die formelle Zustimmung zu der Eintragung erteilen muß, wenn sie verfahrens-rechtlich zur Bewilligung des durch die Vormerkung gesicherten Anspruchs erforderlich ist.

Der Vormerkungsberechtigte muß somit notfalls den Verkäufer auf Auflassung und den Dritten auf Zustimmung zur Eintragung verklagen. Dies kann in einer Klage oder in zwei Klagen geschehen; führt der Vormerkungsberechtigte zwei Prozesse, ist keine bestimmte Reihenfolge vorgesehen.[8]

II. Gutgläubiger Erwerb bei Bestellung der Vormerkung

1. Kein gutgläubiger Erwerb der verfügten Vormerkung

Die Auflassungsvormerkung entsteht nach § 885 BGB durch Bewilligung des Eigentümers oder aufgrund einer einstweiligen Verfügung. Eine verfügte Vormerkung kann nicht kraft guten Glaubens erworben werden.[9] Ihr Erwerb beruht nicht auf einem Rechtsgeschäft, sondern aufgrund einer gerichtlichen Anordnung, und nur der rechtsgeschäftliche Erwerb

7 *Ertl*-KEHE, Grundbuchrecht, 3. Aufl., § 19 Rdn. 51.

8 RGZ 53, 28; BGB-RGRK-*Augustin*, 12. Aufl., § 888 Rdn. 25; *Erman/H. Hagen*, Komm. zum BGB, 7. Aufl., § 888 Rdn. 6.

9 RGZ 68, 150, 153; *Baur*, Sachenrecht, 12. Aufl., § 20 III c; *Reinicke*, NJW 1964, 2373, 2381 f.

wird geschützt. Die unterschiedliche Behandlung ist nicht, wie *Wacke*[10] meint, rein dogmatischer Natur; sie halte einer Interessenwürdigung nicht stand. Der redliche Erwerber wird nur geschützt, wenn zwei Voraussetzungen gegeben sind. Für den Veräußerer muß ein Rechtsschein sprechen (diese Voraussetzung ist gegeben, da der Veräußerer im Grundbuch eingetragen ist), und der Veräußerer muß die Erklärung abgeben, er verfüge zugunsten des Dritten über das Recht, für das der Rechtsschein spricht; er muß den Rechtsschein für sich in Anspruch nehmen, also, jedenfalls stillschweigend, erklären, der Schein decke sich mit der Wirklichkeit. Diese Erklärung muß bei jeder einzelnen Verfügung abgegeben werden, die Grundlage eines redlichen Erwerbs sein soll. Sie fehlt bei der verfügten Vormerkung.

2. Kein gutgläubiger Erwerb einer bewilligten Vormerkung beim Fehlen anderer Voraussetzungen als des Eigentums

Der gute Glaube des Erwerbers kann nur das fehlende Eigentum des Bewilligenden ersetzen, die übrigen Voraussetzungen müssen gegeben sein. Der Bewilligende muß geschäftsfähig und verfügungsberechtigt sein, und der gesicherte Auflassungsanspruch muß bestehen. Die Bewilligung der Vormerkung muß auch ein Verkehrsgeschäft sein, was z. B. nicht der Fall ist, wenn eine GmbH ihrem einzigen Gesellschafter ein Grundstück verkauft und ihm eine Auflassungsvormerkung bewilligt. Liegen diese Voraussetzungen aber vor, so kann die Vormerkung kraft guten Glaubens vom Bucheigentümer erworben werden.

3. Rechtsgrund des gutgläubigen Erwerbs

Daß der Erwerber die Vormerkung kraft guten Glaubens vom Bucheigentümer erwerben kann, ist heute allgemein anerkannt.[11] Umstritten ist jedoch die Frage, auf welcher gesetzlichen Grundlage dieser Erwerb beruht. §892 BGB schützt den Erwerber eines Rechts an einem Grundstück (oder eines Rechts an einem solchen Recht), bezieht sich also nur auf den Erwerb dinglicher Rechte. Die Auflassungsvormerkung sichert zwar den schuldrechtlichen Anspruch des Gläubigers, der ihn, wenn er erfüllt wird, zum Eigentümer des Grundstücks und damit zum Inhaber eines dinglichen Rechts macht. Die Auflassungsvormerkung ist aber ihrerseits kein dingliches Recht;[12] sie begnügt sich damit, den Erwerb

---

10 MünchKomm., § 883 Rdn. 70 (Fn. 209).

11 Vgl. MünchKomm.-*Wacke*, § 883 Rdn. 65 m.w.N.

12 Die entgegengesetzte Ansicht von *Wunner*, NJW 1969, 113, 114, wird allgemein

eines dinglichen Rechts vorzubereiten. Der Vormerkungsberechtigte erhält nicht einen Teil der Befugnisse, die im Eigentum stecken, wie dies bei einem Pfandgläubiger oder Nießbraucher der Fall ist. §892 BGB scheidet damit als unmittelbare Grundlage für den gutgläubigen Erwerb einer Vormerkung aus.

Nach §893 BGB sind die Vorschriften des §892 BGB entsprechend anzuwenden, wenn zwischen dem Bucheigentümer und einem anderen ein nicht unter §892 BGB fallendes Rechtsgeschäft vorgenommen wird, das eine Verfügung über das Eigentum darstellt. Ob die Bewilligung einer Vormerkung eine derartige Verfügung darstellt, ist zweifelhaft.[13] Durch eine Verfügung muß das Recht, über das verfügt wird, übertragen, aufgehoben, belastet oder in seinem Inhalt verändert werden. Die ersten drei Möglichkeiten scheiden aus. Es bleibt die Frage, ob die Bewilligung der Vormerkung den Inhalt des Eigentums am Grundstück verändert. Die Änderung könnte nur darin bestehen, daß der Eigentümer nach der Entstehung der Vormerkung keine wirksamen Verfügungen treffen kann, soweit sie die Rechte des Vormerkungsberechtigten beeinträchtigen. Stellt aber die rechtsgeschäftliche Einschränkung des Rechts, wirksame Verfügungen vorzunehmen, ihrerseits eine Verfügung dar? Diese Frage, die in der Rechtsprechung[14] verschieden beantwortet wird, kann jedoch offen bleiben. Jedenfalls sind die Vorschriften über den gutgläubigen Erwerb auf die Vormerkung entsprechend anzuwenden.[15] Eine analoge Anwendung ist möglich, weil diese Vorschriften bereits im Ersten Entwurf eines Bürgerlichen Gesetzbuches enthalten waren, die Bestimmungen über die Vormerkung erst von der zweiten Kommission entworfen und nur fragmentarisch ausgestaltet sind und alles weitere der Rechtsprechung und der Wissenschaft überlassen worden ist.[16] Die Interessenlage erfordert den gutgläubigen Erwerb einer Vormerkung in gleicher Weise wie den gutgläubigen Erwerb eines dinglichen Rechts nach §892 BGB oder die Wirksamkeit einer Verfügung i.S. des §893 BGB. Auch der Erwerber einer Vormerkung verdient Schutz, wenn er sich auf den Inhalt des Grundbuchs verläßt.

---

abgelehnt, vgl. BGHZ 28, 182, 185; BGHZ 60, 46, 49; BGB-RGRK-*Augustin*, 12. Aufl., § 883 Rdn. 9; *Gursky*, Sachenrecht (Fälle und Lösungen), 5. Aufl., S. 25; *Medicus*, Bürgerliches Recht, 12. Aufl., Rdn. 553.

13 Die herrschende Meinung bejaht das, vgl. RGZ 118, 230, 234; RGZ 121, 44, 46; BGHZ 57, 341, 343; *Gursky*, Sachenrecht (Fälle und Lösungen), 5. Aufl., S. 26 m.w.N.; *Soergel/Baur*, Komm. zum BGB, 11. Aufl., § 893 Rdn. 5.

14 Vgl. KG, DNotZ 1927, 96 ff.

15 *Canaris*, JuS 1969, 80, 81; *Reinicke*, NJW 1964, 2373, 2374; *Tiedtke*, Jura 1981, 354, 360; *H. Westermann*, Sachenrecht, 5. Aufl., § 85 IV, 3.

16 Vgl. *Heck*, Sachenrecht, § 47 III, 1.

4. Rechtsfolgen des gutgläubigen Erwerbs

Über den gutgläubigen Erwerb der Vormerkung besteht heute kein Streit mehr. Umstritten ist aber der Umfang dieses Erwerbs. Es stehen sich hier zwei Ansichten gegenüber.

Nach der einen Ansicht[17] wirkt sich der gutgläubige Erwerb der Vormerkung nur aus, wenn der Berechtigte das vorgemerkte Recht ohne Hilfe der Vormerkung erworben hat *(kleine Lösung)*. Der Inhaber der Auflassungsvormerkung muß also das Eigentum unabhängig von der Vormerkung erlangt haben. Dies kann, da der Veräußerer lediglich Bucheigentümer ist, nur geschehen, wenn der Erwerber bei Stellung des Antrages, ihn als *Eigentümer* in das Grundbuch einzutragen, an das Eigentum des Veräußerers geglaubt hat und vor Eintragung des Eigentumsübergangs kein Widerspruch des wahren Eigentümers gegen die Richtigkeit des Grundbuchs eingetragen worden ist, §892 BGB. Erst dann, wenn diese Voraussetzungen gegeben sind, wirkt sich der gutgläubige Erwerb der Vormerkung aus. Diese Auswirkung besteht darin, daß der Erwerber aufgrund der gutgläubig erworbenen Vormerkung die Löschung der Rechte verlangen kann, die nach Stellung des Antrages, die Vormerkung einzutragen, vom nichtberechtigten Eigentümer Dritten bestellt und von diesen kraft ihres guten Glaubens erworben sind, wie dies in folgendem Beispiel[18] der Fall ist. V, der im Grundbuch als Eigentümer eingetragen ist, dem das Grundstück aber nicht gehört, verkauft das Grundstück an den gutgläubigen K, der aufgrund einer Bewilligung des V als Vormerkungsberechtigter eingetragen wird. V bestellt nach der Eintragung der Vormerkung einem – ebenfalls gutgläubigen – Dritten eine Hypothek. Nunmehr läßt V das Grundstück an K auf. K wird als Eigentümer in das Grundbuch eingetragen. Hätte K die Auflassungsvormerkung nicht kraft seines guten Glaubens erworben, so wäre er zwar auch Eigentümer des Grundstücks geworden, er müßte aber die Belastung dulden, da die Hypothek bereits eingetragen war, als er den Antrag stellte, ihn als Eigentümer in das Grundbuch einzutragen. Aufgrund der gutgläubig erworbenen Vormerkung ist die Hypothek ihm gegenüber unwirksam; er kann ihre Löschung verlangen.

Nach der anderen Auffassung[19] hat der gutgläubige Erwerb der Vormerkung einen größeren Anwendungsbereich *(große Lösung)*. Sie erleich-

---

17 *Caro*, JR 1928, 117 ff; *Goetzke/Habermann*, JuS 1975, 82 ff; *Wiegand*, JuS 1975, 205, 212.

18 Vgl. *Reinicke*, NJW 1964, 2373, 2375.

19 RGZ 121, 44, 47; BGHZ 28, 182, 187; BGHZ 57, 341, 343; BGH, NJW 1981, 446, 447; *Reinicke*, NJW 1964, 2373, 2375; *Tiedtke*, Jura 1981, 354, 362; *Wolff/Raiser*, Sachenrecht, 10. Bearbeitung, § 48 IV.

tert auch den Erwerb des vorgemerkten Rechts. Der Berechtigte braucht nur bis zu dem Zeitpunkt an das Eigentum des Veräußerers zu glauben, in dem der Antrag gestellt wird, die Vormerkung einzutragen. Bei Stellung des Antrages, ihn als Eigentümer einzutragen, kann er bösgläubig sein. Die Vormerkung schützt den Berechtigten also (unter anderem) vor seinem späteren bösen Glauben. Nach dieser Ansicht ist auch ein Widerspruch unschädlich, der nach Eintragung der Vormerkung in das Grundbuch eingetragen wird.

Ob der kleinen oder der großen Lösung zuzustimmen ist, hängt davon ab, welche Aufgaben der Vormerkung insgesamt übertragen sind.

Begnügte sich die gesetzliche Regelung über die Vormerkung damit, den Gläubiger des Auflassungsanspruchs vor Verfügungen zu schützen, die der Eigentümer nach Eintragung der Vormerkung trifft, wäre die kleine Lösung vorzuziehen. Die Vormerkung schützt den Berechtigten aber in größerem Ausmaß. Nach §883 Abs. 2 Satz 2 BGB sind auch Verfügungen unwirksam, die nach Eintragung der Vormerkung im Wege der Zwangsvollstreckung oder der Arrestvollziehung oder durch den Konkursverwalter erfolgen. Nach §24 KO kann der Vormerkungsberechtigte die Auflassung des Grundstücks vom Konkursverwalter verlangen, wenn der Eigentümer in Konkurs gefallen ist; dies gilt auch dann, wenn der Käufer den Kaufpreis bereits gezahlt hat, der Kaufpreis also der Konkursmasse nicht zugute kommt. Die Rechte des Vormerkungsberechtigten werden auch durch ein Vergleichsverfahren nicht berührt, §82 Abs. 2 Satz 1 VerglO. Der Erbe des Eigentümers kann sich nicht auf die Beschränkung seiner Haftung berufen, §884 BGB. Ist der Antrag gestellt, die Vormerkung einzutragen, so wird die Vormerkungsbewilligung gemäß dem entsprechend[20] anwendbaren §878 BGB nicht dadurch unwirksam, daß der Veräußerer in der Verfügung beschränkt wird. Die Rechte des Vormerkungsberechtigten werden schließlich auch im Zwangsversteigerungsverfahren gewahrt. Er kann zwar die Zwangsversteigerung nicht verhindern; die Vormerkung ist kein die Veräußerung hinderndes Recht.[21] Geht die Vormerkung aber im Range dem die Versteigerung betreibenden Gläubiger vor, so fällt sie in das geringste Gebot. Sie bleibt also beim Zuschlag bestehen, §§44, 52 ZVG. Der alte Eigentümer ist demgemäß nach wie vor gemäß §883 Abs. 2 BGB berechtigt, das Grundstück dem Vormerkungsberechtigten aufzulassen, und der Ersteigerer ist trotz seines hoheitlichen Erwerbs verpflichtet, die Zustimmung zur Eintragung des Vormerkungsberechtigten als Eigentümer des Grundstücks

20 BGHZ 28, 182, 185 m.w.N.; MünchKomm.-*Wacke*, § 878 Rdn. 16.

21 BGHZ 46, 124, 126 f m.w.N.; *Soergel/Baur*, Komm. zum BGB, 11. Aufl., § 883 Rdn. 41.

gemäß § 888 BGB zu erteilen. Geht der Vormerkungsberechtigte dem Gläubiger, der die Zwangsversteigerung betreibt, im Range nach, so erlischt zwar die Vormerkung mit dem Zuschlag; an ihre Stelle tritt aber nach § 92 Abs. 1 ZVG der Anspruch auf Ersatz des Wertes aus dem Ersteigerungserlös.

Diese Vorschriften lassen in ihrem Zusammenhang erkennen, daß der Vormerkungsberechtigte umfassend geschützt werden soll. Er soll, ohne ein Risiko zu tragen, den Kaufpreis zahlen können. Ein derartiger Schutz wäre aber nicht gewährleistet, wenn der Vormerkungsberechtigte das Eigentum an dem Grundstück nicht erwürbe, falls er in der Zeit zwischen der Antragstellung, die Vormerkung einzutragen, und der Stellung des Antrages, ihn als Eigentümer einzutragen, davon Kenntnis erhielte, daß der Veräußerer nicht der wahre Eigentümer, dies vielmehr ein Dritter sei. *Es ist somit der großen Lösung*[22] *zuzustimmen.*

Die Richtigkeit dieser Auffassung wird durch einen Vergleich der Vormerkung mit dem Anwartschaftsrecht des Vorbehaltskäufers bestätigt.[23] Der Vorbehaltskäufer erlangt das bedingte Eigentum, und der bedingte Eigentümer erwirbt kraft seines guten Glaubens das Eigentum an der Sache, wenn er bei der bedingten Einigung und der Übergabe der Sache gutgläubig ist.[24] Bei Eintritt der Bedingung kann er wissen, daß ein Dritter Eigentümer der Sache war; der nachträgliche böse Glaube schadet dem Erwerber nicht. Der bedingte Eigentümer soll sich darauf verlassen dürfen, daß er mit Eintritt der Bedingung das unbedingte Recht erwirbt.

Die gleiche Interessenlage ist beim Vormerkungsberechtigten gegeben. Die Vormerkung, heißt es bei *Heck*,[25] biete einen Ersatz für die bedingte Auflassung, die nach § 925 BGB verboten sei. In den *Protokollen*[26] ist demgemäß ausgeführt, der Gesetzgeber könne sich damit begnügen, der Vormerkung dieselben Wirkungen wie bei einem bedingten Recht beizulegen, und in der *Denkschrift*[27] findet sich der Hinweis, die Zulässigkeit einer Vormerkung sei namentlich deshalb von besonderer Bedeutung, weil der Entwurf eine bedingte Übertragung des Eigentums an einem Grundstück ausschließe.

Das RG[28] hat somit zutreffend ausgeführt, durch die Eintragung der Vormerkung werde die dingliche Wirkung des gesicherten Anspruchs

---

22 Vgl. die Nachweise in Fn. 19.
23 Vgl. *Kupisch*, JZ 1977, 486, 491 ff.
24 BGHZ 10, 69, 73; BGHZ 30, 374, 377.
25 Sachenrecht, § 47 I, 2 a.
26 *Mugdan*, Materialien zum BGB, Band III, S. 564.
27 *Mugdan*, Materialien zum BGB, Band III, S. 970.
28 RGZ 121, 44, 47.

vorweggenommen, wenn er entstanden sei und erfüllt werde; der gute Glaube beim Erwerb der Vormerkung bleibe beim Erwerb des vorgemerkten Rechts maßgebend, der gutgläubige Erwerb einer Auflassungsvormerkung bewirke daher den gutgläubigen Erwerb des Eigentums. Der BGH[29] ist dieser Ansicht gefolgt. Dies ist zuletzt in einem Urteil aus dem Jahre 1981 geschehen, in dem der BGH[30] die Angriffe der Vertreter der kleinen Lösung gegen die große Lösung zurückweist und ausführt: „Entsprechend den Bedürfnissen der Praxis, die nach einem zuverlässigen Sicherungsmittel für Ansprüche auf den Erwerb eintragungsfähiger Rechte verlangt, hat die erwähnte Rechtsprechung des RG und des Senats dem Vormerkungsinhaber eine Rechtsstellung verliehen, bei der die Interessen des Verkehrsschutzes überwiegen. Der Buchstand und der gute Glaube an ihn beim Vormerkungserwerb sollen maßgeblich bleiben für den Erwerb, dessen Sicherung die Vormerkung dient. Sie würde im Rechtsverkehr erheblich an Bedeutung verlieren, wenn man diesen Erwerbsschutz der Vormerkung – auf den die Praxis nach der Rechtsprechung vertraut – in Frage stellte."

Die Entscheidung des BGH ist auch dadurch interessant, daß die Vormerkung für einen künftigen Auflassungsanspruch bestellt und der Erwerber bereits bösgläubig war, als der Auflassungsanspruch entstand. Mit Recht hat der BGH dies für unerheblich gehalten und es ausschließlich darauf abgestellt, daß der Erwerber bei Eintragung der Vormerkung für den künftigen Anspruch an das unbelastete Eigentum des Veräußerers geglaubt habe. § 883 Abs. 2 BGB verleihe die der Vormerkung eigentümliche Sicherungswirkung, hat der BGH zutreffend ausgeführt, gerade einem noch nicht bestehenden Anspruch. Diese Wirkung könne zwar erst geltend gemacht werden, wenn der Anspruch entstehe; sie habe aber rückwirkende Kraft, wenn er entstanden sei. „Sind somit künftige Ansprüche ... geschützt", heißt es in der Entscheidung des BGH,[31] „dann kann es in einem solchen Fall für den Buchstand zum gutgläubigen Vormerkungserwerb ebenfalls nur auf den Tag der Eintragung der Vormerkung ankommen. Mit diesem Tag ist der Erwerbstatbestand vollendet, an den die Vormerkungswirkung anknüpft, die allerdings erst dann geltend gemacht werden kann, wenn außerhalb des Grundbuchs eine weitere Voraussetzung, nämlich die Anspruchsentstehung, hinzukommt."

---

29 BGHZ 28, 182, 187; BGHZ 57, 341, 343; NJW 1981, 446, 447.
30 NJW 1981, 446, 447.
31 NJW 1981, 446, 447.

5. Durchsetzbarkeit des Anspruchs

Hat der Vormerkungsberechtigte die Vormerkung kraft seines guten Glaubens erworben, so kann er also auch dann vom nichtberechtigten Verkäufer Auflassung des Grundstücks verlangen, wenn sich inzwischen herausgestellt hat, daß ein Dritter Eigentümer des Grundstücks ist. Der Verkäufer gilt im Verhältnis zum vormerkungsberechtigten Käufer auch in diesem Falle für die Vornahme der Auflassung als Eigentümer des Grundstücks. Eine Auflassung des Grundstücks durch den wahren Eigentümer ist nicht erforderlich. Dieser braucht der Auflassung auch nicht materiell-rechtlich zuzustimmen.[32] Der wahre Eigentümer hat aufgrund der Eintragung der Vormerkung die Rechtsstellung, die er erlangt hätte, wenn ihm das Grundstück (nicht gehört hätte, es ihm aber) nach Eintragung der Vormerkung übereignet worden wäre. Sein Eigentum ist in beiden Fällen gegenüber dem Vormerkungsberechtigten unwirksam. Beim Erwerb nach der Eintragung der Vormerkung erlangt er von vornherein nur relativ wirksames Eigentum. War er vor der Eintragung der Vormerkung Eigentümer, so verwandelt sich sein absolut wirkendes Eigentum mit der vom Gläubiger des Auflassungsanspruchs gutgläubig erworbenen Vormerkung in relativ wirksames Eigentum. Er hat das Spiel verloren. Der Verlust seines Eigentums tritt ein, ohne daß er das Grundstück an den Vormerkungsberechtigten auflassen müßte. Es genügt die Auflassung zwischen dem Veräußerer und dem Vormerkungsberechtigten, weil der Veräußerer dem Vormerkungsberechtigten gegenüber auch in diesem Falle so angesehen wird, wie wenn er Eigentümer des Grundstücks wäre. Eine materiell-rechtliche Zustimmung des wahren Eigentümers ist deshalb nicht erforderlich.

Eine andere Frage ist es, ob er der Eintragung des Vormerkungsberechtigten aus verfahrens-rechtlichen Gründen zustimmen muß. Diese Frage hängt davon ab, ob er inzwischen in das Grundbuch eingetragen, das Grundbuch also berichtigt ist. Ist dies der Fall, so ist seine Bewilligung nach §19 GBO erforderlich (er ist grundbuchrechtlich der Betroffene); sie kann vom Vormerkungsberechtigten gemäß dem entsprechend anwendbaren §888 BGB erzwungen werden. Ist der Eigentümer nicht in das Grundbuch eingetragen, so ist seine Zustimmung keine Voraussetzung für die Eintragung des Vormerkungsberechtigten als neuer Eigentümer des Grundstücks.

32 So zutreffend *Gursky*, Sachenrecht (Fälle und Lösungen), 5. Aufl., S. 31; *Roloff*, NJW 1968, 484, 485; *H. Westermann*, Sachenrecht (Schwerpunkte), 7. Aufl., § 16 II, 3; a.A. OLG Düsseldorf, DNotZ 1971, 371, 373; *J. Baur*, JZ 1967, 437, 439.

III. Gutgläubiger Erwerb der Vormerkung bei Abtretung des Auflassungsanspruchs

1. Erwerb vom Berechtigten

Hat B das Grundstück von A gekauft und ist für ihn eine (von A bewilligte) Auflassungsvormerkung eingetragen, so kann er den mit der Vormerkung versehenen Auflassungsanspruch an C abtreten. C erwirbt den Anspruch mit der formlos gültigen Abtretung. §313 BGB ist auf die Abtretung des Auflassungsanspruchs nicht, auch nicht analog[33] anwendbar. Die Vormerkung geht kraft Gesetzes auf C über. §401 BGB gilt entsprechend.[34] Die Vormerkung folgt, als akzessorisches Nebenrecht, dem Recht, das sie sichert. Die Umschreibung der Vormerkung auf den Namen des Abtretungsempfängers ist hierzu nicht erforderlich; sie führt nur die Berichtigung des Grundbuchs herbei.

War A nur Bucheigentümer des Grundstücks, ist B, der Gläubiger des Auflassungsanspruchs, aber kraft seines guten Glaubens Inhaber der Vormerkung geworden, so erlangt C beide Rechte, den Auflassungsanspruch und die Vormerkung, vom Berechtigten. Auf seinen guten Glauben kommt es nicht an. Er erwirbt die Vormerkung auch dann, wenn er bei der Abtretung weiß, daß E der wahre Eigentümer des Grundstücks ist. C tritt an die Stelle des B, und B wäre mit Auflassung und Eintragung Eigentümer geworden.

2. Kein gutgläubiger Erwerb beim Fehlen des Auflassungsanspruchs

Ist der Kaufvertrag zwischen A und B nichtig, so steht dem B kein Anspruch auf Auflassung zu. Dies hat zur Folge, daß er auch die Vormerkung nicht erwirbt. Die Vormerkung ist streng akzessorisch. Sie sichert den Auflassungsanspruch. Fehlt der zu sichernde Anspruch, ist sie gegenstandslos und damit unwirksam.

Tritt B den ihm vermeintlich zustehenden Auflassungsanspruch mit der dafür eingetragenen Vormerkung an C ab, so hat C trotz seines guten Glaubens nichts erworben. Der gute Glaube an das Bestehen des schuldrechtlichen Auflassungsanspruchs wird nicht geschützt, und die Vormerkung ist ohne Auflassungsanspruch gegenstandslos.

Die Existenz des Auflassungsanspruchs kann auch nicht für die Vormerkung fingiert werden. Eine derartige Regelung ist zwar bei Verkehrshypotheken in §1138 BGB getroffen worden; der Erwerber der Hypo-

33 BGHZ 89, 41.

34 BGHZ 25, 16, 23; *Baur*, Sachenrecht, 12. Aufl., § 20 V, 1 b.

thek kann dann jedenfalls in das Grundstück vollstrecken. Bei der Vormerkung ist eine solche Regelung nicht möglich. Würde der gesicherte Anspruch für die Vormerkung fingiert, so müßte der Vormerkungsberechtigte Eigentümer des Grundstücks werden. Dann würde aber der Anspruch, der nicht besteht, in vollem Umfange so behandelt, wie wenn er bestünde. In der Sache würde also der gute Glaube an die Existenz der Forderung geschützt; das will das Gesetz aber gerade vermeiden. Die Rechtslage ist insoweit eindeutig.[35]

3. Gutgläubiger Erwerb der Vormerkung bei Bestehen des Auflassungsanspruchs

Es fragt sich, ob C kraft seines guten Glaubens geschützt wird, wenn der Auflassungsanspruch besteht, die Vormerkung aber nicht zur Entstehung gelangt ist.

Ein derartiger Fall kann eintreten, wenn B das Grundstück vom Bucheigentümer gekauft hat, vor Stellung des Antrages, die Vormerkung einzutragen, aber die wahre Rechtslage gekannt hat, er also bereits in diesem Augenblick bösgläubig gewesen ist. Es ist auch möglich, daß die von A bewilligte Vormerkung nicht wirksam war, der Grundbuchbeamte dies jedoch nicht erkannt hat. A, der Bucheigentümer, war bei Abschluß des Kaufvertrages geschäftsfähig, aber bei Bewilligung der Auflassungsvormerkung geschäftsunfähig, A hat eine Erklärung abgegeben, die vom Grundbuchbeamten zu Unrecht als Bewilligung einer Auflassungsvormerkung ausgelegt oder in eine solche Bewilligung umgedeutet worden ist, oder sie bezog sich, was das Grundbuchamt übersehen hat, auf die Eintragung einer Auflassungsvormerkung für ein anderes Grundstück. In all diesen Fällen ist B Gläubiger des Auflassungsanspruchs, aber nicht Inhaber der Vormerkung geworden.

Tritt B den Auflassungsanspruch mit der vermeintlichen Vormerkung an C ab, so ergibt sich die Frage, ob C, der den Auflassungsanspruch vom Berechtigten erlangt, die Vormerkung kraft seines guten Glaubens erwirbt, die vermeintliche Vormerkung sich also in seiner Person in eine wirkliche Vormerkung verwandelt.

Dieser Sachverhalt ähnelt dem Fall, in dem der Gläubiger B eine Forderung gegen den Verpfänder A hat, die Bestellung des Pfandrechts an einer beweglichen Sache aber nicht zur Entstehung des Pfandrechts geführt hat. Tritt B die bestehende Forderung mit dem vermeintlichen Pfandrecht an C ab, so erwirbt dieser zwar die Forderung (vom Berech-

---

35 Vgl. *Medicus*, Bürgerliches Recht, 12. Aufl., Rdn. 553, 555; *Reinicke*, NJW 1964, 2373, 2376.

tigten), aber trotz seines guten Glaubens nicht das vermeintliche Pfandrecht.[36]

Dieses Ergebnis beruht einmal auf dem Umstand, daß für den Gläubiger nicht der Rechtsschein spricht, ihm stehe ein Pfandrecht an der Sache zu. Die Vermutung, er sei als Besitzer Eigentümer der Sache, hat er widerlegt; er trägt selbst vor, die Sache gehöre ihm nicht, und es besteht keine Vermutung, daß der Besitzer einer Sache ein Pfandrecht an ihr habe, wenn er nicht der Eigentümer sei. Der Erwerber vertraut hier nicht auf den Rechtsschein, sondern auf die Worte des Gläubigers. Das Vertrauen hierauf wird nicht geschützt. Diese Begründung kann nicht für den Fall herangezogen werden, daß der Erwerber den Auflassungsanspruch erlangt, der mit der vermeintlichen Vormerkung versehen ist. Hier spricht für den Gläubiger ein Rechtsschein. Er ist als Inhaber der Vormerkung in das Grundbuch eingetragen, und auf diesen Rechtsschein vertraut der Abtretungsempfänger.

Die Verneinung des gutgläubigen Erwerbs eines Pfandrechts bei Bestehen der abgetretenen Forderung, aber beim Fehlen des Pfandrechts, scheitert jedoch auch aus einem zweiten Grund. Der gute Glaube wird nur bei einem rechtsgeschäftlichen Erwerb geschützt, das Pfandrecht geht kraft Gesetzes über. Auch ein gesetzlicher Übergang kann allerdings wegen des Zusammenhangs mit der rechtsgeschäftlichen Abtretung der gesicherten Forderung beim Erwerb kraft guten Glaubens wie ein rechtsgeschäftlicher Erwerb behandelt werden. Dies ist im Hypothekenrecht bei der Abtretung der Sicherungshypothek geschehen, bei der die Forderung bestehen muß, die Hypothek aber, wenn dies der Fall ist, kraft guten Glaubens erworben werden kann, obwohl auch hier die Forderung durch Rechtsgeschäft übertragen wird, die Hypothek kraft Gesetzes der Forderung folgt, §1153 BGB. In diesem Fall erfolgt jedoch die Abtretung der Forderung ihrerseits nach sachenrechtlichen Grundsätzen, §1154 BGB. Die mit dem vermeintlichen Pfandrecht versehene Forderung wird aber formlos und unsichtbar abgetreten; die Übergabe der Pfandsache ist nicht Voraussetzung der Abtretung. Aus diesem Grund scheidet ein gutgläubiger Erwerb des vermeintlichen Pfandrechts auch dann aus, wenn die durch das angebliche Pfandrecht gesicherte Forderung besteht.

Dieses Argument führt auch zur Ablehnung des gutgläubigen Erwerbs einer vermeintlichen Vormerkung bei Bestehen des Auflassungsanspruchs.[37] Das Bürgerliche Gesetzbuch schützt den gutgläubigen Erwerber nur, wenn der Erwerbsvorgang bestimmte Publizitätserfordernisse erfüllt. Das Gesetz hat sich nicht damit begnügt, daß der Veräußerer den

36 Vgl. Zweiter Abschnitt, II, 2 b, S. 82 f.
37 Vgl. *Reinicke*, NJW 1964, 2373, 2377 ff.

Besitz hat und der Erwerber sich hierauf verläßt; der Erwerber muß den Besitz erlangen, damit das Eigentum auf ihn übergeht. Es reicht nicht aus, daß der Veräußerer im Grundbuch eingetragen ist; der Erwerber muß selbst eingetragen werden. Die durch das Pfandrecht oder die Vormerkung gesicherte Forderung geht aber formlos und unsichtbar über; der Übergang tritt nach außen nicht in Erscheinung. Der Veräußerer muß dem Erwerber (der durch ein bestehendes Pfandrecht gesicherten Forderung) die Sache übergeben, weil dieser das Pfandrecht mit der Abtretung der Forderung erhalten hat, nicht etwa, damit er es mit der Übergabe erlange. Die Umschreibung der (bestehenden Vormerkung) auf den Erwerber der Forderung stellt eine Berichtigung des Grundbuchs dar, ist aber nicht Voraussetzung für den Erwerb der Forderung oder der Vormerkung.

Der gutgläubige Erwerb der Vormerkung bei Abtretung der nur angeblich gesicherten Forderung scheitert nach alledem an dem Umstand, daß die Vormerkung kraft Gesetzes übergeht und der Übergang sich nach rein schuldrechtlichen Grundsätzen vollzieht. Hierdurch hat das Gesetz zum Ausdruck gebracht, daß die mit der Vormerkung oder einem Pfandrecht versehene Forderung, anders als die hypothekarisch gesicherte Forderung, nicht zum Umlauf geeignet ist. Es besteht nach der – zutreffenden – Ansicht des Gesetzgebers kein Bedürfnis[38] dafür, daß der Erwerber einer nur vermeintlich durch Vormerkung oder Pfandrecht gesicherten Forderung dieses nur scheinbar bestehende Recht kraft seines guten Glaubens auf Kosten des wahren Eigentümers erlangt.

Diese Auffassung ist allerdings in der Rechtslehre umstritten. Es wird auch die Ansicht[39] vertreten, der Erwerber erlange kraft seines guten Glaubens die Vormerkung, wenn der Auflassungsanspruch bestehe. Dieser Meinung ist jedoch aus den dargelegten Gründen nicht zuzustimmen. Das gleiche gilt für die Rechtsprechung des BGH,[40] der sich für eine Mittellösung entschieden hat. Er bejaht einen gutgläubigen Erwerb der Vormerkung durch den Abtretungsempfänger, wenn B, der Inhaber des mit der vermeintlichen Vormerkung versehenen Auflassungsanspruchs, die Vormerkung nicht erworben hat, weil er bösgläubig war. Hier hat eine Bewilligung des A vorgelegen. Dieser Umstand führt nach der Ansicht des BGH den gutgläubigen Erwerb der Vormerkung durch den Abtre-

38 *Baur*, Sachenrecht, 12. Aufl., § 20 V, 1 b; *Medicus*, Bürgerliches Recht, 12. Aufl., Rdn. 557; *Tiedtke*, Jura 1981, 354, 369; vgl. auch *Kupisch*, JZ 1977, 486 ff; *Medicus*, AcP 163, 1, 7 ff.

39 *H. Westermann*, Sachenrecht, 5. Aufl., § 85 IV, 4; *Wunner*, NJW 1969, 113, 116 ff.

40 BGHZ 25, 16, 23 f.

tungsempfänger herbei. Ein gutgläubiger Erwerb scheidet aber nach der Auffassung des BGH aus, wenn es an einer Bewilligung des Bucheigentümers fehlt oder sie aus einem (anderen) Grunde unwirksam ist, der nicht auf dem fehlenden Eigentum des Veräußerers, z. B. darauf beruht, daß der Bucheigentümer bei Bewilligung der Vormerkung (anders als beim Abschluß des Kaufvertrages) geschäftsunfähig war oder die Erklärung des A nur nach der irrigen Vorstellung des Grundbuchbeamten die Bewilligung einer Auflasssungsvormerkung darstellt. Warum sollen die Fälle aber verschieden behandelt werden? In beiden Fällen ist B Gläubiger des Auflassungsanspruchs, jedoch nicht Inhaber der Vormerkung. Warum sollen die unterschiedlichen Gründe, die zu diesem Ergebnis geführt haben, für die Rechtsstellung des Abtretungsempfängers, des C, von Bedeutung sein? Hat der Bucheigentümer A dem bösgläubigen B ein Grundstück übereignet und veräußert dieser es dem gutgläubigen C, so erwirbt dieser das Eigentum kraft seines guten Glaubens. A hat hier die Auflassung erklärt, die der Bewilligung der Vormerkung entspricht. Ist aber zwischen A und B keine wirksame Auflassung zustande gekommen, B aber gleichwohl als Eigentümer eingetragen, so wird der redliche C, der Rechtsnachfolger des B, ebenfalls Eigentümer. Es besteht kein Grund, die Rechtslage beim Erwerb einer Vormerkung anders zu beurteilen. Die Rechtslehre lehnt demgemäß auch eine unterschiedliche Behandlung der beiden Fälle ab. Die Auffassung des BGH[41] ist so wenig überzeugend, daß *H. Westermann*[42] meint, es sei nicht ganz sicher, ob der BGH diese Auffassung selbst vertrete, er habe sich möglicherweise nur mißverständlich ausgedrückt.

Siebter Abschnitt

Gutgläubiger Erwerb einer Hypothek

I. Verkehrshypothek

1. Bestellung der Hypothek

Der Erwerb kraft guten Glaubens setzt einen rechtsgeschäftlichen Erwerb voraus. Hat sich der Gläubiger, der eine titulierte Geldforderung hat, im Wege der Zwangsvollstreckung eine Zwangshypothek nach §866 ZPO auf dem Grundstück seines Schuldners eintragen lassen, ist dieser aber nur

41 BGHZ 25, 16, 23 f.
42 Sachenrecht, 5. Aufl., § 85 IV, 4.

Bucheigentümer, gehört das Grundstück also einem Dritten, so hat der Gläubiger keine Hypothek erlangt.

Die Einigung zwischen dem Bucheigentümer und dem Gläubiger über die Bestellung der Hypothek muß rechtswirksam, der Besteller also geschäftsfähig und verfügungsberechtigt sein. Der Erwerb der Hypothek vom Berechtigten darf nur daran scheitern, daß der Besteller der Hypothek nicht Eigentümer des Grundstücks ist, als dessen Eigentümer er im Grundbuch eingetragen ist. Das Fehlen des Eigentums wird durch den guten Glauben des Hypothekenerwerbers an das im Grundbuch eingetragene Eigentum des Bestellers ersetzt. Der gute Glaube an die Geschäftsfähigkeit und Verfügungsmacht des Bestellers wird nicht geschützt.

Die rechtsgeschäftliche Bestellung der Hypothek durch den geschäftsfähigen und verfügungsberechtigten Bucheigentümer muß schließlich ein Verkehrsgeschäft sein. Hat der Gläubiger eine Forderung gegen eine GmbH, deren einziger Gesellschafter er ist, so erwirbt er die ihm von der Gesellschaft bestellte Hypothek nicht, wenn das belastete Grundstück ihr nicht gehört, sie also nur Bucheigentümerin ist.

Zu diesen Erfordernissen, die in gleicher Weise wie beim Erwerb des Eigentums am Grundstück vorliegen müssen, kommt bei der Bestellung der Hypothek hinzu, daß eine Forderung des Gläubigers bestehen muß, die sich gegen den vermeintlichen Eigentümer des Grundstücks oder gegen einen Dritten richten kann. Hiervon kann nicht abgesehen werden. Der gute Glaube an das Bestehen der Forderung wird nicht geschützt. Von dieser Regel gibt es bei der Bestellung der Hypothek keine Ausnahme; § 1138 BGB greift nur ein, wenn die Hypothek übertragen, nicht, wenn sie bestellt wird.

Diese Regelung gilt entsprechend, wenn die Forderung besteht, jedoch mit einer Einrede behaftet ist. Der Eigentümer kann gegen die Hypothek die dem persönlichen Schuldner gegen die Forderung (sowie die nach § 770 BGB einem Bürgen) zustehenden Einreden geltend machen. Der gute Glaube des Erwerbers an das Nichtbestehen von Einreden wird bei der Bestellung der Hypothek ebensowenig geschützt wie der gute Glaube an das Bestehen der Forderung.

Sind diese Voraussetzungen gegeben, so findet ein gutgläubiger Erwerb der Hypothek statt. Nach § 892 Abs. 1 BGB gilt zugunsten dessen, der ein Recht an einem Grundstück durch Rechtsgeschäft erwirbt, der Inhalt des Grundbuchs als richtig, es sei denn, daß ein Widerspruch gegen die Richtigkeit eingetragen oder die Unrichtigkeit dem Erwerber bekannt ist.

Nach § 892 Abs. 2 BGB genügt es, daß der Gläubiger in dem Zeitpunkt gutgläubig ist, in dem der Antrag gestellt wird, die Hypothek einzutragen. Ist für den Gläubiger eine Vormerkung eingetragen, die seinen schuldrechtlichen Anspruch auf Bestellung der Hypothek sichert, so reicht es für den redlichen Erwerb der Hypothek aus, daß der Gläubiger in dem Augenblick gutgläubig ist, in dem der Antrag gestellt wird, die Vormerkung einzutragen. Seine Rechtsstellung wird also nicht dadurch beeinträchtigt, daß er später die wahre Rechtslage erfährt, mag dies auch vor Stellung des Antrages geschehen, die Hypothek einzutragen. Es gilt dieselbe Regelung wie beim Erwerb des Eigentums beim Bestehen einer Auflassungsvormerkung.[1]

§ 892 BGB wirkt sich auch in dem Fall zugunsten des Hypothekengläubigers aus, in dem der Bucheigentümer der wahre Eigentümer ist, im Grundbuch aber versehentlich eine Hypothek gelöscht ist. Der Inhalt des Grundbuchs gilt für den Hypothekengläubiger als richtig, die gelöschte Hypothek also als nicht bestehend. Der Gläubiger erwirbt daher den Rang vor der gelöschten Hypothek; der Gläubiger dieses Rechts muß sich mit dem zweiten Rang begnügen.[2] Es besteht insoweit die entsprechende Rechtslage wie beim Erwerb des Pfandrechts an einer beweglichen Sache; weiß der Pfandgläubiger bei Bestellung des Pfandrechts nicht, daß die Sache bereits verpfändet war, so geht sein Pfandrecht dem anderen nach § 1208 BGB im Range vor, falls seine Unkenntnis nicht auf grober Fahrlässigkeit beruht.[3]

Ist im Grundbuch für A und danach für B eine Hypothek eingetragen, die Hypothek des A alsdann versehentlich gelöscht und nunmehr eine Hypothek für C eingetragen worden, so geht dem redlichen C nur die Hypothek des B vor; das Grundbuch gilt für ihn als richtig, und im Grundbuch stand nur die Hypothek des B. A geht also dem C im Range nach. A geht aber dem B vor; als dieser die Hypothek erwarb, war A eingetragen. A geht also C im Range nach, er geht aber B vor, der seinerseits dem C vorgeht. Die Rangverhältnisse sind damit relativ. Dies führt bei der Verteilung des Erlöses zu Schwierigkeiten, wenn der Erlös nicht ausreicht, um alle Gläubiger zu befriedigen. Die Rechtslage ist im Hypothekenrecht insoweit wiederum dieselbe wie im Bereich des Pfandrechts an beweglichen Sachen. Auch dort treten relative Rangverhältnisse ein, wenn die Sache mit dem Pfandrecht des A und dem Pfandrecht des B belastet ist und der dritte Pfandgläubiger C hinsichtlich des Pfandrechts des A gutgläubig, hinsichtlich des Pfandrechts des B bösgläubig ist. C geht dann A vor und A dem B, der seinerseits dem C vorgeht. Die Frage, wie der Erlös in diesen Fällen verteilt wird, habe ich im zweiten Abschnitt, I, 3b[4] behandelt. Auf diese Ausführungen wird verwiesen. Sie gelten im Bereich des Hypothekenrechts in gleicher Weise.

1 Vgl. Sechster Abschnitt, II, 4, S. 108 ff.
2 *H. Westermann*, Sachenrecht, 5. Aufl., § 85 III, 2 a.
3 Vgl. Zweiter Abschnitt, I, 3, S. 68 f.
4 S. 69 ff.

2. Übertragung der Hypothek

a) Mängel des dinglichen Rechts

Die Nichtberechtigung des Gläubigers A, der seine hypothekarisch gesicherte Forderung an B abtritt, kann einmal darin bestehen, daß er zwar eine persönliche Forderung gegen den Schuldner hat, die Hypothek als solche, das dingliche Verwertungsrecht, aber nicht besteht. Der Eigentümer ist bei Bestellung der Hypothek, anders als bei Eingehung der persönlichen Schuld, geschäftsunfähig gewesen oder er hat die Hypothekenbestellung, nicht den Darlehnsvertrag, wegen arglistiger Täuschung oder wegen Drohung angefochten. B erwirbt dann die Forderung vom Berechtigten, die Hypothek kraft seines guten Glaubens nach § 892 BGB; zugunsten dessen, der ein Recht an einem Grundstück erwirbt (zugunsten des B, dem die Hypothek abgetreten wird) gilt der Inhalt des Grundbuchs als richtig, die eingetragene Hypothek also als bestehend.

Der Mangel des dinglichen Rechts kann auch darin bestehen, daß der Eigentümer der Hypothek eine Einrede entgegensetzen kann, die ihm nicht gegen die Forderung, sondern ausschließlich gegen die Hypothek zusteht. Dem Gläubiger A steht also eine einredefreie Forderung und eine Hypothek zu. Die Hypothek ist aber einredebehaftet; der Gläubiger hat dem Eigentümer zugesagt, er wolle die Zwangsvollstreckung in den nächsten drei Jahren nicht in das Grundstück betreiben oder er ist um die Hypothek (nicht um die ihr zugrundeliegende Forderung) ungerechtfertigt bereichert oder er hat sie durch eine unerlaubte Handlung erworben. B, der Hypothekenerwerber, weiß hiervon nichts; die Einreden sind auch nicht in das Grundbuch eingetragen. B erwirbt dann die Forderung und die Hypothek vom Berechtigten, die Einredefreiheit der Hypothek kraft seines guten Glaubens aufgrund des § 1157 BGB.

b) Mängel der Forderung

Die Nichtberechtigung des Hypothekengläubigers A kann auch darin bestehen, daß ihm keine persönliche Forderung gegen den Schuldner zusteht. Dies wirkt sich auch auf seine Stellung als Inhaber der Hypothek aus. Die Hypothek ist akzessorisch; sie kann ohne Forderung nicht bestehen. A hat also weder eine Forderung noch eine Hypothek. Die Hypothek besteht aber lediglich deshalb nicht, weil die Forderung fehlt; von diesem Mangel abgesehen, haftet der Hypothek kein Mangel an.

Der Gesetzgeber stand hier vor einer Schwierigkeit. B, der Abtretungsempfänger, kann die persönliche Forderung nicht kraft seines guten Glaubens erlangen; der gute Glaube an das Bestehen einer Forderung wird nicht geschützt. B kann aber auch die Hypothek als solche nicht erhalten; das widerspräche dem Grundsatz der Akzessorietät. Würde aber der Erwerber weder Forderung noch Hypothek bekommen, dann wäre die Umlaufsfähigkeit der Hypothek vereitelt; ob die Forderung besteht, ist aus dem Grundbuch nicht ersichtlich. Das Gesetz hat, um diese Schwierigkeiten zu beheben, folgende Lösung gefunden. Der Abtretungsempfänger erhält nicht die persönliche Forderung. Er erlangt aber die Hypothek als solche. Um den Grundsatz der Akzessorietät nicht zu verletzen, wird fingiert, die Forderung bestehe „für die Hypothek". Sie besteht also insoweit, als sie erforderlich ist, um die Existenz der Hypothek zu ermöglichen. Sie besteht nicht darüber hinaus. B kann also aufgrund des erworbenen dinglichen Verwertungsrechts die Zwangsvollstreckung in das Grundstück des Eigentümers betreiben. Er kann aber, weil er die persönliche Forderung (über die Fiktion für die Hypothek hinaus) nicht erworben hat, nicht in das persönliche Vermögen des Schuldners vollstrecken, mag dieser mit dem Eigentümer identisch oder von ihm verschieden sein. Diese Regelung ist in §1138 BGB getroffen, wonach §892 BGB „für die Hypothek auch in Ansehung der Forderung" gilt.

In dieser Vorschrift ist auch die entsprechende Regelung für den Fall getroffen, daß die Forderung besteht, aber einredebehaftet ist, der Hypothek aber (darüber hinaus) keine Mängel anhaften. Der Erwerber erlangt dann die einredebehaftete Forderung und die Hypothek vom Berechtigten, die Einredefreiheit der Hypothek kraft seines guten Glaubens. Der Schuldner kann die Einrede gegen die persönliche Forderung nach wie vor geltend machen, der Eigentümer sie aber, entgegen der in §1137 BGB getroffenen Regelung, nicht der Hypothek entgegensetzen. Er verliert die Einrede gegenüber der Hypothek. Der Verlust ist in §1138 BGB angeordnet, wonach §892 BGB „für die Hypothek auch in Ansehung (der Forderung und) der dem Eigentümer nach §1137 BGB zustehenden Einreden" gilt. Der Erwerber hat die Einredefreiheit der Hypothek erlangt; damit hat der Eigentümer die Einreden verloren.

c) Mängel der Forderung und des dinglichen Rechts

Der im Grundbuch eingetragene Hypothekengläubiger kann aber auch besonders arm sein. Dies ist der Fall, wenn ihm weder eine Forderung noch eine Hypothek zusteht und das Nichtbestehen der Hypothek nicht nur auf dem Fehlen der Forderung, sondern auch auf einem anderen Grund beruht, der mit dem Fehlen der Forderung nichts zu tun hat.

B, der Abtretungsempfänger, erwirbt in einem derartigen Fall nicht die Forderung. §892 BGB gilt jedoch nach §1138 BGB für die Hypothek in Ansehung der Forderung; die Existenz der Forderung wird fingiert, um das Bestehen der Hypothek zu ermöglichen. Darüber hinaus erwirbt B die Hypothek, die, unabhängig von dem Mangel der Forderung, aus einem anderen Grunde nicht zur Entstehung gelangt ist. Dieser Erwerb beruht unmittelbar auf §892 BGB. Die Hypothek steht im Grundbuch, und das Grundbuch gilt zugunsten des B als richtig. Dem redlichen Erwerber kommt also §892 BGB zweimal zugute: einmal in Verbindung mit §1138 BGB (um das Bestehen der Forderung für die Hypothek zu fingieren) und dann unmittelbar (um die Hypothek als solche zur Entstehung gelangen zu lassen).

Die entsprechende Regelung gilt, wenn der Schuldner Einreden gegen die Forderung hat und dem Eigentümer, darüber hinaus, andere Einreden zustehen, die sich unmittelbar gegen die Hypothek richten. Der Erwerber erlangt dann die Forderung und die Hypothek vom Berechtigten. Die Forderung bleibt einredebehaftet. Soweit die Einreden sich jedoch gegen die persönliche Forderung richten und damit nach §1137 BGB auch gegen die Hypothek erhoben werden können, erwirbt er die Einredefreiheit mit der Maßgabe, daß die Einreden (zwar gegen die Forderung bestehen bleiben, aber) nicht gegen die Hypothek geltend gemacht werden können. Soweit die Einreden des Eigentümers sich unmittelbar gegen die Hypothek richten, erlangt der Erwerber die Einredefreiheit nach §1157 BGB.[5]

d) Gutgläubiger Erwerb einer Forderung

Der Erwerber erlangt, wie wir gesehen haben, trotz seines guten Glaubens nicht die persönliche Forderung. Das Höchste, was er erreichen kann, ist der Erwerb der fingierten Forderung „für die Hypothek", so daß er in das Grundstück des Eigentümers, aber nicht in das persönliche Vermögen des Schuldners vollstrecken kann. Es fragt sich aber, ob er nicht in einem Ausnahmefall auch die persönliche Forderung erwirbt. Dieser Fall ist gegeben, wenn die persönliche Forderung besteht, jedoch einem anderen Gläubiger als dem im Grundbuch eingetragenen Hypothekengläubiger zusteht. A ist berechtigter Inhaber von Forderung und Hypothek. Er wird geschäftsunfähig, und in diesem Zustand überträgt er seine Rechte an B. B erlangt nichts; der gute Glaube an die Geschäftsfähigkeit des Veräußerers wird nicht geschützt. Er wird aber als Hypothekengläubiger im Grundbuch eingetragen. Er veräußert alsdann die ihm vermeintlich zustehende hypothekarisch gesicherte Forderung an C. C erlangt die Hypothek kraft seines guten Glaubens; daran besteht kein Zweifel. Es ist aber umstritten,[6] ob er in diesem Fall die Forderung nur für die Hypothek

---

5 Vgl. dazu *Reinicke/Tiedtke*, Gesamtschuld und Schuldsicherung durch Bürgschaft, Hypothek, Grundschuld, Pfandrecht an beweglichen Sachen und Rechten (1981), S. 174.

6 Vgl. *Baur*, Sachenrecht, 12. Aufl., § 38 IV, 1; *Heck*, Sachenrecht, § 96, 7; *Jahr/*

erwirbt, so daß die Forderung bei A verbleibt, auf der Gläubigerseite also eine Spaltung eintritt, oder ob er, ausnahmsweise, auch die Forderung erlangt, da Gläubiger der Forderung und Inhaber der Hypothek immer dieselben Personen sein müßten. Das Gesetz will ein Auseinanderfallen des persönlichen und des dinglichen Gläubigers grundsätzlich verhindern. Mit der Übertragung der Forderung geht nach §1153 Abs. 1 BGB die Hypothek auf den neuen Gläubiger über. Die Forderung kann nach §1153 Abs. 2 BGB nicht ohne die Hypothek, die Hypothek nicht ohne die Forderung übertragen werden. Es fragt sich jedoch, ob von diesem Grundsatz eine Ausnahme zu machen ist, wenn der Übergang der persönlichen Forderung den Interessen der Beteiligten nicht gerecht wird. Der Erwerber hat keinen Anspruch auf die persönliche Forderung; der gute Glaube an das Bestehen eines schuldrechtlichen Anspruchs wird nicht geschützt. Es besteht kein Grund, ihn ausnahmsweise zum Inhaber der Forderung zu machen. Der Erwerb der Forderung kann für ihn von entscheidender Bedeutung sein, wenn der Schuldner vermögend ist, das Grundstück aber wenig wert ist oder die Hypothek an schlechter Stelle steht. Der Erwerb der Forderung wäre dann ein Geschenk des Himmels. Dem alten Gläubiger ist daran gelegen, jedenfalls die persönliche Forderung zu behalten, nachdem er bereits die Hypothek verloren hat. Der Geschäftsunfähige muß geschützt werden. Der Schutz darf nur eingeschränkt werden, soweit das Interesse des Rechtsverkehrs dies erfordert. Das ist notwendig, soweit es um den Erwerb der Hypothek des C geht. Es ist nicht notwendig, soweit es sich um den Übergang der Forderung handelt. Schließlich werden die Belange des Eigentümers durch die Spaltung der Gläubigerrechte nicht beeinträchtigt. Er braucht die Forderung nur zu zahlen, wenn der persönliche Gläubiger ihn von der Inanspruchnahme durch den dinglichen Gläubiger, den C, befreit, wenn er also die Hypothek zum Erlöschen bringt. Dies ergibt sich aus dem Sicherungszweck der Hypothek. Bei einer Sicherungsgrundschuld können die kausale und die abstrakte Forderung auseinanderfallen, kann der Darlehensgläubiger ein anderer sein als der Inhaber der Grundschuld, die die Darlehensforderung sichert. Der Schuldner braucht die kausale Schuld dann nur zu zahlen, wenn der Gläubiger dieser Forderung ihn von der Inanspruchnahme durch den Inhaber der abstrakten Grundschuld befreit. Eine derartige Regelung gilt auch im Wechselrecht, wenn der Wechselinhaber nicht mit dem Inhaber der durch den Wechsel gesicherten Kaufpreisforderung identisch ist, was der Fall ist, wenn der Verkäufer den Wechsel diskontiert, also an eine Bank indossiert, die Kaufpreisforderung

---

Kropf, JuS 1963, 356, 358; *H. Westermann*, Sachenrecht, 5. Aufl., § 106 III, 4; *Wolff/Raiser*, Sachenrecht, 10. Bearbeitung, § 137 II, 1 d.

aber behält oder einem Dritten abtritt. Der Schuldner braucht die persönliche Schuld nur zu tilgen, wenn der Gläubiger verhindert, daß er den Wechsel einlösen muß. Die besseren Gründe sprechen auch bei der Hypothek für die Lösung, dem alten Gläubiger A die Forderung zu belassen.[7] Gerade in den Fällen, in denen die Hypothek bei der Versteigerung des Grundstücks ganz oder teilweise ausfallen wird, wird A, der Gläubiger der Forderung, ein Arrangement mit C treffen, dem Hypothekengläubiger also die Hypothek billig abkaufen oder ihm die Forderung verkaufen. Die Spaltungslösung führt also zum gerechten Ergebnis. Sie ist der Lösung vorzuziehen, die den Übergang[8] der Forderung annimmt, damit ein dogmatisches Prinzip, die Untrennbarkeit von Forderung und Hypothek auf der Gläubigerseite, streng durchgeführt wird.

e) Gutgläubiger Erwerb beim gesetzlichen Übergang

Nach §893 BGB sind die Vorschriften des §892 BGB entsprechend anzuwenden, wenn an denjenigen, für welchen ein Recht im Grundbuch eingetragen ist, aufgrund dieses Rechts eine Leistung bewirkt wird. Befriedigt der Eigentümer des Grundstücks, der nicht der persönliche Schuldner ist, den im Grundbuch eingetragenen Scheinhypothekengläubiger gemäß §1142 BGB, so wird die Rechtslage gemäß §893 BGB so angesehen, wie sie wäre, wenn der Hypothekengläubiger der wahre Inhaber der Hypothek wäre. Die mit der Hypothek versehene Forderung geht demgemäß nach §1143 BGB auf den Eigentümer über. Der Übergang ist zwar ein Erwerb kraft Gesetzes, und der gute Glaube wird nur beim rechtsgeschäftlichen Erwerb geschützt. Der Übergang ist aber nur die (gesetzliche) Folge[9] eines rechtsgeschäftlichen Vorgangs, der Befriedigung des Gläubigers durch den Eigentümer. Der Eigentümer wird daher nicht nur von der dinglichen Schuld frei, er erwirbt auch Forderung und Hypothek. Was sollte auch sonst mit diesen Rechten geschehen? Der wahre Gläubiger kann weder die Hypothek noch die Forderung behalten. Er muß die Befriedigung des Scheingläubigers hinnehmen und damit so gegen sich gelten lassen, wie wenn er den Betrag erhalten hätte, den der Scheingläubiger erhalten hat. Die Forderung kann auch nicht erlöschen, da der persönliche Schuldner, der im Innenverhältnis primär haftet, nichts gezahlt hat.

7 *Heck*, Sachenrecht, § 96, 7; *Jahr/Kropf*, JuS 1963, 356, 359; *Reinicke/Tiedtke*, aaO. (Fn. 5), S. 177 f.

8 So vor allem *Baur*, Sachenrecht, 12. Aufl., § 38 IV, 1; *H. Westermann*, Sachenrecht, 5. Aufl., § 106 III, 4; *Wolff/Raiser*, Sachenrecht, 10. Bearbeitung, § 137 II, 1 d.

9 *Baur*, Sachenrecht, 12. Aufl., § 38 IX, 4.

Ist der Eigentümer auch der persönliche Schuldner, so geht die Hypothek als Eigentümergrundschuld auf ihn über. Die Forderung erlischt. Sie kann nicht bestehen bleiben; das ergibt sich aus den gleichen Gründen, aus denen sie auf den Eigentümer übergeht, wenn dieser nicht der persönliche Schuldner ist.

Zahlt der persönliche Schuldner an den Scheinhypothekengläubiger, der im Grundbuch eingetragen ist, so wird er nicht aufgrund des §893 BGB von seiner Schuld frei.[10] Der Scheingläubiger ist nicht Inhaber der Forderung, und §893 BGB kommt dem persönlichen Schuldner nicht zugute; er hat keine Leistung aufgrund eines im Grundbuch eingetragenen Rechts erbracht. Er muß vielmehr erneut, diesmal an den wahren Gläubiger, zahlen, wenn ihm nicht die Vorschriften der §§407ff BGB zu Hilfe kommen.

Zahlt der persönliche Schuldner an den nicht eingetragenen früheren Gläubiger, weil er die Abtretung der Hypothekenforderung nicht kennt, so wird er frei, §407 BGB. Er erwirbt dann aber nicht die Hypothek, auch wenn der Eigentümer, ausnahmsweise, im Innenverhältnis primär haftet. Die Hypothek bleibt vielmehr in der Person des Hypothekengläubigers bestehen; die Vorschriften der §§406 bis 408 BGB finden nach §1156 BGB auf das Rechtsverhältnis zwischen dem Eigentümer und dem neuen Gläubiger in Ansehung der Hypothek keine Anwendung. Die Rechtslage kann nicht anders sein, wenn der Hypothekengläubiger, der im Grundbuch eingetragen ist, nur Scheinhypothekengläubiger sein sollte.

Hat der Gläubiger dem Schuldner die (unwirksame) Abtretung an den neuen Gläubiger, der als solcher im Grundbuch eingetragen ist, mitgeteilt, so wird der Schuldner nach §409 BGB von seiner Schuld frei. In diesem Fall geht die Hypothek gemäß §1164 BGB auf ihn über, wenn der Eigentümer ihm gegenüber zur Befriedigung des Gläubigers verpflichtet ist. Die Hypothek sichert den Ersatzanspruch des persönlichen Schuldners gegen den Eigentümer. Der Schuldner erwirbt die Hypothek kraft Gesetzes. Der Erwerb ist aber auch hier nur die gesetzliche Folge des Rechtsgeschäfts, der Zahlung der Schuld durch den Schuldner an den nichtberechtigten, jedoch nach §409 BGB legitimierten Gläubiger. Ein gutgläubiger Erwerb scheitert deshalb auch in diesem Falle nicht an dem Umstand, daß die Hypothek kraft Gesetzes übergeht.[11]

Befriedigt der Bucheigentümer, der glaubt, der wahre Eigentümer des

---

10 *Erman/Räfle*, Komm. zum BGB, 7. Aufl., § 1164 Rdn. 3; MünchKomm.-*Wacke*, § 893 Rdn. 4; Staudinger-*Scherübl*, Komm. zum BGB, 12. Aufl., § 1164 Rdn. 8.

11 *Boehmer*, ArchBürgRecht 1937, 206 ff; MünchKomm.-*Eickmann*, § 1164 Rdn. 5; Staudinger-*Scherübl*, Komm. zum BGB, 12. Aufl., § 1164 Rdn. 8.

Grundstücks zu sein, den (wahren) Hypothekengläubiger, so ist §893 BGB nicht anwendbar.[12] Es leistet nicht der richtige Schuldner an den falschen Gläubiger, sondern der falsche Schuldner an den richtigen Gläubiger. §893 BGB kann in diesem Fall auch nicht analog angewendet werden. Aus der Tatsache, daß die Leistung des wahren Schuldners an den im Grundbuch eingetragenen Scheinberechtigten wirksam ist, kann nicht der Schluß gezogen werden, die Leistung des im Grundbuch stehenden Scheinschuldners (des Bucheigentümers) an den im Grundbuch eingetragenen wahren Berechtigten müsse als wirksam angesehen werden, und dies habe zur Folge, daß die mit der Hypothek versehene Forderung auf den Scheinschuldner (den Bucheigentümer) übergehe, wie dies der Fall sei, wenn der Leistende der Eigentümer des Grundstücks und damit der dingliche Schuldner der Hypothek gewesen wäre. Die Fälle liegen verschieden. Der gute Glaube des eingetragenen Schuldners an seine Schuldnereigenschaft wird vom Gesetz nicht geschützt. Die Frage ist von keiner großen Bedeutung, wenn der Bucheigentümer als angeblicher (dinglicher) Schuldner zahlt. Denn der Bucheigentümer hat in aller Regel Besitz an dem Grundstück, und der unmittelbare oder mittelbare Besitzer ist nach den §§1150, 268 BGB berechtigt,[13] die Hypothek, aus der die Zwangsvollstreckung betrieben wird, mit der Maßgabe abzulösen, daß die mit der Hypothek versehene Forderung auf ihn übergeht.

In der Rechtslehre[14] ist weiter der Fall erörtert worden, daß der Inhaber einer zweiten Hypothek die erste, aus der die Zwangsvollstrekkung betrieben wird, gemäß den §§1150, 268 BGB ablöst, sich dann aber herausstellt, daß der zweite Gläubiger nicht Hypothekengläubiger ist, weil der Eigentümer des Grundstücks bei Bestellung der zweiten Hypothek, anders als bei der Bestellung der ersten, geschäftsunfähig gewesen ist. Der zweite Gläubiger hat hier die erste Hypothek nicht erlangt. Die Voraussetzungen der §§1150, 268 BGB haben nicht vorgelegen, und der gute Glaube des zweiten Hypothekengläubigers, dies sei der Fall gewesen, wird nicht geschützt. Daß „der Gutgläubige sich aber zu Unrecht als Träger des Rechts ansah, um dessentwillen er handelte", reicht nicht aus, um eine Analogie zu §893 BGB zu begründen.[15]

---

12 *Baur*, Sachenrecht, 12. Aufl., § 38 IX, 4 m.w.N.; *Wolff/Raiser*, Sachenrecht, 10. Bearbeitung, § 140 (Fn. 16).
13 Vgl. *Wolff/Raiser*, Sachenrecht, 10. Bearbeitung, § 140 (Fn. 16).
14 *H. Westermann*, Sachenrecht, 5. Aufl., § 106 V, 4.
15 A.A. *H. Westermann*, Sachenrecht, § 106 VI, 4.

f) Rechtsstellung des redlichen Erwerbers

Hat der Erwerber eine bewegliche oder unbewegliche Sache gutgläubig erworben, so wird er rechtlich so behandelt, wie wenn er sie vom Berechtigten erlangt hätte. Er ist um das Eigentum nicht ungerechtfertigt bereichert; der gutgläubige Erwerb stellt den Rechtsgrund seines Erwerbs dar. Er ist auch nicht schadensersatzpflichtig, wenn sein guter Glaube auf Fahrlässigkeit beruht; andernfalls wäre der gutgläubige Erwerb wenig wert. Diese Erwägungen gelten auch für den gutgläubigen Erwerber einer Hypothek. Er wird rechtlich so angesehen, wie wenn er die Hypothek vom Berechtigten erlangt hätte; er ist keinen Ansprüchen aus ungerechtfertigter Bereicherung oder aus unerlaubter Handlung ausgesetzt.

Durch die Gleichstellung des Erwerbs kraft guten Glaubens mit dem Erwerb vom Berechtigten kommt dem redlichen Erwerber auch die Vorschrift des §1156 BGB zugute, wonach der Hypothekengläubiger in dem Fall geschützt wird, daß der persönliche Schuldner die Forderung, deren Abtretung ihm nicht mitgeteilt worden ist, mit befreiender Wirkung an den früheren Gläubiger zahlt; die Tilgung der persönlichen Forderung wirkt sich nicht auf die Hypothek aus. §407 BGB findet auf das Rechtsverhältnis zwischen dem Eigentümer und dem neuen Gläubiger in Ansehung der Hypothek keine Anwendung, §1156 BGB. Hat also der Erwerber die persönliche Forderung vom Berechtigten, die Hypothek aber kraft seines guten Glaubens erworben, dann kann er die persönliche Forderung nach §407 BGB verlieren; er behält aber die Hypothek, die trotz Tilgung der persönlichen Forderung Hypothek bleibt, weil das Fehlen der Forderung für sie nicht gilt, die Fortdauer der Forderung vielmehr für sie fingiert wird.

g) Besonderheiten bei einer Briefhypothek

Die bisher gemachten Ausführungen gelten für die Verkehrshypothek, gleichgültig, ob sie Buch- oder Briefhypothek ist. Für die Briefhypothek sind aber, zusätzlich, weitere Regelungen getroffen. Bei der Buchhypothek bezieht sich der gute Glaube ausschließlich auf die Eintragung im Grundbuch. Bei der Briefhypothek sind auch die Eintragungen im Brief von Bedeutung. Ergibt sich das Gläubigerrecht des Besitzers des Hypothekenbriefs aus einer zusammenhängenden, auf einen eingetragenen Gläubiger zurückführenden Reihe von öffentlich beglaubigten Abtretungserklärungen, so finden die Vorschriften der §§891 bis 899 BGB gemäß §1155 BGB in gleicher Weise Anwendung, wie wenn der Besitzer des Briefes als Gläubiger im Grundbuch eingetragen wäre. Der abtretende Hypothekengläubiger muß hiernach durch eine Reihe öffentlich beglaubigter Abtretungserklärungen legitimiert sein, die auf ihn zurückführen.

Er muß am Schluß der Kette stehen, deren einzelne Glieder die Zwischengläubiger sind. Die Abtretung zwischen dem Zedenten und dem Zessionar, zwischen dem letzten Gläubiger und dem Erwerber also, braucht, auch wenn der letzte Gläubiger nur vermeintlich Gläubiger ist, nicht öffentlich beglaubigt zu werden, um einen gutgläubigen Erwerb zu ermöglichen. Das Gesetz schützt den Erwerber, wenn der Veräußerer ordnungsgemäß legitimiert ist, und die ordnungsmäßige Legitimation besteht darin, daß der Veräußerer am Ende einer Reihe öffentlich beglaubigter Abtretungserklärungen steht. Die öffentliche Beglaubigung der Abtretungserklärungen ist nur für die Legitimation des nichtberechtigten Veräußerers erforderlich. Zum Erwerb vom Berechtigten ist sie nicht notwendig.

Ist die Kette unterbrochen, so ist § 1155 BGB gleichwohl anzuwenden, wenn nachgewiesen wird, daß dort, wo die Kette unterbrochen ist, ein Rechtsübergang stattgefunden hat; beim Erbfall kann der Nachweis durch den Erbschein geführt werden.

Umstritten[16] ist die Rechtslage in dem Fall, in dem eine Abtretungserklärung auf dem Brief und deren öffentliche Beglaubigung gefälscht worden sind. Nach der Ansicht des RG[17] kommt es im Interesse der Umlaufsfähigkeit des Hypothekenbriefs ausschließlich auf den äußeren Eindruck an, den die Kette macht; hiernach genügt es, daß die Fälschung den Schein einer echten Urkunde hervorruft.[18]. Dieser Ansicht ist nicht zuzustimmen. Es ist sachgerechter, daß der Erwerber, der auf eine gefälschte Erklärung vertraut, den Schaden trägt, als daß der Gläubiger der Hypothek eine nicht von ihm stammende Erklärung mit der Maßgabe gegen sich gelten lassen muß, daß er seine Rechte verliert.

Im Wechselrecht genügt es allerdings nach allgemeiner Meinung[19] im Rahmen der nach Art. 16 WG bedeutsamen Indossamentenkette, daß die Reihenfolge der Indossamente äußerlich in Ordnung ist; es schadet nichts, daß ein Indossament gefälscht ist. Die Umlaufsfähigkeit spielt jedoch bei der Begebung von Wechseln eine erheblich größere Rolle als bei der Übertragung von Briefhypotheken. Die Rechtslehre[20] lehnt deshalb mit

---

16 Vgl. RGZ 85, 58; RGZ 86, 262; RGZ 93, 41, 44; *Baur*, Sachenrecht, 12. Aufl., § 38 V, 2 c; *Heck*, Sachenrecht, § 96, 6 c; *H. Westermann*, Sachenrecht, 5. Aufl., § 106, IV, 2 b; *Wolff/Raiser*, Sachenrecht, 10. Bearbeitung, § 142 (Fn. 17).

17 RGZ 85, 58, 60; RGZ 86, 262, 263.

18 RGZ 85, 58, 60, 61.

19 Vgl. *Baumbach/Hefermehl*, Komm. zum WG und SchG, 14. Aufl., Art. 16 WG Rdn. 4 m.w.N.

20 Vgl. *Reinicke/Tiedtke*, Gesamtschuld und Schuldsicherung durch Bürgschaft,

Recht die Auffassung des RG[21] ab, auch hier genüge der äußere Anschein einer echten Unterschrift.

Die Rechtslage wird nach § 1155 BGB so angesehen, wie wenn der Gläubiger, der am Schluß der Reihe steht, im Grundbuch eingetragen worden wäre. Die Eintragungen in dem Brief werden in das Grundbuch projiziert.[22] Das auf diese Weise vervollständigte Grundbuch, nicht der Brief, stellt die Grundlage des gutgläubigen Erwerbs dar. Ist die Hypothek im Grundbuch für eine Forderung in Höhe von 10000 DM eingetragen, im Brief aber versehentlich 100000 DM eingetragen worden, so wird der Erwerber, der sich auf den Brief verläßt und nicht das Grundbuch einsieht, nicht geschützt. Die Rechtslage wird zwar so angesehen, wie wenn der letzte Gläubiger auf dem Brief im Grundbuch stünde. Im übrigen bleibt aber der Grundbuchinhalt maßgebend; dort steht der richtige Betrag in Höhe von 10000 DM. Der Erwerber muß, um sicher zu gehen, Brief und Grundbuch beachten. Der Brief ermöglicht keinen gutgläubigen Erwerb, sondern vervollständigt nur das Grundbuch, das seinerseits für den gutgläubigen Erwerb maßgebend bleibt. Andererseits zerstört der Brief einen nach dem Grundbuch möglichen gutgläubigen Erwerb, wenn die Voraussetzungen des § 1140 BGB vorliegen. Soweit die Unrichtigkeit des Grundbuchs aus dem Hypothekenbrief oder aus einem Vermerk auf dem Brief hervorgeht, ist nach § 1140 Satz 1 BGB die Berufung auf die Vorschriften der §§ 892, 893 BGB ausgeschlossen; ein Widerspruch gegen die Richtigkeit des Grundbuchs, der aus dem Brief oder einem Vermerk auf dem Brief hervorgeht, steht nach § 1140 Satz 2 BGB einem im Grundbuch eingetragenen Widerspruch gleich.

II. Sicherungshypothek

Die Sicherungshypothek wird nach § 1184 BGB in der Weise bestellt, daß sich das Recht des Gläubigers nur nach der Forderung bestimmt. Sie ist also, anders als die Verkehrshypothek, streng akzessorisch ausgestaltet.

Bei der Bestellung der Sicherungshypothek ergeben sich hieraus keine Unterschiede gegenüber der Bestellung der Verkehrshypothek. Die Forderung muß in beiden Fällen bestehen, wenn der Gläubiger die Hypothek vom Bucheigentümer erhalten soll.

Hypothek, Grundschuld, Pfandrecht an beweglichen Sachen und Rechten (1981), S. 176 m.w.N. und die Nachweise in Fn. 16.

21 RGZ 85, 58, 60; RGZ 86, 262, 263.

22 *Baur*, Sachenrecht, 12. Aufl., § 38 V, 3.

Bei der Übertragung der Hypothek bestehen ebenfalls keine Unterschiede zwischen den beiden Hypotheken, wenn die Forderung besteht und nicht mit Einreden behaftet, die Hypothek aber nicht wirksam entstanden ist. Der Erwerber erlangt hier die einredefreie Forderung vom Berechtigten und die Hypothek kraft guten Glaubens vom Nichtberechtigten, mag die Hypothek eine Verkehrs- oder eine Sicherungshypothek sein. Der gutgläubige Erwerb vollzieht sich ausschließlich nach §892 BGB; diese Vorschrift gilt auch für den Erwerb einer Sicherungshypothek.

Die Rechtslage ist auch die gleiche, wenn die einredefreie Forderung und die Hypothek bestehen, dieser aber Einreden entgegengesetzt werden können. Der Erwerber der Verkehrs- oder Sicherungshypothek erlangt dann die Einredefreiheit nach §1157 BGB. §1185 Abs. 2 BGB schließt die Anwendbarkeit dieser Vorschrift für die Sicherungshypothek nicht aus. Das ist sachlich gerechtfertigt. Der Gläubiger der Sicherungshypothek soll, wenn die persönliche Forderung (einredefrei) besteht, genauso geschützt werden wie der Inhaber einer Verkehrshypothek.

Die beiden Hypotheken werden aber verschieden behandelt, wenn die Forderung nicht besteht. Der Gläubiger der Verkehrshypothek erwirbt dann nach §1138 BGB die Hypothek mit der für sie fingierten Forderung. Der Erwerber der Sicherungshypothek erlangt nichts. Das Bestehen der Forderung wird für die Sicherungshypothek nicht fingiert. §1138 BGB ist auf sie nicht anwendbar; seine Anwendbarkeit ist in §1185 Abs. 2 BGB ausgeschlossen. Dies beruht darauf, daß die Sicherungshypothek streng akzessorisch ausgestaltet ist. Wenn die Forderung nicht besteht, kann die Sicherungshypothek nicht zur Entstehung gelangen. Die Fiktion schränkt den akzessorischen Charakter der Hypothek ein; die Sicherungshypothek ist streng und lehnt diese Einschränkung ab.

Es ergeben sich weiterhin Unterschiede in der rechtlichen Behandlung der beiden Hypotheken, wenn die Forderung besteht, aber mit einer Einrede behaftet ist. Der Erwerber einer Verkehrshypothek erlangt dann (zwar die einredebehaftete Forderung, aber) die Hypothek einredefrei. Der Erwerber einer Sicherungshypothek erhält jedoch (neben der einredebehafteten Forderung) die Hypothek nur mit der Maßgabe, daß die Einreden, die sich gegen die Forderungen richten, nach §1137 BGB auch der Hypothek entgegengesetzt werden können. Der akzessorische Charakter der Sicherungshypothek duldet auch insoweit keine Ausnahme.

Schließlich gilt auch §1156 BGB (im Gegensatz zur Verkehrshypothek) nicht für die Sicherungshypothek, §1185 Abs. 2 BGB. Hat der Erwerber die Forderung vom Berechtigten und die Hypothek (vom Berechtigten oder vom Nichtberechtigten kraft guten Glaubens) erlangt und tilgt der Schuldner, der von der Abtretung nichts weiß, seine Schuld gegenüber dem alten, nicht mehr berechtigten Gläubiger mit befreiender Wirkung gemäß § 407 BGB, so hat dies den Untergang der Forderung und damit auch den Untergang der Sicherungshypothek zur Folge. Der Fortbestand der persönlichen Forderung für die Hypothek wird nicht fingiert; das schließt der streng akzessorische Charakter der Sicherungshypothek aus.

Achter Abschnitt

Gutgläubiger Erwerb einer Grundschuld

I. Isolierte Grundschuld

1. Gutgläubiger Erwerb bei Bestellung der Grundschuld

Der Inhaber einer isolierten Grundschuld, die Buch- oder Briefgrundschuld sein kann, ist berechtigt, Zahlung eines bestimmten Geldbetrages aus dem belasteten Grundstück zu verlangen; der Eigentümer muß die Zwangsvollstreckung in das Grundstück dulden. Die isolierte Grundschuld sichert keine Forderung. Sie ist ein Single. Fällt die Grundschuld bei der Zwangsversteigerung aus, stehen dem Grundschuldgläubiger keine weiteren Rechte zu. Isolierte Grundschulden werden daher selten vereinbart.

Der Erwerber erlangt die Grundschuld kraft seines guten Glaubens, wenn der Besteller als Eigentümer des zu belastenden Grundstücks im Grundbuch eingetragen ist. Der Besteller muß geschäftsfähig und verfügungsberechtigt, die Bestellung ein Verkehrsgeschäft sein. Ein solches Geschäft liegt nicht vor, wenn der Bucheigentümer eine Eigentümergrundschuld[1] eintragen läßt; er steht dann zugleich auf der Erwerber und der Veräußererseite. Das gleiche gilt, wenn eine Offene Handelsgesellschaft, also die Gesellschafter in ihrer gesamthänderischen Bindung, einem der Gesellschafter an dem vermeintlich zum Gesellschaftsvermögen gehörenden Grundstück eine Grundschuld einräumen; der Erwerber steht dann auch auf der Veräußererseite. Ein Verkehrsgeschäft ist jedoch gegeben, wenn A, der mit B als Miteigentümer zu Bruchteilen im Grundbuch eingetragen ist, B eine Grundschuld an seinem vermeintlichen Anteil bestellt. Der redliche B hätte den angeblichen Miteigentumsanteil des A erworben, wenn ihm dieser übereignet worden wäre; die Rechtslage ist

1 MünchKomm.-*Wacke*, § 892 Rdn. 39 m.w.N.

nicht anders, wenn der Anteil nicht veräußert, sondern nur zu seinen Gunsten belastet wird. B erlangt an dem vermeintlichen Anteil des A eine Grundschuld. Der wahre Eigentümer muß diese Belastung hinnehmen. Hat A dem B eine Grundschuld mit der Maßgabe bestellt, daß sie zusammen mit der von B auf seinem Anteil einzutragenden Eigentümergrundschuld eine Gesamtgrundschuld bilden soll, so erwirbt B zwar keine Grundschuld auf seinem (vermeintlichen) Anteil, wohl aber eine Grundschuld auf dem (angeblichen) Anteil des A, wenn §139 BGB nicht die Unwirksamkeit des ganzen Geschäfts zur Folge hat.

Umstritten[2] ist der Fall, in dem A und B, die als vermeintliche Miteigentümer im Grundbuch eingetragen sind, dem B eine Grundschuld an dem Grundstück, also nicht an den beiden Miteigentumsanteilen bestellen. Das Kammergericht[3] hat entschieden, B erwerbe in diesem Fall eine Grundschuld an dem Grundstück. „Der Miteigentümer", hat es ausgeführt, „für den durch gemeinschaftliche Verfügung aller Miteigentümer an dem gemeinschaftlichen Grundstück im ganzen eine Grundschuld eingeräumt wird, erwirbt das Recht nicht von sich, sondern von der Gemeinschaft der Eigentümer, die ihm insoweit als Fremde, Dritte, gegenübersteht. Ein solcher Erwerb ist aber ein Erwerb im Sinne von §892 BGB". Diese Auffassung ist nicht richtig.[4] B steht sowohl auf der Erwerber- als auch auf der Veräußererseite. Daß sich auf der Veräußererseite auch A befindet, ist unerheblich. B würde auch keine Grundschuld erwerben, wenn das Grundstück vermeintlich einer aus A und B bestehenden Offenen Handelsgesellschaft gehört und diese das Grundstück zugunsten des B mit einer Grundschuld belastet hätte. Es kann sich daher nur um die Frage handeln, ob B, wie im OHG-Fall, überhaupt keine Rechte oder ob er jedenfalls eine Grundschuld an dem vermeintlichen Anteil des A erlangt. B hätte, falls §139 BGB dies nicht im Einzelfall ausschließen sollte, eine Grundschuld an dem Anteil des A erworben, wenn A und B dem B eine Gesamtgrundschuld an den beiden Anteilen bestellt hätten. Die Interessenlage ist dieselbe, wenn A und B dem B an dem ihnen vermeintlich zusammen gehörenden Grundstück eine Grundschuld einräumen. B hat also an dem Anteil des A eine Grundschuld erlangt, falls sich nicht wiederum aus §139 BGB etwas anderes ergeben sollte.

---

2 Vgl. KG, Recht 1928 Nr. 2461; MünchKomm.-*Wacke*, § 892 Rdn. 41, (Fn. 91); *Soergel/Baur*, Komm. zum BGB, 11. Aufl., § 892 Rdn. 24.

3 Recht 1928 Nr. 2461.

4 Vgl. MünchKomm.-*Wacke*, § 892 Rdn. 41; Staudinger-*Seufert*, Komm. zum BGB, 11. Aufl., § 892 Rdn. 23.

2. Gutgläubiger Erwerb bei Übertragung der Grundschuld

A kann als Gläubiger einer Grundschuld im Grundbuch eingetragen sein, ohne ihr Inhaber zu sein. Der Eigentümer des Grundstücks ist bei Bestellung der Grundschuld geschäftsunfähig gewesen oder hat die Bestellung wegen arglistiger Täuschung oder Drohung angefochten. Der Eigentümer kann auch die Grundschuld zurückgezahlt und damit in eine Eigentümergrundschuld verwandelt haben. In all diesen Fällen spricht für A der Rechtsschein, solange er im Grundbuch eingetragen ist. Überträgt er die Grundschuld an B, so erwirbt dieser die Grundschuld nach §892 BGB, wenn er nicht weiß, daß die Grundschuld dem A nicht zusteht. Ist die Grundschuld eine Briefgrundschuld, so gelten zusätzlich die Besonderheiten des §1155 BGB.

A kann auch Inhaber der Grundschuld sein, ohne sein Recht durchsetzen zu können. Dem Eigentümer steht ein Leistungsverweigerungsrecht, eine Einrede, gegen die Grundschuld zu. A hat sich verpflichtet, dem Eigentümer die Grundschuld zu übertragen, er ist um die Grundschuld ungerechtfertigt bereichert (§§812, 821 BGB) oder hat sie durch eine unerlaubte Handlung (§§823, 853 BGB) erlangt. In derartigen Fällen greift §1157 BGB ein. Diese Vorschrift gilt auch für die Grundschuld;[5] sie setzt keine Forderung voraus, §1192 Abs. 1 BGB. Veräußert A die Grundschuld an B, so erlangt dieser die Grundschuld einredefrei, wenn die Einrede nicht im Grundbuch eingetragen ist und B sie nicht kennt. Er erwirbt die Grundschuld vom Berechtigten, die Einredefreiheit kraft seines guten Glaubens.

Dem Eigentümer ist in solchen Fällen daran gelegen, die Einrede in das Grundbuch einzutragen. Sie verhindert einen einredefreien Erwerb des gutgläubigen Dritten und damit den Verlust der Einrede auf seiner Seite. Da A mit einer derartigen Eintragung nicht einverstanden sein wird und ein Rechtsstreit längere Zeit in Anspruch nimmt, muß der Eigentümer für eine vorläufige Sicherung seiner Rechte sorgen. Er kann einmal einen Widerspruch eintragen lassen. Das Grundbuch ist zwar richtig, soweit der Gläubiger als Inhaber der Grundschuld eingetragen ist. Es enthält aber keine Angaben über die Einrede. Diese Unvollständigkeit stellt eine Unrichtigkeit des Grundbuchs dar, da das Schweigen über die Einrede die Gefahr mit sich bringt, daß der Eigentümer die Einrede bei dem Erwerb der Grundschuld durch einen redlichen Dritten verliert, für den der Inhalt des Grundbuchs als richtig gilt, für den die Grundschuld also nicht einredebehaftet ist. Vor diesem Verlust soll der Widerspruch den Eigentü-

---

5 Allgemeine Meinung, vgl. *Soergel/Baur*, Komm. zum BGB, 11. Aufl., § 1192 Rdn. 3 m.w.N.

mer schützen. Nach §1192 Abs. 1, §1157 Satz 2 BGB gilt §899 BGB demgemäß auch für die Einrede gegen die Grundschuld. Der Eigentümer kann aber auch eine Vormerkung eintragen lassen, da ihm ein schuldrechtlicher Anspruch gegen den Grundschuldgläubiger zusteht, ihm die Grundschuld zu übertragen. Der Anspruch kann auf Vertrag beruhen, wenn ihm der Gläubiger versprochen hat, ihm die Grundschuld abzutreten, oder sich aus ungerechtfertigter Bereicherung oder unerlaubter Handlung ergeben; auch Ansprüche, die kraft Gesetzes entstehen, sind schuldrechtliche Ansprüche, die durch eine Vormerkung gesichert werden können. Dem Eigentümer stehen also wegen ein und desselben Vorganges sowohl die Vormerkung als auch der Widerspruch zur Verfügung. Er hat die Wahl, welche Eintragung er durch den Erlaß einer einstweiligen Verfügung herbeiführen will, §899, §885 BGB.

II. Sicherungsgrundschuld

1. Gutgläubiger Erwerb bei Bestellung

Bei Bestellung der Sicherungsgrundschuld gelten die gleichen Regeln wie bei der Bestellung einer isolierten Grundschuld. Der Umstand, daß der Sicherungsgrundschuld eine Forderung zugrunde liegt, ändert daran nichts. Die Grundschuld ist nicht akzessorisch ausgestaltet. Sie entsteht auch dann, wenn die Forderung, die sie sichern soll, nicht zur Entstehung gelangt, und sie bleibt bestehen, wenn die Forderung erlischt. Dies gilt beim Erwerb vom Berechtigten und vom Nichtberechtigten kraft guten Glaubens in gleicher Weise. Die Existenz der Forderung ist also nicht, wie bei der Hypothek, Voraussetzung für den Erwerb einer Sicherungsgrundschuld.

2. Gutgläubiger Erwerb bei Übertragung

Auch bei der Übertragung der Sicherungsgrundschuld gelten, was den gutgläubigen Erwerb der Grundschuld angeht, die gleichen Regeln wie bei der Übertragung der isolierten Grundschuld. Ob die Forderung besteht oder nicht besteht und ob der Erwerber sie erlangt, sie beim alten Gläubiger bleibt oder einem Dritten abgetreten wird, spielt für den Erwerb der Grundschuld als solcher keine Rolle. Die Forderung kann nicht gutgläubig erworben werden. Sie erschwert aber auch nicht den Erwerb der Grundschuld. Der Grundschulderwerber, der auch die Forderung erhalten soll, kann, was die Grundschuld angeht, nicht schlechter stehen als der Erwerber, der sich mit der Übertragung der Grundschuld begnügt. Sind Gläubiger der Forderung und des dinglichen Rechts nicht identisch, so ist der Eigentümer dadurch vor einer doppelten Inanspruchnahme geschützt, daß der Gläubiger die Forderung nur geltend machen kann, wenn er dem Eigentümer die Grundschuld überträgt oder ihre Löschung herbeiführt.

Die Rechtslage ist bei beiden Grundschuldarten auch bei der Frage des gutgläubigen Erwerbs und der Einredefreiheit die gleiche, soweit die Einreden gegen die Sicherungsgrundschuld nichts mit der Forderung zu tun haben, also unabhängig davon bestehen, z. B. darauf beruhen, daß der alte Grundschuldgläubiger sich gegenüber dem Eigentümer verpflichtet hatte, ihm die Grundschuld zu übertragen oder daß er um die Grundschuld ungerechtfertigt bereichert war oder sie durch eine unerlaubte Handlung erlangt hatte.

Die Rechtslage beim Erwerb einer Sicherungsgrundschuld unterscheidet sich aber dann von der Rechtslage beim Erwerb einer isolierten Grundschuld, wenn die Frage auftaucht, ob das Fehlen der Forderung (oder das Vorhandensein einer Einrede gegen die Forderung) die Entstehung einer Einrede gegen die Grundschuld und damit die Anwendbarkeit des §1157 BGB (für diesen Fall) zur Folge hat.

Diese Frage wirkt sich nicht aus, wenn der Erwerber nicht weiß, daß die Grundschuld eine Sicherungsgrundschuld ist, ihr also eine Forderung zugrunde liegt. Er erwirbt die Grundschuld einredefrei. Der Erwerb kraft guten Glaubens kann nicht an einer Eintragung im Grundbuch scheitern; daß die Grundschuld eine Sicherungsgrundschuld ist, kann nicht im Grundbuch eingetragen werden.[6]

In der Regel wird der Erwerber aber wissen, daß die Grundschuld eine Sicherungsgrundschuld ist; isolierte Grundschulden werden nur selten vereinbart. Um feststellen zu können, welche Rechtsstellung der Erwerber bei Kenntnis dieses Umstandes erhält, ist zunächst die Rechtsstellung zu prüfen, die der alte Grundschuldgläubiger hatte, dem der Eigentümer die Grundschuld bestellt hat.

Hat der Grundstückseigentümer seinem Gläubiger, einer Bank, eine Grundschuld für den ihm eingeräumten Kredit bestellt, so stehen dem Gläubiger zwei Forderungen zu: die kausale Forderung, die Darlehens-

---

6 Herrschende Meinung, vgl. KG, JW 1932, 1759; OLG *Köln*, OLGZ 1969, 419, 427 m.w.N.; *Baur*, Sachenrecht, 12. Aufl., § 45 II, 2; *Erman/Räfle*, Komm. zum BGB, 7. Aufl., § 1191 Rdn. 7; *Gursky*, Sachenrecht (Fälle und Lösungen), 5. Aufl., S. 154 m.w.N.; *Huber*, Die Sicherungsgrundschuld (1965) S. 139; *Medicus*, Bürgerliches Recht, 12. Aufl., Rdn. 507; *Soergel/Baur*, Komm. zum BGB, 11. Aufl., § 1192 Rdn. 27; a.A. *Friedrich*, NJW 1968, 1655; Münch-Komm.-*Eickmann*, § 1191 Rdn. 41; *Wilhelm*, JZ 1980, 625, 629; *ders.*, NJW 1983, 2917, 2919.

forderung, und die abstrakte, dingliche Forderung aus der Grundschuld. Die abstrakte Forderung sichert die kausale. Sie soll dafür sorgen, daß der Gläubiger das, was ihm zusteht, auch erhält. Hierin erschöpft sich die Aufgabe des abstrakten Rechts. Es soll dem Inhaber nicht mehr Rechte verschaffen, als ihm aufgrund des kausalen Rechts zustehen. Der Schuldner kann alle Einwendungen, die er gegen die kausale Forderung erheben kann, der abstrakten Forderung entgegensetzen. Das abstrakte Recht bleibt zwar trotz dieser Einwendungen bestehen. Der Gläubiger ist aber aufgrund der Sicherungsabrede verpflichtet, den Schuldner hieraus nicht in höherem Umfange in Anspruch zu nehmen, als ihm dies aufgrund der kausalen Forderung gestattet ist. Ist die kausale Forderung nicht entstanden oder ist sie durch Tilgung erloschen, so muß der Gläubiger dem Schuldner das abstrakte Recht, der Grundschuldgläubiger also dem Eigentümer des Grundstücks die Grundschuld übertragen (oder auf die Grundschuld verzichten oder sie durch Vertrag mit dem Eigentümer aufheben).[7] *Die Einwendung gegen die kausale Forderung verschafft dem Eigentümer eine Einrede gegen die abstrakte.* Die Einwendung hindert die Entstehung der kausalen Forderung oder führt ihren Untergang herbei. Die Einrede läßt den Bestand der Grundschuld unberührt, hindert aber ihre Durchsetzbarkeit. Der Gläubiger kann die abstrakte Forderung, die ihm nach wie vor zusteht, nicht verwirklichen. Er kann sie nicht geltend machen; er muß sie dem Schuldner zur Verfügung stellen.

Die gleiche Rechtslage besteht, wenn der Schuldner eine Einrede gegen die kausale Forderung hat. Der Gläubiger kann aus dem abstrakten Recht nicht mehr herausholen, als ihm aufgrund des kausalen zusteht. Ist die kausale Forderung für drei Jahre gestundet, so muß der Gläubiger auch mit der Geltendmachung des dinglichen Rechts warten. *Die Einrede des Schuldners gegen die kausale Forderung gewährt ihm also aufgrund der Sicherungsabrede auch eine Einrede gegen die Grundschuld.*[8] Hiervon macht das Gesetz nur für den Fall eine Ausnahme, daß die gesicherte Forderung verjährt ist; diese Einrede kann nicht gegen die Sicherungsgrundschuld erhoben werden, §223 BGB.

Die Inhaberschaft des abstrakten Rechts stellt den ersten Gläubiger allerdings durch die Beweislastverteilung besser. Als Gläubiger der kausalen Forderung muß er den Bestand der Forderung nachweisen. Als Inhaber des abstrakten Rechts ist er hiervon befreit. Es ist Sache des Schuldners, nachzuweisen, die kausale Forderung bestehe nicht, ihm stehe deshalb eine Einrede gegen die abstrakte Forderung zu.

---

7 Vgl. BGH, WM 1967, 566; *Serick*, Eigentumsvorbehalt und Sicherungsübertragung, Band III, § 34 IV, 2.

8 Vgl. *Tiedtke*, Jura 1980, 407, 416.

Die Sicherungsabrede modifiziert somit die abstrakte Forderung in der Hand des ersten Gläubigers in erheblichem Ausmaß. Wie ist die Rechtslage aber, wenn der erste Gläubiger die Grundschuld an den zweiten abtritt und dieser weiß, daß die Grundschuld, die er erwirbt, eine Sicherungsgrundschuld ist. Hier stehen sich zwei Ansichten diametral gegenüber.

Nach der ersten Ansicht, die vom RG[9] vertreten wird, hat der Erwerber einer Grundschuld, der ihren Charakter als Sicherungsgrundschuld kennt, in vollem Umfang dieselbe Stellung wie der Gläubiger, von dem er die Grundschuld erlangt hat. Der Eigentümer kann alle Einreden, die er dem ersten Gläubiger entgegensetzen konnte, gegen den zweiten erheben. Diese Auffassung führt für den Erwerber der Grundschuld zu bösen Überraschungen, wie der vom RG[10] entschiedene Fall zeigt. A trat in dieser Sache eine Grundschuld an B ab, behielt aber die gesicherte Forderung. Nach der Abtretung der Grundschuld zahlte der Eigentümer des Grundstücks seine Schuld an A zurück. B verlangte nunmehr vom Eigentümer Zahlung aus dem Grundstück. Der Eigentümer war der Ansicht, B müsse ihm die Grundschuld abtreten. Das RG[11] gab dem Eigentümer Recht. Schon vor der Übertragung der Grundschuld habe er einen Anspruch gegen A gehabt, dieser müsse ihm die Grundschuld übertragen, wenn die gesicherte Forderung getilgt werde. Dieser Umstand sei jetzt eingetreten. B müsse dem Eigentümer die Grundschuld in gleicher Weise abtreten, wie dies A hätte tun müssen, wenn er Inhaber der Grundschuld geblieben wäre. Der Rechtsgrund der Einrede sei schon bei Abtretung der Grundschuld vorhanden gewesen.

Nach dieser Ansicht steht der Erwerber einer Sicherungsgrundschuld schlechter als der Erwerber einer Verkehrshypothek.[12] Hier kann der Fall, daß der Gläubiger der persönlichen Forderung und der Gläubiger des dinglichen Rechts auseinanderfallen, nicht eintreten, da die Hypothek nicht ohne Forderung und die Forderung nicht ohne Hypothek abgetreten werden kann, § 1153 BGB. Der Erwerber der Hypothek erlangt also auch die kausale Forderung. Er kann sie aber nachträglich verlieren, und

---

9 RGZ 91, 218, 224 f; vgl. auch BGB-RGRK-*Schuster*, 12. Aufl., § 1157 Rdn. 5; *Friedrich*, NJW 1968, 1655 ff; *Lopau*, JuS 1976, 553 ff; *ders.*, JuS 1972, 502 ff; *ders.*, NJW 1972, 2253 ff; MünchKomm.-*Eickmann*, § 1191 Rdn. 51; *Wilhelm*, JZ 1980, 625 ff; *ders.*, NJW 1983, 2917.

10 RGZ 91, 218.

11 RGZ 91, 218, 224 f.

12 *Wilhelm*, JZ 1980, 625, 632, begrüßt dieses Ergebnis allerdings; er hält es für ein Vorurteil, daß der Erwerber einer (nichtakzessorischen) Grundschuld besser stehen müsse als der Erwerber einer (akzessorischen) Hypothek.

dies kann dadurch geschehen, daß der Schuldner an den alten, nicht mehr berechtigten Gläubiger zahlt und diese Zahlung die Forderung des neuen Gläubigers tilgt, weil der Schuldner nichts von der Abtretung weiß, § 407 BGB. Der Hypothekengläubiger verliert dann die persönliche Forderung. Er behält aber die Hypothek, § 1156 BGB; für die Hypothek wird die Fortdauer der Forderung fingiert. Hat der Gläubiger A jedoch Forderung und Grundschuld an B abgetreten und zahlt der Schuldner die Schuld an den alten Gläubiger mit befreiender Wirkung nach § 407 BGB, so verliert der Erwerber nicht nur die persönliche Forderung (daran läßt sich nichts ändern), sondern auch die Durchsetzbarkeit der Grundschuld. Er bleibt zwar wegen der Abstraktheit der Grundschuld Inhaber dieses Rechts, muß es aber dem Eigentümer übertragen. Der Grundschulderwerber steht nach dieser vom RG[13] vertretenen Meinung so, wie der Erwerber einer Sicherungshypothek steht. Dieser erwirbt Forderung und Hypothek, verliert aber durch die nachträgliche Zahlung des Schuldners an den alten Gläubiger gemäß § 407 BGB die Forderung und damit auch die Hypothek, da § 1156 BGB aufgrund des § 1185 Abs. 2 BGB dem Gläubiger einer Sicherungshypothek nicht zugute kommt.

Dieses Ergebnis bricht der Ansicht des RG den Hals.[14] Der Gesetzgeber hat die Grundschuld als nichtakzessorisches Recht geschaffen. Das RG macht, im Widerspruch zu der gesetzlichen Regelung, aus dem nichtakzessorischen ein streng akzessorisches Recht. Damit stellt es die Dinge auf den Kopf. Dem RG kann daher nicht gefolgt werden.

Der Ansicht des RG steht die Auffassung des *OLG Köln*[15] gegenüber. Hiernach ist das abstrakte Recht in der Hand des Erwerbers in vollem Umfang von der zugrundeliegenden Forderung losgelöst. Die Nichtentstehung oder der Untergang der gesicherten Forderung berührt die Rechtsstellung des Grundschulderwerbers auch dann nicht, wenn er beim Erwerb der Grundschuld weiß, daß die zu sichernde Forderung nicht oder nicht mehr besteht. Dieser Umstand betrifft nur die Beziehungen des Eigentümers zum ersten Gläubiger; er hat nur Innen-, keine Außenwirkung. Hat der Schuldner seinem Gläubiger Schmuck oder Aktien zur Sicherheit übereignet, so ist dieser Eigentümer des Sicherungsguts geworden und geblieben, auch wenn die gesicherte Forderung nicht zur Entstehung gelangt oder untergegangen ist. Er kann als Eigentümer frei über

---

13 RGZ 91, 218.

14 Vgl. BGHZ 59, 1, 3; BGH, WM 1984, 1078; *Gursky*, Sachenrecht (Fälle und Lösungen), 5. Aufl. S. 154; *Reinicke/Tiedtke*, Gesamtschuld und Schuldsicherung durch Bürgschaft, Hypothek, Grundschuld, Pfandrecht an beweglichen Sachen und Rechten (1981), S. 213.

15 OLGZ 1969, 419, 423; vgl. auch *E. Wolf*, Sachenrecht, 2. Aufl., S. 526.

sein Eigentum verfügen. Der Erwerber erlangt das Eigentum vom Berechtigten. Die Sicherungsabrede bindet (schuldrechtlich) nur die Parteien, die sie vereinbart haben; das sind der Schuldner und der erste Gläubiger. Der Erwerber des Sicherungsguts hat die Sicherungsabrede nicht getroffen und ist auch nicht in sie eingetreten. Sie geht ihn nichts an. Der Schuldner hat durch die Sicherungsübereignung ein Risiko geschaffen; das muß er tragen. Diese Erwägungen gelten nach der Ansicht des *OLG Köln*[16] in gleicher Weise für den Erwerber einer Grundschuld. Der Erwerber erlangt hiernach die Grundschuld auch dann einredefrei, wenn er bei ihrem Erwerb weiß, daß der alte Gläubiger verpflichtet war, dem Eigentümer des Grundstücks die Grundschuld zu übertragen.

Diese Auffassung schießt über das Ziel hinaus. Der Erwerber der Sicherungsgrundschuld würde besser gestellt als der Erwerber eines Wechsels. Weiß dieser, daß der Schuldner eine Einwendung gegen den Wechsel hat, so muß er sie gegen sich gelten lassen. Er handelt beim Erwerb des Wechsels bewußt zum Nachteil des Schuldners, wenn er einen Wechsel erwirbt, obwohl er davon Kenntnis hat, daß ihm keine wirksame Verpflichtung des Schuldners zugrunde liegt. In diesem Fall schützt das Wechselgesetz den Erwerber nicht, Art. 17 WG. Der Wechsel ist aber das umlaufsfähige Wertpapier par excellence. Es besteht kein Grund, den Erwerber einer Grundschuld besser zu stellen als den Erwerber eines Wechsels.

Da somit weder die Auffassung des RG[17] noch die Ansicht des *OLG Köln*[18] Zustimmung verdient, muß ein Mittelweg gefunden werden, der sachgerechte Ergebnisse ermöglicht.

Die Mittellösung muß einmal sicherstellen, daß der Erwerber der Sicherungsgrundschuld nicht dadurch in seinen Rechten beeinträchtigt wird, daß der Schuldner nach Übergang der Grundschuld an den (mit dem Grundschulderwerber nicht identischen) Gläubiger der Forderung oder an den früheren, nicht mehr berechtigten Gläubiger leistet, dies aber aufgrund des §407 BGB mit befreiender Wirkung geschieht. Dieses Ergebnis wird dadurch erreicht, daß §1157 BGB anders als §404 BGB ausgelegt wird.

Nach § 404 BGB kann der Schuldner dem neuen Gläubiger die Einwendungen (zu denen hier auch die Einreden gehören) entgegensetzen, die zur Zeit der Abtretung der Forderung gegen den bisherigen Gläubiger begründet waren. Begründet sind die Einwendungen zur Zeit der Abtretung schon dann, wenn der Rechtsgrund für sie vor der Abtretung

16 Vgl. Fn. 15.
17 RGZ 91, 218.
18 OLGZ 1969, 419, 423.

bestand, mögen die Auswirkungen auch erst nach der Abtretung eintreten.[19] Die Einwendungen brauchen zur Zeit der Abtretung nur im Keim vorhanden gewesen zu sein. Tritt der Verkäufer die Kaufpreisforderung ab, so braucht der Schuldner den Kaufpreis nicht an den neuen Gläubiger zu zahlen, wenn er nach Abtretung einen Mangel der gekauften Sache entdeckt und dann (dem Verkäufer gegenüber) wandelt. Tritt der Käufer nach Abtretung der Forderung durch Erklärung gegenüber dem Verkäufer vom Kaufvertrag zurück, weil dieser seine Verpflichtungen aus dem Kaufvertrag trotz Fristsetzung nicht erfüllt hat (§ 326 BGB), so wirkt der Rücktritt auch gegenüber dem neuen Gläubiger; der Käufer braucht nicht an ihn zu zahlen. Diese Regelung versteht sich von selbst. Der Schuldner darf durch die Abtretung, die er nicht verhindern kann, nicht schlechter stehen, als er ohne sie stünde. Er würde um seine Rechte gebracht, wenn er den Kaufpreis an den neuen Gläubiger zahlen müßte, falls er später die Wandlung erklärt oder vom Kaufvertrag zurücktritt; seine Ersatzansprüche gegen den Verkäufer würden häufig nicht durchzusetzen sein.

Beim Übergang der Grundschuld ist die Rechtslage anders. Nach § 1157 BGB kann der Eigentümer dem Grundschulderwerber nur die Einreden entgegensetzen, die ihm aufgrund eines zwischen ihm und dem bisherigen Grundschuldgläubiger bestehenden Rechtsverhältnisses zustehen.[20] Die Einreden müssen ihm bereits beim Übergang der Grundschuld zustehen, und dies ist nur der Fall, wenn der Einredetatbestand sich voll verwirklicht hat; es genügt hier, im Gegensatz zu der in § 404 BGB getroffenen Regelung, nicht, daß zu diesem Zeitpunkt lediglich der Rechtsgrund für ihre spätere Entstehung gegeben ist. Es kann offen bleiben, ob die unterschiedliche Behandlung der Einreden, wie der BGH[21] meint, dem Wortlaut der §§ 404, 1157 BGB entnommen werden kann. Jedenfalls ergibt sie sich aus der verschiedenen Interessenlage. Entscheidend ist, daß der Erwerber der Grundschuld in höherem Maße geschützt werden muß als der Erwerber einer Forderung. Die Grundschuld ist als abstraktes Recht ausgestaltet, um ihren Umlauf zu ermöglichen; die Umlaufsfähigkeit wäre aber preisgegeben, wenn Einreden, die in der Sicherungsabrede ihren Rechtsgrund haben, dem Erwerber auch dann entgegengesetzt werden könnten, wenn sie sich erst später zu einem Leistungsverweigerungsrecht entwickeln. Der Erwerber einer Grund-

19 BGHZ 25, 27, 29; MünchKomm.-*Roth*, § 404 Rdn. 12 m.w.N.

20 Vgl. BGH, NJW 1983, 752 f m.w.N.; *Baden*, JuS 1977, 75 ff. *Huber*, Die Sicherungsgrundschuld (1965), S. 141 f; *Serick*, Eigentumsvorbehalt und Sicherungsübertragung, Band II, § 28 III, 3; *Zenker*, Die Einreden des § 1157 BGB und der Typenzwang im Sachenrecht, Diss. Tübingen 1968, S. 29.

21 NJW 1983, 752, 753.

schuld muß vor Einreden geschützt werden, die erst nach Erwerb der Grundschuld entstehen, mag ihr Entstehungsgrund auch vor dieser Zeit vorhanden gewesen sein. Der Schutz des Eigentümers muß demgegenüber zurücktreten. Er hat durch die Bestellung eines abstrakten, umlaufsfähigen Rechts ein Risiko geschaffen, das er tragen muß. Die Rechtslage ist anders als bei der Begründung einer kausalen Forderung, die kein umlaufsfähiges Recht darstellt.

Nach dieser Auslegung des § 1157 BGB braucht der Erwerber der Grundschuld die spätere Tilgung der persönlichen Forderung nicht gegen sich gelten zu lassen. Das gleiche gilt, wenn der Käufer, der dem Verkäufer eine Grundschuld für die Kaufpreisforderung bestellt hat, nach Übergang der Grundschuld wandelt[22] oder vom Kaufvertrag zurücktritt, weil der Verkäufer seine Verpflichtungen nach Fristsetzung nicht erfüllt hat.

War der Gläubiger der Grundschuld aber bei dem Übergang der Grundschuld bereits verpflichtet, dem Eigentümer die Grundschuld zu übertragen, weil feststand, daß die gesicherte Forderung nicht entstanden war und auch nicht zur Entstehung gelangen würde oder weil der Schuldner die Schuld bereits getilgt hatte, dann stand dem Eigentümer bereits bei der Abtretung der Grundschuld eine Einrede gegen den Gläubiger zu. Er kann sie dem neuen Gläubiger entgegensetzen, wenn (die Einrede im Grundbuch eingetragen war oder) der neue Gläubiger sie beim Erwerb der Grundschuld gekannt hat. Hierzu reicht es nicht aus, daß der Erwerber weiß, daß er eine Sicherungsgrundschuld erwirbt. Das weiß er in der Regel. Er muß wissen, daß die gesicherte Forderung nicht entstanden ist und nicht entstehen wird oder daß sie erloschen ist und der alte Gläubiger deshalb (vor der Abtretung der Grundschuld) verpflichtet war, die Grundschuld an den Eigentümer zu übertragen, weil sie ihre Aufgabe, eine bestimmte Forderung zu sichern, endgültig nicht (mehr) erfüllen konnte. In einem derartigen Fall verdient der Erwerber der Grundschuld keinen Schutz. Die Einreden aus der Sicherungsabrede schlagen insoweit auf die Grundschuld durch. Sie sind Einreden gegen das dingliche Recht, und sie standen dem Eigentümer schon in dem Zeitpunkt zu, in dem die Grundschuld ihren Gläubiger wechselte. Die Mittellösung[23] vermeidet durch diese Auslegung des § 1157 BGB die Nachteile, die die Ansicht des RG[24] und die Auffassung des *OLG Köln*[25] mit sich bringen.

---

22 *Reinicke/Tiedtke*, Gesamtschuld und Schuldsicherung durch Bürgschaft, Hypothek, Grundschuld, Pfandrecht an beweglichen Sachen und Rechten (1981), S. 216; a.A. *H. Westermann*, Sachenrecht, 5. Aufl., § 116 III, 3 b.

23 Vgl. BGH, WM 1985, 12, 13; *Reinicke/Tiedtke*, aaO. (Fn. 22), S. 215; *Tiedtke*, Jura 1981, 407, 418.

24 RGZ 91, 218.

25 OLGZ 1969, 419.

Zweifelhaft und umstritten[26] und vom BGH noch nicht entschieden ist jedoch der letzte Fall, in dem der Eigentümer die Valuta beim Übergang der Grundschuld noch nicht erhalten hat, es aber möglich ist, daß er sie noch erhalten wird. Dieser Sachverhalt ist auch gegeben, wenn der Schuldner einen Teil des Kredites in Anspruch genommen, den Rest aber noch nicht abgerufen hat. Kann der Eigentümer, dem der Kredit später nicht oder nicht vollständig ausgezahlt wird, dem Erwerber, der die beim Übergang der Grundschuld vorliegenden Tatsachen gekannt hat, die Nichtvalutierung der Grundschuld mit der Rechtsfolge entgegenhalten, daß dieser (insoweit) nicht gegen ihn vorgehen kann?

Die Beantwortung dieser Frage hängt davon ab, ob dem Eigentümer eine Einrede im Sinne des § 1157 BGB nur zusteht, wenn er beim Übergang der Grundschuld bereits einen Rückübertragungsanspruch gegen den alten Grundschuldgläubiger hat, oder ob es ausreicht, daß er zu diesem Zeitpunkt von dem alten Gläubiger nicht in Anspruch genommen werden konnte. Die erste Auffassung kommt dem Erwerber, die zweite dem Eigentümer zugute. M. E. verdient die erste Auffassung den Vorzug. Der Eigentümer hat durch die Bestellung der Grundschuld ein abstraktes, für den Umlauf vorgesehenes Recht geschaffen und ist damit ein Risiko eingegangen, das er nicht auf den Grundschulderwerber abwälzen kann. Der Erwerber verdient nur dann keinen Schutz, wenn er beim Erwerb der Grundschuld weiß, daß der alte Grundschuldgläubiger (endgültig) verpflichtet war, die Grundschuld, die dieser ihm jetzt abtritt, an den Eigentümer des Grundstücks zu übertragen. Der Gesichtspunkt, der Erwerber erlange ein abstraktes Recht, das in der Hand des zweiten Gläubigers von der zugrundeliegenden Forderung unabhängig sei, muß in diesem und nur in diesem Fall hinter dem Schutz des Eigentümers zurücktreten. Mit Recht hat das *Kammergericht*[27] ausgeführt, es müsse zweifelsfrei dargetan sein, daß die gesicherte Forderung, die beim Übergang der Grundschuld nicht bestehe, auch nicht entstehen könne, „weil nur solchenfalls der Eigentümer dem Anspruch aus der Grundschuld eine Einrede der abredewidrigen Geltendmachung im Sinne des § 1157 BGB mit Grund entgegensetzen kann." Dementsprechend heißt es zutreffend bei *Erman-Räfle*:[28] „Es muß sich aber um Einreden handeln, welche die Grundschuld nicht bloß an die Bedingungen des Sicherungszwecks binden, sondern die sich auf die Erledigung dieses Zwecks stützen; denn nur

26 Vgl. *Baur*, Sachenrecht, 12. Aufl., § 45 III, 1 c cc; *Erman/Räfle*, Komm. zum BGB, 7. Aufl., § 1191 Rdn. 7; *Gursky*, Sachenrecht (Fälle und Lösungen), 5. Aufl., S. 152; *Reinicke/Tiedtke*, aaO. (Fn. 22), S. 215.

27 JW 1932, 1759, 1760.

28 Komm. zum BGB, 7. Aufl., § 1191 Rdn. 7.

insoweit handelt es sich um Einreden, die der Grundschuld entsprechend § 1157 BGB entgegengesetzt werden können; andernfalls würde der Unterschied zur Hypothek verwischt; Zweckerledigung in diesem Sinn liegt vor, wenn die Forderung getilgt ist oder endgültig nicht mehr entstehen kann."

Von der Regel, daß der Grundschulderwerber nur dann bösgläubig ist, wenn er die endgültige Nichtvalutierung der Grundschuld kennt, es also nicht ausreicht, daß er nur von dem Sicherungscharakter der Grundschuld Kenntnis hat, macht der BGH[29] eine Ausnahme für den Fall, daß die Grundschuld eine Forderung aus einem (finanzierten) Abzahlungsgeschäft sichert und der Erwerber, der dies weiß, in besonders enger Weise am Abzahlungsgeschäft beteiligt ist, er nämlich die Kaufsache hergestellt und sich für die Schuld des Käufers verbürgt hat. In einem derartigen Fall, führt der BGH[30] aus, müsse sich der Grundschulderwerber die Einreden des Käufers auch dann entgegenhalten lassen, wenn er die Nichtvalutierung der Grundschuld beim Erwerb der Grundschuld nicht gekannt, aber gewußt habe, für welche Forderung die Grundschuld bestellt worden sei.

Der Auffassung des BGH ist zuzustimmen. Die Interessen des Grundstückseigentümers in seiner Eigenschaft als Abzahlungskäufer gehen den Belangen des Grundschulderwerbers vor. Der Schutz, den das Abzahlungsgesetz dem Käufer gewährt, könnte sonst umgangen werden, wenn der Verkäufer oder die Finanzierungsbank sich für die Kaufpreisforderung oder das Darlehen eine Grundschuld bestellen und diese dann einredefrei an einen Dritten abtreten könnte. Weiß der Erwerber, daß die Grundschuld eine Forderung aus dem Abzahlungsgeschäft sichert, so darf er nicht besser stehen als der Abzahlungsverkäufer oder die Finanzierungsbank vor dem Übergang der Grundschuld.

Der BGH hat nur den Fall entschieden, daß der Grundschulderwerber in besonders enger Weise am Abzahlungsgeschäft beteiligt ist. M. E. braucht diese Voraussetzung nicht gegeben zu sein. Es ist auch nicht erforderlich, daß die endgültige Nichtvalutierung bei Übergang der Grundschuld feststand. Der Erwerber einer Grundschuld, die, wie er weiß, eine Forderung aus einem (finanzierten) Abzahlungsgeschäft sichert, verdient auch dann keinen Schutz, wenn der Verkäufer oder die Bank erst nach Übergang der Grundschuld vom Vertrag zurücktritt; es genügt hier, ausnahmsweise, daß der Rechtsgrund des Abzahlungsgeschäftes beim Erwerb der Grundschuld bestand. Nur auf diese Weise kommt der Schutz des Abzahlungsgesetzes dem Käufer in vollem Umfange zugute.[31]

---

29 BGHZ 66, 165.

30 BGHZ 66, 165, 173.

31 Vgl. auch *Reinicke/Tiedtke*, Kaufrecht, 2. Aufl., S. 311.

Neunter Abschnitt

Gutgläubiger Erwerb sonstiger Rechte an Grundstücken und Grundstücksrechten

I. Rechte an Grundstücken

Nach § 892 BGB gilt der Inhalt des Grundbuchs zugunsten derjenigen als richtig, die ein Recht an einem Grundstück durch Rechtsgeschäft erwerben. Es können nicht nur das Eigentum und die Grundpfandrechte, sondern alle beschränkt dinglichen Rechte kraft guten Glaubens erworben werden, die im Grundbuch eingetragen werden können, also das Erbbaurecht, der Nießbrauch, die Grunddienstbarkeit, die beschränkt persönliche Dienstbarkeit einschließlich des Wohnungsrechts, das Vorkaufsrecht und die Reallast.

Der gute Glaube wird bei der Bestellung des Rechts und bei der Übertragung geschützt, soweit das Recht übertragbar ist. Beim Nießbrauch kommt demgemäß nur ein redlicher Erwerb bei der Bestellung durch den Bucheigentümer in Betracht, § 1059 BGB; die entsprechende Regelung gilt bei einer beschränkt persönlichen Dienstbarkeit, § 1092 BGB.

II. Rechte an Grundstücksrechten

1. Erwerb vom Berechtigten

Gegenstand des Nießbrauchs kann nach § 1068 Abs. 1 BGB auch ein Recht sein. Auf den Nießbrauch an Rechten sind grundsätzlich die Vorschriften über den Nießbrauch an Sachen anzuwenden, § 1068 Abs. 2 BGB. Die Bestellung erfolgt nach den Vorschriften, die für die Übertragung des Rechts gelten, § 1069 BGB. Auch eine hypothekarisch gesicherte Forderung, eine Grundschuld und eine Reallast können also mit einem Nießbrauch belastet werden. Der Nießbraucher zieht die Nutzungen, die den Inhabern dieser Rechte zustehen. An einem Nießbrauch kann aber kein Nießbrauch bestehen. Der Nießbrauch kann nicht übertragen, § 1059 BGB, und an Rechten, die nicht übertragbar sind, kein Nießbrauch bestellt werden, § 1069 Abs. 2 BGB.

Gegenstand des Pfandrechts kann nach § 1273 BGB auch ein Recht sein. Auf das Pfandrecht an Rechten sind grundsätzlich die Vorschriften über das Pfandrecht an beweglichen Sachen anzuwenden, § 1273 Abs. 2 BGB. Die Bestellung des Pfandrechts an einem Recht erfolgt, wiederum grundsätzlich, nach den für die Übertragung des Rechts geltenden Vorschriften. Hypothekarisch gesicherte Forderungen, Grundschulden und Reallasten können also verpfändet werden. Wird eine Grundschuld verpfändet, so bestehen zwei Pfandrechte. Steht dem Gläubiger eine Forderung gegen seinen Schuldner zu und verpfändet ihm dieser zur Sicherheit für sie eine ihm gehörende Grundschuld, so erlangt er ein Pfandrecht an der Grundschuld, also ein Pfandrecht am (Grund-)Pfandrecht. Bei Pfandreife kann er auf das Recht seines Schuldners zugreifen, also in Höhe eines bestimmten Geldbetrages die Zwangsvollstreckung in das belastete Grundstück betreiben. Liegt der Grundschuld eine Forderung zugrunde und legt der Pfandgläubiger auf sie Wert, so muß sie ihm ebenfalls verpfändet werden. Will der Schuldner seinem Gläubiger die ihm zustehende Hypothek verpfänden, so muß er ihm das Pfandrecht an der hypothekarisch gesicherten Forderung bestellen. Der Pfandgläubiger erhält dann ein Pfandrecht an der Forderung und an der Hypothek. Bei Pfandreife kann er auf das Vermögen des persönlichen Schuldners und auf das belastete Grundstück in gleicher Weise zugreifen, wie dies seinem Schuldner ohne die Verpfändung möglich gewesen wäre.

2. Erwerb vom Nichtberechtigten

Rechte an Rechten können nur kraft guten Glaubens erworben werden, wenn das belastete Recht seinerseits gutgläubig erworben werden kann.[1] Da Grundstücksrechte Gegenstand des gutgläubigen Erwerbs sind, muß auch das Recht an ihnen kraft guten Glaubens erlangt werden können. Nach § 892 BGB gilt demgemäß der Inhalt des Grundbuchs zugunsten desjenigen als richtig, der ein Recht an einem Grundstück oder ein Recht an einem solchen Recht durch Rechtsgeschäft erwirbt.

Besteht die eingetragene Reallast nicht, so erlangt der redliche Erwerber, dem der Nießbrauch hieran bestellt worden ist, den Nießbrauch an der Reallast. Die Reallast, die bisher nicht bestand, gelangt insoweit zur Entstehung.[2] Sie besteht, soweit dies für den Nießbrauch erforderlich ist. Erlischt der Nießbrauch, erlischt auch sie.

Wird eine im Grundbuch eingetragene, aber nicht bestehende Grundschuld verpfändet, so erlangt der redliche Erwerber das Pfandrecht an der Grundschuld. Die Grundschuld entsteht insoweit, als dies für das Pfandrecht notwendig ist. Geht das Pfandrecht unter (weil der Schuldner, der – vermeintliche – Grundschuldgläubiger, seine Schuld gegenüber dem Pfandgläubiger getilgt hat), so besteht auch die Grundschuld nicht mehr.

1 *H. Westermann*, Sachenrecht, 5. Aufl., § 136 II, 1 c.
2 Vgl. BGH, WM 1963, 533; *H. Westermann*, Sachenrecht, 5. Aufl., § 85 II, 1 b; *Wolff/Raiser*, Sachenrecht, 10. Bearbeitung, § 45 I, 2 a.

Steht dem Gläubiger eine Forderung gegen den Schuldner zu, ist die für ihn eingetragene Hypothek jedoch nicht entstanden, so erlangt der Pfandgläubiger das Pfandrecht an der Forderung vom Berechtigten, das Pfandrecht an der Hypothek kraft seines guten Glaubens. Tilgt der angebliche Hypothekengläubiger seine Schuld gegenüber dem Pfandgläubiger, so erlischt das streng akzessorische Pfandrecht an der verpfändeten Forderung; mit dem Pfandrecht an der Forderung erlischt auch das Pfandrecht an der Hypothek und mit dem Pfandrecht hieran die Hypothek, die nur für das Pfandrecht an ihr bestand. Der angebliche Hypothekengläubiger steht dann so, wie er vor der Verpfändung stand; er ist Inhaber einer lastenfreien Forderung, die nur scheinbar durch eine Hypothek gesichert ist.

Steht dem eingetragenen Hypothekengläubiger weder die Forderung noch die Hypothek zu, so erlangt der Gläubiger, dem die angebliche Forderung mit der vermeintlich bestehenden Hypothek verpfändet wird, kein Pfandrecht an der Forderung, wohl aber ein Pfandrecht an der Hypothek. Bei der Frage, welche Rechte der Pfandgläubiger erhält, ist zu prüfen, welche Rechte er erlangt hätte, wenn ihm das Recht nicht verpfändet, sondern übertragen worden wäre. Er hätte dann die Hypothek kraft guten Glaubens erworben und, damit der Erwerb der Hypothek nicht an ihrer Akzessorietät scheitert, die Forderung „für die Hypothek", also die für das Leben der Hypothek erforderliche, die fingierte Forderung, § 1138 BGB. Der Pfandgläubiger erwirbt demgemäß das Pfandrecht an der Hypothek, deren Aufgabe darin besteht, das Pfandrecht entstehen zu lassen, das der vermeintliche Hypothekengläubiger seinem Gläubiger bestellt hat. Mit der Hypothek erhält er die für sie fingierte Forderung, die ihrerseits die Aufgabe hat, der Hypothek zur Entstehung zu verhelfen. Der Pfandgläubiger kann also bei Pfandreife auf das belastete Grundstück, nicht aber auf das sonstige Vermögen des Eigentümers zugreifen. Zahlt der vermeintliche Hypothekengläubiger seine Schuld gegenüber dem Pfandgläubiger, so erlischt das Pfandrecht an der Hypothek und damit die Hypothek, die nun keinen Lebenszweck mehr hat, samt der ihr zugrundeliegenden, für sie fingierten Forderung, die ebenfalls keine Aufgabe mehr zu erfüllen hat.

Hat der Pfandgläubiger ein Pfandrecht an der (vermeintlich) hypothekarisch gesicherten Forderung erlangt, zahlt jedoch der Eigentümer, der von der Verpfändung nichts weiß, seine Schuld entgegen der in §§ 1281, 1282 BGB getroffenen Regelung an den Gläubiger (allein), so ist er von seiner Verpflichtung zur Rückzahlung frei geworden, § 407 BGB. Der Pfandgläubiger verliert also das Pfandrecht an der persönlichen Forderung, sie besteht nicht mehr. Er behält aber das Pfandrecht an der Hypothek; die Forderung besteht für die Hypothek und die Hypothek für das Pfandrecht, §§ 1275, 1156 BGB.

Hat ein Schuldner seinem Gläubiger A eine Grundschuld verpfändet, ist die Verpfändung versehentlich gelöscht und verpfändet er die Grundschuld alsdann dem B, der von der ersten Verpfändung nichts weiß, so erlangt B den Rang vor A. Es tritt also die Rechtslage ein, die gemäß § 1208 BGB gegeben ist, wenn der Verpfänder eine bewegliche Sache erst dem A und dann dem B verpfändet und der gute Glaube des B geschützt wird. Daran ändert nichts, daß § 1273 Abs. 2 Satz 2 BGB die Anwendung des § 1208 BGB auf das Pfandrecht an Rechten ausschließt. § 1273 Abs. 2 Satz 2 BGB schränkt, wie in der Rechtslehre[3] anerkannt ist, die Anwendbarkeit des § 892 BGB nicht ein.

Zweites Kapitel

Gutgläubiger Erwerb im sonstigen bürgerlichen Recht

Erster Abschnitt

Gutgläubiger Erwerb von Rechten

I. Grundsätzliche Regelung

Das Bürgerliche Gesetzbuch enthält keine Bestimmung, wonach Rechte generell gutgläubig erworben werden können. Ob dies der Fall ist, ist vielmehr jeweils bei den einzelnen Rechten geregelt; soweit keine entsprechenden Vorschriften bestehen, findet ein gutgläubiger Erwerb nicht statt. Derartige Vorschriften haben wir bereits bei der Bestellung des Nießbrauchs und des Pfandrechts an beweglichen Sachen (§§ 1032, 1207, 1208 BGB) und bei der Bestellung und der Übertragung von Rechten an Grundstücken und Rechten an solchen Rechten (§§ 892, 1138, 1157 BGB) kennengelernt. Rechte können auch gutgläubig erworben werden, wenn sie in Wertpapieren verkörpert sind. Auch hier ist der gutgläubige Erwerb grundsätzlich in den Bestimmungen geregelt, die das einzelne Wertpapier regeln.

3 *Erman/Ronke*, Komm. zum BGB, 7. Aufl., § 1273 Rdn. 7; MünchKomm.-*Damrau*, § 1273 Rdn. 7; *H. Westermann*, Sachenrecht, 5. Aufl., § 136 II, 1 c; *Wolff/Raiser*, Sachenrecht, 10. Bearbeitung, § 175 III, 1 b (Fn. 21).

II. Gutgläubiger Erwerb gemäß § 405 BGB

1. Allgemeine Voraussetzungen

Von dieser Regel machen die §§ 413, 405 BGB eine Ausnahme. Nach § 413 BGB sind die Vorschriften über die Übertragung von Forderungen auf die Übertragung anderer Rechte entsprechend anzuwenden, soweit das Gesetz nicht ein anderes vorschreibt, und § 405 BGB sieht den gutgläubigen Erwerb von Forderungen vor. Der gute Glaube wird dort allerdings nur in sehr eingeschränktem Umfang geschützt. Die Bestimmung erfaßt zwei Fälle:

2. Erster Fall: Scheingeschäft

Nach § 404 BGB kann der Schuldner dem neuen Gläubiger die Einwendungen (und Einreden) entgegensetzen, die zur Zeit der Abtretung der Forderung gegen den bisherigen Gläubiger begründet waren. Hiervon macht § 405 BGB eine Ausnahme. *Eine* Einwendung, die gegen den alten Gläubiger begründet war, kann der Schuldner hiernach unter bestimmten Voraussetzungen nicht gegen den neuen Gläubiger geltend machen. Dies ist die Einwendung des Scheingeschäfts. Hat der Schuldner eine Urkunde über die Schuld ausgestellt, so kann er sich nach § 405 BGB, wenn die Forderung unter Vorlegung der Urkunde abgetreten wird, dem neuen Gläubiger nicht darauf berufen, daß die Eingehung oder Anerkennung des Schuldverhältnisses nur zum Schein erfolgt sei, es sei denn, daß der neue Gläubiger bei der Abtretung den Sachverhalt kannte oder kennen mußte. Eine derartige Schuldurkunde kann auch ein Namenslagerschein sein.[1]

Eine Schuld ist zum Schein eingegangen oder anerkannt, wenn die Beteiligten sich darüber einig sind, daß der Schuldner dem Gläubiger nichts schuldet, die Bescheinigung also nicht der Wahrheit entspricht und in der Regel nur ausgestellt wird, um einen Dritten zu täuschen. Ein Scheingeschäft liegt auch vor, wenn der Schuldner eine Schuldurkunde unterschreibt, die Beteiligten aber in einem Geheimzusatz, der dem Dritten, dem Kreditgeber, nicht ausgehändigt werden soll, die Schuld wieder aufheben.[2] Behält sich der Schuldner bei Übergabe der Schuldurkunde an den Gläubiger insgeheim vor, die Schuld nicht einzugehen, so ist dieser Vorbehalt nach § 116 Satz 1 BGB unwirksam; die Schuld besteht

---

1 Vgl. RG, Recht 1926 Nr. 2133; BGH, NJW 1958, 1485; BGB-RGRK-*Weber*, 12. Aufl., § 405 Rdn. 7.

2 Vgl. RG, Recht 1917 Nr. 1244; BGB-RGRK-*Weber*, 12. Aufl., § 405 Rdn. 2; Staudinger-*Kaduk*, Komm. zum BGB, 10./11. Aufl., § 405 Rdn. 45.

gleichwohl. Kennt der Gläubiger aber den Vorbehalt, so ist die Willenserklärung nach § 116 Satz 2 BGB nichtig. Das Rechtsgeschäft ist in diesem Fall kein Scheingeschäft, es kommt ihm aber so nahe, daß § 405 BGB auch auf diesen Fall anzuwenden ist.[3] Es kann keinen Unterschied machen, ob die Beteiligten sich darüber einig sind, daß der Schuldner nicht schulden soll oder ob der Schuldner sich dies vorbehält und der Gläubiger den Vorbehalt kennt. Es liegt aber kein Scheingeschäft vor, wenn der Schuldner dem Gläubiger die Rückzahlung einer Darlehnssumme verspricht, ohne sie bereits erhalten zu haben, das Versprechen jedoch in der Erwartung abgegeben worden ist, er werde sie nach Übergabe der Schuldurkunde bekommen, sich diese Erwartung aber später nicht verwirklicht.[4]

Die Forderung muß nach § 405 BGB unter Vorlegung der Urkunde abgetreten werden. Der erste Gläubiger muß sie seinem Nachfolger bei der Abtretung vorlegen. Es genügt nicht, daß sie ausgestellt worden ist. Es reicht auch nicht aus, daß der Gläubiger dem Erwerber bei der Abtretung von der Urkunde Mitteilung macht und ihm verspricht, sie ihm später zu zeigen.[5] Das Gesetz will nur den Gläubiger schützen, der die Forderung im Vertrauen auf die Urkunde erwirbt. Da es schwer zu ermitteln ist, ob dies der Fall ist, stellt das Gesetz objektive Voraussetzungen auf; es will dadurch sicherstellen, daß sein Ziel erreicht wird. Diese Voraussetzungen müssen gegeben sein, sie reichen aber auch aus; der Dritte wird auch dann geschützt, wenn er die Forderung auch erworben hätte, falls ihm die Schuldurkunde nicht vorgelegt worden wäre. An das Vorliegen der objektiven Voraussetzungen müssen strenge Anforderungen gestellt werden. Man sollte sie aber auch nicht überspannen. Das RG[6] hat es nicht als ausreichend angesehen, daß der Gläubiger die Urkunde früher gesehen hat, sie ihm aber bei der Abtretung nicht vorgelegt worden ist. Das mag ein Grenzfall sein. Jedenfalls muß es ausreichen, wenn der erste Gläubiger sie dem zweiten im Hinblick auf eine in Aussicht genommene Abtretung, aber nicht bei der späteren Abtretung selbst vorgelegt hat, obwohl die Urkunde sich zu diesem Zeitpunkt noch unverändert in seinem Besitz befand.[7]

§ 405 BGB verlangt, daß der Schuldner die Urkunde über die scheinbar entstandene Schuld ausgestellt und der Gläubiger sie dem Dritten bei der Abtretung vorgelegt hat. Der Schuldner verdient keinen Schutz, weil er bewußt einen Rechtsschein geschaffen hat. Er hat es nicht besser verdient.

---

3 Staudinger-*Kaduk*, Komm. zum BGB, 10./11. Aufl., § 405 Rdn. 43.
4 Vgl. RGZ 60, 21; BGB-RGRK-*Weber*, 12. Aufl., § 405 Rdn. 11.
5 Staudinger-*Kaduk*, Komm. zum BGB, 10./11. Aufl., § 405 Rdn. 18 m.w.N.
6 RGZ 111, 46, 48.
7 RGZ 87, 420, 421.

Es ist gerecht, daß er dem redlichen Dritten nicht den Einwand des Scheingeschäfts entgegenhalten kann. Diese strenge Haftung ist aber nur gerechtfertigt, wenn er den Rechtsschein bewußt gesetzt hat. Daran fehlt es, wenn er die Urkunde ausgestellt, sie aber bei sich behalten, sie also (noch) nicht dem Gläubiger gegeben hat, er sich vielleicht nicht einmal schlüssig war, ob dies überhaupt geschehen sollte, der Gläubiger jedoch, der die Bedenken seines Schuldners kannte, ihm die Urkunde entwendet und die entwendete Urkunde dem Dritten bei der Abtretung vorgelegt hat. Der Vertretene haftet in einem ähnlichen Fall nach § 172 BGB nur dann gemäß der von ihm ausgestellten Vollmachtsurkunde, wenn er sie dem Vertreter ausgehändigt hat, haftet also nicht in dieser Weise, wenn sie ihm entwendet ist,[8] mag er sie auch nicht verschlossen und dadurch den Diebstahl erleichtert haben. Die Wertung, die dieser Vorschrift zugrunde liegt, muß auch im Rahmen des § 405 BGB gelten.[9] Der Schuldner verliert demgemäß den Einwand des Scheingeschäfts nur, wenn er die Schuldurkunde dem Gläubiger ausgehändigt hat; dies gilt auch, wenn er sie nicht sorgfältig aufbewahrt und dadurch die Entwendung der Urkunde ermöglicht hat. Hier kommt nur eine Haftung aus culpa in contrahendo in Betracht.

Hat der Schuldner die Urkunde dem Gläubiger gegeben und dieser sie dem Dritten bei der Abtretung vorgelegt, so kann der Schuldner dem neuen Gläubiger nicht den Einwand des Scheingeschäfts entgegensetzen. Andere Einwendungen kann er erheben.[10] Er kann also geltend machen, er sei geschäftsunfähig gewesen oder er habe das Scheingeschäft wegen widerrechtlicher Drohung angefochten, was auch bei nichtigen Rechtsgeschäften möglich ist.

Stehen dem Schuldner derartige Einwendungen nicht zu, so hat der neue Gläubiger die Forderung erworben. Sie ist kraft seines guten Glaubens zur Entstehung gelangt.[11] Der Schein ist Wirklichkeit geworden. Die Rechtslage ist nicht anders als in den übrigen Fällen des gutgläubigen Erwerbs. Hat der Grundschuldgläubiger, dessen Grundschuld nicht oder nicht mehr besteht, die im Grundbuch für ihn eingetragene Schuld an einen Dritten abgetreten, so verwandelt sich die vermeintliche Grundschuld in der Person des Erwerbers in eine wirkliche; es gelangt ein nicht

8 BGHZ 65, 13; MünchKomm.-*Thiele*, 2. Aufl., § 172 Rdn. 2.

9 *Canaris*, Die Vertrauenshaftung im deutschen Privatrecht (1971) S. 89.

10 Herrschende Meinung, vgl. RGZ 71, 30, 31; RGZ 74, 416, 421; RG, Warn. 1912 Nr. 334; Staudinger-*Kaduk*, Komm. zum BGB, 10./11. Aufl., § 405 Rdn. 40 m.w.N.; a.A. *Canaris*, aaO. (Fn. 9), S. 94 ff.

11 BGB-RGRK-*Weber*, 12. Aufl., § 405 Rdn. 13.

bestehendes Recht zur Entstehung.[12] Das Grundstück wird belastet; der Eigentümer muß die Zwangsvollstreckung dulden. So ist es auch hier. Die Verbindlichkeit des Schuldners ist entstanden; er muß die Zwangsvollstreckung in sein Vermögen hinnehmen.

Die Forderung entsteht erst mit der Abtretung. Dies ändert jedoch nichts daran, daß der Erwerber als Konkursgläubiger an dem Konkursverfahren des Schuldners teilnimmt, das nach Ausstellung der Schuldurkunde, aber vor Abtretung der vermeintlichen Forderung eröffnet wird. Der zweite Gläubiger wird so behandelt, wie wenn die Forderung in der Person des ersten Gläubigers bestanden hätte.[13] Wäre dies der Fall, so wäre er Konkursgläubiger geworden. § 15 KO greift ebensowenig ein,[14] wie dies der Fall ist, wenn ein Dritter nach Eröffnung des Konkurses eine Sache des Gemeinschuldners von einem Nichtberechtigten gemäß § 932 BGB erwirbt. Der zweite Gläubiger kann die Forderung abtreten. Hierbei spielt es keine Rolle, ob der dritte Gläubiger den Sachverhalt kannte. Die Forderung ist in der Person des zweiten Gläubigers von der Einwendung des Scheingeschäfts befreit worden; die Einwendung ist endgültig erloschen. Der dritte Gläubiger hat die Forderung vom Berechtigten erworben. Auf seinen guten Glauben kommt es daher nicht an.[15]

Der zweite Gläubiger kann die Forderung auch an den ersten zurückabtreten. Auch dieser erlangt die Forderung vom Berechtigten. Er steht so wie der Veräußerer, der eine ihm nicht gehörende Sache an den gutgläubigen Erwerber veräußert und später von diesem zurückerwirbt.[16] Der Veräußerer der Sache oder der Forderung erlangt beim Rückerwerb nur dann das Recht seines Nachfolgers nicht, wenn der Vertrag, der dem Übergang des Rechts an den (Erst-)Erwerber zugrunde liegt, rückgängig gemacht, der Kaufvertrag also durch Wandlung oder Rücktritt in ein Rückabwicklungsschuldverhältnis verwandelt wird oder wenn die Übertragung der Sache oder des Rechts von vornherein nicht endgültig war. Der erste Gläubiger, der die Forderung vom zweiten, dem Berechtigten, erhält, wird aber die Forderung aufgrund des Innenverhältnisses zwischen ihm und dem Schuldner, der ihm die Urkunde aufgrund eines Scheingeschäftes gab, in der Regel nicht geltend machen können.

Ist der zweite Gläubiger bösgläubig gewesen, hat er sich deshalb leichten Herzens von der Forderung getrennt und sie unter Vorlegung der

---

12 *Wolff/Raiser*, Sachenrecht, 10. Bearbeitung,§ 45 I, 2 a.

13 RGZ 87, 420, 423.

14 *Mentzel/Kuhn/Uhlenbruck*, KO, 9. Aufl., § 15 Rdn. 17 m.w.N.

15 BGB-RGRK-*Weber*, 12. Aufl., § 405 Rdn. 15 m.w.N.; Staudinger-*Kaduk*, Komm. zum BGB, 10./11. Aufl., § 405 Rdn. 27 m.w.N.

16 Vgl. Erstes Kapitel, erster Abschnitt, IX, 1, S. 48 f.

ihm übergebenen Schuldurkunde abgetreten, so erwirbt der neue Gläubiger, wenn er redlich ist, die Forderung, ohne der Einwendung des Scheingeschäfts ausgesetzt zu sein; die Forderung ist in seiner Person entstanden.[17]

§ 405 BGB ist entsprechend[18] anwendbar, wenn der erste Gläubiger die ihm zustehende Forderung an den zweiten schriftlich abtritt, dies aber im Einvernehmen mit ihm nur zum Schein geschieht, und der zweite Gläubiger alsdann die (vermeintlich erworbene) Forderung unter Vorlegung der schriftlichen Abtretungserklärung des ersten an einen dritten abtritt. Der dritte Gläubiger erwirbt dann die Forderung, der erste verliert sie. Der erste Gläubiger kann nicht geltend machen, dem dritten sei die Forderung von einem Nichtberechtigten abgetreten worden, da der zweite die Forderung nicht erlangt habe. Der erste Gläubiger hat bewußt den Rechtsschein geschaffen, der zweite habe sie erlangt, und auf diesen Schein hat der dritte vertraut und vertrauen dürfen. Der erste Gläubiger muß im Verhältnis zum dritten so stehen, wie der Schuldner, der die Schuldurkunde über eine nur scheinbar bestehende Forderung ausgestellt hat, gegenüber dem redlichen zweiten Gläubiger steht, dem der erste die vermeintlich bestehende Forderung unter Vorlegung der Schuldurkunde abgetreten hat. Die zum Schein ausgestellte schriftliche Abtretungserklärung steht der nur zum Schein ausgestellten Schuldurkunde gleich.

3. Zweiter Fall: Nichtabtretbarkeit der Forderung

Die Parteien können nach § 399 BGB die Abtretung der Forderung ausschließen. Tritt der Gläubiger sie gleichwohl ab, so ist die Abtretung unwirksam, wenn der Schuldner ihr nicht zustimmt. Haben die Beteiligten die Abtretung ausgeschlossen, hat der Schuldner, der die Schuldurkunde ausgestellt hat, diese Vereinbarung aber in der Urkunde nicht erwähnt, so erwirbt der zweite Gläubiger, dem die Forderung unter Vorlegung der Schuldurkunde abgetreten wird, die Forderung vom ersten. Der Schuldner kann ihm gemäß § 405 BGB nicht entgegensetzen, die Forderung habe nicht abgetreten werden können. Ein derartiges Recht steht auch nicht etwa dem ersten Gläubiger zu; das Abtretungsverbot dient den Interessen des Schuldners, nicht des Gläubigers, der die Abtretung vornimmt. Der zweite Gläubiger erwirbt also die Forderung, wie wenn die Vereinbarung über den Ausschluß der Abtretbarkeit nicht getroffen worden wäre. Dies gilt auch dann, wenn der Gläubiger und der Schuldner die Abtretung erst zu einem Zeitpunkt ausgeschlossen haben,

17 RGZ 135, 357, 362.
18 Vgl. RGZ 90, 273, 278; RGZ 115, 304, 308 f.

als die Urkunde bereits ausgestellt war.[19] Der Schuldner muß dafür sorgen, daß die Urkunde, die sich möglicherweise schon beim Gläubiger befindet, vervollständigt wird. Gelingt ihm dies nicht, geht dies zu seinen Lasten.

Für den Erwerb der nicht abtretbaren Forderung gelten im übrigen die gleichen Grundsätze, die im ersten Fall, dem Scheingeschäft, maßgebend sind. Auch hier liegt ein Erwerb kraft guten Glaubens vor. Zwar erwirbt der Gläubiger die Forderung vom Berechtigten; er erwirbt aber mehr als dieser hatte. Dem ersten Gläubiger stand eine nicht abtretbare Forderung zu, der zweite hat eine abtretbare Forderung erlangt.[20] Er kann sie an einen dritten Gläubiger abtreten, mag dieser auch den Sachverhalt kennen.

4. Belastung der Forderung

Der redliche Erwerber wird nicht nur geschützt, wenn ihm die Forderung abgetreten wird. Der Schuldner kann ihm das Vorliegen eines Scheingeschäfts und die Vereinbarung über den Ausschluß der Abtretbarkeit auch dann nicht entgegenhalten, wenn der erste Gläubiger die Forderung dem zweiten verpfändet oder ihm einen Nießbrauch daran bestellt. Erwürbe er die Forderung, wenn sie ihm abgetreten worden wäre, so erlangt er nunmehr das Pfandrecht oder den Nießbrauch an ihr. Die beschränkt dinglichen Rechte umfassen einen Teil der Rechte, die dem Inhaber der Forderung zustehen. Was für die Forderungsübertragung gilt, muß auch für die Teilübertragung maßgebend sein. Die Forderung, die aufgrund des Scheingeschäfts nichtig ist, wird demgemäß gültig, soweit dies für die Entstehung des Pfandrechts und des Nießbrauchs erforderlich ist. Erlöschen diese Rechte, so besteht keine Forderung mehr. Dementsprechend scheitert die Entstehung des Pfandrechts und des Nießbrauchs auch nicht an dem Umstand, daß die Forderung nicht übertragbar war. Im übrigen ist die Forderung nicht abtretbar. Gehen Pfandrecht und Nießbrauch unter, so ist die Vereinbarung über den Ausschluß der Abtretbarkeit wieder in vollem Umfange wirksam.

5. Anwendbarkeit des § 405 BGB auf andere Rechte

§ 405 BGB gilt gemäß § 413 BGB für alle Rechte, nicht nur für Forderungen. Voraussetzung ist aber stets, daß das Recht kraft Rechtsgeschäfts erworben wird. Ein derartiges Recht ist z. B. ein Vertragsangebot,[21] mit

---

19 BGB-RGRK-*Weber*, 12. Aufl., § 405 Rdn. 12.

20 OLG Rostock, OLGRspr. 28, 93 f; BGB-RGRK-*Weber*, 12. Aufl., § 405 Rdn. 15.

21 RGZ 111, 46, 47.

dessen Annahme der Anbietende eine Schuld gegenüber dem Annehmenden begründet. § 405 BGB ist nicht auf den gesetzlichen Übergang einer Forderung anwendbar; § 412 BGB verweist nicht auf diese Bestimmung. § 405 BGB ist auch dann nicht anzuwenden, wenn ein anderes Recht kraft Gesetzes übergeht.

6. Analoge Anwendung des § 405 BGB

In der Rechtslehre[22] wird die Auffassung vertreten, § 405 BGB müsse entsprechend angewendet werden, wenn der Schuldner dem zweiten Gläubiger gegenüber mündlich zum Ausdruck gebracht habe, daß die Forderung bestehe, er brauche also keine Schuldurkunde ausgestellt zu haben; die mündliche Erklärung oder die Schuldurkunde schließe überdies nicht nur die Einwendung des Scheingeschäfts, sondern alle Einwendungen aus, die dem Schuldner bei Abgabe der Erklärung oder der Ausstellung der Urkunde bekannt gewesen seien. § 405 BGB sei ein Anwendungsfall des Grundsatzes, daß der Erklärende für einen von ihm vorsätzlich herbeigeführten Rechtsschein hafte, auf den der Dritte vertraut habe und habe vertrauen dürfen. Dieser allgemeine Grundsatz rechtfertige die weitgehende Analogie.

Diese Auffassung ist mit der herrschenden Lehre[23] abzulehnen. § 405 BGB ist bewußt eng gefaßt. Der Schuldner sollte nur dann die in § 405 BGB genannten Rechte verlieren, wenn die in § 405 BGB aufgeführten Voraussetzungen vorlägen. § 405 BGB enthält eine abschließende Regelung; der Wortlaut des Gesetzes und der Wille des Gesetzgebers, wie er sich aus der Entstehungsgeschichte[24] ergibt, sind eindeutig. Eine abschließende Regelung enthält aber keine Lücke, die durch Analogie ausgefüllt werden könnte.

Für eine entsprechende Anwendung besteht auch kein Bedürfnis. Hat der Schuldner dem Dritten zum Ausdruck gebracht, die Forderung bestehe, so wird dies in der Regel auf Veranlassung des neuen Gläubigers geschehen. Dieser hat vor oder nach der Abtretung bei dem Schuldner angefragt, ob er die Forderung anerkenne. Hat der Schuldner die Forderung daraufhin anerkannt, so hat er ein deklaratorisches Schuldanerkennt-

---

22 *Canaris*, Die Vertrauenshaftung im deutschen Privatrecht (1971), S. 102; vgl. auch MünchKomm.-*Roth*, § 405 Rdn. 14.

23 Vgl. RGZ 71, 30, 31; RGZ 74, 416, 421; RG, Warn. 1912 Nr. 334; OLG Köln, DB 1964, 1408; BGB-RGRK-*Weber*, 12. Aufl., § 405 Rdn. 2; *Erman/H. P. Westermann*, Komm. zum BGB, 7. Aufl., § 405 Rdn. 3; Staudinger-*Kaduk*, Komm. zum BGB, 10./11. Aufl., § 405 Rdn. 40 m.w.N.

24 Vgl. Motive zu dem Entwurf eines Bürgerlichen Gesetzbuchs, Band I, S. 193; Protokolle zum Entwurf des Bürgerlichen Gesetzbuchs, Band I, S. 390.

nis abgegeben, und ein derartiges Anerkenntnis hat, trotz seiner mißverständlichen Bezeichnung, für den Fall konstitutive Bedeutung, daß die bestätigte Schuld nicht besteht;[25] der Schuldner verliert die Einwendungen, die ihm bei der Anerkennung bekannt waren oder mit deren Bestehen er rechnete. Der Schuldner haftet dem Dritten, obwohl er nur eine mündliche Erklärung abgegeben hat, und er haftet mit der Maßgabe, daß er nicht nur die Einwendung des Scheingeschäfts, sondern alle Einwendungen verliert, die er kennt oder mit denen er rechnet. Er haftet dem neuen Gläubiger aber aufgrund eines Rechtsgeschäfts. Für eine entsprechende Anwendung des § 405 BGB, der eine gesetzliche Haftung kraft bewußt geschaffenen Rechtsscheins anordnet, ist daher kein Raum.

Hat der neue Gläubiger den Schuldner um Auskunft gebeten, ob die Zahlung in Ordnung gehe, und hat der Schuldner diese Anfrage bejaht, dann kann er, wenn er kein deklaratorisches Schuldanerkenntnis abgegeben haben sollte und deshalb das Nichtbestehen der Forderung später geltend macht, dem Gläubiger auf Schadensersatz haften, wenn er einen zwischen ihnen zustandegekommenen Auskunftsvertrag[26] schuldhaft verletzt hat.

Eine rechtsgeschäftliche Haftung ist schließlich auch gegeben, wenn der Schuldner dem Gläubiger eine Schuldurkunde über ein (vermeintlich) empfangenes Darlehen aushändigt, damit dieser die (angebliche) Forderung unter Vorlegung der Urkunde verkaufen und abtreten soll, dies aber nicht zum Zwecke der Täuschung, sondern deshalb geschieht, weil der Schuldner dem Gläubiger auf diese Weise einen Kredit verschaffen will. Der Schuldner will dem Dritten gegenüber haften und später, wenn er von diesem in Anspruch genommen wird, vom Gläubiger Ersatz verlangen. Das RG[27] hat den Schuldner haften lassen, weil er auch haften müßte, wenn er eine Schuldurkunde ausgestellt, den Namen des Gläubigers aber offen gelassen hätte, damit die Urkunde durch den Namen des späteren Kreditgebers vervollständigt würde. Wirtschaftlich gesehen liegen die beiden Fälle gleich. Der Schuldner will nicht Schuldner des ersten, wohl aber Schuldner des zweiten Gläubigers werden. Die Parteien haben aber den Weg des Blanketts nicht gewählt. Man würdigt daher die Erklärungen der Parteien am besten als Vertrag zugunsten eines Dritten.[28] Der Schuldner schließt mit dem ersten Gläubiger einen Vertrag mit der Maßgabe zugunsten eines zweiten ab, daß er diesem die in der Urkunde genannte Darlehnssumme schulden wolle, wenn er die (bisher noch nicht entstan-

---

25 *Reinicke*, NJW 1970, 885, 886.
26 Vgl. RG, JW 1931, 3097.
27 RGZ 131, 234, 239.
28 Vgl. *Erman/H. P. Westermann*, Komm. zum BGB, 7. Aufl., § 405 Rdn. 1.

dene) Forderung des ersten Gläubigers käuflich erwerbe und den Kaufpreis an ihn zahle.

Auf diese Weise können die Fälle, die nicht durch § 405 BGB erfaßt werden, ohne eine analoge Anwendung dieser Vorschrift sachgerecht gelöst werden. Notfalls kann auch § 242 BGB eingreifen.[29] Der Schuldner kann sich im Einzelfall eines widersprüchlichen Verhaltens schuldig machen, wenn er in einer Schuldurkunde die Eingehung einer Schuld bescheinigt, obwohl er weiß, daß der Vertrag, auf dem die Schuld beruht, wegen Sittenwidrigkeit oder Verstoßes gegen ein Gesetz nichtig ist und dies im Hinblick darauf geschieht, daß einem Dritten die vermeintlich bestehende Forderung unter Vorlegung der Urkunde abgetreten werden soll. In derartigen Fällen kann auch eine Haftung aus unerlaubter Handlung in Frage kommen.

Nach alledem ist § 405 BGB nicht analog anzuwenden, wenn der Schuldner nur eine mündliche Erklärung über das Bestehen der Schuld abgibt oder es sich um Einwendungen handelt, die nicht das Vorliegen eines Scheingeschäfts oder den Ausschluß der Abtretbarkeit der Forderung betreffen.

Zweiter Abschnitt
Gutgläubiger Erwerb des Aufrechnungsrechts

I. Aufrechnung nach Abtretung der Forderung

1. Allgemeine Grundsätze

Steht dem Schuldner eine Gegenforderung gegen seinen Gläubiger zu, so kann er die Forderung des Gläubigers gegen ihn durch Aufrechnung mit seiner Gegenforderung tilgen, § 387 BGB. Der Gläubiger der Forderung muß Schuldner der Gegenforderung, der Gläubiger der Gegenforderung Schuldner der Forderung sein. Forderung und Gegenforderung müssen sich gegenüberstehen. Von diesem Erfordernis der Gegenseitigkeit macht § 406 BGB Ausnahmen. Der Schuldner kann nach Abtretung der Forderung mit der ihm gegen den bisherigen Gläubiger zustehenden Gegenforderung auch dem neuen Gläubiger gegenüber aufrechnen, es sei denn, daß er bei dem Erwerb der Gegenforderung von der Abtretung der Forderung Kenntnis hatte oder daß die Gegenforderung erst nach Erlangung der Kenntnis und später als die abgetretene Forderung fällig geworden ist. Diese Vorschrift erfaßt zwei Fälle.

---

29 Vgl. MünchKomm.-*Roth*, § 405 Rdn. 14; § 242 Rdn. 310.

2. Erster Fall: Schutz vor Aufrechnungsverlust

Der Gläubiger hat eine Forderung, der Schuldner eine Gegenforderung; beide Forderungen sind fällig. Der Schuldner kann aufrechnen. Tritt der Gläubiger, bevor dies geschieht, seine Forderung ab und weiß der Schuldner hiervon nichts, so kann er dem alten Gläubiger gegenüber mit befreiender Wirkung aufrechnen, § 407 BGB. Erfährt der Schuldner von der Abtretung, bevor er aufgerechnet hat, so kann er nicht mehr gegenüber dem alten Gläubiger aufrechnen; § 407 BGB schützt den Schuldner nicht, wenn er bei der Vornahme des Rechtsgeschäfts, der Aufrechnung, von der Abtretung Kenntnis erlangt hat. Der Schuldner kann die Aufrechnung jedoch nach § 406 BGB gegenüber dem neuen Gläubiger erklären, obwohl die Forderung jetzt einem Gläubiger zusteht, der nicht sein Schuldner ist; die Forderung steht dem neuen Gläubiger gegen den Schuldner, die Gegenforderung dem Schuldner gegen den alten Gläubiger zu. Es fehlt an der Gegenseitigkeit. Gleichwohl kann der Schuldner mit seiner Gegenforderung gegen den alten Gläubiger gegenüber dem neuen Gläubiger aufrechnen. Er soll durch die Abtretung keinen Nachteil erleiden. Er soll hierdurch nicht schlechter stehen, als er ohne die Abtretung stünde. Konnte er vor der Abtretung gegenüber dem alten, so kann er nach der Abtretung gegenüber dem neuen Gläubiger aufrechnen.

Diese Regelung ergibt sich nicht etwa aus § 404 BGB, wonach der Schuldner dem neuen Gläubiger die Einwendungen entgegensetzen kann, die zur Zeit der Abtretung gegen den alten begründet waren. Die Aufrechnungsmöglichkeit ist keine Einwendung; eine Einwendung entsteht erst durch die Aufrechnungserklärung. Sie ist auch keine Einrede; der Schuldner kann, wenn er aufrechnungsberechtigt ist, nicht die Leistung, die Erfüllung seiner Verbindlichkeit, verweigern. Er muß sich entscheiden, ob er aufrechnen oder hiervon absehen will. Rechnet er auf, so tilgt er die Forderung und begründet damit eine Einwendung gegen sie; rechnet er nicht auf, muß er zahlen (und behält seine Gegenforderung). Der Schuldner wird vor dem Verlust des Aufrechnungsrechts ausschließlich durch § 406 BGB geschützt. Diese Vorschrift gewährt ihm ein Aufrechnungsrecht gegenüber dem neuen Gläubiger, wenn er beim Erwerb der Gegenforderung nichts von der Abtretung weiß. Hiervon kann er nichts wissen, wenn die Abtretung erst nach dem Erwerb der Gegenforderung vorgenommen wird. Der Schutz des Schuldners vor dem Verlust des Aufrechnungsrechts beruht in diesem Falle nicht auf dem guten Glauben des Schuldners.

3. Zweiter Fall: Erwerb des Aufrechnungsrechts kraft guten Glaubens

Der Gläubiger hat eine Forderung gegen den Schuldner. Er tritt diese Forderung ab. Der Schuldner erwirbt nunmehr eine Gegenforderung gegen den alten Gläubiger. Er kann mit dieser Gegenforderung, die sich gegen den alten Gläubiger richtet, nach § 406 BGB gegenüber dem neuen Gläubiger aufrechnen, wenn er beim Erwerb der Gegenforderung keine Kenntnis von der Abtretung hatte. Die fehlende Gegenseitigkeit hindert die Aufrechnung auch nicht in diesem Fall, in dem sich, anders als im ersten, Forderung und Gegenforderung niemals aufrechenbar gegenüberstanden. Im ersten Fall wird der Schuldner vor dem Verlust des Aufrechnungsrechts geschützt. Im zweiten erwirbt er kraft seines guten Glaubens ein Aufrechnungsrecht,[1] das bisher nicht bestanden hat und dessen allgemeine Voraussetzungen auch jetzt nicht vorliegen. Der Schuldner wird in seinem Vertrauen darauf geschützt, daß er mit der erworbenen Gegenforderung gegen die nach seiner Vorstellung noch dem alten Gläubiger zustehende Forderung gegen ihn aufrechnen kann. Das Erfordernis der Gegenseitigkeit wird durch die Annahme des Schuldners ersetzt, sie liege vor. Die Belange des Abtretungsempfängers, des neuen Gläubigers, treten hinter den schutzwürdigen Interessen des Schuldners zurück. Er kann den Schuldner von der Abtretung unterrichten und damit die Möglichkeit verhindern, daß dieser eine Gegenforderung in Unkenntnis der Abtretung erlangt.

II. Aufrechnung nach Vorausabtretung der Forderung

1. Sachverhalt

S hat eine (Gegen-)Forderung gegen G. Später wird er Schuldner des Gläubigers. Der Gläubiger hat diese Forderung aber vor ihrer Entstehung an einen Dritten, den neuen Gläubiger X, abgetreten. Im Januar erwirbt S die Gegenforderung gegen G. Im Februar kauft S Heizöl von G, wird also Schuldner einer Kaufpreisforderung. Diese Forderung hatte G bereits im alten Jahr, also vor dem Erwerb der Gegenforderung des S, als künftige Forderung im voraus an X abgetreten. S, der inzwischen hiervon erfahren hat, will im März mit seiner Gegenforderung gegen G gegenüber X aufrechnen. Bei der Frage, ob ihm dieses Recht zusteht, sind drei Fälle zu unterscheiden.

1 Vgl. BGHZ 19, 153, 157; BGHZ 58, 327, 329; BGB-RGRK-*Weber*, 12. Aufl., § 406 Rdn. 10.

2. Erster Fall: Unkenntnis des Schuldners von der Vorausabtretung beim Erwerb der Gegenforderung und bei Begründung der Schuld

S kann gegenüber X aufrechnen, wenn er sowohl beim Erwerb der Gegenforderung im Januar als auch bei Begründung der Schuld im Februar nichts von der Vorausabtretung wußte. S darf darauf vertrauen, daß er mit seiner Gegenforderung gegen die Forderung des G gegen ihn aufrechnen kann. Bei der Vorausabtretung einer Forderung ist streitig,[2] ob die abgetretene Forderung zunächst in der Person des abtretenden Gläubigers zur Entstehung gelangt und sofort danach, nach einer juristischen Sekunde, auf den neuen Gläubiger übergeht (Durchgangstheorie) oder ob sie (stets oder jedenfalls in bestimmten Fällen) unmittelbar in der Person des neuen Gläubigers entsteht (Unmittelbarkeitstheorie). Auf diese Streitfrage kommt es jedoch nicht an. Folgt man der Lehre vom Durchgangserwerb, ist § 406 BGB direkt,[3] schließt man sich der Unmittelbarkeitstheorie an, entsprechend[4] anzuwenden. Der Schuldner muß auch dann geschützt werden, wenn die im voraus abgetretene Forderung, ohne den Umweg über den alten Gläubiger zu machen, in der Person des neuen Gläubigers entsteht. Sein Vertrauen auf die ihm zustehende Aufrechnungsbefugnis ist auch hier schutzwürdig. Die Frage, welche Theorie den Vorzug verdient, berührt seine Interessen nicht. Da ihm ein Aufrechnungsrecht zusteht, wenn die im voraus abgetretene Forderung in der Person des G entsteht und dann auf X übergeht, muß er auch aufrechnen können, wenn die Vorausabtretung zur Folge hat, daß die abgetretene Forderung in der Person des X zur Entstehung gelangt.

3. Zweiter Fall: Kenntnis des Schuldners von der Vorausabtretung beim Erwerb der Gegenforderung

§ 406 BGB gestattet eine Aufrechnung trotz fehlender Gegenseitigkeit, wenn der Schuldner beim Erwerb der Gegenforderung die Abtretung der Forderung nicht kannte. Was ist unter der Abtretung, auf deren Kenntnis es ankommt, zu verstehen? § 406 BGB ist auf den Fall der gewöhnlichen Abtretung zugeschnitten. An eine Vorausabtretung ist dort nicht gedacht. Bei der gewöhnlichen Abtretung fällt der Abtretungstatbestand (die Vereinbarung, die Forderung werde abgetreten) mit der Abtretungwirkung (die abgetretene Forderung geht über) zusammen; mit der Abtretung geht die abgetretene Forderung auf den neuen Gläubiger über. Bei der Voraus-

---

2 Vgl. *Lempenau*, Direkterwerb oder Durchgangserwerb bei Übertragung künftiger Rechte (1968), S. 63 ff; *Raiser*, Dingliche Anwartschaften (1961), S. 22.

3 Vgl. *Medicus*, JuS 1967, 385, 388.

4 BGHZ 66, 384, 385; BGH, NJW 1969, 276.

abtretung fallen die beiden Ereignisse auseinander. Die Abtretungswirkung tritt erst ein, wenn die künftige Forderung entsteht; die Forderung kann nicht übergehen, bevor sie vorhanden ist. Eine künftige Forderung kann nur mit der Maßgabe abgetreten werden, daß sie, wenn sie später entsteht, dem neuen Gläubiger vom Zeitpunkt ihrer Entstehung an zusteht. Der Abtretungstatbestand liegt in unserem Beispiel im alten Jahr, die Abtretungswirkung tritt erst im Februar des neuen ein. In der Zwischenzeit, im Januar, erlangt S die Gegenforderung gegen G. In diesem Zeitpunkt kennt er den Abtretungstatbestand, nicht die Abtretungswirkung. Diese kann er nicht kennen, weil sie erst später, im Februar, eintritt. Kommt es auf die Kenntnis des Abtretungsaktes an, so kann S nicht gegenüber X aufrechnen. Ist die Kenntnis von der Abtretungswirkung maßgebend, steht ihm ein Aufrechnungsrecht zu.

In der Rechtslehre[5] wird unter der Abtretung im Sinne des § 406 BGB die Abtretungswirkung verstanden und dies wie folgt begründet. In dem Augenblick, in dem die Forderung nach der Lehre vom Durchgangserwerb für eine juristische Sekunde in der Person des Gläubigers G zur Entstehung gelange, geschehe dies mit der Maßgabe, daß sie durch die Aufrechnung mit der Gegenforderung getilgt werden könne. In diesem Zustand gehe sie auf den Abtretungsempfänger über. Dieser müsse die Aufrechnung hinnehmen. Er könne nicht mehr Rechte von G erlangen, als diesem, wenn auch kurz, zugestanden hätten. Diese Regelung ergebe sich aus § 404 BGB oder jedenfalls aus der Wertung, die ihm zugrunde liege.

Dieser Auffassung ist nicht zuzustimmen. § 404 setzt eine Einwendung gegen die Forderung voraus. Die Einwendung hindert die Entstehung der Forderung oder vernichtet sie, wenn sie entstanden ist. Der Abtretungsempfänger erhält hier eine Forderung, die nicht oder nicht mehr besteht. Der Schuldner muß die rechtshindernde oder rechtsvernichtende Einwendung dem neuen Gläubiger entgegensetzen können; die Forderung bestand bei der Abtretung nicht oder nicht mehr, und der gute Glaube an das Bestehen einer Forderung wird nicht geschützt. § 404 BGB erstreckt sich, stillschweigend, auch auf Einreden. Der Forderung haftet die (schlechte) Eigenschaft an, nicht durchgesetzt werden zu können. Dem Schuldner steht die Einrede des nichterfüllten Vertrages oder der Verjährung zu; diese Einreden kann er durch die Abtretung der Forderung nicht verlieren. Der neue Gläubiger kann nicht mehr Rechte erhalten, als der alte hatte, und dieser war nur Inhaber einer einredebehafteten Forderung, und der gute Glaube des Erwerbers an die Einredefreiheit wird nicht geschützt. Bei der Aufrechnungsmöglichkeit ist die Rechtslage anders.

5 *Serick*, BB 1982, 873, 875, 878.

Der Umstand, daß eine Forderung durch Aufrechnung mit einer Gegenforderung getilgt werden kann, berührt weder den Bestand noch die Durchsetzbarkeit der Forderung. Die Forderung als solche bleibt unverändert. „Die Parallele zu § 404 BGB", heißt es zutreffend bei *Canaris,*[6] paßt „doch nicht so recht, weil die unter diese Vorschrift fallenden Einwendungen typischerweise in irgendeiner Weise mit der Forderung zusammenhängen und diese daher von vornherein inhaltlich bestimmen, während die Aufrechnung ‚von außen' hinzutritt. Dieser letztere Gesichtspunkt dürfte den Ausschlag geben." Die Forderung wird durch die Möglichkeit, durch die Aufrechnung mit einer Gegenforderung getilgt werden zu können, nicht in ihrem Inhalt verändert. Die Aufrechnungsmöglichkeit tritt von außen hinzu, wenn die Gegenseitigkeit von Forderung und Gegenforderung gegeben ist oder § 406 BGB von diesem Erfordernis absieht. Ob das der Fall ist, ist gerade die Frage, um die es geht. Sie kann nicht durch einen Vergleich mit § 404 BGB, sie muß unter Berücksichtigung der Interessenlage beantwortet werden. Die Abwägung der einander gegenüberstehenden Interessen führt aber zu dem Ergebnis, daß der Schuldner nicht aufrechnen kann, wenn er bereits beim Erwerb der Gegenforderung die Vorausabtretung der künftigen Forderung kennt. Weiß der Schuldner zu diesem Zeitpunkt, daß eine bereits entstandene Forderung des Gläubigers gegen ihn durch eine gewöhnliche Abtretung auf den neuen Gläubiger übergegangen ist, so steht ihm kein Aufrechnungsrecht zu. Er hat keinen Anspruch darauf, daß der Gläubiger die Forderung nicht abtritt. Tritt der Gläubiger sie ab, so verhindert er auf diese Weise die Aufrechnung mit einer später erworbenen Gegenforderung des Schuldners. Der Schuldner muß dies hinnehmen, wenn er die Abtretung beim Erwerb der Gegenforderung kennt. Er mag dann von dem Erwerb der Gegenforderung absehen, wenn ihm an der Aufrechnung gelegen ist. Die Rechtslage kann nicht anders sein, wenn der Schuldner beim Erwerb der Gegenforderung weiß, daß der Gläubiger die künftige Forderung gegen ihn zu diesem Zeitpunkt bereits im voraus an einen Dritten abgetreten hat. Der Schuldner kann nicht verhindern, daß der Gläubiger eine künftige Forderung gegen ihn abtritt und dadurch die Aufrechnung mit einer später erworbenen Gegenforderung verhindert. Kennt der Schuldner beim Erwerb der Gegenforderung die Vorausabtretung, so verdient er ebensowenig Schutz, wie wenn er die gewöhnliche Abtretung der zu diesem Zeitpunkt bereits entstandenen Forderung kennt. Er mag von dem Erwerb der Gegenforderung absehen, wenn er sie nur im Hinblick auf die Aufrechnung erwerben will. Diese Auffassung

6 Bankvertragsrecht, 2. Aufl., Rdn. 1702.

wird auch vom BGH[7] vertreten. Sie hat in der Rechtslehre[8] weitgehend Zustimmung gefunden.

Der Abtretungsempfänger wird auf diese Weise vor der Aufrechnung des Schuldners mit einer Gegenforderung gegen den alten Gläubiger geschützt. Dieser Schutz kann aber dadurch vereitelt werden, daß der Gläubiger mit dem Schuldner bei Begründung der im voraus bereits abgetretenen Forderung vereinbart, sie dürfe nicht abgetreten werden. Eine derartige Vereinbarung können Gläubiger und Schuldner treffen. Die Vorausabtretung hat nicht zur Folge, daß der Gläubiger, der die Abtretung erklärt hat, in seiner Geschäftsfähigkeit eingeschränkt wird. Er kann Verträge schließen und die Forderungen, die hierdurch entstehen, durch Vereinbarung mit dem Schuldner frei ausgestalten, also auch die Forderungen, die durch den Vertrag begründet werden, als unabtretbare zur Entstehung bringen. Die Vorausabtretung geht dann ins Leere; es ist keine abtretbare Forderung entstanden. Der Abtretungsempfänger X erlangt keine Forderung. Sie bleibt trotz der Abtretung beim alten Gläubiger. Der Schuldner kann mit seiner Gegenforderung gegen sie aufrechnen. X, der Abtretungsempfänger, ist der Dumme. Eine derartige Vereinbarung hat aber für den Schuldner erhebliche Nachteile. Die Vorausabtretung ist vor allem beim verlängerten Eigentumsvorbehalt von Bedeutung. X verkauft die Ware an G unter Eigentumsvorbehalt mit der Maßgabe, daß G die Ware im ordnungsgemäßen Geschäftsgang veräußern kann und ihm die künftige Kaufpreisforderung aus diesem Vertrag (gegen S) schon jetzt im voraus abtritt. Vereinbaren G und S, daß die Forderung aus dem zwischen ihnen zustandegekommenen Kaufvertrag nicht abgetreten werden kann, so erlangt X die Kaufpreisforderung des G gegen S trotz der Abtretung nicht; es besteht aber die Gefahr für S, daß er dann die Kaufsache nicht erwirbt. X hat den G nur ermächtigt, die Ware mit der Maßgabe zu verkaufen, daß er, X, die Kaufpreisforderung aus dem zweiten Kaufvertrag erhält. Tritt diese Wirkung nicht ein, so fehlt G, der ohnehin nicht Eigentümer der Sache ist, auch die Verfügungsmacht, so daß der Erwerber S die Sache nicht erhält, da der gute Glaube an die Verfügungsmacht nicht geschützt wird.[9] Greift § 366 HGB ein, so scheitert ein Erwerb des S vielfach daran, daß er nicht gutgläubig ist. Er ist bösgläubig, wenn er die Vorausabtretung kennt oder seine Unkenntnis

7 BGHZ 66, 384.

8 Vgl. *Canaris*, Bankvertragsrecht, 2. Aufl., Rdn. 1702; *Jauernig/Stürner*, BGB, 3. Aufl., § 406, 2 b; *Kornblum*, BB 1981, 1296, 1303; MünchKomm.-*Roth*, § 406 Rdn. 21; *Reinicke/Tiedtke*, Kaufrecht, 2. Aufl., S. 276; a.A. *Denck*, DB 1977, 1493 ff.

9 Vgl. BGHZ 77, 274, 278; *Gursky*, JZ 1984, 604, 608.

auf grober Fahrlässigkeit beruht, was bei derartigen Geschäften oft vorkommen wird.

4. Dritter Fall: Kenntnis des Schuldners von der Vorausabtretung bei Begründung der Schuld

Der Schuldner S erwirbt die Gegenforderung gegen den Gläubiger G im Januar. Er hat zu diesem Zeitpunkt von der Vorausabtretung keine Kenntnis. Er erfährt aber vor Abschluß des Kaufvertrages mit G, daß dieser die hierdurch zu begründende Kaufpreisforderung bereits im alten Jahr an X abgetreten hat. Gleichwohl schließt er mit G den Kaufvertrag und rechnet mit seiner Gegenforderung gegen G gegenüber X auf. Muß X die Aufrechnung dulden?

§ 406 BGB stellt beim gutgläubigen Erwerb des Aufrechnungsrechts auf den guten Glauben des Schuldners beim Erwerb der Gegenforderung ab. In diesem Zeitpunkt wußte der Schuldner von der Abtretung nichts. Hieraus kann jedoch nicht geschlossen werden, er habe kraft seines guten Glaubens die Aufrechnungsbefugnis erlangt. § 406 BGB hat nur an die gewöhnliche Abtretung gedacht, und hier kann der Fall, daß die Abtretung der Forderung erst nach Erwerb der Gegenforderung stattfindet, im Rahmen des gutgläubigen Erwerbs der Aufrechnungsbefugnis nicht eintreten. Mit der gewöhnlichen Abtretung geht die bereits entstandene Forderung über. Dieser Zeitpunkt liegt in den fraglichen Fällen vor dem Erwerb der Gegenforderung. Es handelt sich nur um die Frage, ob der Schuldner in diesem Augenblick von der bereits vorgenommenen Abtretung und damit dem Übergang der entstandenen Forderung auf X, den neuen Gläubiger, Kenntnis hat. Bei der Vorausabtretung liegt der Akt der Abtretung vor der Entstehung der abgetretenen Forderung, so daß hier und nur hier, der Fall eintreten kann, daß der Schuldner beim Erwerb der Gegenforderung von dem Abtretungstatbestand keine Kenntnis hat, ihn aber bei Begründung der im voraus abgetretenen Forderung kennt.

Es kommt in diesem Fall, an den § 406 BGB nicht gedacht hat, wiederum auf die Interessen der Beteiligten an. Der Schuldner verdient auch dann keinen Schutz, wenn er bei der Begründung der Schuld weiß, daß die hierdurch entstehende Forderung des Gläubigers gegen ihn aufgrund der Vorausabtretung einem Dritten zusteht. Er kann nicht eine Forderung zur Entstehung bringen, von der er weiß, daß sie mit Abschluß des Vertrages, wenn auch möglicherweise auf dem Umweg über den alten Gläubiger, einem Dritten zusteht, gleichwohl aber das Recht für sich in Anspruch nehmen, mit seiner Gegenforderung gegen den alten Gläubiger dem neuen Gläubiger gegenüber aufzurechnen; er nähme ihm sonst die Forderung, die er ihm zusammen mit dem alten Gläubiger verschafft hat, durch die Aufrechnung wieder weg. Der BGH[10] hat mit Recht darauf hingewiesen, der Schuldner müsse bei der Kenntnis der Vorausabtretung von der Begründung der Schuld absehen, wenn er auf die Tilgung dieser Schuld durch Aufrechnung mit der Gegenforderung gegen den alten Gläubiger Wert lege. Mit dieser Erwägung stimmen die Ausführungen von *Canaris*[11] überein, der ausführt: „Weiß nämlich der Schuldner, daß sein Vertragspartner die Forderung aus dem abzuschließenden Geschäft bereits an einen Dritten abgetreten hat, so darf man von ihm erwarten, daß er vor oder bei dem Geschäftsschluß mit seiner Aufrechnungsabsicht hervortritt und diese durch einen vertraglichen Aufrechnungsvorbehalt oder ein Abtretungsverbot absichert oder aber von dem Vertragsschluß Abstand nimmt, wenn er sich mit seinem Wunsch nicht durchsetzen kann. Kenntnis von der Vorauszession schließt daher die Aufrechnung durch den Schuldner auch dann aus, wenn dessen Forderung schon vor Abschluß des Geschäfts bestand, durch das seine Schuld begründet worden ist."

Der Schuldner könnte gegen diese Begründung einwenden, ihm liege nicht daran, seine Schuld durch die Aufrechnung zu tilgen. Er sei reich und könne auch bar zahlen. Der Gläubiger sei aber arm, und es sei zweifelhaft, ob er die Gegenforderung tilgen könne. Ihm, dem Schuldner, sei daher daran gelegen, die Gegenforderung durch die Aufrechnung zu realisieren. Er habe die Gegenforderung im Hinblick darauf erworben, daß er mit ihr gegen die künftige, schon in Aussicht genommene Forderung des Gläubigers gegen ihn aufrechnen könne. Diese Aufrechnungsmöglichkeit verliere er, wenn es auf seinen guten Glauben bei der Begründung der Schuld ankomme. Der Hinweis, er könne von der Begründung der Schuld absehen, gebe ihm Steine statt Brot. Er erlange durch den Nichtabschluß des Kaufvertrages keine Aufrechnungsmöglichkeit;[12] es fehle dann nicht an der Gegenseitigkeit von Forderung und Gegenforderung, sondern bereits an dem Bestehen einer Forderung, gegen die er mit seiner Forderung aufrechnen könne. Er könne dann die Gegenforderung nicht durch die Aufrechnung realisieren, obwohl er bei ihrem Erwerb mit der Realisierung durch eine spätere Aufrechnung gegen die künftige Forderung des Gläubigers gegen ihn gerechnet habe und habe rechnen dürfen.

Diese Erwägungen reichen nicht aus, um dem Schuldner ein Aufrechnungsrecht zu gewähren, wenn er die Vorausabtretung beim Erwerb der

---

10 BGHZ 66, 384, 387; *Schomaker*, BB 1969, 940, 941.
11 Bankvertragsrecht, 2. Aufl., Rdn. 1702.
12 Vgl. *Serick*, BB 1982, 873, 877.

Gegenforderung nicht kennt, von ihr aber bei Begründung seiner Schuld Kenntnis hat. Die Möglichkeit, mit der erworbenen Gegenforderung aufzurechnen, ist unsicher, wenn die Forderung, gegen die aufgerechnet werden soll, bei ihrem Erwerb noch nicht besteht. Die Rechtslage ist hier anders als bei der unmittelbaren Anwendung des § 406 BGB, wo der Schuldner nach seiner Vorstellung sofort nach dem Erwerb der Gegenforderung aufrechnen kann. Es kann dann nichts mehr dazwischen kommen. Die künftige Forderung kann aber aus tausend Gründen nicht zur Entstehung gelangen. Eine derart vage Rechtsstellung des Schuldners kann auch, wenn die Forderung später entsteht, nicht auf Kosten des Abtretungsempfängers geschützt werden.

Der Schuldner trägt überdies selbst dazu bei, daß die künftige Forderung, gegen die er aufrechnen will, dem Dritten, wenn auch möglicherweise durch den alten Gläubiger hindurch, zusteht. S kann nicht aufrechnen, wenn G den Kaufvertrag als Vertreter des X oder wenn G mit ihm einen Vertrag zugunsten des X schließt, so daß S von vornherein an X zu leisten hat. Die Rechtslage kann nicht anders sein, wenn der Kaufvertrag zwar zwischen S und G zustande kommt, die Forderung aber dem X aufgrund der Vorausabtretung zusteht. Wirtschaftlich gesehen gehört die Forderung, auch wenn man der Lehre vom Durchgangserwerb[13] zustimmen sollte, von Anfang an dem X. Schließt S in Kenntnis dieses Umstandes, sehenden Auges, den Kaufvertrag, dann kann er, was die Aufrechnung angeht, nicht verlangen, so gestellt zu werden, wie er stünde, wenn G Inhaber der Kaufpreisforderung wäre.

Der Schuldner erlangt somit kraft seines guten Glaubens nur dann ein Aufrechnungsrecht, wenn er sowohl beim Erwerb der Gegenforderung als auch bei Begründung der Schuld die Vorausabtretung nicht kennt.

---

13 So z. B. *Egert*, Die Rechtsbedingung im System des bürgerlichen Rechts (1974), S. 60 m.w.N.; a.A. die herrschende Lehre, vgl. *Erman/H. P. Westermann*, Komm. zum BGB, 7. Aufl., § 398 Rdn. 12 m.w.N.; *Larenz*, Schuldrecht, Band I, § 34 III.

Dritter Abschnitt

Erwerb von Sachen und Rechten kraft guten Glaubens an die Vertretungsmacht

I. Grundsätzliche Regelung

Der Erwerber kann weder Sachen vom Eigentümer noch Rechte von ihrem Inhaber erlangen, wenn er den Vertrag, der den Erwerb begründen soll, mit einem Vertreter ohne Vertretungsmacht schließt und der Vertretene, der Eigentümer der Sache oder der Inhaber des Rechts, die Genehmigung des schwebend unwirksamen Vertrages verweigert. Daran ändert der gute Glaube des Erwerbers nichts. Der gute Glaube an die Vertretungsmacht des Vertreters wird nicht geschützt. Von dieser Regel bestehen jedoch Ausnahmen.

II. Ausnahmen

1. Innenvollmacht

Die Erteilung der Vollmacht kann nach § 167 BGB durch Erklärung gegenüber dem zu Bevollmächtigenden erfolgen; der Vollmachtgeber erklärt dem zu Bevollmächtigenden, er erteile ihm hiermit Vollmacht, ein bestimmtes Rechtsgeschäft (Einzelvollmacht) oder alle Geschäfte (Generalvollmacht) in seinem Namen und mit Wirkung für und gegen ihn vorzunehmen. Es liegt dann eine Innenvollmacht vor. Ist eine derartige Bevollmächtigung nicht oder nicht wirksam zustande gekommen, so wird der gute Glaube des Dritten nicht geschützt. Das gleiche gilt, wenn die interne Vollmacht wirksam erteilt, aber durch einen Widerruf des Vertretenen gegenüber dem Vertreter (Innenwiderruf) erloschen ist. Der gute Glaube an den Fortbestand der Innenvollmacht wird ebensowenig geschützt wie der gute Glaube an ihre Entstehung.

Eine Vollmacht kann allerdings auch auf andere Weise als durch Widerruf enden. Nach § 168 Satz 1 BGB bestimmt sich das Erlöschen der Vollmacht nach dem ihrer Erteilung zugrundeliegenden Rechtsverhältnis, und der Auftrag, der ihr zugrunde liegt, erlischt z. B., wenn der Auftraggeber in Konkurs fällt, § 23 KO. Der Auftragnehmer haftet dann, wenn er weiterhin tätig ist, nach den Vorschriften über die Geschäftsführung ohne Auftrag. Eine derartige Haftung ist nicht sachgerecht, wenn der Auftragnehmer nicht weiß und auch nicht zu wissen braucht, daß der Auftrag beendet ist. Zugunsten des Beauftragten gilt daher der Auftrag nach § 674 BGB als fortbestehend, bis der Beauftragte von dem Erlöschen Kenntnis erlangt oder das Erlöschen kennen muß. Gilt der Auftrag als fortbestehend, so gilt nach § 168 Satz 1 BGB auch die Vollmacht als fortbestehend, gleichgültig, auf welche Weise sie entstanden ist. Diese Regelung kommt als Reflex dem Dritten zugute, mit dem der Beauftragte ein Rechtsgeschäft schließt. Die Aufrechterhaltung der Vollmacht ist aber zum Schutze des Auftragnehmers nicht erforderlich, wenn der Dritte das Erlöschen der Vollmacht kennt oder kennen muß. In diesem Fall braucht der Auftragnehmer aufgrund des § 179 Abs. 3 BGB nicht geschützt zu werden. Nach § 169 BGB gilt der Fortbestand der Vollmacht demgemäß nicht zugunsten eines Dritten, der bei der Vornahme des Rechtsgeschäfts das Erlöschen der Vollmacht kennt oder kennen muß. Eine entsprechende Regelung ist für den Gesellschafter getroffen, §§ 729, 169 BGB.

2. Außenvollmacht

Die Erteilung der Vollmacht kann nach § 167 BGB auch durch Erklärung gegenüber dem Dritten erfolgen, dem gegenüber die Vertretung stattfinden soll (Außenvollmacht). Ist die Erklärung wirksam, taucht das Problem des guten Glaubens nicht auf. Ist sie unwirksam, muß der Dritte dies hinnehmen. Er ist jedoch schutzwürdig, wenn der Vertretene die Außenvollmacht intern widerruft. Auf die Erklärung des Widerrufs ist nach § 168 Satz 3 BGB die Vorschrift des § 167 Abs. 1 BGB entsprechend anzuwenden. Dies bedeutet nicht etwa, daß die Innenvollmacht nur intern, also durch Erklärung gegenüber dem Vertreter, die Außenvollmacht nur extern, durch Erklärung gegenüber dem Dritten, widerrufen werden könnte. Die Bestimmung ist vielmehr so zu verstehen, daß der Widerruf, wie die Vollmacht, intern oder extern erklärt werden kann. Die Innenvollmacht kann also durch Erklärung gegenüber dem Dritten, die Außenvollmacht durch Erklärung gegenüber dem Vertreter widerrufen werden. Es wäre auch ohne Sinn zu bestimmen, die Innenvollmacht könne nicht gegenüber dem Dritten, mit dem das Rechtsgeschäft vorgenommen werden soll, widerrufen werden; der Dritte weiß dann, woran er ist, und der Vertreter hat kein schutzwürdiges Interesse daran, daß der Vertrag zustande kommt. Der Dritte verdient jedoch Schutz, wenn die Außenvollmacht intern widerrufen wird. Da die Vollmacht durch Erklärung ihm gegenüber entstanden ist, vertraut er auf deren Fortbestand. Er kann erwarten, daß der Vollmachtgeber ihm Bescheid sagt, wenn er die Außenvollmacht durch Erklärung gegenüber dem Vertreter zum Erlöschen bringt. Die Vollmacht ist zwar durch den intern erklärten Widerruf untergegangen; sie bleibt aber gemäß § 170 BGB dem Dritten gegenüber bestehen, bis ihm das Erlöschen von dem Vollmachtgeber angezeigt wird. Die Vollmacht besteht jetzt nicht mehr kraft Rechtsgeschäfts, sondern kraft Rechtsscheins.[1] Der Dritte wird nur geschützt, wenn er auf den Rechtsschein vertraut und vertrauen darf. § 170 BGB ist gemäß § 173 BGB nicht anzuwenden, wenn der Dritte das Erlöschen der Vertretungsmacht bei der Vornahme des Rechtsgeschäfts kennt oder kennen muß.

3. Mitteilung an den Dritten

Die Bevollmächtigung kann auch auf eine dritte Weise zustande kommen. Hat jemand durch eine besondere Mitteilung an einen Dritten oder durch öffentliche Bekanntmachung kundgegeben, daß er einen anderen bevollmächtigt habe, so ist dieser nach § 171 Abs. 1 BGB aufgrund der Kundgebung im ersten Fall dem Dritten, im zweiten Fall jedem Dritten gegenüber zur Vertretung berechtigt. Die Kundgabe begründet keine Außenvollmacht. Der Vertretene bevollmächtigt nicht den Vertreter durch rechtsgeschäftliche Erklärung gegenüber dem Dritten. Er erklärt nicht, er erteile hiermit dem Vertreter Vollmacht. Er teilt dem Dritten oder der Öffentlichkeit nur mit, daß er den Vertreter anderweit, intern, bevollmächtigt habe. Diese Mitteilung ist keine Willenserklärung; sie setzt keine rechtsgeschäftliche Regelung in Geltung. Sie stellt eine Wissenserklärung dar. Der Vertretene teilt dem Dritten mit, daß eine Rechtsfolge eingetreten sei, bestimmt aber nicht, daß sie hierdurch eintreten solle. Die Vollmacht, die durch diese Wissenerklärung entsteht, ist daher keine rechtsgeschäftlich erteilte Vollmacht; es fehlt an einem Rechtsgeschäft. Sie ist eine Vollmacht kraft Rechtsscheins.[2] Entspricht die Kundgebung des Vertretenen nicht der Wirklichkeit, hat er den Vertreter in Wahrheit nicht bevollmächtigt, so ist der Vertretene an den von ihm bewußt veranlaßten Rechtsschein gebunden. Die Rechtslage wird so angesehen, wie sie wäre, wenn der Schein Wirklichkeit wäre, die Mitteilung von der erteilten Bevollmächtigung also der Wahrheit entspräche.

Der Dritte wird, darüber hinaus, davor geschützt, daß die durch die Mitteilung nach § 171 Abs. 1 BGB entstandene Vollmacht untergegangen

---

1 Herrschende Meinung, vgl. *Canaris*, Die Vertrauenshaftung im deutschen Privatrecht (1971), S. 32 ff, 134 ff; *Larenz*, Allgemeiner Teil des deutschen Bürgerlichen Rechts, 6. Aufl., § 33 I b; MünchKomm.-*Thiele*, 2. Aufl., § 170 Rdn. 1 m.w.N.; Staudinger-*Dilcher*, Komm. zum BGB, 12. Aufl., § 170 Rdn. 9; a.A. *Flume*, Allgemeiner Teil des Bürgerlichen Rechts, II. Band, Das Rechtsgeschäft, 3. Aufl., § 51, 9.

2 Allgemeine Meinung, vgl. *Canaris*, aaO. (Fn. 1), S. 32 ff; *Larenz*, Allgemeiner Teil des deutschen Bürgerlichen Rechts, 6. Aufl., § 33 I a; MünchKomm.-*Thiele*, 2. Aufl., § 171 Rdn. 1; a.A. *Flume*, Allgemeiner Teil des Bürgerlichen Rechts, II. Band, Das Rechtsgeschäft, 3. Aufl., § 49, 2 a.

ist; die Vertretungsmacht bleibt nach § 171 Abs. 2 BGB bestehen, bis die Kundgabe in derselben Weise, wie sie erfolgt ist, widerrufen wird.

Der Dritte ist in beiden Fällen nur schutzwürdig, wenn er auf den Rechtsschein vertraut und vertrauen darf. Nach § 173 BGB ist § 171 Abs. 2 BGB nicht anzuwenden, wenn der Dritte das Erlöschen der (Rechtsschein-)Vollmacht kennt oder kennen muß. Das Gesetz ordnet diese Regelung nur für § 171 Abs. 2 BGB, also für das Erlöschen der Vollmacht an. Die Rechtslage kann jedoch im Falle ihrer Entstehung nicht anders sein. Der Schutz des Dritten, der in diesem Fall durch § 171 Abs. 1 BGB verwirklicht wird, muß entfallen, wenn der Dritte von Anfang an weiß, daß die Mitteilung nicht der Wirklichkeit entspricht oder er dies jedenfalls hätte erkennen können. § 173 BGB ist also so zu lesen, wie wenn dort stünde, die Vorschrift des § 171 BGB sei nicht anzuwenden, wenn der Dritte die Unrichtigkeit der Kundgabe oder das Erlöschen der Vollmacht gekannt habe oder habe kennen müssen. Über diese Korrektur des § 173 BGB besteht Einigkeit.[3]

4. Aushändigung einer Vollmachtsurkunde

Der besonderen Mitteilung einer Bevollmächtigung durch den Vollmachtgeber steht es nach § 172 Abs. 1 BGB gleich, wenn dieser dem Vertreter eine Vollmachtsurkunde ausgehändigt hat und der Vertreter sie dem Dritten vorlegt. Auch in diesem Fall ist keine rechtsgeschäftlich erteilte Vollmacht entstanden,[4] wenn es an einer internen Vollmacht fehlt. Der Vollmachtgeber begründet durch die Aushändigung der dem Dritten später vorzulegenden Urkunde weder eine Innen- noch eine Außenvollmacht. Er bescheinigt vielmehr nur, daß er dem Vertreter intern eine Vollmacht erteilt habe. Der Dritte darf auf diesen Rechtsschein vertrauen, auch wenn er der Wirklichkeit nicht entspricht, der Vertretene also den Vertreter nicht bevollmächtigt hat, die Urkunde somit unrichtig ist. Der Vertretene muß die Vollmachtsurkunde gegen sich gelten lassen, weil er durch ihre Ausstellung und Aushändigung bewußt einen Rechtsschein geschaffen hat. Die Rechtslage wird demgemäß auch in diesem Falle so angesehen, wie sie wäre, wenn der Schein Wirklichkeit wäre, der Vertreter also Vollmacht gehabt hätte.

---

3 Vgl. BGH, DNotZ 1965, 608; BGB-RGRK-*Steffen*, 12. Aufl., § 173 Rdn. 2; MünchKomm.-*Thiele*, 2. Aufl., § 173 Rdn. 3; Staudinger-*Dilcher*, Komm. zum BGB, 12. Aufl., § 173 Rdn. 7.

4 Allgemeine Meinung, vgl. *Soergel/Schultze von Lasaulx*, Komm. zum BGB, 11. Aufl., § 172 Rdn. 1; Staudinger-*Dilcher*, Komm. zum BGB, 12. Aufl., § 172 Rdn. 2 m.w.N.; a.A. *Flume*, Allgemeiner Teil des Bürgerlichen Rechts, II. Band, Das Rechtsgeschäft, 3. Aufl., § 49, 2 c.

Diese Rechtsfolge tritt aber nur ein, wenn der Vertretene dem Vertreter die Vollmachtsurkunde ausgehändigt hat.[5] Es genügt nicht, daß er sie ausgestellt und der Vertreter sie eigenmächtig[6] an sich gebracht hat, mag dies auch nur deshalb möglich gewesen sein, weil er die Urkunde nicht sorgfältig aufbewahrt hat. Es spielt auch keine Rolle, ob der Vertretene dem Vertreter die Urkunde niemals ausgehändigt hat oder ob dies der Fall gewesen ist, der Vertreter sie ihm aber später zurückgegeben und ihm alsdann entwendet hat. In diesen Fällen kann sich der Vertretene dem Dritten gegenüber nach den Grundsätzen der culpa in contrahendo[7] schadensersatzpflichtig gemacht haben. Er muß ihm dann den Vertrauensschaden, das negative Interesse, ersetzen. Es gelangt aber kein Vertrag zwischen dem Vertretenen und dem Dritten zur Entstehung, wenn der Vertreter dem Dritten die entwendete Vollmachtsurkunde vorlegt. Der Vertretene hat in diesen Fällen den Rechtsschein nur fahrlässig herbeigeführt. Er braucht jedoch den Inhalt der Urkunde nur dann gegen sich gelten zu lassen, wenn er den Rechtsschein durch Aushändigung der Urkunde an den Vertreter bewußt geschaffen hat.

Der Dritte muß auch dann geschützt werden, wenn die Urkunde anfangs richtig war, der Vertretene aber die dem Vertreter erteilte Vollmacht (über welche die Urkunde den Dritten unterrichtet) widerrufen hat. Nach § 172 Abs. 2 BGB bleibt die Vertretungsmacht bestehen, bis die Vollmachtsurkunde dem Vollmachtgeber zurückgegeben oder für kraftlos erklärt wird.

Der Dritte verdient nur Schutz, wenn er auf den vom Vertretenen bewußt veranlaßten Rechtsschein vertraut hat und vertrauen durfte. Nach § 173 BGB ist § 172 Abs. 2 BGB nicht anzuwenden, wenn der Dritte das Erlöschen der Vertretungsmacht bei der Vornahme des Rechtsgeschäfts kennt oder kennen muß. Die gleiche Rechtslage besteht, wenn er von Anfang an weiß, daß die Vollmachtsurkunde unrichtig ist. § 173 BGB muß, was die Heranziehung des § 172 BGB angeht, in gleicher Weise korrigiert werden, wie es bei der Heranziehung des § 171 BGB der Fall ist. Auch hierüber besteht kein Streit.[8]

---

5 *Canaris*, aaO. (Fn. 1), S. 38 f; MünchKomm.-*Thiele*, 2. Aufl., § 172 Rdn. 4, 5 m.w.N.

6 BGHZ 65, 13.

7 BGHZ 65, 13, 15; *Flume*, Allgemeiner Teil des Bürgerlichen Rechts, II. Band, Das Rechtsgeschäft, 3. Aufl., § 49, 2 c.

8 Vgl. die Nachweise in Fn. 3.

III. Duldungsvollmacht und Anscheinsvollmacht

Der BGH[9] hat im Anschluß an das RG[10] in ständiger Rechtsprechung zwei weitere Fälle von Rechtsscheinvollmachten anerkannt, die Duldungsvollmacht und die Anscheinsvollmacht.

1. Duldungsvollmacht

„Kraft Duldungsvollmacht haftet, wer das Handeln eines anderen, nicht zu seiner Vertretung Befugten, kennt und dies duldet, obwohl der Geschäftsgegner dieses Verhalten dahin wertet und auch nach Treu und Glauben werten darf, daß der Handelnde Vollmacht habe".[11] Auch eine Duldungsvollmacht entsteht kraft Rechtsscheins.[12] Der Oberbegriff ist die Rechtsscheinvollmacht; hierunter fällt sowohl die Duldungs- als auch die Anscheinsvollmacht.

In der Rechtslehre[13] wird allerdings auch die Ansicht vertreten, die Duldungsvollmacht sei eine rechtsgeschäftlich erteilte Vollmacht. Es ist möglich, daß der Vollmachtgeber den Vertreter intern oder extern stillschweigend oder durch schlüssiges Verhalten bevollmächtigt. § 167 BGB verlangt keine ausdrückliche Bevollmächtigung. Die stillschweigend erteilte Vollmacht bezeichnet man aber besser nicht als Duldungsvollmacht. Es werden sonst zwei verschiedene Fälle, die durch Rechtsgeschäft und die durch Rechtsschein entstandene Vollmacht, unter einer Bezeichnung zusammengefaßt. Hierdurch können Mißverständnisse[14] eintreten. Die stillschweigend rechtsgeschäftlich erklärte Bevollmächtigung beruht auf einer unmittelbaren Anwendung des Gesetzes; die Vollmacht wird gemäß § 167 BGB erteilt. Die Duldungsvollmacht in dem von der Rechtsprechung entwickelten Sinn ergänzt aber das Gesetz. Sie stellt einen neuen, zusätzlichen Rechtsscheintatbestand dar. Der Vertretene hat hier nicht

9 Vgl. NJW 1951, 309; BGHZ 5, 111, 116; LM § 167 BGB Nr. 4, Nr. 8, Nr. 10, Nr. 11, Nr. 13, Nr. 17, Nr. 21; BGHZ 40, 197, 203; WM 1973, 612; BGHZ 65, 13; WM 1977, 1169, 1170; NJW 1981, 1727.

10 Vgl. RGZ 65, 295; RGZ 76, 203; RGZ 105, 185; RGZ 117, 165; RGZ 118, 240; RGZ 119, 204; RGZ 133, 100; RGZ 138, 265; RGZ 145, 155; RGZ 170, 284.

11 BGH, WM 1973, 612, 613.

12 *Canaris*, aaO. (Fn. 1), S. 39 ff; *Larenz*, Allgemeiner Teil des deutschen Bürgerlichen Rechts, 6. Aufl., § 33 I a; MünchKomm.-*Thiele*, 2. Aufl., § 167 Rdn. 38 m.w.N.

13 *Flume*, Allgemeiner Teil des Bürgerlichen Rechts, II. Band, Das Rechtsgeschäft, 3. Aufl., § 49, 3.

14 Vgl. *Larenz*, Allgemeiner Teil des deutschen Bürgerlichen Rechts, 6. Aufl., § 33 I a.

den Willen, den Vertreter, der in seinem Namen auftritt, zu bevollmächtigen. Er hat zwar Kenntnis davon, daß dieser als sein Vertreter agiert, und er weiß in der Regel auch, daß dies schon eine Zeitlang geschieht. Er greift aber aus Schwäche, Nachlässigkeit oder Indolenz nicht oder nicht energisch genug ein. Ihm fehlt jedoch der Wille zur Bevollmächtigung; er will durch sein Verhalten keinen Rechtserfolg herbeiführen und gibt damit keine Willenserklärung ab.

Ein Verhalten kann allerdings auch dann rechtlich als Willenserklärung angesehen werden, wenn der Erklärende nicht den Willen hat, einen Rechtserfolg herbeizuführen, also kein Erklärungsbewußtsein vorhanden ist. „Trotz fehlenden Erklärungsbewußtseins (Rechtsbindungswillens, Geschäftswillens)“, hat der BGH[15] mit Recht entschieden, „liegt eine Willenserklärung vor, wenn der Erklärende bei Anwendung der im Verkehr erforderlichen Sorgfalt hätte erkennen und vermeiden können, daß seine Äußerung nach Treu und Glauben und der Verkehrssitte als Willenserklärung aufgefaßt werden durfte, und wenn der Empfänger sie auch tatsächlich so verstanden hat“.

Welcher Empfänger soll jedoch das Verhalten des Vertretenen so verstanden haben? Der Vertreter weiß Bescheid. Er ist darüber im Bild, daß er nicht im Namen des Vertretenen auftreten darf. Er nutzt die Schwäche oder die Nachlässigkeit des Vertretenen aus, faßt dessen Verhalten aber nicht als interne Bevollmächtigung auf. Auch der Dritte versteht das Verhalten des Vertretenen nicht so, daß dieser ihm gegenüber eine Außenvollmacht erteilen und hierdurch die Vollmacht des Vertreters zur Entstehung bringen wolle. Er zieht vielmehr aus dem Verhalten des Vertretenen und des Vertreters den Schluß, der Vertreter sei intern bevollmächtigt worden. Damit entfällt die Möglichkeit, die Duldungsvollmacht als stillschweigend erteilte rechtsgeschäftliche Innen- oder Außenvollmacht zu werten.

Die Duldungsvollmacht stellt somit eine Rechtsscheinvollmacht dar. Sie kommt dem Fall am nächsten, der in § 171 BGB geregelt ist, dem Fall also, daß jemand durch besondere Mitteilung an einen Dritten oder durch öffentliche Bekanntmachung kundgegeben hat, daß er einen anderen bevollmächtigt habe. Auch diese Vorschrift begründet lediglich eine Rechtsscheinvollmacht.[16] Der BGH[17] grenzt demgemäß die stillschweigend erteilte rechtsgeschäftliche Vollmacht von der Duldungsvollmacht

15 NJW 1984, 2279 mit Anmerkung von *Canaris*.

16 Vgl. die Nachweise in Fn. 2.

17 Vgl. NJW 1955, 985; DB 1958, 275; LM § 167 BGB Nr. 10 und Nr. 15; MDR 1964, 913; WM 1973, 612, 613; WM 1977, 1169.

ab, und in der Rechtslehre[18] herrscht die Ansicht, daß die Duldungsvollmacht einen Haftungstatbestand aus bewußt veranlaßtem Rechtsschein umschreibe.

Der Dritte kann sich auf diesen Rechtsschein verlassen. Vertraut er auf ihn und durfte er auf ihn vertrauen, so wird der Schein Wirklichkeit, kommt also der im Namen des Vertretenen vom Vertreter mit ihm abgeschlossene Vertrag wirksam zustande, wie wenn der Vertretene dem Vertreter rechtsgeschäftlich Vollmacht erteilt hätte.

2. Anscheinsvollmacht

Die Anscheinsvollmacht unterscheidet sich ausschließlich dadurch von der Duldungsvollmacht, daß der Vertretene das Verhalten des Vertreters, das er bei der Duldungsvollmacht kennt und duldet, nicht kennt, aber hätte kennen müssen. Hier taucht die Frage, ob der Vertretene den Vertreter stillschweigend bevollmächtigt hat, nicht auf. Der Rechtsscheincharakter der Anscheinsvollmacht ist offensichtlich. Darüber besteht kein Streit.

Umstritten[19] ist aber, ob das Rechtsinstitut der Anscheinsvollmacht anerkannt werden soll. Bei den in den §§ 170 ff BGB geregelten Rechtsscheintatbeständen und bei der Duldungsvollmacht hat der Vertretene den Rechtsschein bewußt geschaffen. Ist dies geschehen, dann muß der Schein wie die Wirklichkeit behandelt werden. Der Dritte ist schutzwürdig, und der Vertretene hat es nicht besser verdient. Ist diese Sanktion aber auch gerechtfertigt, wenn der Vertretene den Rechtsschein nur fahrlässig verursacht hat? Die Rechtsprechung,[20] die diese Frage bejaht, läßt damit den Vertretenen auf das positive Interesse haften. Der Vertrag kommt zustande, wie wenn der Vertretene den Vertreter bevollmächtigt hätte. Der Vertretene muß den Vertrag erfüllen und Schadensersatz wegen Nichterfüllung leisten, wenn dies nicht geschieht. Dem Dritten kommen die Vorteile des Vertrages zugute. Hat der Vertretene aber nur fahrlässig

---

18 Vgl. die Nachweise in Fn. 12.

19 Vgl. *Bader*, Anscheins- und Duldungsvollmacht (1978), S. 111 ff m.w.N.; *Canaris*, Die Vertrauenshaftung im deutschen Privatrecht (1971), S. 49 ff, 191 ff; *Flume*, Allgemeiner Teil des Bürgerlichen Rechts, II. Band, Das Rechtsgeschäft, 3. Aufl., § 49, 4; *Larenz*, Allgemeiner Teil des deutschen Bürgerlichen Rechts, 6. Aufl., § 33 I a; *Lieb*, Festschrift für Heinz Hübner (1984), S. 575, 583 m.w.N.; *Medicus*, Allgemeiner Teil des BGB, Rdn. 971.

20 Vgl. BGH, NJW 1981, 1727, 1728; BGH, MDR 1976, 752 = LM § 167 BGB Nr. 21; BGHZ 65, 13; BGH, WM 1973, 612; BGH, WM 1971, 1500; BGHZ 5, 111, 116; BGH, LM § 167 BGB Nr. 4, Nr. 8, Nr. 10, Nr. 11, Nr. 13, Nr. 14, Nr. 17.

gehandelt, dann wird den schutzwürdigen Interessen des Dritten hinreichend Rechnung getragen, wenn der Vertretene ihm den Schaden ersetzt, den dieser dadurch erleidet, daß er auf die Vertretungsmacht des Vertreters vertraut. Es besteht kein Grund, den Dritten so zu begünstigen, wie wenn der Vertreter Vollmacht gehabt hätte. Der Vertretene muß den Dritten so stellen, wie dieser stünde, wenn er gewußt hätte, daß der Vertreter keine Vertretungsmacht gehabt hat; dann wäre das Rechtsgeschäft nicht abgeschlossen worden. Der Dritte soll durch das fahrlässige Verhalten des Vertretenen keinen Schaden erleiden. Man würde den Dritten aber über seine Schutzbedürftigkeit hinaus schützen, wenn man ihn so stellen würde, wie wenn die Vollmacht rechtsgeschäftlich erteilt worden wäre. Dann kämen ihm auf Kosten des Vertretenen auch die Vorteile des Rechtsgeschäfts zugute. Damit wird über das Ziel hinausgeschossen.

Aus der Tatsache, daß der Vertretene fahrlässig den Rechtsschein gesetzt hat, er hätte den Vertreter bevollmächtigt, kann daher, entgegen der ständigen Rechtsauffassung des BGH,[21] nicht der Schluß gezogen werden, der Vertretene müsse so behandelt werden, wie wenn er den Vertreter bevollmächtigt hätte. Es genügt vielmehr, daß er für den fahrlässig verursachten Rechtsschein nur insoweit zur Verantwortung gezogen wird, als er dem Dritten, der auf den Rechtsschein vertraut hat und vertrauen durfte, den Vertrauensschaden ersetzt.

Diese Auffassung stimmt mit der Auslegung des § 172 BGB durch den BGH[22] überein. Er hat es abgelehnt, § 172 BGB entsprechend anzuwenden, wenn der Vertretene die Vollmachtsurkunde ausgestellt, sie aber dem Vertreter nicht ausgehändigt, jedoch die Entwendung durch seine Fahrlässigkeit ermöglicht hat. Der Vertretene hat hier fahrlässig einen Rechtsschein gesetzt; er hätte die Vollmachtsurkunde, wenn er sie überhaupt ausstellte (oder die ihm zurückgegebene Urkunde nicht sofort vernichtete), sorgfältig aufbewahren müssen. Der Vertretene ist aber nach der Ansicht des BGH[23] nicht an den Vertrag gebunden, den der Vertreter mit dem Dritten geschlossen hat, obwohl er den Rechtsschein einer Bevollmächtigung in zurechenbarer Weise verursacht hat. Die Rechtslage ist bei der Anscheinsvollmacht nicht anders.[24] Der Vertretene ist zwar dafür, daß er den Rechtsschein einer Bevollmächtigung fahrlässig verursacht und dadurch den Dritten geschädigt hat, verantwortlich. Es genügt aber, daß er ihm den Vertrauensschaden ersetzt. Die Anscheinsvollmacht könnte

21 Vgl. die Nachweise in Fn. 20.
22 BGHZ 65, 13.
23 BGHZ 65, 13.
24 *Canaris*, JZ 1976, 132, 133.

daher lediglich mit der Rechtsfolge anerkannt werden, daß sie, anders als die Duldungsvollmacht, nur die Grundlage für einen Schadensersatzanspruch bildete, der auf Ersatz des negativen Schadens gerichtet ist. Für die Gewährung eines solchen Anspruchs reichen aber die Grundsätze der culpa in contrahendo aus. Das Institut der Anscheinsvollmacht ist daher sachlich verfehlt, soweit es die Rechtslage so ansehen will, wie wenn der Vertreter Vertretungsmacht gehabt hätte; es ist überflüssig, soweit es nur die Grundlage für einen Anspruch auf Ersatz des Vertrauensschadens bilden soll. Damit ist das Institut der Anscheinsvollmacht abzulehnen.

Es ist jedoch nicht damit zu rechnen, daß der BGH die Anscheinsvollmacht preisgibt. In einer neueren Entscheidung[25] erwähnt er nicht einmal die Gegenstimmen, sondern begnügt sich mit dem Hinweis, es sei „allgemein anerkannt", daß sich „der Vertretene bei Vorliegen einer Vollmacht kraft Rechtsscheins so behandeln lassen (müsse), wie wenn er eine echte (Außen-)Vollmacht erteilt bzw. ein vollmachtsloses Auftreten genehmigt hätte." Allgemein anerkannt ist diese Auffassung nur bei der Duldungsvollmacht. Bei der Anscheinsvollmacht ist sie umstritten[26] (und verfehlt).

Solange in der Praxis alles beim alten bleibt, müssen jedenfalls strenge Anforderungen an das Vorliegen der Anscheinsvollmacht gestellt werden. Dies geschieht nicht immer. Das *OLG Köln*[27] hatte eine Sache zu entscheiden, in der ein Architekt einen Bauauftrag, den er (entsprechend § 7 des Einheits-Architektenvertrages) nur gemeinsam mit dem Bauherren erteilen durfte, allein erteilt hatte. Das Oberlandesgericht hat den Bauherrn gleichwohl nach den Grundsätzen der Anscheinsvollmacht an diesen Vertrag gebunden, weil „der redliche Rechtsverkehr . . . in der Bestellung eines Architekten zur Durchführung eines bestimmten Bauvorhabens den vom Bauherrn verursachten Rechtsschein (sehe), der Architekt sei bevollmächtigt, einzelne im Rahmen dieses Bauvorhabens liegende Bauleistungen zu vergeben".

Sind die Voraussetzungen der Duldungsvollmacht (oder, schließt man sich der Auffassung des BGH an, die Voraussetzungen der Anscheinsvollmacht) gegeben, so taucht die Frage auf, ob der Dritte den Rechtsschein, auf den er vertraut hat, stets gegen sich gelten lassen muß, oder ob er die Wahl hat, den Schein als Wirklichkeit zu behandeln oder den Schein Schein sein zu lassen und damit die Rechtslage so hinzunehmen, wie sie ohne den vom Vertretenen zurechenbar veranlaßten Rechtsschein ist. Es fragt sich also, ob der Dritte nur gegen den Vertretenen vorgehen kann, weil der Vertreter eine Vollmacht kraft Rechtsscheins gehabt hat, oder ob

25 BGH, NJW 1983, 1308, 1309.
26 Vgl. die Nachweise in Fn. 19.
27 NJW 1973, 1798 mit ablehnender Anmerkung von *Picker*.

er, statt dessen, den Vertreter ohne Vertretungsmacht mit der Begründung in Anspruch nehmen kann, dieser habe keine rechtsgeschäftliche Vollmacht gehabt, hierbei solle es bleiben.

Es wird in der Rechtslehre[28] die Auffassung vertreten, der Dritte habe ein Wahlrecht. Habe ein Prokurist, dessen Prokura widerrufen worden sei, einen Vertrag mit einem Dritten abgeschlossen, so könne dem Dritten der Widerruf nach § 15 Abs. 1 HGB nicht entgegengesetzt werden, wenn er nicht im Handelsregister eingetragen sei. Der Dritte könne aber auch die wahre Rechtslage für sich in Anspruch nehmen, es also dabei belassen, daß der Prokurist ohne Vertretungsmacht gehandelt habe.[29] Ein entsprechendes Wahlrecht müsse dem Dritten im Rahmen der Rechtsscheinvollmacht zustehen. Für diese Ansicht könnte sprechen, daß die Haftung aus Rechtsschein dem Dritten nützen und nicht schaden soll. Der Dritte erlitte aber einen Schaden, wenn er den Vertreter nicht als Vertreter ohne Vertretungsmacht in Anspruch nehmen oder sich vom Vertrage nach § 178 BGB lösen und damit Rechte ausüben könnte, die ihm zustünden, wenn das (seinem Schutz dienende) Rechtsinstitut der Rechtsscheinvollmacht nicht entwickelt worden wäre.

Gleichwohl ist dieser Auffassung nicht zuzustimmen.[30] Der Dritte ist nicht schutzwürdig. Er vertraut auf den Rechtsschein. Seinen Belangen ist Rechnung getragen, wenn der Schein als Wirklichkeit behandelt wird. Würde man dem Dritten das Recht zur Wahl geben, müßte dies auch in den Fällen geschehen, in denen das Gesetz die Rechtsscheintatbestände geregelt hat. Die Interessenlage ist die gleiche. Das Gesetz gewährt dem Dritten aber kein Wahlrecht. Es behandelt die Vollmacht kraft Rechtsscheins in ihrer Auswirkung wie die Vollmacht kraft Rechtsgeschäfts. Die Vollmacht oder die Vertretungsmacht bleibe bestehen, heißt es in § 170, § 171 Abs. 2 und § 172 Abs. 2 BGB. Die rechtsgeschäftlich erteilte Vollmacht bleibt als Vollmacht kraft Rechtsscheins bestehen, wenn der Dritte auf den Rechtsschein vertraut hat und vertrauen durfte. Mit dieser Regelung hat es sein Bewenden. Ein Wahlrecht hat das Gesetz nicht vorgesehen. Dies ist auch zum Schutz des Dritten nicht erforderlich. Weiß der Dritte nicht, ob die Voraussetzungen des Rechtsscheins gegeben sind, kann er den Vertreter in Anspruch nehmen und dem Vertretenen den Streit verkünden. Der Vertreter muß beweisen,[31] daß die Voraussetzun-

28 *Canaris*, Die Vertrauenshaftung im deutschen Privatrecht (1971), S. 518 ff; *Lieb*, Festschrift für Heinz Hübner (1984), S. 575, 587 f; MünchKomm.-*Thiele*, 2. Aufl., § 167 Rdn. 62.

29 Vgl. BGHZ 65, 309, 310; *John*, ZHR 140, 236, 254; *Tiedtke*, DB 1979, 245, 246.

30 Vgl. BGHZ 61, 59, 68; BGH, NJW 1983, 1308; *Larenz*, Allgemeiner Teil des deutschen Bürgerlichen Rechts, 6. Aufl., § 33 I a (Fn. 16).

31 BGH, NJW 1983, 1308, 1309.

gen des Rechtsscheins gegeben sind, er also Vollmacht kraft Rechtsscheins hatte. Gelingt ihm der Beweis nicht, haftet er. Führt er den Beweis, muß der Vertretene das Vorliegen der Rechtsscheinvollmacht gegen sich gelten lassen, wenn er in einem zweiten Rechtsstreit vom Dritten in Anspruch genommen wird, § 74, 68 ZPO.

IV. Blankettmißbrauch

1. Das Blankett

In manchen Fällen füllt der Erklärende, der eine Verpflichtung eingeht oder eine Verfügung vornimmt, die Urkunde, in der dies geschieht, nicht vollständig aus. Der Vertragspartner oder die Geldsumme bleibt z. B. offen. Der Erklärende unterschreibt ein Blankett. Der Blankettnehmer, dem er das Blankett gibt, soll die fehlenden Angaben später ergänzen und das Rechtsgeschäft mit der Vervollständigung der Urkunde zur Entstehung bringen. Der Blankettnehmer wird dann nicht als Bote tätig. Seine Tätigkeit beschränkt sich nicht darauf, die Erklärung eines anderen zu überbringen; er bringt sie durch die Vervollständigung der Urkunde erst zur Entstehung. Er ist auch nicht Vertreter. Er gibt keine Willenserklärung im Namen eines anderen ab, sondern verwandelt eine von dem anderen abgegebene urkundliche Erklärung durch die Vervollständigung aus einem Entwurf in eine Willenserklärung, die nicht von ihm, sondern dem anderen stammt, der die Urkunde unterschrieben hat.

Das Institut des Blanketts ist im Bürgerlichen Gesetzbuch nicht geregelt, es hat sich praeter legem entwickelt. Es ist jedoch anerkannt.[32] Auch formbedürftige Erklärungen können auf diese Weise wirksam abgegeben werden. Es ist nicht notwendig, daß der Erklärende die Erklärung erst unterschreibt, nachdem sie vollständig ausgefüllt ist. Es reicht aus, daß der Erklärende die unvollständige Urkunde mit seiner Unterschrift versieht und einen anderen, den Blankettnehmer, ermächtigt, sie abredegemäß zu vervollständigen. Geschieht dies, ist der Erklärende an die Erklärung gebunden, wie wenn er die in dieser Weise ergänzte Urkunde von

---

32 Vgl. RGZ 57, 66; RGZ 105, 183, 185; RGZ 138, 265, 269; BGHZ 40, 65; BGHZ 40, 297, 304; BGH, WM 1968, 504; *Canaris*, Die Vertrauenshaftung im deutschen Privatrecht (1971), S. 54 ff m.w.N.; *Flume*, Allgemeiner Teil des Bürgerlichen Rechts, II. Band, Das Rechtsgeschäft, 3. Aufl., § 15 II, 1 d; MünchKomm.-*Pecher*, § 766 Rdn. 11; *Reinicke/Tiedtke*, Gesamtschuld und Schuldsicherung durch Bürgschaft, Hypothek, Grundschuld, Pfandrecht an beweglichen Sachen und Rechten (1981), S. 124 ff; *dies.*, JZ 1984, 550 ff.

vornherein unterschrieben hätte. Der Blankettnehmer kann die Urkunde offen, also in Gegenwart des Vertragspartners, oder verdeckt, im stillen Kämmerlein, ausfüllen. Die Rechtsfolgen sind dieselben. Der Blankettnehmer kann auch der künftige Vertragspartner[33] des Erklärenden sein; dieser hat dann eine Doppelrolle: als Blankettnehmer vervollständigt er das Blankett und als Vertragspartner nimmt er das in der vervollständigten Urkunde liegende Angebot des Erklärenden an.

2. Haftung aus dem abredewidrig ausgefüllten Blankett

a) Haftung gegenüber dem gutgläubigen Erwerber

In manchen Fällen füllt der Blankettnehmer das Blankett abredewidrig aus. Nehmen wir an, der (künftige) Bürge habe dem Schuldner eine Bürgschaftsurkunde übergeben, in der die Bürgschaftssumme offen geblieben sei, weil noch nicht feststehe, welchen Kredit die Bank dem Schuldner gewähren wolle. Hat der Bürge den Schuldner ermächtigt, die offengebliebene Summe bis zu einem Betrag von 60 000 DM auszufüllen, hat dieser aber einen Betrag von 250 000 DM in die Urkunde eingesetzt, so fragt sich, welche Rechtsstellung der Gläubiger, die Bank, hat, wenn sie gutgläubig war, also bei der offenen Ausfüllung an eine entsprechende Ermächtigung des Schuldners, bei der verdeckten an die vollständige Ausfüllung der Urkunde durch den Bürgen geglaubt (und sie auch entsprechende Forderungen gegen den Schuldner) hat.

In einem derartigen Fall haftet der Bürge gemäß der abredewidrig ausgefüllten Urkunde. Darüber besteht kein Streit. Es fragt sich aber, ob der Bürge sich von dieser Verpflichtung durch Anfechtung lösen kann oder ob er endgültig an die Erklärung, so wie sie jetzt lautet, gebunden ist. Diese Frage ist umstritten. Es wird einmal die Auffassung vertreten, der Blankettgeber könne sich von dem Vertrag mit dem abredewidrigen Inhalt lösen, müsse dem Vertragspartner dann allerdings das negative Interesse ersetzen. Demgegenüber steht die Ansicht, der Vertrag binde den Blankettgeber endgültig, er müsse ihn also erfüllen und dem Vertragspartner das positive Interesse ersetzen, wenn dies nicht geschehe.

Das RG[34] und die ältere Rechtslehre[35] haben sich für die erste Auffas-

---

33 Vgl. BGH, NJW 1984, 798.

34 RGZ 105, 183, 185. Das RG hat diese Ansicht auch nicht, wie *Flume*, Allgemeiner Teil des Bürgerlichen Rechts, II. Band, Das Rechtsgeschäft, 3. Aufl., § 23, 2 c meint, in RGZ 138, 265 ff aufgegeben; es hat diese Frage, die dort nicht entscheidungserheblich war, offengelassen.

35 Vgl. BGB-RGRK-*Mormann*, 12. Aufl., § 765 Rdn. 16; *Enneccerus/Lehmann*, Schuldrecht, 15. Bearbeitung, § 191 II, 3; *Siegel*, Die Blanketterklärung (1908),

sung entschieden. Der Blankettgeber müsse die abredewidrig ausgefüllte Erklärung gegen sich gelten lassen, könne sie aber gemäß § 119 Abs. 1 (zweiter Fall) BGB anfechten, da er eine Erklärung mit dem abredewidrig ausgefüllten Inhalt nicht habe abgeben wollen; es liege ein Erklärungsirrtum vor. Der Blankettgeber, der von seinem Anfechtungsrecht Gebrauch mache, sei seinem Vertragspartner demgemäß nach § 122 BGB schadensersatzpflichtig; er müsse ihm den Schaden ersetzen, den dieser dadurch erleide, daß er auf die Gültigkeit der Erklärung vertraue.

Der BGH[36] und die im Vordringen befindliche Rechtslehre[37] lassen den Blankettgeber stärker haften. Sie binden ihn endgültig an die abredewidrig ausgefüllte Erklärung, gewähren ihm also kein Anfechtungsrecht. Habe der Vollmachtgeber einem Bevollmächtigten eine Vollmachtsurkunde ausgehändigt und dieser sie einem gutgläubigen Dritten vorgelegt, so sei die Vollmacht nach den §§ 172, 173 BGB wirksam, auch wenn der Vollmachtgeber sie nicht erteilt oder widerrufen habe; der Vertrag, der aufgrund dieser Vollmacht zwischen dem Vollmachtgeber und dem Dritten zustande komme, sei wirksam entstanden, und er bleibe bestehen, da er vom Vollmachtgeber nicht aufgrund der fehlenden Vollmacht angefochten werden könne. Diese Vorschriften seien entsprechend anzuwenden, wenn der Blankettgeber dem Blankettnehmer ein Blankett aushändige und dieser es den Vereinbarungen zuwider ausfülle. Der hierdurch zwischen dem Blankettgeber und dem gutgläubigen Dritten zustandegekommene Vertrag sei mit dem abredewidrig ausgefüllten Inhalt entstanden, und er bleibe wirksam, da der Blankettgeber ihn nicht mit der Begründung anfechten könne, die Ausfüllung widerspreche den getroffenen Abmachungen mit dem Blankettnehmer.

Die analoge Anwendung des §§ 172, 173 BGB ist jedoch abzulehnen.[38] In der Regel wird der Blankettnehmer das Blankett verdeckt ausfüllen, wenn er es abredewidrig vervollständigt.[39] Anderenfalls läuft er Gefahr,

---

S. 45 ff; *ders.*, AcP 111, 1, 95; *Soergel/Siebert/Reimer Schmidt*, Komm. zum BGB, 10. Aufl., § 766 Rdn. 5.

36 BGHZ 40, 65; BGHZ 40, 297, 304; WM 1965, 578.

37 Vgl. vor allem *Canaris*, aaO. (Fn. 32), S. 60 ff; *Flume*, Allgemeiner Teil des Bürgerlichen Rechts, II. Band, Das Rechtsgeschäft, 3. Aufl., § 23, 2 c; *Larenz*, Allgemeiner Teil des deutschen Bürgerlichen Rechts, 6. Aufl., § 33 III. Gegen diese Ansicht aber *Fischer*, Die Blanketterklärung (1975), S. 83 ff und *Reinicke/Tiedtke*, Gesamtschuld und Schuldsicherung durch Bürgschaft, Hypothek, Grundschuld, Pfandrecht an beweglichen Sachen und Rechten (1981), S. 126; *dies.*, JZ 1984, 550, 552.

38 So zutreffend *Fischer*, Die Blanketterklärung (1975), S. 88 ff; vgl. auch *G. Müller*, AcP 181, 515 ff.

39 *Canaris*, aaO. (Fn. 32), S. 64.

daß der Dritte, in dessen Gegenwart er die Ergänzung vornimmt, sich bei dem Blankettgeber nach den Befugnissen des Blankettnehmers erkundigt. Gibt der Blankettnehmer dem Dritten aber die ausgefüllte Urkunde, so erweckt er den Anschein, der Aussteller habe sie unterschrieben, als sie bereits vollständig gewesen sei. § 172 BGB kann daher nicht herangezogen werden. Der Dritte weiß nichts von einem – der Vollmachtsurkunde gleichzustellenden – Blankett. Dies wird von der herrschenden Lehre[40] auch nicht verkannt. Sie meint aber, man müsse von der offenen Ausfüllung des Blanketts ausgehen. In diesem Fall erhalte der Dritte von dem Blankett, das in seiner Gegenwart vervollständigt werde, Kenntnis; hier sei die Gleichstellung des Blanketts mit der Vollmachtsurkunde gerechtfertigt. Bei der verdeckten Ausfüllung könne die Rechtslage wegen der gleichen Interessenlage nicht anders sein. Es ist jedoch bedenklich, einen Fall a (verdeckte Ausfüllung) wegen der Gleichartigkeit des Problems wie den Fall b (offene Ausfüllung) zu beurteilen, wenn der Fall b in der Rechtswirklichkeit nicht vorkommt. Es liegt näher, den umgekehrten Weg zu gehen, den Fall b (offene Ausfüllung) somit wie den Fall a zu lösen, also in beiden Fällen von der entsprechenden Anwendung der §§ 172, 173 BGB abzusehen. Überdies passen diese Vorschriften auch nicht in dem Fall, in dem das Blankett offen ausgefüllt wird. Die Situation ist beim Blankett anders als bei der Vollmachtsurkunde. Wird diese beim Vertragsabschluß vorgelegt, so vertraut der Dritte auf die Richtigkeit der vom Vollmachtgeber (vollständig) abgegebenen Erklärung. Wird das Blankett jedoch in seiner Gegenwart ergänzt, so vertraut der Dritte nur darauf, daß der Blankettnehmer das Blankett, das er in seinen Händen hat, vom Blankettgeber erhalten hat und ermächtigt ist, es in irgendeiner Weise auszufüllen. Die Ausfüllung muß sich zwar im Rahmen des Üblichen halten; es bestehen aber in der Regel viele Möglichkeiten, die diesem Erfordernis Rechnung tragen, und der Dritte weiß nicht, zu welcher bestimmten Ausfüllung der Blankettnehmer ermächtigt ist. Insoweit verläßt er sich auf die Worte des Blankettnehmers. Auch in einem derartigen Fall verdient der Dritte Schutz, wenn die Ausfüllung nicht das Maß des Erwartbaren überschreitet. Hier reicht es aber aus, daß der Dritte so gestellt wird, wie wenn er sich auf das Rechtsgeschäft nicht eingelassen hätte.

---

40 Vgl. *Canaris*, aaO. (Fn. 32), S. 65: „Gleichwohl versteht es sich von selbst, daß der Dritte nicht schlechter und der Aussteller nicht besser stehen darf als bei Vorlegung des noch unausgefüllten Blanketts, und daher können, wo schon nicht § 172 I BGB selbst, so doch wenigstens die aus diesem entwickelten Regeln über die ‚offene' Blankettausfüllung entsprechend angewandt werden" ...

Die besseren Gründe sprechen somit bei der offenen Ausfüllung (und erst recht bei der verdeckten) für die Auffassung des RG[41] und der älteren Rechtslehre.[42] Der Blankettgeber muß sich zwar die Erklärung mit dem abredewidrigen Inhalt als eigene Willenserklärung zurechnen lassen, kann sich aber, weil er eine derartige Erklärung nicht hat abgeben wollen, von ihr durch Anfechtung mit der Rechtsfolge lösen, daß er seinem Vertragspartner den Vertrauensschaden zu ersetzen hat. Diese Lösung trägt am besten der Privatautonomie Rechnung, nach der grundsätzlich niemand endgültig an eine Erklärung gebunden sein soll, die er nicht hat abgeben wollen, und schützt die Interessen des Vertragspartners in ausreichendem Maße.

b) Haftung gegenüber dem bösgläubigen Erwerber

Weiß der Gläubiger, daß der Blankettnehmer das Blankett abredewidrig ausgefüllt hat oder hätte er dies wissen müssen, so haftet der Erklärende nicht gemäß der abredewidrig ausgefüllten Bürgschaftsurkunde. Es fragt sich aber, ob er jedenfalls in der Höhe haftet, in der der Blankettnehmer die Urkunde abredegemäß hätte ausfüllen dürfen, oder ob der Erklärende in diesem Fall von jeder Haftung frei wird. In dem Bürgschaftsfall, den der BGH[43] entschieden hat, handelte es sich dementsprechend um die Frage, ob die Gläubigerin, die Bank, die die Urkunde selbst abredewidrig mit 250 000 DM ausgefüllt hatte, den Bürgen in Höhe von 60 000 DM in Anspruch nehmen konnte.

Der BGH[44] hat diese Frage verneint, weil der Bürge keine schriftliche Bürgschaftserklärung über diesen Betrag abgegeben habe. Die Bank hätte das Blankett zwar mit dem Betrag von 60 000 DM ausfüllen können; der Bürge wäre dann in dieser Höhe verpflichtet gewesen. Von dieser Möglichkeit habe die Bank aber keinen Gebrauch gemacht. Der Bürgschaftsvertrag zu 250 000 DM sei nicht zustande gekommen, weil die Bank nicht ermächtigt gewesen sei, das Blankett in dieser Weise auszufüllen, und sie dies auch gewußt habe. Ein Bürgschaftsvertrag zu 60 000 DM sei nicht abgeschlossen, weil es an einem entsprechenden schriftlichen Angebot des Bürgen zum Abschluß eines derartigen Vertrages fehle, da die Bank die Urkunde nicht, was sie hätte tun dürfen, mit dem Betrag von 60 000 DM, sondern mit 250 000 DM ausgefüllt habe.

---

41 RGZ 105, 183, 185.
42 Vgl. die Nachweise in Fn. 35.
43 NJW 1984, 798.
44 NJW 1984, 798.

Dieser Auffassung ist nicht zuzustimmen.[45] Der Bürgschaftsvertrag in Höhe von 60 000 DM scheitert nicht an der mangelnden Schriftform. Ein Bürgschaftsvertrag kann in Ausnahmefällen zu 60 000 DM zustande gekommen sein, wenn in der Bürgschaftserklärung steht, der Bürge übernehme die Bürgschaft in Höhe von 250 000 DM.

Hat der Bürge, der die vollständige Bürgschaftsurkunde unterzeichnet hat, die Bürgschaftssumme mit 250 000 DM angegeben, sie aber mit 60 000 DM angeben wollen, hat er sich also verschrieben, so ist der Bürgschaftsvertrag über 60 000 DM zustande gekommen, wenn der Gläubiger den Irrtum des Bürgen erkannt hat. Hier ist ein Fall der falsa demonstratio gegeben; der Bürge glaubt, er habe erklärt, er übernehme eine Bürgschaft in Höhe von 60 000 DM, nach seiner Vorstellung hat er damit das Formerfordernis erfüllt.

Hat der Gläubiger jedoch nicht erkannt, daß der Bürge sich verschrieben hat, und brauchte er dies auch nicht zu erkennen, so ist ein Bürgschaftsvertrag zu 250 000 DM abgeschlossen worden. Ficht der Bürge den Vertrag nach § 119 Abs. 1 (zweiter Fall) BGB wegen Erklärungsirrtums an, wird dieser rückwirkend vernichtet. Dadurch kommt jedoch kein Bürgschaftsvertrag zu 60 000 DM zustande. Die Anfechtung kassiert, sie reformiert nicht; sie beseitigt den Vertrag zu 250 000 DM, hat jedoch nicht den Abschluß eines Vertrages zu 60 000 DM zur Folge. Erklärt der Gläubiger dem Bürgen aber, er sei damit einverstanden, daß der Bürgschaftsvertrag so zwischen ihnen bestehen solle, wie der Bürge ihn habe abschließen wollen, so verstößt der Bürge gegen Treu und Glauben, wenn er sich dagegen wehrt und geltend macht, zwischen ihm und dem Gläubiger bestünden überhaupt keine vertraglichen Beziehungen.[46] Er macht sich eines widersprüchlichen Verhaltens schuldig, wenn er die Nichtigkeit des Vertrages über 250 000 DM herbeiführt, weil er einen Vertrag zu 60 000 DM habe abschließen wollen, einen Vertrag zu 60 000 DM aber nicht anerkennen will, weil er irrtümlich erklärt habe, er wolle ihn zu 250 000 DM schließen. Daß die Anfechtung nur die Nichtigkeit des Vertrages zu 250 000 DM, nicht aber die Wirksamkeit des Vertrages zu 60 000 DM herbeiführt, dient ausschließlich den Interessen des Vertragspartners. Will dieser den Vertrag zu 60 000 DM gelten lassen, muß der Bürge dies hinnehmen. *Niemand hat einen Anspruch darauf, über seine Schutzwürdigkeit hinaus geschützt zu werden.* Der Bürge bedarf des Schutzes, soweit er sich gegen die Bürgschaftssumme in Höhe von

45 Vgl. *Reinicke/Tiedtke*, JZ 1984, 550 ff.

46 Allgemeine Meinung, vgl. *Flume*, Allgemeiner Teil des Bürgerlichen Rechts, II. Band, Das Rechtsgeschäft, 3. Aufl., § 21, 6; *Medicus*, Allgemeiner Teil des BGB, Rdn. 781; MünchKomm.-*Kramer*, § 119 Rdn. 133.

250 000 DM zur Wehr setzt. Er verdient keinen Schutz, soweit er es ablehnt, den Vertrag zu 60 000 DM gelten zu lassen, wenn der Vertragspartner dies von ihm verlangt.

Der Vertrag zu 60 000 DM scheitert in einem derartigen Fall auch nicht an dem Erfordernis des § 766 Satz 1 BGB.[47] § 242 BGB schränkt § 125 BGB ein, da die Warnfunktion der Schriftform ihre Aufgabe erfüllt hat; der Bürge hat, als er 250 000 DM schrieb, geglaubt, er schreibe 60 000 DM. Für die Rechtsstellung des Bürgen kann es nicht von Bedeutung sein, ob der Vertragspartner den Irrtum sogleich erkennt und das Angebot annimmt, das dann trotz der in der Urkunde stehenden 250 000 DM so zu lesen ist, wie wenn dort der Betrag von 60 000 DM angegeben wäre (erster Fall) oder ob der Vertragspartner von dem Irrtum des Bürgen erst erfährt, als der Vertrag zu 250 000 DM zustande gekommen und angefochten ist, er ihn aber zu 60 000 DM gelten lassen will (zweiter Fall). Entscheidend ist allein, daß der Vertrag in beiden Fällen so zustande kommt (oder rechtlich so behandelt wird, als wäre dies geschehen), wie es den Vorstellungen des Bürgen entsprach, als er die Bürgschaftsurkunde unterschrieb.

Der Grundsatz, niemand dürfe über seine Schutzwürdigkeit hinaus geschützt werden, wirkt sich auch bei der abredewidrigen Ausfüllung des Blanketts aus. Der Bürge bedarf des Schutzes, soweit er sich gegen die Zahlung von 250 000 DM wehrt. Er verdient keinen Schutz, soweit er es ablehnt, einen Bürgschaftsvertrag zu 60 000 DM gegen sich gelten zu lassen. Er macht sich eines widersprüchlichen Verhaltens schuldig, wenn er sich bei der Inanspruchnahme aus dem Bürgschaftsvertrag zu 250 000 DM darauf beruft, er habe den Gläubiger nur zur Ausfüllung von 60 000 DM ermächtigt, und die Anerkennung eines Vertrages in dieser Höhe ablehnt, weil der Gläubiger das Blankett nicht mit dieser, sondern mit einer höheren, ihm gegenüber jedoch nicht verbindlichen Summe ausgefüllt hat. Daß der Gläubiger einen höheren Betrag eingesetzt hat, darf dem Bürgen nicht schaden; er darf daraus aber keinen Vorteil ziehen.

Dies gilt auch, wenn der Blankettnehmer, wie in der vom BGH[48] entschiedenen Sache, vorsätzlich gehandelt hat. Der Umstand, daß der Blankettnehmer bewußt abredewidrig vorgegangen ist, gibt dem Blankettgeber nicht das Recht, zu verlangen, er müsse besser stehen, als er stünde, wenn sich der Blankettnehmer abredegemäß verhalten hätte. Er

47 Vgl. *Flume*, Allgemeiner Teil des Bürgerlichen Rechts, II. Band, Das Rechtsgeschäft, 3. Aufl., § 21, 6: „Auch das formbedürftige Geschäft wäre deshalb grundsätzlich mit dem von dem Irrenden gemeinten Sinne aufrecht zu erhalten."

48 NJW 1984, 798.

würde sonst in der Sache fordern, der Blankettnehmer müsse wegen seines vorsätzlichen Verhaltens bestraft werden und diese Bestrafung müsse ihm, dem Blankettgeber, zugute kommen. Auf eine solche Regelung hat der Blankettgeber keinen Anspruch; er kann nur verlangen, so gestellt zu werden, wie wenn der Blankettnehmer abredegemäß gehandelt hätte, dann wäre der Bürgschaftsvertrag aber zu 60 000 DM zustande gekommen.

Diese Regelung scheitert nicht an § 766 Satz 1 BGB. Auch hier schränkt § 242 BGB den Anwendungsbereich des § 125 BGB ein. Die Schriftform hat ihre Warnfunktion dadurch erfüllt, daß der Bürge das Blankett unterzeichnet und den Gläubiger ermächtigt hat, die Bürgschaftssumme von 60 000 DM in das Formular zu setzen. Hätte der Gläubiger dies getan, wäre die Form gewahrt. Hat er den getroffenen Vereinbarungen zuwidergehandelt, will er den Vertrag aber so gegen sich gelten lassen, wie wenn er die Ermächtigung nicht überschritten hätte, muß der Bürge dies nach Treu und Glauben hinnehmen; der Vertrag wird dann so angesehen, wie wenn der Gläubiger ihn abredegemäß ausgefüllt hätte. In diesem Fall wäre die Schriftform eingehalten. Entscheidend ist, daß in beiden Fällen (abredegemäße Ausfüllung und abredewidrige Ausfüllung mit reduzierter Inanspruchnahme des Bürgen im Rahmen der getroffenen Vereinbarungen) der Vertrag so gelten soll, wie es den Vorstellungen des Bürgen bei Unterzeichnung des Bürgschaftsvertrages entsprach.

Vierter Abschnitt

Gutgläubiger Erwerb im Familienrecht

I. Verwaltungsbeschränkungen im Güterstand der Zugewinngemeinschaft

1. Rechtsgeschäfte über das Vermögen im ganzen

Nach § 1365 Abs. 1 Satz 1 BGB kann sich ein Ehegatte nur mit Einwilligung des anderen verpflichten, über sein Vermögen im ganzen zu verfügen. Hat er sich ohne Zustimmung des anderen verpflichtet, kann er die Verpflichtung nach § 1365 Abs. 1 Satz 2 BGB nur erfüllen, wenn der andere einwilligt. Diese Vorschriften schränken sowohl die Verpflichtungs- als auch die Verfügungsfähigkeit eines Ehegatten ein. Wäre der Ehegatte nur in der Verfügung beschränkt, so bestünde die Gefahr, daß aus der wirksamen Verpflichtung auf Erfüllung geklagt oder jedenfalls Schadensersatz wegen Nichterfüllung verlangt werden könnte; das könnte die wirtschaftliche Grundlage der Familie, die durch § 1365 BGB geschützt werden soll, ebenso beeinträchtigen wie die Wirksamkeit der Verfügung, durch die die Verpflichtung erfüllt werden soll. Der Vertragspartner muß diese Beschränkungen hinnehmen. Sie stellen absolute Veräußerungsverbote dar.[1] Der gute Glaube des Erwerbers wird nicht geschützt. Verpflichtung und Verfügung sind und bleiben unwirksam, wenn der andere Ehegatte die Zustimmung verweigert; dies gilt auch, wenn der Erwerber glaubt, der andere Ehegatte habe zugestimmt, der Ehegatte, mit dem er das Rechtsgeschäft geschlossen hat, sei nicht oder nicht mehr verheiratet oder lebe in Gütertrennung.

Die Voraussetzungen des § 1365 BGB sind auch dann gegeben, wenn ein Ehegatte einen einzelnen Gegenstand (verschenkt oder) veräußert, der sein ganzes – oder so gut wie sein ganzes – Vermögen darstellt; es ist nicht erforderlich, daß er sein Vermögen en bloc oder in Bausch und Bogen veräußert, wie dies § 311 BGB verlangt. Die *Einzeltheorie,* die diese Auffassung vertritt, hat sich durchgesetzt;[2] sie wird kaum noch bekämpft.[3]

Der Vertragspartner verdient jedoch Schutz, wenn er nicht weiß, daß er mit dem einzelnen Gegenstand das ganze Vermögen des Ehegatten erwirbt. Die Einzeltheorie wird demgemäß durch die *subjektive Theorie*[4] ergänzt. § 1365 BGB greift, obwohl das Gesetz schweigt, nur ein, wenn der Vertragspartner in einem derartigen Fall Kenntnis davon hat, daß das Vermögensobjekt, das Gegenstand des Vertrages ist, das ganze Vermögen des Ehegatten bildet. § 1365 Abs. 1 Satz 1 BGB ist so zu lesen, wie wenn dort stünde: „Ein Ehegatte kann sich nur mit Einwilligung des anderen Ehegatten verpflichten, über sein Vermögen im ganzen zu verfügen; bezieht sich die Verpflichtung auf einen einzelnen Vermögensgegenstand, so ist die Zustimmung des anderen Ehegatten nur erforderlich, wenn der Vertragspartner weiß, daß der Vermögensgegenstand das ganze Vermögen des Ehegatten darstellt." Hat der Vertragspartner nicht das hiernach erforderliche Wissen, so ist der Ehegatte nicht in seiner Verpflichtung

---

1 BGHZ 40, 218; *Erman/Heckelmann*, Komm. zum BGB, 7. Aufl., § 1365 Rdn. 20; MünchKomm.-*Gernhuber*, § 1365 Rdn. 5 m.w.N.

2 Vgl. BGHZ 35, 135, 143 f; BGHZ 43, 174, 176; BGH, FamRZ 1969, 322; BGHZ 64, 246, 247; BGHZ 77, 293, 295; BGH, NJW 1984, 609, 610; *Gernhuber*, Lehrbuch des Familienrechts, 3. Aufl., § 35 II, 2; *ders.*, MünchKomm., § 1365 Rdn. 12; Staudinger-*Thiele*, Komm. zum BGB, 12. Aufl., § 1365 Rdn. 17 m.w.N.; *Tiedtke*, JZ 1984, 1018.

3 Vgl. aber *Benthin*, FamRZ 1982, 338, 342.

4 BGHZ 43, 174, 177; BGHZ 77, 293, 295; BGH, NJW 1984, 609, 610; MünchKomm.-*Gernhuber*, § 1365 Rdn. 26 m.w.N.

beschränkt. Es liegt kein Anwendungsfall eines gutgläubigen Erwerbs vor. Das wäre nur der Fall, wenn der Ehegatte in seiner Verwaltung beschränkt bliebe, das Rechtsgeschäft aber trotz der fehlenden Verpflichtungsfähigkeit des Ehegatten aufgrund des guten Glaubens des Erwerbers wirksam, der Mangel der Verpflichtungsfähigkeit also durch den guten Glauben des Erwerbers an das Vorliegen der Verpflichtungsfähigkeit ersetzt würde. So ist § 1365 BGB jedoch nicht zu verstehen. Die Beschränkung liegt objektiv nur vor, wenn das ungeschriebene Tatbestandsmerkmal gegeben ist, der Erwerber somit weiß, daß er das ganze Vermögen des Ehegatten erlangt.

Der Erwerber wird aber geschützt, wenn er bei Vornahme des Rechtsgeschäfts nicht weiß, daß es sich auf das ganze Vermögen des Ehegatten bezieht. Ist das Rechtsgeschäft ein Kaufvertrag (über ein Grundstück), so genügt die Unkenntnis beim Abschluß des Kaufvertrages. Es ist für die Wirksamkeit des Kaufvertrages unerheblich, daß der Erwerber in der Zeit zwischen Abschluß des Kaufvertrages und Auflassung erfährt, daß er mit dem Grundstück das ganze Vermögen des Ehegatten erhält. Der Kaufvertrag war bei seinem Abschluß wirksam. Diese Wirksamkeit bleibt bestehen. Würde die Wirksamkeit des Kaufvertrages davon abhängen, daß der Käufer sich auch noch bei der Erfüllung des Kaufvertrages in Unkenntnis über die Vermögensverhältnisse des Ehegatten befände, so wäre der Rechtsverkehr erheblich beeinträchtigt und der Sinn und Zweck des ungeschriebenen Tatbestandsmerkmals gefährdet. Der Vertragspartner des Ehegatten muß sich darauf verlassen können, daß der Kaufvertrag, den er abgeschlossen hat, wirksam bleibt. Im Hinblick auf diese Rechtslage muß er disponieren können.

Ist aber das schuldrechtliche Rechtsgeschäft, der Kaufvertrag, ohne Zustimmung des anderen Ehegatten wirksam, so kann der Ehegatte den Kaufvertrag auch ohne Zustimmung des anderen erfüllen.[5] § 1365 Abs. 1 Satz 2 BGB ist so auszulegen, daß der Ehegatte den Vertrag nur dann nicht (allein) erfüllen kann, wenn das Verpflichtungsgeschäft wegen der fehlenden Zustimmung des anderen unwirksam ist.

---

5 Herrschende Meinung, vgl. *Ertl*-KEHE, Grundbuchrecht, 3. Aufl., § 19 Rdn. 142; *Gernhuber*, Lehrbuch des Familienrechts, 3. Aufl., § 35 I, 5, § 35 II, 5; *Henrich*, Familienrecht, 3. Aufl., § 11 IV; MünchKomm.-*Gernhuber*, § 1365 Rdn. 29, 33; Staudinger-*Thiele*, Komm. zum BGB, 12. Aufl., § 1365 Rdn. 24; *Tiedtke*, FamRZ 1975, 65 ff; *ders.*, FamRZ 1976, 320, 322; *ders.*, JZ 1984, 1018, 1019; a.A. OLG Saarbrücken, FamRZ 1984, 587 mit Anmerkung von *Bosch*; LG Oldenburg, NJW 1980, 790; LG Osnabrück, FamRZ 1973, 652; *Hermann Lange*, JuS 1974, 766 ff; Palandt-*Diederichsen*, Komm. zum BGB, 44. Aufl., § 1365, 2 b.

Schließt ein Ehegatte vor Eingehung der Ehe einen Kaufvertrag über ein (sein ganzes Vermögen bildendes) Grundstück, so kann er den Kaufvertrag, der wirksam zustande gekommen ist, nach der Eheschließung ohne Zustimmung seines Ehegatten erfüllen.[6] Die Heirat hat nicht zur Folge, daß der wirksam abgeschlossene Kaufvertrag nicht erfüllt werden kann. Das verlangt der Schutz des Vertragspartners, der nicht aufgrund der Eheschließung des Verkäufers die Durchsetzbarkeit des Auflassungsanspruchs verlieren kann. Das gleiche gilt,[7] wenn ein Ehegatte, der in Gütertrennung lebt, den Kaufvertrag schließt, vor der Auflassung aber mit seinem Ehegatten die Zugewinngemeinschaft vereinbart. Der Abschluß eines Ehevertrages greift nicht in die bereits entstandenen Rechte des Dritten ein. Die Rechtslage kann nicht anders sein, wenn die Ehegatten im Güterstand der Zugewinngemeinschaft leben, der Kaufvertrag, der sich auf das ganze Vermögen eines Ehegatten bezieht, aber wirksam ist, weil der Vertragspartner dies nicht weiß. Der Erwerber kann nicht dadurch, daß er dies später erfährt, um die Erfüllung seines wirksam entstandenen Anspruchs gebracht werden. Der Ehegatte war, weil die subjektiven Voraussetzungen auf der Erwerberseite fehlten, beim Abschluß des Kaufvertrages nicht in der Fähigkeit beschränkt, Verpflichtungen über das Grundstück einzugehen. Dies hat die Wirksamkeit des Kaufvertrags und die Wirksamkeit des Kaufvertrags hat ihrerseits zur Folge, daß der Ehegatte das Grundstück auflassen und die Eintragung herbeiführen kann, ohne daß sein Ehegatte zuzustimmen braucht. Andernfalls liefe die Wirksamkeit des Kaufvertrags leer; der Vertragspartner erhielte Steine statt Brot.

Diese Auffassung verstößt auch nicht, wie *Diederichsen*[8] meint, gegen § 1365 Abs. 1 Satz 2 BGB, der es eindeutig auf den Verfügungstatbestand abstelle. Es fragt sich gerade, wie diese Vorschrift auszulegen ist, ob sie

---

6 OLG Oldenburg, DNotZ 1959, 545, 546; BayObLG, FamRZ 1959, 241, 242; OLG Celle, FamRZ 1961, 444, 445; LG Augsburg, DNotZ 1958, 550; LG Duisburg, DNotZ 1969, 424; *Dölle*, Familienrecht, Band I, § 52 I, 3 (Fn. 49); *Erman/Heckelmann*, Komm. zum BGB, 7. Aufl., § 1365 Rdn. 6; *Maßfeller/Reinicke*, Das Gleichberechtigungsgesetz (1958), § 1365 Rdn. 5; *Scherer*, FamRZ 1962, 413, 414; *Schulz-Kersting*, FamRZ 1959, 67; *ders.*, JR 1959, 81, 85.

7 Vgl. OLG Celle, FamRZ 1961, 444; BayObLG, FamRZ 1959, 241; LG Augsburg, DNotZ 1958, 550; LG Darmstadt, FamRZ 1959, 240; *Bade*, NJW 1958, 1957; *Erman/Heckelmann*, Komm. zum BGB, 7. Aufl., § 1365 Rdn. 6 m.w.N.; *Tiedtke*, FamRZ 1975, 65, 68 m.w.N.; a.A. LG Berlin, FamRZ 1959, 64; Palandt-*Diederichsen*, Komm. zum BGB, 44. Aufl., § 1365, 1; *Schulz-Kersting*, JR 1959, 81, 84.

8 In Palandt, Komm. zum BGB, 44. Aufl., § 1365, 2 b.

also auch dann eingreift, wenn das Verpflichtungsgeschäft trotz fehlender Zustimmung des Ehegatten wirksam ist; *Diederichsen* setzt voraus, was er beweisen will.

Es besteht somit, wie ich an anderer Stelle[9] ausgeführt habe, folgende Rechtslage: „Hat sich ein Ehegatte nach Eintritt der Zugewinngemeinschaft verpflichtet, über einen Vermögensgegenstand zu verfügen, der sein ganzes Vermögen bildet, so ist das Verpflichtungsgeschäft gleichwohl wirksam, wenn der Vertragspartner beim Abschluß des schuldrechtlichen Vertrages nicht weiß, daß der Ehegatte außer diesem Vermögensgegenstand kein weiteres Vermögen hat. Die Wirksamkeit des Verpflichtungsgeschäfts wird durch die nachträgliche Kenntnis des Erwerbers nicht beeinträchtigt. Der Ehegatte kann die Verbindlichkeit auch dann ohne Zustimmung des anderen Ehegatten erfüllen, wenn der Erwerber inzwischen Kenntnis von den Vermögensverhältnissen des Ehegatten erlangt hat."

2. Haushaltsgegenstände

Nach § 1369 Abs. 1 BGB kann ein Ehegatte über ihm gehörende Gegenstände des ehelichen Haushalts nur verfügen und sich zu einer solchen Verfügung auch nur verpflichten, wenn der andere Ehegatte einwilligt. Auch diese Verwaltungsbeschränkung ist ein absolutes Veräußerungsverbot.[10] Der Erwerber wird nicht geschützt, wenn er glaubt, es handele sich nicht um Gegenstände des ehelichen Haushalts,[11] der Veräußerer sei nicht oder nicht mehr verheiratet, lebe in Gütertrennung oder habe die Zustimmung des anderen Ehegatten erhalten.

Hat der Ehegatte im Haushalt befindliche, einem Dritten gehörende Haushaltsgegenstände veräußert, so wird der Erwerber Eigentümer, wenn er an das Eigentum des Ehegatten glaubt. Daran ändert nichts, daß er die Gegenstände aufgrund des § 1369 BGB nicht erworben hätte, falls seine Vorstellung der Wirklichkeit entsprochen hätte. § 1369 BGB schützt die Familie nicht, soweit es um Gegenstände geht, die Dritten gehören.[12]

Veräußert ein Ehegatte jedoch Vermögensgegenstände, die dem anderen Ehegatten gehören, so greift § 1369 BGB seinem Sinn und Zweck nach ein. Es wäre nicht sachgerecht, daß ein Ehegatte zwar nicht seine

9 FamRZ 1975, 65, 70.

10 BayObLG, FamRZ 1965, 331; *Erman/Heckelmann*, Komm. zum BGB, 7. Aufl., § 1369 Rdn. 2.

11 MünchKomm.-*Gernhuber*, § 1369 Rdn. 29.

12 OLG Saarbrücken, FamRZ 1964, 633; MünchKomm.-*Gernhuber*, § 1369 Rdn. 16.

eigenen, wohl aber die Haushaltsgegenstände seines Ehegatten wirksam an einen Dritten veräußern könnte. Hinter dieser Erwägung muß der Schutz des Vertragspartners zurücktreten; er hätte das Eigentum auch nicht erlangt, wenn die Sachen, wie er glaubte, dem Ehegatten gehört hätten, von dem er sie erworben hat. Das gleiche gilt, wenn die Gegenstände des ehelichen Haushalts den Ehegatten gemeinsam gehören. Diese Fälle, deren Lösung umstritten[13] ist, werden allerdings selten akut. In der Regel haben die Ehegatten an den Gegenständen des ehelichen Haushalts Mitbesitz. Veräußert ein Ehegatte sie ohne Zustimmung des anderen, so bricht er dessen Mitbesitz; die Sachen sind dem anderen Ehegatten abhanden gekommen, so daß schon aus diesem Grunde ein gutgläubiger Erwerb des Dritten ausscheidet. § 935 BGB schützt den anderen Ehegatten stärker als § 1369 BGB, weil er auch den redlichen Erwerb eines späteren Erwerbers ausschließt, der die Gegenstände von dem Vertragspartner des Ehegatten erwirbt, während § 1369 BGB die Wirksamkeit einer derartigen Übereignung unberührt läßt.

II. Güterrechtsregister

1. Grundsätzliche Regelung

Die Ehegatten können nach § 1408 Abs. 1 BGB ihre güterrechtlichen Verhältnisse durch Vertrag (Ehevertrag) regeln, insbesondere auch nach der Eingehung der Ehe den Güterstand aufheben oder ändern. Sie brauchen den Ehevertrag nicht in das Güterrechtsregister eintragen zu lassen; er ist auch ohne Eintragung wirksam. Ist er formnichtig, wird der Mangel der Form durch die Eintragung nicht geheilt. Die Eintragung läßt die Wirksamkeit oder Unwirksamkeit des Vertrages unberührt.

Der Ehevertrag verändert nicht nur die rechtlichen Beziehungen der Ehegatten untereinander. Er wirkt auch auf die Rechte Dritter ein. Dies gilt vor allem, soweit es um die Verpflichtungs- und Verfügungsfähigkeit eines Ehegatten und um die Frage geht, welcher Ehegatte für die Schulden haftet. Für die Drittwirkung eines Ehevertrages (und nur für sie) ist die Eintragung im Güterrechtsregister von Bedeutung.

---

13 Wie hier OLG Köln, MDR 1968, 586; *Beitzke*, Familienrecht, 23. Aufl., § 14 II; *Erman/Heckelmann*, Komm. zum BGB, 7. Aufl., § 1369 Rdn. 8; Münch-Komm.-*Gernhuber*, § 1369 Rdn. 13; *Petermann*, Rpfleger 1960, 233, 235; a.A. BGB-RGRK-*Finke*, 12. Aufl., § 1369 Rdn. 13; *Boehmer*, FamRZ 1959, 1,4; Staudinger-*Thiele*, Komm. zum BGB, 12. Aufl., § 1369 Rdn. 34 ff; *Ziege*, NJW 1957, 1580.

2. Einfluß der Eintragung auf die Drittwirkung des Ehevertrages

Haben die Ehegatten den gesetzlichen Güterstand ausgeschlossen oder geändert, so können sie hieraus einem Dritten gegenüber Einwendungen gegen ein Rechtsgeschäft, das zwischen einem von ihnen und dem Dritten vorgenommen worden ist, nach § 1412 Abs. 1 BGB nur herleiten, wenn der Ehevertrag im Güterrechtsregister des zuständigen Amtsgerichts eingetragen oder dem Dritten bekannt war, als das Rechtsgeschäft vorgenommen wurde.

Mit dem gesetzlichen Güterstand ist in dieser Vorschrift die Zugewinngemeinschaft gemeint,[14] auch wenn die Gütertrennung im Einzelfall subsidiärer gesetzlicher Güterstand sein sollte, §§ 1388, 1449, 1470 BGB.

Der Güterstand wird ausgeschlossen, wenn sein Eintreten verhindert, der Ehevertrag also vor Eingehung der Ehe geschlossen wird. Dem Ausschluß steht die Aufhebung gleich,[15] die nach der Eheschließung den bereits eingetretenen Güterstand beseitigt. Haben die Ehegatten demgemäß die Zugewinngemeinschaft durch Vereinbarung der Gütergemeinschaft mit gemeinschaftlicher Verwaltung des Gesamtguts ersetzt, ohne dies im Güterrechtsregister eintragen zu lassen, und hat der Mann alsdann Sachen, die ihm bisher allein gehörten, an einen Dritten veräußert, so kann die Frau gegenüber dem Dritten nicht geltend machen, die Verfügung sei unwirksam, da sie ihr nicht zugestimmt habe, eine Zustimmung aber nach § 1450 BGB erforderlich sei. Der Dritte kann sich darauf verlassen, daß die Gütergemeinschaft, die nicht eingetragen ist, nicht besteht.

Der Dritte kann sich jedoch auf die wahre Rechtslage berufen.[16] Nach der wahren Rechtslage, dem Bestehen der Gütergemeinschaft, ist der Eigentumsübergang aber unwirksam. Der Erwerber kann sich auf diese Weise von dem Rechtsgeschäft lösen, wenn er seinen Abschluß bedauert. Er hat die Wahl, wie er vorgehen will: er kann das Rechtsgeschäft im Hinblick auf § 1412 BGB bestehen, er kann aber auch die Rechtslage gelten lassen, die aufgrund des § 1450 BGB maßgebend ist. Will er das Rechtsgeschäft aufrechterhalten, nimmt er also den Schutz des § 1412 BGB in Anspruch, so kann ihm die Frau entgegenhalten, das Rechtsge-

---

14 *Soergel/Gaul*, Komm. zum BGB, 11. Aufl., § 1412 Rdn. 4.

15 BGB-RGRK-*Finke*, 12. Aufl., § 1412 Rdn. 15; Staudinger-*Felgentraeger*, Komm. zum BGB, 10./11. Aufl., § 1412 Rdn. 5.

16 Herrschende Meinung, vgl. BGB-RGRK-*Finke*, 12. Aufl., § 1412 Rdn. 13; MünchKomm.-*Kanzleiter*, § 1412 Rdn. 9; *Soergel/Gaul*, Komm. zum BGB, 11. Aufl., § 1412 Rdn. 7 m.w.N.; a.A. *Gernhuber*, Lehrbuch des Familienrechts, 3. Aufl., § 33 IV, 2 m.w.N.; Staudinger-*Felgentraeger*, Komm. zum BGB, 10./11. Aufl., § 1412 Rdn. 25.

schäft sei unwirksam, wenn dies auch der Fall wäre, falls die Gütergemeinschaft nicht an die Stelle des gesetzlichen Güterstandes getreten wäre, da das verkaufte Grundstück, was der Dritte gewußt habe, das ganze Vermögen des Ehemannes dargestellt habe. Das gleiche gilt, wenn die Rechtsgeschäfte über Gegenstände des ehelichen Haushalts abgeschlossen worden sind, die dem Mann vor der Vereinbarung der Gütergemeinschaft gehört haben. Das Rechtsgeschäft ist dann nach dem alten und dem neuen Güterstand unwirksam. Das muß der Dritte hinnehmen. Er kann nicht besser stehen, als er stünde, wenn der gesetzliche Güterstand, auf dessen Fortbestand er vertraut hat, in Kraft geblieben wäre.[17]

Die in § 1412 Abs. 1 BGB getroffene Regelung gilt nach § 1412 Abs. 2 BGB in gleicher Weise, wenn die Ehegatten eine im Güterrechtsregister eingetragene Regelung der güterrechtlichen Verhältnisse durch Ehevertrag aufheben oder ändern. Die Ehegatten können dem Dritten keine Einwendungen entgegensetzen, die sich aus der Aufhebung oder der Änderung der im Güterrechtsregister eingetragenen Regelung ergeben. Haben die Ehegatten Gütertrennung vereinbart und eintragen lassen, sind sie aber später, reumütig, zur Zugewinngemeinschaft zurückgekehrt, haben sie den Ehevertrag, durch den dies geschehen ist, jedoch nicht in das Güterrechtsregister eintragen lassen, so können sie dem Dritten, der hiervon nichts weiß, keine Einwendungen entgegensetzen, die ihren Rechtsgrund in der Zugewinngemeinschaft haben. Die Frau kann dem Dritten gegenüber nicht geltend machen, der Mann habe mit der Veräußerung des Grundstücks über sein ganzes Vermögen verfügt oder der Mann habe ihm Gegenstände des ehelichen Haushalts verkauft. Diese Einwendungen beruhen auf dem Güterstand der Zugewinngemeinschaft, den der Dritte nicht zu beachten braucht, da die Gütertrennung eingetragen ist und er auf den Fortbestand dieses Güterstandes vertraut hat und vertrauen durfte. Der Dritte kann sich jedoch auch hier auf die wahre Rechtslage berufen, also seinerseits geltend machen, die Rechtsgeschäfte seien nach den Bestimmungen der Zugewinngemeinschaft, die zwischen den Ehegatten bestehe, unwirksam.

Ein derartiges Wahlrecht steht dem Dritten aber nicht immer zu. Haben die Ehegatten zunächst die Gütergemeinschaft mit gemeinschaftlicher Verwaltung des Gesamtguts und dann Gütertrennung vereinbart, aber nur die Gütergemeinschaft eintragen lassen, so kann der Dritte, den das mit dem Mann abgeschlossene Rechtsgeschäft reut, nicht die Unwirksamkeit des Rechtsgeschäfts herbeiführen. Er braucht Einwendungen, die

17 Vgl. RGZ 142, 59, 61; MünchKomm.-*Kanzleiter*, § 1412 Rdn. 9; *Soergel/Gaul*, Komm. zum BGB, 11. Aufl., § 1412 Rdn. 7; Staudinger-*Felgentraeger*, Komm. zum BGB, 10./11. Aufl., § 1412 Rdn. 26.

auf dem nicht eingetragenen, aber bestehenden Güterstand der Gütertrennung beruhen, nicht gegen sich gelten zu lassen; aus diesem Güterstand ergeben sich aber keine Einwendungen. Der Dritte kann auch die wahre Rechtslage gegen sich gelten lassen. In Wahrheit besteht Gütertrennung; hiernach ist der Vertrag gültig. Der Dritte kann jedoch nicht verlangen, daß sich die Rechtslage nach der eingetragenen Gütergemeinschaft richtet, wenn dies, wie hier, zur Folge hat, daß das Rechtsgeschäft wegen fehlender Zustimmung der Frau unwirksam ist.[18] Damit würden die Dinge auf den Kopf gestellt. Der Dritte kann die Eintragung der Gütergemeinschaft und das Fehlen der Eintragung der Gütertrennung nicht dazu verwenden, um ein nach der wahren Rechtslage gültiges Rechtsgeschäft zu Fall zu bringen.

Haben die Ehegatten zunächst Gütergemeinschaft, dann Gütertrennung und schließlich, weil sie alles kennenlernen wollen, die Zugewinngemeinschaft vereinbart, jedoch nur die Gütergemeinschaft eintragen lassen, so kann der Dritte, der die Aufhebung der Gütergemeinschaft durch die Vereinbarung der Gütertrennung, aber nicht die Vereinbarung über die Zugewinngemeinschaft kennt, sich nicht darauf verlassen, daß die Gütertrennung fortbesteht. Die Gütertrennung ist nicht eingetragen, und er kann nur auf den Fortbestand des eingetragenen Güterstandes vertrauen. Der Dritte muß die Zugewinngemeinschaft gegen sich gelten lassen. Hat der Dritte also von dem Mann Gegenstände des ehelichen Haushalts erworben, die dem Mann gehören, so kann die Frau diese Gegenstände von dem Dritten herausverlangen, obwohl ihr ein derartiges Recht weder nach der Gütergemeinschaft (mit Verwaltung des Gesamtgutes durch den Mann) noch nach der Gütertrennung zugestanden hätte. Die wahre Rechtslage ist entscheidend.

Der Dritte darf nach § 1412 Abs. 1 BGB auf die Geltung des gesetzlichen Güterstands und nach § 1412 Abs. 2 BGB darauf vertrauen, daß die eingetragene Regelung fortbesteht. Er darf sich aber nicht darauf verlassen, daß die eingetragene Regelung, die von Anfang an unrichtig war, richtig ist. Sein Vertrauen auf den Fortbestand einer richtigen Eintragung wird geschützt, nicht sein Vertrauen auf die Richtigkeit einer Eintragung.[19] Er kann nur auf das Schweigen des Güterrechtsregisters vertrauen; wenn eine eintragungsfähige Regelung nicht eingetragen ist, so können ihm aus ihr keine Einwendungen entgegengesetzt werden, falls er sie nicht kennt. Dies kann jedoch geschehen, wenn die Eintragung von

18 MünchKomm.-*Kanzleiter*, § 1412 Rdn. 9; Staudinger-*Felgentraeger*, Komm. zum BGB, 10./11. Aufl., § 1412 Rdn. 16.

19 *Gernhuber*, Lehrbuch des Familienrechts, 3. Aufl., § 33 V, 2; MünchKomm.-*Kanzleiter*, § 1412 Rdn. 3.

vornherein unrichtig war. Haben die Ehegatten Gütertrennung vereinbart und eintragen lassen, ist dieser Vertrag aber formnichtig, so liegen die Voraussetzungen des § 1412 BGB nicht vor. Der Dritte muß sich die Einwendung der Frau entgegenhalten lassen, der Mann habe ihm gehörende Gegenstände des ehelichen Haushalts veräußert, ein derartiger Vertrag sei nach § 1369 BGB unwirksam. Das Güterrechtsregister gehört somit zu den Registern, die nur *negative Publizität* haben, wie dies auch beim Vereinsregister und Handelsregister der Fall ist. Es unterscheidet sich damit vom Grundbuch, das positive Publizität hat; die Eintragung im Grundbuch gilt auch dann als richtig, wenn sie von Anfang an unrichtig war. Beim Grundbuch kann der redliche Erwerber darauf vertrauen, daß die Eintragung richtig ist, beim Güterrechtsregister, daß die richtige Eintragung fortbesteht.

Der Dritte wird geschützt, wenn er den nicht eingetragenen Ehevertrag bei Vornahme des Rechtsgeschäfts nicht kennt. Schließt er einen bedingten Vertrag oder hängt die Wirksamkeit des Vertrages von einer (vormundschaftsgerichtlichen) Genehmigung ab, so schadet die Kenntnis bei Eintritt der Bedingung oder der Erteilung der Genehmigung nicht.[20]

§ 1412 BGB wirkt sich auch auf die prozessuale Geltendmachung von Ansprüchen aus, die auf einem rechtsgeschäftlichen Verkehr beruhen. Nach § 1412 Abs. 1 Halbsatz 2 BGB sind Einwendungen gegen ein rechtskräftiges Urteil, das zwischen einem der Ehegatten und dem Dritten ergangen ist, nur zulässig, wenn der Ehevertrag eingetragen oder dem Dritten bekannt war, als der Rechtsstreit anhängig wurde.

§ 1412 BGB gilt nur im Verhältnis zwischen einem der Ehegatten und dem Dritten, mit dem das Rechtsgeschäft vorgenommen oder der Rechtsstreit geführt worden ist.[21] Anderen Personen gegenüber können sich die Ehegatten stets auf die wahre Rechtslage berufen.

Die wahre Rechtslage ist auch dann maßgebend, wenn der Dritte Ansprüche erhebt, die kraft Gesetzes entstehen. Hat der Mann, der in Gütertrennung lebt, einen Dritten bei einem Unfall verletzt, so kann der Dritte nur den Mann in Anspruch nehmen, nicht die Frau, mag auch zur Zeit des Unfalls im Güterrechtsregister stehen, der Mann lebe mit seiner Frau in Gütergemeinschaft mit gemeinschaftlicher Verwaltung des Gesamtguts durch die Ehegatten. § 1412 BGB greift auch nicht bei Zwangsvollstreckungsakten ein. Hat der Dritte einen Titel gegen den Mann, so kann er nur in das Vermögen des Mannes, nicht in das Vermögen der Frau vollstrecken, wenn die Ehegatten im Güterstand der Zugewinngemein-

---

20 RGZ 142, 59; Staudinger-*Felgentraeger*, Komm. zum BGB, 10./11. Aufl., § 1412 Rdn. 30.

21 RG, Recht 1918 Nr. 377.

schaft oder der Gütertrennung leben; dies gilt auch, wenn die Gütergemeinschaft mit Verwaltung des Gesamtgutes durch den Mann noch im Güterrechtsregister eingetragen ist und der Gegenstand der Frau, in den vollstreckt wird, beim Fortbestand der Gütergemeinschaft zum Gesamtgut gehört hätte.

3. Rechtsstellung des redlichen Erwerbers

Hat der Erwerber Vermögensgegenstände gemäß § 1412 BGB erlangt, so darf er sie auch behalten; er braucht sie nicht nach den Vorschriften über die ungerechtfertigte Bereicherung herauszugeben. Dies gilt einmal, wenn der Dritte die Sachen vom Berechtigten erwirbt und § 1412 BGB nur die fehlende Verpflichtungs- und Verfügungsfähigkeit eines Ehegatten ersetzt. Haben die Ehegatten Gütertrennung und alsdann die Zugewinngemeinschaft vereinbart, aber nur die Gütertrennung eintragen lassen, so kann ein Ehegatte dem redlichen Dritten Sachen veräußern, ohne hieran durch die §§ 1365 ff BGB gehindert zu sein. Dieser braucht sie dem Ehegatten nicht nach § 812 BGB zurückzugeben; die Wirksamkeit der Verpflichtung und die Gültigkeit der Verfügung können aufgrund des § 1412 BGB nicht in Frage gestellt werden. Der Dritte kann die Sachen aber auch vom Nichtberechtigten erhalten haben. Dies ist der Fall, wenn die Ehegatten die Gütergemeinschaft mit gemeinschaftlicher Verwaltung vereinbart haben, ohne daß dieser Güterstand ins Güterrechtsregister eingetragen ist, und der Mann Sachen an einen Dritten veräußert; berechtigt sind die Ehegatten in gesamthänderischer Bindung als Mitglieder der Gütergemeinschaft. Der Dritte erwirbt die Sachen jedoch nicht ohne rechtlichen Grund. Der gute Glaube an das Fortbestehen des gesetzlichen Güterstandes stellt die causa dar, die eine Verpflichtung zur Rückübereignung ausschließt. Der Dritte muß allerdings das Erlangte herausgeben, wenn er die Sachen unentgeltlich erhalten hat. Dann greift § 816 Abs. 1 S. 2 BGB ein, der auch anwendbar ist, wenn ein Dritter ein Grundstück nach § 892 BGB oder eine bewegliche Sache nach § 932 BGB unentgeltlich vom Berechtigten erlangt. Der BGH[22] hatte eine Sache zu entscheiden, in der die Ehegatten in Gütergemeinschaft lebten, ohne daß dies im Güterrechtsregister eingetragen war, und der Mann seine Lebensversicherung, die ihm vor der Vereinbarung der Gütergemeinschaft allein zustand, einem Dritten schenkte, dem die Versicherungssumme nach dem Tode des Mannes von der Versicherung ausbezahlt wurde. Der BGH[23] hat mit Recht entschieden, der Dritte habe die Versicherung nach § 1412 BGB

22 NJW 1984, 2156.
23 NJW 1984, 2156.

wirksam erworben, er müsse aber das Erlangte der Ehefrau, die ihren Mann beerbt habe, nach § 816 Abs. 1 S. 2 BGB herausgeben. Der BGH hat ausgeführt, § 816 Abs. 1 S. 2 BGB greife auch ein, wenn der Dritte den Ehevertrag gekannt und die Ehefrau die Auszahlung der Versicherungssumme durch die Versicherung an den dann nichtberechtigten Dritten genehmigt hätte. In diesem Falle liegen aber nicht die Voraussetzungen des § 816 Abs. 1 S. 2 BGB, sondern die Voraussetzungen des § 816 Abs. 2 BGB vor. Dieser Umstand wäre allerdings nur von Bedeutung, wenn der Dritte die Lebensversicherung von dem Mann entgeltlich erworben hätte; die Anwendbarkeit des § 816 Abs. 1 S. 2 BGB entfiele dann, § 816 Abs. 2 BGB bliebe jedoch anwendbar.

4. Haftung aus Rechtsschein

§ 1412 BGB schützt nicht den guten Glauben des Dritten an die Richtigkeit der Eintragung.[24] Ist diese von Anfang an unrichtig, so muß er sich die Einwendungen entgegenhalten lassen, die sich aus der wahren Rechtslage ergeben. Eine derartige Eintragung kann aber, unabhängig von den Voraussetzungen des § 1412 BGB und über seine Wirkungen hinaus, zur Folge haben, daß die Ehegatten sie gegen sich gelten, sich also so behandeln lassen müssen, wie wenn die Eintragung richtig wäre. Ein solcher Fall ist gegeben, wenn die Ehegatten die Eintragung herbeigeführt haben, obwohl sie die Unrichtigkeit kannten. In diesem Fall haben sie den Rechtsschein wissentlich geschaffen; sie müssen das Risiko tragen,[25] das damit verbunden ist. Haben die Ehegatten den Ehevertrag, durch den sie Gütergemeinschaft vereinbart haben, nur zum Schein geschlossen oder haben sie die Formnichtigkeit des Ehevertrages gekannt, so müssen sie hinnehmen, daß der Schein in der Person eines gutgläubigen Dritten Wirklichkeit wird. Dieser muß aber die Eintragung, anders als im Rahmen des § 1412 BGB, gekannt und den Vertrag im Vertrauen auf die Eintragung geschlossen haben; er wird nicht geschützt, wenn er das Güterrechtsregister nicht eingesehen hat oder den Vertrag auch ohne die Eintragung geschlossen hätte. Die gleiche Rechtslage besteht, wenn die Eheleute später erfahren, daß der Ehevertrag nichtig ist, sie aber die Eintragung wissentlich bestehen, also nicht löschen lassen. Der wissentli-

---

24 Vgl. die Nachweise in Fn. 19.

25 Vgl. *Erman/Heckelmann*, Komm. zum BGB, 7. Aufl., § 1412 Rdn. 6; *Gernhuber*, Lehrbuch des Familienrechts, 3. Aufl., § 33 V, 2; MünchKomm.-*Kanzleiter*, § 1412 Rdn. 10 m.w.N.; *Soergel/Gaul*, Komm. zum BGB, 11. Aufl., § 1412 Rdn. 16.

chen Schaffung eines Scheintatbestandes ist seine wissentliche Aufrechterhaltung gleichzustellen.[26]

Eine Haftung aufgrund veranlaßten Rechtsscheins kommt jedoch nicht in Betracht, wenn die Ehegatten nur fahrlässig gehandelt haben.[27] Eine derartige Haftung ist im Bereich des Güterrechtsregisters ebensowenig anzuerkennen, wie dies im Vollmachtsrecht der Fall ist. Es gibt keinen Rechtssatz, wonach jemand für den Rechtsschein, den er fahrlässig gesetzt hat, mit der Maßgabe einstehen müßte, daß der Schein als Wirklichkeit angesehen würde. Hier kann lediglich eine Haftung auf Ersatz des Vertrauensschadens aus culpa in contrahendo begründet sein.

5. Güterrechtsregister und gutgläubiger Erwerb nach § 892 BGB und § 932 BGB

Haben die Ehegatten Gütergemeinschaft vereinbart und im Güterrechtsregister eintragen lassen, veräußert der Mann aber ein Grundstück, als dessen Alleineigentümer er nach wie vor im Grundbuch eingetragen ist, so erwirbt der redliche Dritte das Grundstück. Er kann sich auf die Eintragung im Grundbuch verlassen. § 1412 BGB schränkt die Anwendbarkeit des § 892 BGB nicht ein. Hierüber besteht kein Streit.[28]

Die gleiche Regelung gilt beim Erwerb beweglicher Sachen. Ein gutgläubiger Erwerb scheidet hier jedoch aus, wenn die Ehegatten das Gesamtgut gemeinschaftlich verwalten und Mitbesitzer der zum Gesamtgut gehörenden Sachen sind. Veräußert der Mann die Sache, so bricht er den Mitbesitz der Frau, so daß die Sache ihr abhanden gekommen ist. Besitzt der Mann die Sache allein, so fragt es sich, ob der Erwerber grobfahrlässig gewesen ist, wenn er das Güterrechtsregister nicht eingesehen hat. Diese Frage, die in der Rechtslehre[29] vielfach bejaht wird, ist meines Erachtens zu verneinen,[30] da das Güterrechtsregister im Rechtsverkehr im allgemeinen nicht eingesehen wird.

6. Bedeutung des Güterrechtsregisters

Das Güterrechtsregister hat in der Praxis keine große Bedeutung.[31] Ehegatten lassen die Eheverträge häufig nicht in das Güterrechtsregister eintragen, und Dritte sehen es nur selten ein.

---

26 *Canaris*, Die Vertrauenshaftung im deutschen Privatrecht (1971), S. 81.

27 *Canaris*, aaO. (Fn. 26), S. 81.

28 Vgl. Motive zum Bürgerlichen Gesetzbuch, Band IV, S. 319.

29 *Gernhuber*, Lehrbuch des Familienrechts, 3. Aufl., § 33 IV, 3; *Soergel/Gaul*, Komm. zum BGB, 11. Aufl., § 1412 Rdn. 16.

30 Ebenso MünchKomm.-*Kanzleiter*, § 1412 Rdn. 10 (Fn. 18).

31 Vgl. *Reithmann*, DNotZ 1979, 67, 75 ff.

Fünfter Abschnitt

Gutgläubiger Erwerb kraft Erbscheins

I. Allgemeine Regelung

Der Erbschein ist ein gerichtliches Zeugnis, das dem Erben über sein Erbrecht erteilt wird. Er wird vom Nachlaßgericht ausgestellt, nachdem ein amtliches Ermittlungsverfahren durchgeführt worden ist. Der Erbe kann sich durch den Erbschein gegenüber Behörden, vor allem dem Grundbuchamt, legitimieren und ist dadurch, daß sich die Erwerber von Erbschaftsgegenständen auf den Erbschein verlassen können, in der Lage, den Nachlaß zu verwerten.

Nach § 2365 BGB wird vermutet, daß demjenigen, welcher in dem Erbschein als Erbe bezeichnet ist, das in dem Erbschein angegebene Erbrecht zustehe und daß er nicht durch andere als die angegebenen Anordnungen beschränkt sei. Als derartige Beschränkungen kommen die Ernennung eines Testamentsvollstreckers und die Anordnung einer Nacherbschaft in Betracht, §§ 2363, 2364 BGB.

Der redliche Erwerber wird geschützt, wenn der Erbscheinserbe nicht Erbe, der Erbschein also unrichtig ist. Der Erbschein gilt nach den §§ 2366, 2367 BGB zu seinen Gunsten als richtig, soweit die Vermutung des § 2365 BGB reicht. Der Erwerber kann darauf vertrauen, daß der Erbscheinserbe Erbe und weder ein Testamentsvollstrecker ernannt noch eine Nacherbschaft angeordnet ist, wenn dies nicht in dem Erbschein angegeben ist; die fehlende Verfügungsbefugnis des Erbscheinserben wird durch den guten Glauben des Erwerbers an die Richtigkeit des Erbscheins ersetzt. Der Erwerber wird nur in seinem Vertrauen darauf geschützt, daß die nicht aufgeführten Beschränkungen nicht bestehen. Er kann nicht darauf vertrauen, daß sie bestehen, wenn sie im Erbschein aufgeführt sind.[1] Will der Dritte mit dem Testamentsvollstrecker Rechtsgeschäfte abschließen, so wird er guttun, ihn zu drängen, sich ein Testamentsvollstreckerzeugnis nach § 2368 BGB erteilen zu lassen. Die Tatsache, daß ein Testamentsvollstrecker im Erbschein angegeben ist, sichert den Dritten nicht, wenn die Angabe unrichtig ist.

Sind mehrere Erbscheine ausgestellt, die einander widersprechen, so haben sie, soweit dies der Fall ist, keine Wirkung; das Vertrauen des Erwerbers wird auch dann nicht geschützt, wenn ihm lediglich ein Erbschein bekannt war.[2]

---

1 *Lange/Kuchinke*, Lehrbuch des Erbrechts, 2. Aufl., § 41 VII, 3 c.

2 Herrschende Meinung, BGHZ 33, 314, 317; BGHZ 58, 105, 108; BGB-RGRK-*Kregel*, 12. Aufl., § 2366 Rdn. 9; Staudinger-*Firsching*, Komm. zum BGB,

Der Erbschein entfaltet seine Wirkung von dem Augenblick, in dem er dem Erbscheinserben erteilt wird. Er verliert sie nach § 2361 Abs. 1 BGB, wenn der Erbschein eingezogen wird. Die Anordnung der Einziehung reicht hierzu nicht aus. Der Erbschein muß dem Nachlaßgericht zurückgegeben sein. Kann das Nachlaßgericht ihn nicht sofort erlangen, muß es ihn für kraftlos erklären, § 2361 Abs. 2 BGB.

II. Die einzelnen Voraussetzungen des § 2366 BGB

§ 2366 BGB schützt nur den Erwerb kraft Rechtsgeschäfts, er schützt nicht den Erwerb kraft Gesetzes oder den Erwerb im Wege der Zwangsvollstreckung oder der Arrestvollziehung. Das Rechtsgeschäft muß ein Verkehrsgeschäft sein. Es gelten insoweit die gleichen Regeln wie beim Erwerb nach § 932 BGB und § 892 BGB.[3]

§ 2366 BGB ist nur anwendbar, wenn der Erbscheinserbe über Erbschaftsgegenstände verfügt. Diese Voraussetzung ist nicht gegeben, wenn der (vermeintliche) Miterbe den Erbanteil als solchen[4] veräußert oder wenn der (vermeintliche) Alleinerbe, der den Nachlaß gemäß § 2371 BGB verkauft hat, seine Verpflichtungen aus dem Erbschaftskaufvertrag dadurch erfüllt, daß er dem Erwerber die einzelnen Nachlaßgegenstände überträgt. Diese Regelung ergibt sich auch aus § 2030 BGB, wonach einem Erbschaftsbesitzer gleichsteht, wer die Erbschaft durch Vertrag vom Erbschaftsbesitzer erwirbt; er muß, wie der Erbschaftsbesitzer, die Erbschaft herausgeben. Die Wohltaten des § 2366 BGB kommen ihm also nicht zugute. Die Rechtslage ist jedoch anders, wenn sich im Nachlaß ein Anteil des Erblassers an einem anderen Nachlaß befindet. Dieser Erbanteil ist ein Erbschaftsgegenstand in seinem Nachlaß.

Der Erbschaftsgegenstand kann eine bewegliche oder unbewegliche Sache sein. Ist er ein Grundstück, so genügt zur Anwendung des § 2366 BGB die Eintragung des Erblassers im Grundbuch. Ist er eine bewegliche Sache, so scheitert der Erwerb des Dritten nicht daran, daß der wahre Erbe nach § 857 BGB mit dem Erbfall unmittelbarer Besitzer der Sache geworden ist. Zugunsten des Erwerbers gilt der Erbscheinserbe als wahrer Erbe. Ist diese Voraussetzung gegeben, so gilt der Erbscheinserbe zugun-

---

12. Aufl. § 2366 Rdn. 19 m.w.N.; a.A. *Lange/Kuchinke*, Lehrbuch des Erbrechts, 2. Aufl., § 41 II, 5 b (Fn. 63); *Lindacher*, DNotZ 1970, 93.

3 Vgl. Erstes Kapitel, erster Abschnitt, I, 3, fünfter Abschnitt, I, S. 6 ff., 89 ff.

4 BGB-RGRK-*Kregel*, 12. Aufl., § 2366 Rdn. 3; Staudinger-*Firsching*, Komm. zum BGB, 12. Aufl., § 2366 Rdn. 12 m.w.N.; *Wiegand*, JuS 1975, 283, 284 (Fn. 8).

sten des Dritten auch als unmittelbarer Besitzer, so daß die Sache dem wahren Erben nicht abhanden gekommen ist, die Voraussetzungen des § 935 BGB also nicht vorliegen.[5] Der Erbschaftsgegenstand kann auch eine Forderung oder ein sonstiges Recht sein. Es ist nicht erforderlich, daß der Erbschaftsgegenstand als solcher gutgläubig erworben werden kann.[6] Der Schutz des Erwerbers besteht darin, daß der Erbscheinserbe zu seinen Gunsten als wahrer Erbe gilt. Ist er der wahre Erbe, dann steht ihm die Nachlaßforderung zu. Überträgt er sie dem Dritten, erlangt dieser sie, wie wenn der Erbscheinserbe den Erblasser beerbt hätte; er erwirbt sie von jemandem, der ihm gegenüber als Inhaber der Forderung gilt.

§ 2366 BGB erstreckt sich nur auf Rechtsgeschäfte, durch die der Dritte einen Erbschaftsgegenstand erwirbt. Er erfaßt lediglich Verfügungen, durch die sich der Erwerb vollzieht, nicht Verpflichtungen, die ihn vorbereiten. Der schuldrechtliche Vertrag kommt zwischen dem Dritten und dem Erbscheinserben, nicht zwischen dem Dritten und dem wahren Erben zustande.

§ 2366 BGB gilt auch für den Erwerb von Rechten an Erbschaftsgegenständen, greift also auch ein, wenn der Erbscheinserbe dem Dritten den Nießbrauch oder ein Pfandrecht an einer beweglichen Sache bestellt oder wenn er ein Nachlaßgrundstück mit einem Grundpfandrecht, einem Nießbrauch oder einer Grunddienstbarkeit belastet.

Schließlich ist § 2366 BGB auch auf die Befreiung[7] von einem zur Erbschaft gehörenden Recht anwendbar. Ist das Grundstück des Dritten mit einer Hypothek zugunsten des Erblassers belastet, so fällt der Vertrag, durch den der Erbscheinserbe mit dem Dritten die Aufhebung der Hypothek vereinbart, unter § 2366 BGB. Die Hypothek ist auch dann wirksam aufgehoben, wenn der Erbscheinserbe nicht der wahre Erbe ist. Das gleiche gilt, wenn der Erbscheinserbe auf die Hypothek verzichtet oder dem Dritten eine Verbindlichkeit erläßt, die dieser gegenüber dem Erblasser eingegangen ist.

III. Ergänzung des § 2366 BGB durch § 2367 BGB

§ 2366 BGB wird durch § 2367 BGB ergänzt. Diese Vorschrift entspricht § 893 BGB. Der gute Glaube des Dritten wird auch geschützt, wenn er an den Erbscheinserben aufgrund eines zur Erbschaft gehörenden Rechts eine Leistung bewirkt. Dieser Fall ist gegeben, wenn der Dritte, der ein

5 Allgemeine Meinung, vgl. *Hoffmann*, JuS 1968, 228; MünchKomm.-*Promberger*, § 2366 Rdn. 28 m.w.N.

6 MünchKomm.-*Promberger*, § 2366 Rdn. 24.

7 Vgl. Staudinger-*Firsching*, Komm. zum BGB, 12. Aufl., § 2366 Rdn. 12.

Darlehen vom Erblasser erhalten hat, die Darlehnssumme an den Erbscheinserben zurückzahlt oder wenn er eine Grundschuld, die er auf seinem Grundstück dem Erblasser bestellt hat, durch Zahlung an den Erbscheinserben ablöst. Die Grundschuld wird Eigentümergrundschuld.

Ist der Dritte ein Bürge und zahlt er die dem Erblasser gegenüber eingegangene Bürgschaftsschuld an den Erbscheinserben, so erlischt die Bürgschaft, auch wenn der Erbscheinserbe nicht der wahre Erbe ist. Diese Regelung hat zur Folge, daß der Bürge die Forderung erwirbt, die durch die Bürgschaft gesichert war. Greift § 2366 BGB ein, so muß die Rechtslage so angesehen werden, wie sie wäre, wenn der Erbscheinserbe den Erblasser beerbt hätte. Der Erbscheinserbe hätte dann die Stellung, die der Erblasser hatte. Hätte der Bürge die Bürgschaft an den Erblasser gezahlt, wäre die Forderung des Gläubigers gegen den Schuldner kraft Gesetzes auf ihn übergegangen, § 774 Abs. 1 BGB. Die Rechtslage ist nicht anders, wenn der Bürge die Bürgschaftsschuld an den Erbscheinserben entrichtet.[8] Es wird zwar in § 2366 BGB nur der rechtsgeschäftliche Erwerb, nicht ein Erwerb geschützt, der kraft Gesetzes eintritt. Der Übergang der Forderung nach § 774 Abs. 1 BGB ist aber nur die (gesetzliche) Folge des Rechtsgeschäfts, das in der Bezahlung der Bürgschaftsschuld liegt. Was sollte auch sonst mit der Forderung geschehen? Der wahre Erbe kann nicht Inhaber der Forderung geblieben sein, da er die Bezahlung der Bürgschaftsschuld an den Erbscheinserben gegen sich gelten lassen muß, und es besteht kein Grund, daß die Forderung gegen den Schuldner erlischt; dieser hat keine Leistung erbracht. Die gleiche Rechtslage besteht auch in anderen Fällen, in denen die Tilgung einer Schuld den gesetzlichen Übergang einer Forderung des Gläubigers gegen einen anderen Schuldner auf den zahlenden Schuldner zur Folge hat, wie dies bei der Zahlung der Schuld durch einen Gesamtschuldner (§ 426 Abs. 2 BGB) oder durch den dinglichen Hypothekenschuldner der Fall ist (§ 1143 BGB).[9]

§ 2367 BGB enthält eine weitere Ergänzung. § 2366 BGB ist hiernach auch anwendbar, wenn zwischen dem Erbscheinserben und einem anderen ein Rechtsgeschäft vorgenommen wird, das eine Verfügung über ein zur Erbschaft gehörendes Recht darstellt. Das klassische Beispiel für eine derartige Verfügung ist gegeben, wenn der Erbscheinserbe dem Dritten, dem er ein Nachlaßgrundstück verkauft hat, eine Auflassungsvormerkung[10] bewilligt. Die Rechtslage ist hier die gleiche wie in dem Fall, in

8 BGB-RGRK-*Kregel*, 12. Aufl., § 2367 Rdn. 3; MünchKomm.-*Promberger*, § 2367 Rdn. 4 m.w.N.

9 Vgl. Erstes Kapitel, siebter Abschnitt, I, 2 e, S. 124 ff.

10 BGHZ 57, 341; BGB-RGRK-*Kregel*, 12. Aufl., § 2367 Rdn. 5; MünchKomm.-*Promberger*, § 2367 Rdn. 9 m.w.N.

dem der Bucheigentümer dem Käufer des Grundstücks eine Auflassungsvormerkung bewilligt, § 893 BGB. Im ersten Fall glaubt der Dritte an die Eigenschaft des Erbscheinserben, der wahre Erbe des (im Grundbuch als Grundstückseigentümer eingetragenen) Erblassers zu sein, im zweiten Fall nimmt er an, der Bucheigentümer sei der wahre Eigentümer. Im ersten Fall wird der Dritte nach §§ 2367, 2366 BGB, im zweiten nach §§ 893, 892 BGB geschützt. In beiden Fällen erwirbt er eine wirksame Auflassungsvormerkung; dies hat zur Folge, daß er das Grundstück auch dann erwerben kann, wenn er die wahre Rechtslage in dem Zeitpunkt kennt, in dem der Antrag gestellt wird, ihn als Eigentümer in das Grundbuch einzutragen.

IV. Subjektive Voraussetzungen auf Seiten des Erwerbers

§ 2366 BGB setzt nicht voraus, daß dem Dritten der Erbschein vorgelegt wird. Es genügt, daß er dem vermeintlichen Erben erteilt ist. Der Dritte braucht nicht einmal zu wissen, daß ein Erbschein ausgestellt ist.[11] Wenn er es weiß, braucht er das Rechtsgeschäft nicht im Vertrauen auf den Erbschein geschlossen zu haben. Er muß jedoch stets wissen, daß er einen Erbschaftsgegenstand erwirbt.[12] Hat er hiervon keine Kenntnis, so ist § 2366 BGB unanwendbar. Der Dritte wird nur geschützt, weil er mit einem Erben in dessen Eigenschaft als Erbe ein Rechtsgeschäft schließt. Weiß er nichts von der Erbschaft, glaubt er vielmehr, sein Vertragspartner habe den Gegenstand früher gekauft, so besteht kein Grund, ihn besser zu stellen, als er stünde, wenn dies der Fall wäre. Es gelten dann ausschließlich die allgemeinen Vorschriften über den gutgläubigen Erwerb, also die §§ 932 ff, 892 BGB. Der Dritte wird in diesem Falle nicht geschützt, wenn er vom Erbscheinserben eine bewegliche Sache kauft, die dem wahren Erben abhanden gekommen ist, § 857 BGB; in diesem Fall greift § 935 BGB ein.

Der Dritte muß redlich sein. Hieran fehlt es, wenn er die Unrichtigkeit des Erbscheins kennt oder weiß, daß das Nachlaßgericht die Rückgabe des Erbscheins wegen Unrichtigkeit verlangt hat. Ist der Erbschein bereits eingezogen, entfallen, objektiv, die Wirkungen des Erbscheins, so daß es dann nicht mehr auf den guten Glauben des Dritten ankommt. Der Dritte

11 BGHZ 33, 314, 317; BGH, FamRZ 1971, 641, 642.

12 BGB-RGRK-*Kregel*, 12. Aufl., § 2366 Rdn. 10; Staudinger-*Firsching*, Komm. zum BGB, 12. Aufl., § 2366 Rdn. 2; *Wiegand*, JuS 1972, 87, 89; *ders.*, JuS 1972, 336; a.A. *Vennemann*, JuS 1972, 335.

ist nicht unredlich,[13] wenn er weiß, daß der Erbscheinserbe von einem anderen, der sich für den wahren Erben hält, auf Herausgabe des Erbscheins an das Nachlaßgericht verklagt worden ist, § 2362 BGB; der andere kann die Klage leichtfertig erhoben haben. Der Dritte ist aber unredlich, wenn er weiß, daß der andere den Rechtsstreit gewonnen hat und das Urteil rechtskräftig geworden ist.

Ist das Testament nach den §§ 2078, 2079 BGB anfechtbar, so steht die Kenntnis des Dritten von der Anfechtbarkeit des später angefochtenen Testaments der Kenntnis der Unrichtigkeit des Erbscheins gleich, § 142 Abs. 2 BGB. Dies muß auch gelten, wenn der Erbe erbunwürdig ist und die Erbunwürdigkeit durch Anfechtung des Erbschaftserwerbs geltend gemacht wird, §§ 2339 ff BGB.

Der Erwerber muß bis zur Vollendung des Erwerbs redlich sein. Eine Vorschrift, die dem § 892 Abs. 2 BGB beim Erwerb von Grundstücken entspricht, fehlt hier. Dies ist darauf zurückzuführen, daß der Erbschaftsgegenstand, dessen Erwerb nach § 2366 BGB geschützt wird, kein Grundstück zu sein braucht. Es fragt sich aber, ob § 892 Abs. 2 BGB in dem Falle entsprechend angewendet werden muß, in dem der Dritte ein Nachlaßgrundstück, als dessen Eigentümer der Erblasser eingetragen ist, vom Erbscheinserben erwirbt. Diese Frage ist zu bejahen.[14] Hat der Erbscheinserbe dem Dritten das Nachlaßgrundstück verkauft und aufgelassen und ist der Antrag gestellt, ihn als Eigentümer einzutragen, so schadet es dem Dritten nicht, wenn er nunmehr von der Unrichtigkeit des Erbscheins Kenntnis erlangt. Wäre der vermeintliche Erbe bereits als Eigentümer eingetragen und hätte er das Grundstück dann dem Dritten veräußert, so genügte der gute Glaube des Dritten an das Eigentum des im Grundbuch eingetragenen Veräußerers im Zeitpunkt des Eintragungsantrags. § 892 Abs. 2 BGB liegt unmittelbar vor, da die Voraussetzungen des § 892 Abs. 1 BGB gegeben sind; der Dritte glaubt an das Eigentum des Veräußerers, weil er im Grundbuch eingetragen ist. Die Rechtslage kann nicht anders sein, wenn der Dritte das (auf den Namen des Erblassers eingetragene) Grundstück von dem Erbscheinserben erwirbt; denn die Eintragung des Erben im Grundbuch ist (im ersten Fall) aufgrund des Erbscheins erfolgt. Es kann keine Rolle spielen, ob sich der Erbschein mittelbar (über das Grundbuchamt) oder unmittelbar (durch Rechtsgeschäft zwischen dem Erbscheinserben und dem Dritten) auswirkt. In den Motiven[15] heißt es demgemäß, wenn auch im anderen Zusammenhang

---

13 *Lange/Kuchinke*, Lehrbuch des Erbrechts, 2. Aufl., § 41 VII, 3 e (Fn. 211); MünchKomm.-*Promberger*, § 2366 Rdn. 19.

14 Ebenso *Lange/Kuchinke*, Lehrbuch des Erbrechts, 2. Aufl., § 41 VII, 3 e.

15 Zum Bürgerlichen Gesetzbuch, Band V, S. 569.

(bei der Frage, ob dem Erwerber bereits grobe Fahrlässigkeit schaden soll): „Dem Dritten, welcher sich auf den Erbschein verläßt, noch eine weitere Nachforschungspflicht aufzuerlegen, wäre nicht gerechtfertigt, weil der Erbschein, wie das Grundbuch, bestimmt ist, den Erben gegenüber jedem festzustellen. Dazu kommt, daß das Grundbuch, sofern es sich um die Buchung des Erben handelt, selbst auf dem Erbscheine beruht, und daß nicht wünschenswert ist, verschiedene Wirkungen eintreten zu lassen, je nachdem der Erbe gebucht oder nicht gebucht ist."

Die gegenteilige Auffassung,[16] die in der Rechtslehre weitgehend vertreten wird, beruft sich zu Unrecht auf eine Entscheidung des BGH.[17] Es ging dort um ein anderes Problem. Es fragte sich, ob es zum gutgläubigen Erwerb des Dritten ausreicht, wenn der Erbschein dem Veräußerer nach Auflassung und Stellung des Eintragungsantrags, aber vor der Eintragung erteilt wird, oder ob es erforderlich ist, daß er schon vor diesem Zeitpunkt erteilt worden ist. Dieses Problem hat nichts mit der Frage zu tun, ob es den gutgläubigen Erwerb eines Dritten ausschließt, wenn er nach Stellung des Eintragungsantrags, aber vor der Eintragung erfährt, daß der (längst) erteilte Erbschein unrichtig ist. In dem vom BGH entschiedenen Fall kommt dem Dritten die späte Erteilung des Erbscheins zugute; es genügt, daß der Erbschein dem Erben in dem Augenblick erteilt ist, in dem der Dritte als Eigentümer eingetragen wird. Hieraus kann jedoch nicht der Schluß gezogen werden, die späte Kenntniserlangung von der Unrichtigkeit des Erbscheins (also die Kenntnis nach Stellung des Eintragungsantrags) müsse dem Erwerber schaden. Der BGH[18] geht auch in einer anderen Entscheidung als selbstverständlich davon aus, daß der gute Glaube des Dritten an die Richtigkeit des Erbscheins beim Erwerb einer Auflassungsvormerkung vom Erbscheinserben nur in dem Zeitpunkt gegeben sein müsse, in der der Antrag gestellt werde, die Vormerkung einzutragen, es also nicht erforderlich sei, daß der gute Glaube noch vorliege, wenn die Vormerkung eingetragen werde. „Da dem Kläger (dem Dritten)", heißt es in dem Urteil,[19] „im Zeitpunkt der Eintragung der Auflassungsvormerkung und damit erst recht in dem für den guten Glauben des Vormerkungsberechtigten maßgebenden Zeitpunkt der Stellung des Antrags auf Eintragung der Vormerkung die Unrichtigkeit des

---

16 *Brox*, Erbrecht, 8. Aufl., Rdn. 590; BGB-RGRK-*Kregel*, 12. Aufl., § 2366 Rdn. 10; *Erman/Schlüter*, Komm. zum BGB, 7. Aufl., § 2366 Rdn. 4; MünchKomm.-*Promberger*, § 2366 Rdn. 29; Staudinger-*Firsching*, Komm. zum BGB, 12. Aufl., § 2366 Rdn. 8; *Wiegand*, JuS 1975, 283, 285.

17 WM 1971, 54.

18 BGHZ 57, 341.

19 BGHZ 57, 341, 343.

Erbscheins . . . nicht bekannt war, hat er somit die Auflassungsvormerkung gutgläubig und damit wirksam erworben."

V. Zusammenspiel des § 2366 BGB mit den §§ 892, 932 BGB

§ 2366 BGB erschöpft sich in der Bestimmung, der Erbscheinserbe werde wie der wahre Erbe behandelt. Er schützt den Dritten nicht bei der Frage, ob ein Gegenstand zum Nachlaß gehört. Wenn er zum Nachlaß gehört, kann der Erbscheinserbe darüber verfügen, weil er zugunsten des Dritten die Rechtsstellung des wahren Erben hat. Ob die Gegenstände aber Teile des Nachlasses sind, darum kümmert sich § 2366 BGB nicht. Befindet sich im Nachlaß ein Bild, das sich der Erblasser geliehen hat, so wird der Dritte nicht aufgrund des § 2366 BGB in seiner Annahme geschützt, der Erblasser sei Eigentümer des Bildes gewesen und das Eigentum sei auf den Erbscheinserben übergegangen. Ein gutgläubiger Erwerb ist damit jedoch auch nicht ausgeschlossen. § 2366 BGB ist nicht anwendbar; er schließt aber den gutgläubigen Erwerb nach den allgemeinen Vorschriften nicht aus. Glaubt der Dritte an das Eigentum des Erbscheinserben, der auch der wahre Erbe ist, so ist zu prüfen, ob die Voraussetzungen des § 932 BGB gegeben sind. Liegen sie vor, so ist der Dritte aufgrund dieser Vorschrift Eigentümer der Sache geworden. Ist der Erbscheinserbe nicht der wahre Erbe, ist sowohl § 2366 BGB als auch § 932 BGB anwendbar.[20] Der Erwerber wird nach § 2366 BGB in seinem Glauben, der Erbscheinserbe sei der wahre Erbe, und er wird nach § 932 BGB in seiner Annahme geschützt, die Sache, die sich im Nachlaß befindet, habe dem Erblasser gehört und gehöre nunmehr dem Erben. Der Dritte erlangt aber nicht das Eigentum, wenn der Erblasser die Sache dem Eigentümer entwendet hat. Es ist zu prüfen, wie die Rechtslage wäre, wenn der Dritte die Sache vom wahren Erben erlangt hätte. Da dieser die Rechtsstellung hat, die der Erblasser hatte, ist zu untersuchen, wie die Rechtslage wäre, wenn der Dritte die Sache vom Erblasser erworben hätte. Von diesem hätte der Dritte das Eigentum nicht erlangt; § 935 BGB hätte dies verhindert. Der Dritte kann nicht mehr Rechte erwerben, wenn er die Sache vom Erbscheinserben erlangt, mag dieser der wahre oder der falsche Erbe sein.[21]

Erwirbt der Dritte ein Grundstück, das nicht zum Nachlaß gehört, weil ein anderer Eigentümer des Grundstücks ist, vom Erbscheinserben, der

20 *Brox*, Erbrecht, 8. Aufl., Rdn. 590; MünchKomm.-*Promberger*, § 2366 Rdn. 45 m.w.N.

21 Staudinger-*Firsching*, Komm. zum BGB, 12. Aufl., § 2366 Rdn. 22.

nicht der wahre Erbe ist, so sind zwei Fälle zu unterscheiden. Ist das Grundstück, als dessen Eigentümer der Erblasser eingetragen war, (aufgrund des Erbscheins) auf den Erbscheinserben umgeschrieben, so greift ausschließlich § 892 BGB ein;[22] der Dritte glaubt an das Eigentum des Veräußerers, weil dieser im Grundbuch steht. § 2366 BGB ist nicht anzuwenden. Der Dritte wird Eigentümer, wenn er den Erbschein für unrichtig, das Grundbuch aber für richtig hält. Ist der Erblasser noch als (vermeintlicher) Eigentümer im Grundbuch eingetragen, so erlangt der Dritte mit Auflassung und Eintragung das Eigentum nach § 2366 BGB in Verbindung mit § 892 BGB, wenn die Voraussetzungen beider Vorschriften gegeben sind. Nach § 2366 BGB wird der gute Glaube des Dritten geschützt, der Erbscheinserbe sei der wahre Erbe, und nach § 892 BGB kann sich der Dritte darauf verlassen, daß der Erbe (als Nachfolger des Erblassers) Eigentümer des Grundstücks ist. Der Dritte erlangt also das Eigentum nicht, wenn er entweder die Unrichtigkeit des Erbscheins oder die Unrichtigkeit des Grundbuchs kennt (oder im Grundbuch ein Widerspruch eingetragen ist).

VI. Vermeintlicher Miterbenanteil als Erbschaftsgegenstand

Verfügt der Erbscheinserbe, der nicht der wahre Erbe ist, über einen vermeintlich zum Nachlaß gehörenden Miterbenanteil des Erblassers, so wird der Dritte nur in seinem guten Glauben geschützt, der Erbscheinserbe sei der wahre Erbe. § 2366 BGB schützt jedoch nicht den guten Glauben des Dritten, der Miterbenanteil gehöre zum Nachlaß. Ob der Dritte insoweit geschützt wird, richtet sich danach, wie die Rechtslage wäre, wenn er den Miterbenanteil vom Erblasser erworben hätte. In diesem Fall hätte er den Miterbenanteil aber auch dann nicht erworben, wenn dem Erblasser ein Erbschein erteilt worden wäre, in dem er als Miterbe ausgewiesen wäre. Der Erbschein wirkt sich nur bei der Verfügung über Erbschaftsgegenstände aus, und in der Person des Erblassers ist der Miterbenanteil, auf den sich der Erbschein bezieht, kein Erbschaftsgegenstand.[23] Der Erblasser würde vielmehr über den Erbanteil als solchen verfügen, und dieses Rechtsgeschäft fiele nicht unter § 2366 BGB. Der Dritte wird demgemäß nicht geschützt, wenn er einen vermeintlichen Miterbenanteil vom Erbscheinserben erwirbt.

---

22 *Brox*, Erbrecht, 8. Aufl., Rdn. 590; BGB-RGRK-*Kregel*, 12. Aufl., § 2366 Rdn. 12; Staudinger-*Firsching*, Komm. zum BGB, 12. Aufl., § 2366 Rdn. 27.
23 Vgl. die Nachweise in Fn. 4.

VII. Rechtsstellung des wahren Erben

Der wahre Erbe muß die Verfügungen des Erbscheinserben hinnehmen, soweit sie nach den §§ 2366, 2367 BGB wirksam sind. Er wird dadurch geschützt, daß der Veräußerungserlös als dingliches Surrogat in den Nachlaß fällt, § 2019 BGB. Hat der Erbscheinserbe Gegenstände verschenkt, so stehen dem Erben Ansprüche gegen den Dritten nach § 816 Abs. 1 Satz 2 BGB und, wenn dieser sie weiter verschenkt hat, gegen den Vierten aus § 822 BGB zu.

VIII. Entsprechende Anwendung der §§ 2366, 2367 BGB

1. Testamentsvollstreckerzeugnis

Das Nachlaßgericht hat einem Testamentsvollstrecker auf Antrag ein Zeugnis über seine Ernennung zu erteilen, § 2368 Abs. 1 BGB. Auf dieses Zeugnis finden die Vorschriften über den Erbschein entsprechende Anwendung, § 2368 Abs. 3 BGB. Es wird demgemäß vermutet, daß der in der Urkunde angegebene Testamentsvollstrecker auch in Wahrheit Testamentsvollstrecker ist und keine anderen Beschränkungen und Erweiterungen bestehen, als sie im Zeugnis aufgeführt sind. Verfügt der vermeintliche Testamentsvollstrecker über Erbschaftsgegenstände, so wird der Dritte in seinem Glauben geschützt, sein Vertragspartner sei Testamentsvollstrecker. Dies ergibt sich aus der entsprechenden Anwendung des § 2366 BGB. Der gute Glaube an das Testamentsvollstreckerzeugnis geht aber darüber hinaus. Es kommt dem Dritten, anders als beim Erbschein, auch beim Abschluß von schuldrechtlichen Verträgen zugute.[24] Schließt er mit dem vermeintlichen Testamentsvollstrecker einen derartigen Vertrag, so kommt dieser Vertrag mit dem Erben zustande. Der Dritte darf darauf vertrauen, daß der in der Urkunde genannte Testamentsvollstrekker der wahre Testamentsvollstrecker ist und damit die Rechtsgeschäfte vornehmen kann, die in den Aufgabenbereich eines Testamentsvollstrekkers fallen. Ein Testamentsvollstrecker ist aber nach § 2206 BGB berechtigt, Verbindlichkeiten für den Nachlaß einzugehen, soweit dies zur ordnungsmäßigen Verwaltung des Nachlasses erforderlich ist. Der Erblasser kann nach § 2207 BGB anordnen, daß der Testamentsvollstrecker in der Eingehung von Verbindlichkeiten für den Nachlaß nicht beschränkt sein soll. Eine solche Anordnung ist nach § 2368 Abs. 1 Satz 2

---

24 Vgl. *Lange/Kuchinke*, Lehrbuch des Erbrechts, 2. Aufl., § 41 VIII, 3 b; MünchKomm.-*Promberger*, § 2368 Rdn. 43 m.w.N.

(2. Fall) BGB im Testamentsvollstreckerzeugnis anzugeben. Das Gesetz geht also als selbstverständlich davon aus, daß der öffentliche Glaube sich auch auf das Recht des Testamentsvollstreckers erstreckt, Nachlaßverbindlichkeiten einzugehen.

Nach § 2368 Abs. 3 Halbsatz 2 BGB wird das Testamentsvollstreckerzeugnis kraftlos, wenn das Amt des Testamentsvollstreckers endet; auf die Umstände, weshalb dies geschieht, kommt es nicht an. Vermutung und öffentlicher Glaube, die sich an das Zeugnis knüpfen, werden ohne weiteres hinfällig. Der gute Glaube des Erwerbers wird insoweit nicht geschützt. Diese Regelung ist verkehrsfeindlich.[25] Sie wird deshalb von der Rechtsprechung[26] für den Fall eingeschränkt, daß der Wegfall des Testamentsvollstreckers auf einer Anordnung des Erblassers beruht. Eine derartige Anordnung wird als Beschränkung angesehen, die im Zeugnis angegeben werden muß, um dem redlichen Dritten entgegengesetzt werden zu können, § 2368 Abs. 1 Satz 2 (1. Fall) BGB.

2. Todeserklärung

Hat jemand, der für tot erklärt oder dessen Todeszeit nach dem Verschollenheitsgesetz festgestellt ist, den Zeitpunkt überlebt, der als Zeitpunkt seines Todes gilt (oder ist er vor diesem Zeitpunkt gestorben), so gilt nach § 2370 BGB derjenige, der aufgrund der Todeserklärung oder der Feststellung der Todeszeit Erbe sein würde, in Ansehung der in den §§ 2366, 2367 BGB bezeichneten Rechtsgeschäfte zugunsten eines redlichen Dritten auch ohne die Erteilung des Erbscheins als Erbe. Der Dritte ist unredlich, wenn er die Unrichtigkeit der Todeserklärung oder der Feststellung der Todeszeit kennt oder weiß, daß sie aufgehoben worden sind. Der Dritte wird geschützt, wie wenn dem Scheinerben ein Erbschein erteilt worden wäre.

25 *Lange/Kuchinke*, Lehrbuch des Erbrechts, 2. Aufl., § 41 VIII, 4.
26 RGZ 83, 348, 352.

[illegible] ... werden muß, und [illegible] ... § 284 Abs. 2 (1) [illegible] BGB.

2.4 [illegible]

[illegible]

Zweiter Teil

Gutgläubiger Erwerb im Handelsrecht, im Wertpapierrecht und in der Zwangsvollstreckung

Erstes Kapitel

Gutgläubiger Erwerb im Handelsrecht

Erster Abschnitt

Handelsregister

I. Übersicht

Das Handelsregister hat Publizitätswirkungen. Diese Wirkungen sind in § 15 Abs. 1 und Abs. 3 HGB geregelt. Beide Absätze schützen den Erwerber. Sie schützen ihn aber auf verschiedene Weise. Der erste Absatz ist Ausdruck der negativen, der dritte der positiven Publizität. Der zweite Absatz führt keinen gutgläubigen Erwerb herbei; er schließt ihn in seinem Anwendungsbereich aus. Neben § 15 HGB gelten die allgemeinen Rechtsscheingrundsätze. Sie ergänzen den in § 15 Abs. 1, Abs. 3 HGB gewährten Gutglaubenschutz und schränken den in § 15 Abs. 2 HGB enthaltenen Ausschluß des Gutglaubensschutzes ein.

II. Negative Publizität

1. Voraussetzungen des § 15 Abs. 1 HGB

Solange eine im Handelsregister einzutragende Tatsache nicht eingetragen und nicht bekannt gemacht worden ist, kann sie nach § 15 Abs. 1 HGB von demjenigen, in dessen Angelegenheiten sie einzutragen war, einem Dritten nicht entgegengesetzt werden, es sei denn, daß sie diesem bekannt war.

Die Tatsache muß eintragungspflichtig sein. Es genügt nicht, daß sie eintragungsfähig ist. Wer ein Handelsgeschäft unter der alten Firma fortführt, haftet nach § 25 Abs. 1 HGB für die früheren Geschäftsverbindlichkeiten. Er kann mit dem Veräußerer etwas anderes vereinbaren, und diese Vereinbarung kann im Handelsregister eingetragen werden. Es besteht aber keine Verpflichtung hierzu. Geschieht dies nicht, greift § 15 Abs. 1 HGB nicht ein. Die Rechtsfolgen richten sich vielmehr ausschließlich nach § 25 Abs. 2 HGB.

Ob eine Tatsache eingetragen werden muß, ist jeweils im Gesetz geregelt. § 53 Abs. 3 HGB ordnet zum Beispiel an, daß die Erteilung und das Erlöschen einer Prokura zur Eintragung anzumelden seien; gemäß den §§ 106, 108 HGB ist die Offene Handelsgesellschaft von sämtlichen Gesellschaftern zur Eintragung in das Handelsregister anzumelden, und § 143 HGB bestimmt, daß das Erlöschen der Gesellschaft und das Ausscheiden eines Gesellschafters angemeldet werden müssen.

Konkurs- und Vergleichseröffnung, die von Amts wegen eingetragen werden müssen, sind keine Tatsachen im Sinne des § 15 Abs. 1 HGB. Der registerliche Vertrauensschutz ist mit dem Zweck dieses Verfahrens nicht vereinbar. § 32 Satz 4 HGB schließt demgemäß die Anwendbarkeit des § 15 Abs. 1 HGB aus. Die entsprechende Regelung findet sich in § 23 Abs. 2 Satz 3 und § 98 Abs. 3 VerglO.

Die einzutragende Tatsache kann dem Dritten nur entgegengesetzt werden, wenn sie eingetragen und bekanntgemacht worden ist. Der Dritte wird also geschützt, wenn die Tatsache nicht eingetragen oder (zwar eingetragen, aber) nicht bekanntgemacht worden ist.

Die Tatsache, um deren Eintragung es geht, ist in der Regel von deklaratorischer Bedeutung. Die Prokura wird erteilt oder widerrufen, ohne daß hierzu eine Eintragung erforderlich ist. Der Gesellschafter ist ausgeschieden, auch wenn das Ausscheiden nicht im Handelsregister steht. Die einzutragende Tatsache kann aber auch von konstitutiver Bedeutung sein. Sie wird dann mit der Eintragung wirksam. Sie kann dem Dritten jedoch nicht entgegengesetzt werden, wenn sie nicht bekanntgemacht worden ist.

Es ist unerheblich, auf welchem Umstand es beruht, daß die Eintragung und die Bekanntmachung nicht erfolgt sind.[1] Es ist nicht notwendig, daß der Verpflichtete die Tatsache nicht angemeldet hat. Auch wenn dies geschehen ist, das Registergericht die Anmeldung aber verlegt oder ihr aus einem anderen Grunde nicht oder verspätet stattgibt, greift § 15 Abs. 1 HGB ein; das gleiche gilt, wenn die Tatsache eingetragen wird, das

1 *Schlegelberger/Hildebrandt/Steckhan*, Komm. zum HGB, 5. Aufl., § 15 Rdn. 12; *K. Schmidt*, Handelsrecht, 2. Aufl., § 14, 2 c m.w.N.; *ders.*, JuS 1977, 209, 214; *H. Westermann*, JuS 1963, 1, 6; vgl. aber auch *Mossler*, Die Rechtsscheinhaftung im Handelsrecht, Diss. Münster 1974, S. 52 ff.

Registergericht es jedoch vergißt, die Eintragung (rechtzeitig) bekanntzumachen.

§ 15 Abs. 1 HGB fordert also nicht, daß der Betroffene das Fehlen der Eintragung oder der Bekanntmachung veranlaßt hat und dies in zurechenbarer Weise geschehen ist. Es stellt damit nicht die Voraussetzungen auf, deren Vorliegen bei einer Haftung aus Rechtsschein im allgemeinen verlangt werden. Der Umstand, daß die eintragungspflichtige Tatsache nicht eingetragen oder nicht bekanntgemacht worden ist, rechtfertigt bereits den Schutz des Dritten; Fehler des Registergerichts beseitigen nicht die negative Publizität des Handelsregisters.[2] Auch der Minderjährige[3] muß diese Rechtsfolgen hinnehmen und sich wie die Volljährigen mit Schadensersatzansprüchen aus Amtspflichtverletzung gegen das zuständige Land begnügen.

Der Dritte wird nicht geschützt, wenn er die einzutragende Tatsache kennt. Grobe Fahrlässigkeit schadet nicht. Der Dritte braucht nicht in das Handelsregister eingesehen, die Nichteintragung der einzutragenden Tatsache festgestellt und das Rechtsgeschäft im Hinblick auf das Fehlen der Eintragung geschlossen zu haben.[4] Es wird unterstellt, daß dies geschehen ist. § 15 Abs. 1 HGB enthält insoweit eine unwiderlegbare Vermutung. Er ist auch dann anwendbar, wenn feststeht, daß der Dritte keinen Einblick in das Handelsregister genommen hat oder nicht einmal weiß, daß die Tatsache eingetragen werden muß. Das Vertrauen des Dritten wird demgemäß als typisiertes, formalisiertes oder generalisiertes Vertrauen bezeichnet.[5]

Der Einwendungsausschluß trifft den, in dessen Angelegenheiten die Tatsache einzutragen war. Das ist der Unternehmensträger selbst, kann aber auch ein anderer, zum Beispiel der ausgeschiedene Gesellschafter sein. Ist sein Ausscheiden nicht eingetragen, so haftet die Gesellschaft, wenn der Gesellschafter in ihrem Namen mit Dritten Rechtsgeschäfte abschließt, der Gesellschafter, wenn die Gesellschaft nach seinem Ausscheiden Gesellschaftsverbindlichkeiten eingeht. Der Einwendungsausschluß kann auch Außenwirkung haben. Hat der Dritte die Hypothek erworben, die ihm der Gesellschafter nach seinem (nicht eingetragenen) Ausscheiden an einem Grundstück der Gesellschaft bestellt hat, so geht dies zu Lasten der nachfolgenden Hypothekengläubiger; sie können nicht geltend machen, der Gesellschafter habe bei der Bestellung der Hypothek

2 Staub-*Hüffer*, Großkomm. zum HGB, 4. Aufl., § 15 Rdn. 22.
3 *K. Schmidt*, JuS 1977, 209, 214; *H. Westermann*, JuS 1963, 1, 7.
4 BGHZ 65, 309, 311; *Hofmann*, JA 1980, 264, 268.
5 Staub-*Hüffer*, Großkomm. zum HGB, 4. Aufl., § 15 Rdn. 24.

nicht mehr der Gesellschaft angehört und habe sie deshalb nicht wirksam vertreten können.[6]

Dritter im Sinne des § 15 Abs. 1 HGB ist jeder, der von der einzutragenden Tatsache nicht betroffen ist und der Gesellschaft, in deren Angelegenheiten sie einzutragen war, nicht als Gesellschafter oder Mitglied angehört oder als ihr Organ tätig wird.[7]

2. Rechtswirkungen des § 15 Abs. 1 HGB

Dem Dritten kann die einzutragende Tatsache, die nicht eingetragen und bekanntgemacht worden ist, nicht entgegengesetzt werden; sie besteht für ihn nicht. Die Rechtslage wird so angesehen, wie sie wäre, wenn die Tatsache nicht vorhanden wäre. Ist die Erteilung der Prokura, aber nicht ihr Erlöschen eingetragen, so kann der Dritte auf den Fortbestand der richtigen Eintragung vertrauen. Das Rechtsgeschäft, das er mit dem früheren Prokuristen abschließt, wirkt für und gegen den Unternehmensträger. Ist ein Gesellschafter aus der Gesellschaft ausgeschieden, sein Ausscheiden jedoch nicht eingetragen, so kann der Dritte sich darauf verlassen, daß der Gesellschafter nach wie vor Gesellschafter ist und die Gesellschaft vertreten kann. Haben die Gesellschafter einer Offenen Handelsgesellschaft Gesamtvertretungsmacht vereinbart, dies aber nicht in das Handelsregister eintragen lassen, dann kann die Vereinbarung dem Dritten nicht entgegengesetzt werden; es bleibt bei der Rechtslage, die ohne eine derartige Vereinbarung, kraft Gesetzes, gilt, es bleibt also bei der Einzelvertretungsmacht, § 125 Abs. 1 HGB. Die gleiche Rechtslage besteht, wenn die Eintragung erfolgt ist, es aber an der Bekanntmachung fehlt.

Der Dritte kann sich somit darauf verlassen, daß die einzutragende Tatsache nicht vorhanden ist, wenn sie nicht eingetragen und bekanntgemacht worden ist. Er kann aber nicht darauf vertrauen, daß die eingetragene Tatsache besteht. § 15 Abs. 1 HGB schützt den Dritten nicht in seinem Glauben an die Richtigkeit einer Eintragung. Der Dritte kann auf das Schweigen, nicht auf das Reden des Registers vertrauen. Nach § 15 Abs. 1 HGB hat das Handelsregister negative, nicht positive Publizität.

Das RG[8] hatte eine Sache zu entscheiden, in der A und B als Gesellschafter einer Offenen Handelsgesellschaft eingetragen waren, deren wirkliche Gesellschafter X und Y waren. Der Dritte, der mit A und B einen Vertrag schließt, wird nach § 15 Abs. 1 HGB nicht in seinem

6 Staub-*Hüffer*, Großkomm. zum HGB, 4. Aufl., § 15 Rdn. 30.
7 Vgl. RGZ 120, 363, 369; RGZ 140, 314 f.
8 RGZ 125, 228.

Glauben geschützt, A und B seien Gesellschafter, weil sie als solche eingetragen seien. Das RG[9] hat den Dritten gleichwohl aufgrund dieser Vorschrift geschützt, weil X und Y, die nicht eingetragen waren, hätten eingetragen werden müssen. „Diese nicht eingetragene Tatsache kann die Gesellschaft, in deren Angelegenheiten die wahren Gesellschafter einzutragen waren, einem Dritten . . . nicht entgegensetzen, wenn der Dritte den Sachverhalt nicht kennt. Dieser Dritte ist also gegen jeden Einwand der Gesellschaft aus der unrichtigen Eintragung des Gesellschafterbestandes im Handelsregister durch § 15 Abs. 1 HGB geschützt". A und B könnten demgemäß die Gesellschaft vertreten. Diese Ansicht ist verfehlt.[10] Aus der negativen Publizität wird auf diese Weise, durch diesen Kunstgriff, die positive. Das RG[11] hat seine Ansicht auch später, diskret, wieder aufgegeben.

Ist der Widerruf der Prokura nicht eingetragen, so wird der Dritte geschützt, wenn die Prokura eingetragen war. Das gleiche gilt, wenn ein Gesellschafter aus der Gesellschaft ausgeschieden ist, falls er als Gesellschafter eingetragen war. Der Dritte kann sich auf den Fortbestand der richtigen Eintragung verlassen. Wie ist die Rechtslage aber, wenn im Handelsregister auch nicht eingetragen ist, daß die Prokura erteilt oder der Gesellschafter in die Gesellschaft eingetreten ist? Es taucht dann das Problem auf, ob der Dritte nach § 15 Abs. 1 HGB nur auf den Fortbestand der richtigen Eintragung oder ob er sich, unabhängig von einer derartigen Eintragung, darauf verlassen kann, daß die nicht eingetragene Tatsache nicht vorhanden und damit die Rechtslage maßgebend ist, die bestünde, wenn die nicht eingetragene Tatsache nicht existierte.

In der Rechtslehre[12] wird die Ansicht vertreten, § 15 Abs. 1 HGB greife nur ein, wenn die Tatsache, die jetzt nicht mehr bestehe, im Handelsregister eingetragen sei. Es könne nur der gute Glaube „an eine irgendwie kundgemachte Rechtslage"[13] geschützt werden. An einer derartigen Kundgebung fehle es aber häufig, wenn keine Voreintragung (die eine solche Kundgebung darstelle) vorgenommen worden sei; habe sie stattgefunden, so griffen die allgemeinen Rechtsscheingrundsätze ein, die aus § 170, § 171 Abs. 2, § 172 Abs. 2 BGB entwickelt worden seien, so daß es eines Rückgriffs auf § 15 Abs. 1 HGB nicht bedürfe.

---

9 RGZ 125, 228, 229 f.

10 Vgl. *Baumbach/Duden/Hopt*, Komm. zum HGB, 26. Aufl., § 15, 2 A.

11 RGZ 142, 98, 105.

12 *Canaris*, Die Vertrauenshaftung im deutschen Privatrecht (1971), S. 152; *A. Hueck*, AcP 118, 350 ff; *John*, ZHR 140, 236 ff; *Medicus*, Bürgerliches Recht, 12. Aufl., Rdn. 105; Staub-*Hüffer*, Großkomm. zum HGB, 4. Aufl., § 15 Rdn. 20.

13 *Canaris*, aaO. (Fn 12), S. 152.

In der Regel wird es jedoch an der Kundmachung der einzutragenden, aber nicht eingetragenen Tatsache nicht fehlen. Der Dritte wird anderweit erfahren haben, daß der Angestellte des Kaufmanns Prokura gehabt hat. Der Kaufmann hat die Erteilung der Prokura öffentlich bekanntgemacht oder ihm mitgeteilt, er hat sie von anderen Kaufleuten erfahren, möglicherweise hat er selbst schon manches Geschäft mit dem Prokuristen abgeschlossen. Das gleiche gilt, wenn der Gesellschafter, dessen Zugehörigkeit zur Gesellschaft nicht eingetragen war, aus der Gesellschaft ausgeschieden, sein Ausscheiden aber nicht eingetragen ist. Es besteht kein Grund, den Dritten in diesen Fällen, in denen „die Rechtslage irgendwie kundgemacht" war, schlechter zu behandeln, also nur nach den allgemeinen Rechtsscheingrundsätzen zu schützen, die strengere Anforderungen stellen und geringere Auswirkungen haben. Die gegenteilige Auffassung[14] trifft Unterscheidungen, die das Gesetz nicht kennt und die sachlich nicht gerechtfertigt sind. § 15 Abs. 1 HGB geht davon aus, daß die im Handelsregister früher einzutragenden Tatsachen (die Erteilung der Prokura oder der Eintritt des Gesellschafters) auch dann bekannt geworden sind, wenn sie nicht in das Handelsregister eingetragen sind, in das ohnehin nicht oft eingesehen wird. Die Tätigkeit des Prokuristen und eines persönlich haftenden Gesellschafters spielt sich nicht im Geheimen und im Dunkeln ab; das gleiche gilt für die anderen Tatsachen, die einzutragen sind. Der Dritte braucht deshalb beim Fehlen der Voreintragung auch nicht etwa nachzuweisen,[15] er habe von der einzutragenden, aber nicht eingetragenen Tatsache Kenntnis erhalten. Im Falle der Voreintragung genügt die Möglichkeit des Dritten, von der Tatsache Kenntnis zu erlangen. Es besteht kein Grund, sich in anderen Fällen der Kundgabe nicht mit dieser Möglichkeit zu begnügen, sondern die Verwirklichung der Möglichkeit zu fordern.

Zwischen den beiden Fällen besteht nur *ein* Unterschied. Ist die Tatsache eingetragen, so besteht die Möglichkeit der Kenntnisnahme immer; der Dritte kann das Handelsregister einsehen. Fehlt die Eintragung, ist die Möglichkeit in der Regel, aber nicht stets gegeben. Derartige Fälle sind in der Rechtslehre[16] gebildet worden. Der Kaufmann hat seinem Angestellten Prokura erteilt, ihn aber unmittelbar nach der Erteilung entlassen und damit die Prokura beendet, weil Verfehlungen von ihm aufgedeckt wurden. Ein Gesellschafter scheidet sofort nach seinem Eintritt aus der Gesellschaft aus gesundheitlichen Gründen wieder aus. Beide, der Prokurist und der Gesellschafter, sind nach außen hin nicht in

14 Vgl. die Nachweise in Fn. 12.

15 A.A. *John*, ZHR 140, 236, 242.

16 Vgl. *A. Hueck*, AcP 118, 350; *John*, ZHR 140, 236, 237.

Erscheinung getreten. Die Erteilung der Prokura und der Eintritt in die Gesellschaft blieben vielmehr ein Internum. Derartige Fälle sind ausgedacht; sie sind nicht Gegenstand richterlicher Entscheidungen gewesen. Sollten sie, ausnahmsweise, gleichwohl einmal eintreten, so ist der Dritte nicht zu schützen.[17] Kann der Kaufmann nachweisen, daß die einzutragende, aber nicht eingetragene Tatsache nicht irgendwie kundbar gemacht worden ist, dann fehlt die Grundlage für einen Schutz des Dritten. In diesem, aber auch nur in diesem Fall kann er dem Dritten die Tatsache (das Erlöschen der Prokura, das Ausscheiden des Gesellschafters) entgegensetzen. Mit dieser Einschränkung ist der herrschenden Lehre[18] zuzustimmen, die keine Voreintragung verlangt und vom BGH[19] wie folgt formuliert wird: „Die Vorschrift des § 15 HGB findet jedoch nicht nur dann Anwendung, wenn eine im Register eingetragene Tatsache nicht berichtigt wird, sondern auch dann, wenn die zu berichtigende Tatsache ihrerseits zwar eintragungspflichtig, aber selbst nicht eingetragen war, wenn also die zu berichtigende Voreintragung unterblieben war". Der BGH hat die Entscheidung auf die allgemeine Fassung des § 15 Abs. 1 HGB und auf den „Vertrauensgrundsatz im Hinblick auf eine Kenntnis der Tatsachen", also auf den Umstand gestützt, daß die einzutragende, aber nicht eingetragene frühere Tatsache häufig anders als durch die Voreintragung bekannt wird und der Dritte dann ebenso geschützt werden muß wie im Falle der Voreintragung.

Der Dritte soll dadurch, daß ihm die eintragungspflichtige Tatsache nicht entgegengesetzt werden kann, geschützt werden. Er braucht sich diesen Schutz jedoch nicht aufdrängen zu lassen. Er kann die wahre Rechtslage für sich in Anspruch nehmen. Er hat ein Wahlrecht.[20] Ist die Prokura erloschen, ihr Erlöschen aber nicht eingetragen, so kann er die Rechtsfolgen wählen, die bei der Fortdauer der Prokura eintreten. Er entscheidet sich dann für die Anwendung des § 15 Abs. 1 HGB. Er kann hiervon aber auch absehen und die Rechtsfolgen maßgebend sein lassen, die nach der wahren Rechtslage bestehen; er kann also geltend machen, der Vertrag mit dem Kaufmann sei nicht wirksam zustande gekommen, da

17 *K. Schmidt*, Handelsrecht, 2. Aufl., § 14, 2 b.

18 RGZ 15, 33, 35; RGZ 127, 98 f; BGH, LM § 15 HGB Nr. 2 = BB 1965, 968; OLG Frankfurt, OLGZ 1973, 20, 22; OLG Stuttgart, NJW 1973, 806; *Baumbach/Duden/Hopt* Komm. zum HGB, 26. Aufl., § 15, 2 H; *Schlegelberger/Hildebrandt/Steckhan*, Komm. zum HGB, 5. Aufl., § 15 Rdn. 11; *K. Schmidt*, Handelsrecht, 2. Aufl., § 14, 2 b.

19 LM § 15 HGB Nr. 2 = BB 1965, 968.

20 BGHZ 65, 309, 310; *K. Schmidt*, Handelsrecht, 2. Aufl., § 14, 4 b; Staub-*Hüffer*, Großkomm. zum HGB, 4. Aufl., § 15 Rdn. 26; *Tiedtke*, DB 1979, 245, 246.

der Prokurist keine Vertretungsmacht mehr gehabt habe. Diesen Weg wird er einschlagen, wenn der Vertrag ungünstig war. Einer etwaigen Genehmigung des schwebend unwirksamen Vertrages durch den Kaufmann kann er durch den Widerruf nach § 178 BGB zuvorkommen.

Der BGH[21] hatte eine Sache zu entscheiden, in der A und B persönlich haftende Gesellschafter einer KG waren. Sie hatten Gesamtvertretungsmacht. B schied aus der Gesellschaft aus. Dieser Vorgang wurde nicht eingetragen. A schloß im Namen der KG einen Vertrag mit einem Dritten. Der Dritte nahm B aus diesem Vertrag in Anspruch, weil er von dessen Ausscheiden nichts gewußt habe. Dieser Fall weist die Besonderheit auf, daß ein und derselbe Vorgang, das Ausscheiden des Gesellschafters aus der Gesellschaft, zwei Rechtsfolgen herbeiführt: A wird Alleinvertreter, und B haftet nicht für die Neuschulden der Gesellschaft. Der Dritte berief sich für die Frage, ob A Alleinvertretungsmacht hatte, auf die wahre Rechtslage (danach haftet die Gesellschaft), für die Frage, ob B für die Gesellschaftsschulden einstehen muß, nahm er die Registerlage in Anspruch (danach haftet B für die neuen Gesellschaftsverbindlichkeiten). Der BGH[22] hat an diesem Verhalten des Dritten keinen Anstoß genommen. Möglicherweise lag der Sachverhalt so, daß A das Geschäft, das offenbar eine gewöhnliche Warenbestellung zum Inhalt hatte, nach § 125 Abs. 2 Satz 2 HGB allein hätte schließen können oder daß B einem derartigen Geschäft jedenfalls zugestimmt hätte oder hätte zustimmen müssen. Nehmen wir jedoch an, diese Voraussetzungen seien nicht gegeben. Kann der Dritte es dann bei der wahren Rechtslage belassen, soweit es um die Vertretungsmacht des A geht, sich aber für die fingierte Rechtslage entscheiden, soweit es sich um die Haftung des B für die Gesellschaftsschulden handelt, obwohl A, wenn B nicht aus der Gesellschaft ausgeschieden wäre, nicht in der Lage gewesen wäre, die Gesellschaft zu verpflichten und damit Verbindlichkeiten zu begründen, für die B jetzt einstehen soll. Die Frage stellen, heißt sie verneinen.[23] Der Dritte macht sich eines widersprüchlichen Verhaltens schuldig, wenn er die Rechtslage nach § 15 Abs. 1 HGB so ansehen will, wie wenn B noch der Gesellschaft angehörte, es aber bei der Frage der Vertretungsmacht bei der

21 BGHZ 65, 309.

22 BGHZ 65, 309.

23 Vgl. *Bokelmann*, NJW 1983, 2690; *Hübner*, Handelsrecht (1980), Rdn. 38; *John*, ZHR 140, 236, 254 f; *M. Reinicke*, JZ 1985, 272 ff; *Tiedtke*, DB 1979, 245 ff; a.A. *Harms*, Handelsrecht, 3. Aufl., S. 69; *K. Schmidt*, Handelsrecht, 2. Aufl., § 14 II, 4 b; Staub-*Hüffer*, Großkomm. zum HGB, 4. Aufl., § 15 Rdn. 27.

24 BGHZ 66, 98.

wahren Rechtslage belassen will. Gehört B der Gesellschaft noch an und haftet er damit für die Schulden der Gesellschaft, so sind keine derartigen Verbindlichkeiten entstanden, für die B einzustehen hätte. Der Dritte verlangt, besser gestellt zu werden, als er stünde, wenn seine Vorstellungen (B sei noch Gesellschafter) der Wirklichkeit entsprächen (dann hätte A keine Alleinvertretungsmacht). Der Dritte ist insoweit nicht schutzwürdig. Er darf durch das Fehlen der Eintragung nicht schlechter gestellt werden, als er stünde, wenn die einzutragende Tatsache nicht vorhanden gewesen wäre. Er kann aber nicht fordern, besser gestellt zu werden, als er stünde, wenn diese Tatsache nicht existierte. Niemand hat einen Anspruch darauf, über seine Schutzwürdigkeit hinaus geschützt zu werden.

Diese Erwägung war für den BGH[24] auch in einer anderen Sache entscheidend, in der die Gesellschafter einer Offenen Handelsgesellschaft vereinbart hatten, die Gesellschaft solle beim Tode eines ihrer Gesellschafter unter den übrigen fortgeführt werden, und später der Erbe eines Gesellschafters, dessen Ausscheiden (durch seinen Tod) nicht in das Handelsregister eingetragen worden war, von einem Gesellschaftsgläubiger wegen einer Forderung in Anspruch genommen wurde, die nach dem Tode des verstorbenen Gesellschafters entstanden war. Der BGH[25] hat mit Recht ausgeführt, der Erbe hafte, er hafte jedoch nur mit dem Nachlaß. Auf das Privatvermögen des Erben hätte der Dritte auch dann nicht zugreifen können, wenn die Wirklichkeit seiner Vorstellung entsprochen, der verstorbene Gesellschafter also noch gelebt und der Gesellschaft angehört hätte.

Der Dritte, dem § 15 Abs. 1 HGB zugute kommt, muß mit dem Betroffenen, in dessen Angelegenheiten die Eintragung vorzunehmen war, in geschäftliche Beziehungen getreten sein. Es braucht aber kein Vertrag zustande gekommen zu sein. Auch eine Haftung aus culpa in contrahendo kann aufgrund des § 15 Abs. 1 HGB begründet sein, wenn der Prokurist (dessen Prokura widerrufen ist, ohne daß dies im Handelsregister eingetragen ist) mit dem Dritten in Vertragsverhandlungen getreten ist. Der Anspruch des Dritten kann auch ein gesetzlicher Anspruch sein, wenn er mit einem zustandegekommenen oder angebahnten Vertrag zusammenhängt, wie dies der Fall ist, wenn der Prokurist den Dritten beim Abschluß des Vertrages betrogen hat und der Dritte Schadensersatzansprüche aus unerlaubter Handlung gegen den Kaufmann geltend macht. Ficht der Dritte den Vertrag an, kann er seine Ansprüche auch auf die Vorschriften über die ungerechtfertigte Bereicherung stützen. § 15 Abs. 1 HGB ist jedoch unanwendbar,[26] wenn die Forderung des Dritten nichts

25 BGHZ 66, 98, 103.
26 Vgl. Staub-*Hüffer*, Großkomm. zum HGB, 4. Aufl., § 15 Rdn. 13.

mit dem Geschäftsverkehr zu tun hat, er vielmehr bei einem Unfall verletzt wird, der durch einen Lieferwagen der Gesellschaft verursacht wird. Der Dritte kann gegen den ausgeschiedenen Gesellschafter nicht mit der Begründung vorgehen, sein Ausscheiden sei zur Zeit des Unfalls nicht im Handelsregister eingetragen. Der Unfall ist nicht aufgrund eines, wenn auch nur typisierten, Vertrauens des Dritten zustande gekommen, der ausgeschiedene Gesellschafter gehöre noch der Gesellschaft an; die Vorschriften über den Schutz eines derartigen Vertrauens sind daher nicht anwendbar.

§ 15 Abs. 1 HGB greift auch nicht ein, wenn der Fiskus (Umsatz-) Steuerforderungen geltend macht, die nach dem Ausscheiden eines Gesellschafters aus der Offenen Handelsgesellschaft entstanden sind; der Fiskus kann dann, wie der BFH[27] mit Recht entschieden hat, den ausgeschiedenen Gesellschafter nicht in Anspruch nehmen.

§ 15 Abs. 1 HGB kommt dem Dritten im materiell-rechtlichem Bereich zugute. Er schützt ihn aber auch, wenn er seine Forderung einklagt und die Zwangsvollstreckung betreibt.[28] Er kann die Gesellschaft und den Gesellschafter verklagen, wenn der Gesellschafter nach seinem nicht eingetragenen Ausscheiden Rechtsgeschäfte im Namen der Gesellschaft abgeschlossen hat, und er kann in das Gesellschaftsvermögen und in das Privatvermögen des Gesellschafters vollstrecken, wenn er den Rechtsstreit gewinnt.

III. Positive Publizität

Ist eine einzutragende Tatsache unrichtig bekanntgemacht, so kann sich ein Dritter nach § 15 Abs. 3 HGB gegenüber demjenigen, in dessen Angelegenheiten die Tatsache einzutragen war, auf die bekanntgemachte Tatsache berufen, es sei denn, daß er die Unrichtigkeit kannte. Das Handelsregister hat im Rahmen dieser Bestimmung positive Publizität; der Dritte kann sich (zwar nicht auf die Eintragung, aber) auf die Bekanntmachung verlassen, so wie sie erfolgt ist. Die unrichtige Bekanntmachung ändert für den redlichen Dritten die Rechtslage nach Maßgabe des unrichtigen Inhalts ab. Die Formulierung, der Dritte könne sich hierauf berufen, bedeutet nicht, der Dritte müsse im Rechtsstreit eine Einrede erheben. Das Gericht berücksichtigt von sich aus die Rechtswirkungen der Bekanntmachung, wenn diese ihm vom Kläger oder vom Beklagten vorgetragen wird. Die Wendung, der Dritte könne sich auf die

---

27 NJW 1978, 1944.

28 Vgl. RGZ 127, 98; BGH, NJW 1979, 42.

Bekanntmachung berufen, bringt vielmehr zum Ausdruck, der Dritte brauche sich den Schutz, den ihm die Bestimmung gewähre, nicht aufdrängen zu lassen. Der Dritte hat also, wie in § 15 Abs. 1 HGB, die Wahl,[29] ob er die wahre Rechtslage (wie sie ohne die unrichtige Bekanntmachung ist) oder die Rechtslage nach Maßgabe der unrichtigen Bekanntmachung für sich in Anspruch nehmen will. Entscheidet er sich nicht für die wahre Rechtslage, so ist nach § 15 Abs. 3 HGB der Inhalt der Bekanntmachung maßgebend.

§ 15 Abs. 3 HGB stellt es auf die Bekanntmachung der einzutragenden Tatsache ab. Es genügt nicht, daß die Tatsache eintragungsfähig ist; auch diese Regelung stimmt mit § 15 Abs. 1 HGB überein.

Die Bekanntmachung muß unrichtig sein. Das ist erforderlich, reicht aber auch aus. Auf die Eintragung kommt es nicht an. Sie kann fehlen oder richtig oder falsch sein; ist sie falsch, so kann sie denselben unrichtigen Inhalt haben wie die unrichtige Bekanntmachung oder einen anderen, wie dies der Fall ist, wenn ein Kaufmann die Erteilung der Prokura für A anmeldet, B im Handelsregister eingetragen und alsdann bekanntgemacht wird, C sei Prokura erteilt worden.

§ 15 Abs. 3 HGB umfaßt somit folgende vier Fälle:

Die Eintragung fehlt; die Bekanntmachung ist unrichtig.

Die Eintragung ist richtig, die Bekanntmachung ist unrichtig.

Die Eintragung ist aus demselben Grund unrichtig wie die Bekanntmachung.

Die Eintragung ist aus einem anderen Grunde unrichtig als die Bekanntmachung.

Der Dritte wird nicht geschützt, wenn er die Unrichtigkeit der Bekanntmachung kannte. Es schadet nicht, daß die Unkenntnis auf grober Fahrlässigkeit beruht. Wer die Kenntnis des Dritten behauptet, muß sie beweisen.

Der Dritte, der die Unrichtigkeit der bekanntgemachten Tatsachen nicht gekannt hat, braucht, wie im Falle des § 15 Abs. 1 HGB, nicht in das Handelsregister eingesehen und das Rechtsgeschäft nicht im Hinblick auf die Bekanntmachung geschlossen zu haben. Auch hier genügt ein typisiertes Vertrauen. Der Schutz entfällt jedoch bei Ansprüchen, die nichts mit dem geschäftlichen Verkehr zu tun haben, bei denen also für einen, wenn auch typisierten, Vertrauensschutz kein Platz ist. Es gelten auch insoweit die gleichen Grundsätze wie bei der Anwendung des § 15 Abs. 1 HGB.

Nach § 15 Abs. 3 HGB ist es unerheblich, aus welchem Grund die Bekanntmachung unrichtig ist. Er ist auch anwendbar, wenn der Kauf-

29 *K. Schmidt*, Handelsrecht, 2. Aufl., § 14 III, 3 c; Staub-*Hüffer*, Großkomm. zum HGB, 4. Aufl., § 15 Rdn. 27.

mann bei der Anmeldung der einzutragenden Tatsache richtige Angaben gemacht hat, der Fehler also ausschließlich beim Handelsregister liegt. Durch diese Regelung unterscheidet sich § 15 Abs. 3 HGB von dem Rechtssatz, den die Rechtsprechung[30] zur Rechtsscheinhaftung entwickelt hat, soweit er unrichtige Eintragungen und Bekanntmachungen betrifft, und der wie folgt lautet: „Wer eine seine Angelegenheiten betreffende unrichtige Registereintragung oder Bekanntmachung veranlaßt (oder die Berichtigung einer solchen Eintragung oder Bekanntmachung schuldhaft unterlassen) hat, muß die Eintragung bzw. Bekanntmachung zugunsten eines gutgläubigen Dritten gegen sich gelten lassen“.[31] Die in § 15 Abs. 3 HGB getroffene Regelung, die sich nur mit der unrichtigen Bekanntmachung befaßt, stellt nicht das Erfordernis auf, der Kaufmann müsse die unrichtige Bekanntmachung veranlaßt haben. Der Abschied von diesem Erfordernis ist der Sinn und Zweck der Regelung, die durch das Gesetz[32] zur Durchführung der Ersten Richtlinie des Rates der Europäischen Gemeinschaften zur Koordinierung des Gesellschaftsrechts vom 15. August 1969 getroffen worden ist. Dieses Gesetz war erforderlich geworden, weil die Richtlinie die Maßgeblichkeit der unrichtigen Bekanntmachung nicht an die Voraussetzung knüpft, der Betroffene müsse die unrichtige Bekanntmachung veranlaßt haben. Diesem Umstand trägt § 15 Abs. 3 HGB Rechnung. In der Amtlichen Begründung[33] dieser Bestimmung wird die Rechtslage geschildert, die sich aufgrund der von der Rechtsprechung entwickelten Haftung nach Rechtsscheingrundsätzen gebildet hat, und ausgeführt: „Diese Grundsätze entsprechen den Anforderungen der Richtlinienbestimmung insofern nicht, als keine Rechtsscheinhaftung der Gesellschaft gegenüber gutgläubigen Dritten besteht, wenn sie die Unrichtigkeit der Offenlegung nicht veranlaßt hat und ihr auch nicht schuldhaftes Unterlassen der Berichtigung vorgehalten werden kann. Es muß daher für die von der Richtlinienbestimmung erfaßten Fälle § 15 HGB dahin geändert werden, daß gutgläubige Dritte im Vertrauen auf eine unrichtige Bekanntmachung unabhängig davon geschützt werden, ob die Unrichtigkeit von der Gesellschaft, in deren Angelegenheiten die Tatsache einzutragen war, veranlaßt worden ist und ob sie die Berichtigung schuldhaft unterlassen hat“.

Sieht man jedoch von der Veranlassung der unrichtigen Bekanntma-

---

30 Vgl. RGZ 51, 33, 37; RGZ 76, 439; RGZ 89, 97; RGZ 93, 227; RGZ 142, 98, 104 f; RGZ 145, 155, 158; RGZ 164, 115, 121 f.

31 *Von Olshausen*, BB 1970, 137; vgl. auch Staub-*Hüffer*, Großkomm. zum HGB, 4. Aufl., § 15 Rdn. 41 m.w.N.

32 BGBl. I 1969, 1146.

33 Bundestags-Drucksache V/3862, S. 10.

chung durch den Betroffenen, in dessen Angelegenheiten die Tatsache einzutragen ist, in vollem Umfange ab, so führt dies zu Ergebnissen, die bedenklich sind. Hat die Gesellschaft A die Erteilung der Prokura an X zur Eintragung angemeldet, das Handelsregister aber (eingetragen und) bekanntgemacht, X sei Prokura von der Gesellschaft B erteilt worden, so kann der Dritte sich auf diese unrichtige Eintragung verlassen. Schließt X im Namen von B Rechtsgeschäfte, so sind diese für B maßgebend. B kann hierdurch wirtschaftlich ruiniert werden, obwohl er mit der Herbeiführung der unrichtigen Bekanntmachung nichts zu tun hat. In der Rechtslehre[34] ist auch das Beispiel gebildet worden, daß A, B und C eine Offene Handelsgesellschaft gründen und hierbei als weiteren Gesellschafter den reichen S angeben, dessen Unterschrift sie fälschen. Wird S als Mitgesellschafter eingetragen und erfolgt eine entsprechende Bekanntmachung, so haftet er für alle Verbindlichkeiten der Gesellschaft; hierbei kann er sein ganzes Vermögen verlieren und mit Schulden belastet werden, die er Zeit seines Lebens nicht abtragen kann. Es können ihm allerdings Regreßansprüche gegen den Fiskus des zuständigen Landes zustehen. Zunächst muß er aber die Gesellschaftsverbindlichkeiten erfüllen, und der Rechtsstreit gegen den Fiskus kann viele Jahre dauern; inzwischen ist er wirtschaftlich zusammengebrochen.

Die Rechtslehre[35] hat daher versucht, die Härten des Gesetzes dadurch zu mildern, daß sie das Erfordernis aufstellt, der Betroffene müsse die unrichtige Bekanntmachung durch einen von ihm gestellten Antrag veranlaßt haben. Er müsse also den Antrag auf Eintragung gestellt haben. Dieser Antrag brauche aber nicht unrichtige Angaben zu enthalten. Der Fehler könne ausschließlich beim Handelsregister liegen. Der Betroffene müsse nur dadurch die (unrichtige) Bekanntmachung verursacht haben, daß er, wenn auch durch richtige Angaben, die Eintragung und damit die Bekanntmachung in Gang gesetzt habe. Diese Einschränkung mildert die Härten des Gesetzes. Sie steht auch nicht mit dem Willen des Gesetzgebers in Widerspruch. Das Gesetz hat sich zwar von dem Tatbestandsmerkmal der Veranlassung gelöst. Mit diesem Erfordernis war aber die Veranlassung gemeint, die im Rahmen der Rechtsscheingrundsätze verlangt wurde, also die Veranlassung durch unrichtige Angaben. Der Betroffene, in dessen Angelegenheiten die Eintragung vorzunehmen war,

---

34 *Von Olshausen*, BB 1970, 137, 140.

35 Vgl. *Baumbach/Duden/Hopt*, Komm. zum HGB, 26. Aufl. § 15, 4 C; *Beuthien*, NJW 1970, 2283; *Bürck*, AcP 171, 328, 340 ff; *Canaris*, Die Vertrauenshaftung im deutschen Privatrecht (1971), S. 165 ff; *von Olshausen*, BB 1970, 137, 142; *ders.*, NJW 1971, 966 ff; *Sandberger* JA 1973, 215, 218; Staub-*Hüffer*, Großkomm. zum HGB, 4. Aufl., § 15 Rdn. 47.

mußte im Rahmen der Rechtsscheinhaftung falsche Tatsachen angegeben und hierdurch die unrichtige Eintragung und Bekanntmachung herbeigeführt haben. Es reichte nicht aus, daß die unrichtige Eintragung und die unrichtige Bekanntmachung auf einen Antrag des Betroffenen zurückgingen; sie mußten ihren Grund darin haben, daß der Antrag die falschen Angaben enthielt, die zur unrichtigen Eintragung und Bekanntmachung führten. Die Veranlassung bezog sich auf das Merkmal der Unrichtigkeit der vorgenommenen Eintragung oder Bekanntmachung. Der Betroffene mußte also die Unrichtigkeit der Verlautbarung durch unrichtige Angaben in das Handelsregister veranlaßt haben. Von dieser, aber auch nur von dieser Voraussetzung hat sich der Gesetzgeber gelöst. Er hat nicht das Erfordernis der Veranlassung in dem Sinn preisgegeben, daß der Betroffene überhaupt keinen Antrag gestellt zu haben und in der Sache, die zur unrichtigen Bekanntmachung geführt hat, nicht in Erscheinung getreten zu sein braucht. Daß der Gesetzgeber nur das Merkmal der Veranlassung durch unrichtige Angaben aufgegeben hat, zeigt sich auch darin, daß er der Richtlinie des Rates der Europäischen Gemeinschaften Rechnung tragen wollte. Diese beschränkt sich auf die unrichtige Bekanntmachung einer richtigen Eintragung. Es muß also eine Divergenz zwischen der richtigen Eintragung und der unrichtigen Bekanntmachung vorliegen. Eine richtige Eintragung setzt aber einen Antrag des Betroffenen voraus. Der Gesetzgeber ist zwar über die Richtlinie hinausgegangen und schützt den Erwerber auch in den Fällen, in denen bereits die Eintragung unrichtig ist; er verlangt keine Divergenz zwischen der Eintragung und der Bekanntmachung, sondern zwischen der Bekanntmachung und der wahren Rechtslage. Daß der Gesetzgeber aber auch die Fälle erfassen wollte, in denen der Betroffene überhaupt keinen Eintragungsantrag gestellt hat (und ihn die Bekanntmachung, von der er erst erfährt, als es zu spät ist, völlig überrascht) kann weder dem Wortlaut des Gesetzes noch seiner Entstehungsgeschichte entnommen werden.[36]

Es ist daher der Auffassung[37] zuzustimmen, die § 15 Abs. 3 HGB einschränkend auslegt und verlangt, daß der Betroffene die einzutragende Tatsache angemeldet hat, mag er hierbei auch alle Umstände richtig angegeben haben und die Unrichtigkeit der Bekanntmachung ausschließlich auf einem Versehen des Handelsregisters beruhen. Das alte Veranlassungsprinzip (Veranlassung durch unrichtige Angaben) ist damit aufgegeben; an seine Stelle ist das modifizierte Veranlassungsprinzip getreten. Da

---

36 *Canaris*, aaO. (Fn. 35), S. 64 f; Staub-*Hüffer*, Großkomm. zum HGB, 4. Aufl., § 15 Rdn. 48; a.A. *Brox*, Handelsrecht und Wertpapierrecht, 4. Aufl., Rdn. 132; *Hofmann*, JA 1980, 264, 270.

37 Vgl. die Nachweise in Fn. 35.

hiernach jedenfalls ein Antrag des Betroffenen erforderlich ist, wird auch der Minderjährige geschützt;[38] er kann keinen wirksamen Antrag stellen. Die Rechtslage unterscheidet sich insoweit von § 15 Abs. 1 HGB, wonach das Schweigen des Handelsregisters nicht von dem Betroffenen veranlaßt zu sein braucht, das Fehlen der Eintragung also auch zum Nachteil des Minderjährigen geht.

Die Streitfrage, ob das Erfordernis der Veranlassung durch § 15 Abs. 3 HGB in vollem Umfange aufgegeben ist oder in eingeschränktem Umfange beibehalten wird, ist von keiner großen praktischen Bedeutung, da die Register sorgfältig geführt werden, unrichtige Bekanntmachungen also, die nicht auf Angaben des Betroffenen zurückzuführen sind, nicht häufig erfolgen. Es liegen demgemäß auch keine einschlägigen gerichtlichen Entscheidungen vor, obwohl § 15 Abs. 3 HGB bereits seit dem Jahre 1969 in Kraft[39] ist.

IV. Ausschluß des gutgläubigen Erwerbs

Ist die Tatsache eingetragen und bekanntgemacht worden, so muß ein Dritter sie nach § 15 Abs. 2 Satz 1 HGB gegen sich gelten lassen; dies gilt jedoch nach § 15 Abs. 2 Satz 2 HGB nicht bei Rechtshandlungen, die innerhalb von 15 Tagen nach der Bekanntmachung vorgenommen werden, sofern der Dritte beweist, daß er die Tatsache weder kannte noch kennen mußte.

Diese Vorschrift, die von großer Bedeutung ist, schützt den Unternehmensträger. Auch sie befaßt sich nur mit eintragungspflichtigen, nicht mit eintragungsfähigen Tatsachen.[40] In Absatz 1 ist der Fall geregelt, daß die einzutragende Tatsache nicht eingetragen worden ist. Absatz 2 bestimmt die Rechtslage, die gegeben ist, wenn „die Tatsache", also die Tatsache, deren Nichteintragung im ersten Absatz behandelt wird, eingetragen worden ist. Haben die Parteien den Übergang der Verbindlichkeiten bei Übernahme des Geschäftsbetriebes ausgeschlossen und eingetragen und bekanntgemacht, so bestimmt sich die Rechtslage, die gegenüber einem Dritten besteht, ausschließlich nach § 25 Abs. 2 HGB. Der Dritte muß

38 Herrschende Meinung, vgl. *Baumbach/Duden/Hopt*, Komm. zum HGB, 26. Aufl., § 15, 4 C; *Hofmann*, JA 1980, 264, 270; *von Olshausen*, BB 1970, 137, 142 f; a.A. Staub-*Hüffer*, Großkomm. zum HGB, 4. Aufl., § 15 Rdn. 55 m.w.N.

39 Vgl. Art. 10 des Gesetzes zur Durchführung der Ersten Richtlinie des Rates der EG zur Koordinierung des Gesellschaftsrechts vom 15. 8. 1969, BGBl. I, 1146.

40 *Hofmann*, JA 1980, 264, 268; Staub-*Hüffer*, Großkomm. zum HGB, 4. Aufl., § 15 Rdn. 33; a.A. *Brox*, Handelsrecht und Wertpapierrecht, 4. Aufl., Rdn. 119.

hiernach den vereinbarten Ausschluß gegen sich gelten lassen, wenn die Vereinbarung eingetragen und bekanntgemacht worden ist. Ist dies geschehen, kann der Dritte nicht gegen den Erwerber vorgehen; dies gilt auch, wenn der Dritte die Vereinbarung nicht kennt und nicht zu kennen braucht. Der Erwerber wird also durch § 25 Abs. 2 HGB geschützt; dazu bedarf es nicht, wie in der Rechtslehre[41] vereinzelt gemeint wird, der zusätzlichen Heranziehung des § 15 Abs. 2 HGB. Umgekehrt wird ein Schuh daraus. Es fragt sich, ob § 15 Abs. 2 HGB herangezogen werden kann, um den Dritten zu berechtigen, innerhalb der 15-tägigen Frist nachzuweisen, er habe die Tatsache nicht gekannt und nicht zu kennen brauchen. Es geht also, soweit es sich um die Anwendung des § 15 Abs. 2 HGB handelt, nicht um den Schutz des Erwerbers, sondern um den Schutz des Dritten. § 15 Abs. 2 HGB ist aber auch insoweit unanwendbar. Der Dritte wird nicht geschützt; für ihn ist keine Schonfrist vorgesehen. § 25 Abs. 2 HGB enthält eine abschließende Regelung.

§ 15 Abs. 2 HGB betrifft die Rechtslage, die besteht, wenn die einzutragende Tatsache richtig eingetragen und richtig bekanntgemacht worden ist. Der Dritte muß sie nach Ablauf von 15 Tagen stets gegen sich gelten lassen. Er kann nicht einwenden, es sei ihm nicht möglich gewesen, von der eingetragenen und bekanntgemachten Tatsache Kenntnis zu erlangen. Hierauf kann er sich nur innerhalb von 15 Tagen nach der Bekanntmachung berufen. Die Bekanntmachung gilt nach § 10 Abs. 2 HGB mit Ablauf des Tages als erfolgt, an dem das letzte der die Bekanntmachung enthaltenden Blätter erschienen ist. An den Nachweis, daß der Dritte die Eintragung und Bekanntmachung innerhalb der Schonfrist nicht zu kennen braucht, sind strenge Anforderungen zu stellen. Von einem Kaufmann[42] ist zu verlangen, daß er sich über die öffentlichen Bekanntmachungen unterrichtet. Eine Fahrlässigkeit scheidet aber aus, wenn die Blätter, die die Veröffentlichungen enthalten, verspätet ausgeliefert worden sind. Bei einem Nichtkaufmann wird man derart strenge Anforderungen nicht stellen können; hierbei ist auch zu beachten, daß der Dritte sich ohnehin nur für die Dauer einer kurzen Frist auf seine Unkenntnis berufen kann.

Der Dritte kann nach Ablauf der Frist nicht geltend machen, er habe die eingetragene Tatsache nicht gekannt, wenn sie eingetragen und bekanntgemacht worden ist. Ist das Erlöschen der Prokura eingetragen und bekanntgemacht, so kann der Dritte, der mit dem Prokuristen einen Vertrag geschlossen hat, die Wirksamkeit des Vertrages nicht darauf stützen, er habe das Erlöschen der Prokura nicht gekannt und auch nicht

41 *Brox*, aaO. (Fn. 40), Rdn. 119.
42 Vgl. BGH, NJW 1972, 1418; BGH, BB 1976, 1479, 1480.

kennen müssen. Die Rechtslage wird so angesehen, wie wenn er sie gekannt hätte. Der Dritte kann aber den Einwand erheben, der Widerruf, der eingetragen und bekanntgemacht worden sei, sei nicht erfolgt oder nicht wirksam. Er verliert mit dem Ablauf der Frist nur das Recht, sich auf seine (schuldlose) Unkenntnis zu berufen, nicht das Recht, die Unrichtigkeit der Tatsache vorzutragen. § 15 Abs. 2 HGB schützt den Unternehmensträger nur, wenn eine richtige Tatsache eingetragen und bekanntgemacht worden ist.

Der Dritte braucht sich den Schutz, den ihm die Vorschriften des § 15 Abs. 1, 3 HGB gewähren, nicht aufdrängen zu lassen; er kann sich auf die wahre Rechtslage stützen. Dem entspricht es, daß der Unternehmensträger, der durch § 15 Abs. 2 HGB geschützt wird, sich auch auf die wahre Rechtslage, also die Rechtslage berufen kann, die gegeben wäre, wenn § 15 Abs. 2 HGB nicht bestünde.[43]

Daß der Dritte nach § 15 Abs. 2 HGB die eingetragene und bekanntgemachte Tatsache gegen sich gelten lassen muß, kommt vor allem dem Unternehmensträger zugute, in dessen Angelegenheiten die Tatsache einzutragen war. Sie kann aber auch Außenwirkung haben. Hat der ausgeschiedene Gesellschafter nach Eintragung und Bekanntmachung seines Ausscheidens ein Gesellschaftsgrundstück mit einer Hypothek belastet, so können die nachfolgenden Hypothekengläubiger die Unwirksamkeit der vorrangig eingetragenen Hypothek geltend machen.

V. Haftung nach Rechtsscheingrundsätzen

1. Erweiterung der Haftung

Das Handelsregister hat nach § 15 Abs. 1 HGB negative, nach § 15 Abs. 3 HGB positive Publizität. Soweit diese Bestimmungen zu einer Haftung des Unternehmensträgers führen, ist für eine Rechtsscheinhaftung kein Raum. Sie greift aber ein, soweit § 15 HGB keine Haftung begründet. Die Rechtsscheingrundsätze ergänzen diese Vorschrift. § 15 HGB regelt die Haftung des Unternehmensträgers nicht mit der Maßgabe abschließend, daß die Rechtsscheingrundsätze, soweit es um das Handelsregister geht, unanwendbar seien. Hierauf verweist auch die Amtliche Begründung[44] des § 15 Abs. 3 HGB, wo es heißt: „Für den in der Praxis seltenen Fall, daß eine Tatsache unrichtig in das Handelsregister eingetragen, aber richtig bekanntgemacht worden ist, bleiben die geltenden Grundsätze über die Rechtsscheinhaftung weiterhin maßgebend". Das ist aber nicht

43 Staub-*Hüffer*, Großkomm. zum HGB, 4. Aufl., § 15 Rdn. 35.
44 Bundestags-Drucksache V/3862, S. 11.

der einzige Fall, in dem diese Grundsätze anwendbar sind. Sie wirken sich auch aus, wenn die Eintragung unrichtig, eine Bekanntmachung aber unterblieben ist. Das gleiche gilt, wenn die Eintragung in anderer Weise unrichtig ist als die Bekanntmachung, wenn die Gesellschaft also die Prokuraerteilung des A angemeldet hat, B als Prokurist eingetragen und die Eintragung des C bekanntgemacht worden ist. Hat C einen Vertrag im Namen der Gesellschaft mit einem Dritten geschlossen, ist § 15 Abs. 3 HGB, hat B dies getan, sind die allgemeinen Rechtsscheingrundsätze anzuwenden.

Diese Grundsätze stellen strengere Anforderungen als § 15 Abs. 1, 3 HGB. Eine Haftung wird hiernach nur begründet, wenn der Kaufmann eine seine Angelegenheiten betreffende Eintragung durch unrichtige Angaben veranlaßt (oder die Berichtigung einer solchen Eintragung schuldhaft unterlassen) hat. Der Dritte muß auf diesen Rechtsschein vertraut haben. Er muß die Rechtsscheingrundlage gekannt und im Hinblick auf sie gehandelt haben; die Setzung des Rechtsscheins muß für den Abschluß des Vertrages kausal gewesen sein. Das Vertrauen auf den Rechtsschein darf auch nicht auf Fahrlässigkeit des Dritten beruhen. Schließlich muß der Betroffene den Rechtsschein zurechenbar veranlaßt haben. Daran fehlt es, wenn die unrichtige Eintragung auf einem Antrag eines Minderjährigen beruht.

2. Einschränkung des Haftungsausschlusses

In vielen Fällen gründen Kaufleute, die ein Einzelhandelsgeschäft betreiben, eine GmbH & Co KG, deren einziger persönlich haftender Gesellschafter die GmbH ist, in die sie ihr Handelsgeschäft einbringen. Führen sie ihre alte Firma fort, so muß die Firma nach § 19 Abs. 5 HGB eine Bezeichnung enthalten, welche die Haftungsbeschränkung kennzeichnet. Die Kaufleute halten sich nicht immer an diese Bestimmung. Sie haben zwar die erforderlichen Eintragungen und Bekanntmachungen vornehmen lassen, führen aber auf ihren Briefbögen, die sie im Geschäftsverkehr mit ihren Kunden verwenden, weiterhin die alte Firma, bringen also nicht zum Ausdruck, daß sie nicht mehr mit ihrem ganzen Vermögen haften. Sie führen die unrichtige Firma, um ihre Kunden nicht über die Veränderung der Rechtslage zu unterrichten. In derartigen Fällen haften sie aufgrund zurechenbar veranlaßten Rechtsscheins gegenüber Dritten, die die wahre Rechtslage nicht kennen, wie wenn sie weiterhin ein Einzelhandelsgeschäft betrieben; sie haften also mit ihrem ganzen Vermögen. Diese Haftung scheitert nicht daran, daß die GmbH & Co KG im Handelsregister eingetragen und bekanntgemacht worden ist. § 15 Abs. 2 HGB schränkt die Rechtsscheinhaftung wegen unzulässiger Firmenführung nicht ein. „Die Haftungsbeschränkung soll", hat der BGH[45] mit Recht ausgeführt, „bereits aus der Firma ersichtlich sein, ohne daß insoweit das Handelsregister eingesehen werden muß. § 4 Abs. 2 GmbH-Gesetz (der früher analog angewendet wurde, jetzt aber durch § 19 Abs. 5 HGB für die GmbH & Co KG ersetzt worden ist) würde in seiner Bedeutung ausgehöhlt, wenn jemand den getäuschten Vertragspartner auf die Eintragung ins Handelsregister verweisen und sich damit seiner gesetzlichen Pflicht, in der Firma auf diese Gesellschaftsform einer GmbH & Co KG hinzuweisen, entziehen könnte". Der spezielle Tatbestand der Rechtsscheinshaftung läßt nach der zutreffenden Ansicht des BGH[46] die Berufung auf die Registereintragung als Rechtsmißbrauch erscheinen.

Zweiter Abschnitt

Gutgläubiger Erwerb gemäß § 366 HGB

I. Gutgläubiger Erwerb einer Sache

Wer ein Buch in einer Buchhandlung kauft, weiß oft, daß das Buch dem Buchhändler nicht gehört. Er rechnet mit der Möglichkeit, daß der Buchhändler es in Kommission genommen hat. Der Käufer erwirbt es dann vom Nichtberechtigten. Die Veräußerung durch den Nichtberechtigten ist aber nach § 185 Abs. 1 BGB wirksam, weil sie mit Einwilligung des Eigentümers erfolgt. Fehlt es an einer derartigen Ermächtigung, so wird der Erwerber nach den Vorschriften des Bürgerlichen Gesetzbuchs nicht geschützt. Nur der gute Glaube an das Eigentum des Veräußerers kommt ihm zugute, nicht der gute Glaube an dessen Verfügungsmacht. Beim Erwerb von einem Kaufmann, der häufig fremde Sachen im eigenen Namen veräußert, müssen die schutzwürdigen Interessen des Erwerbers aber auch in diesem Falle gewahrt werden. Kauft der Erwerber eine Sache von einem Händler, so weiß er oft, daß dieser die Sache unter Eigentumsvorbehalt gekauft hat, und er rechnet mit der Möglichkeit, daß der Händler sie noch nicht vollständig bezahlt, also noch nicht das Eigentum an ihr erlangt hat. Der Vorbehaltskäufer darf die Sache aber aufgrund der ihm vom Vorbehaltsverkäufer erteilten Ermächtigung mit der Rechtsfolge weiterveräußern, daß der Erwerber das Eigentum nach den §§ 929, 185

---

45 BGHZ 71, 354, 357 f; vgl. auch BGHZ 62, 216; BGHZ 64, 11, 17 f; WM 1976, 1084 f; WM 1977, 1405 f; BB 1979, 1060 f.

46 BGHZ 71, 354, 357.

BGB erhält. Der Verkäufer kann die Ermächtigung jedoch widerrufen haben, weil der Käufer in wirtschaftliche Schwierigkeiten geraten und seinen Verpflichtungen aus dem Kaufvertrag ihm gegenüber nicht nachgekommen ist. Der Abnehmer wird dann nicht nach den Bestimmungen des Bürgerlichen Gesetzbuchs geschützt, verdient aber auch hier Schutz, da er nicht wissen kann, ob die Ermächtigung besteht oder erloschen ist. Im Handelsrecht besteht daher ein Bedürfnis, den Erwerb kraft guten Glaubens gegenüber dem bürgerlichen Recht zu erweitern. Die Vorschrift, die einen erweiterten Schutz im Handelsrecht vorsieht, ist in § 366 HGB getroffen. Veräußert ein Kaufmann im Betrieb seines Handelsgewerbes eine ihm nicht gehörende bewegliche Sache, so finden hiernach die Vorschriften des Bürgerlichen Gesetzbuches zugunsten derjenigen, welche Rechte von einem Nichtberechtigten herleiten, auch dann Anwendung, wenn der gute Glaube des Erwerbers die Befugnis des Veräußerers betrifft, über die Sache für den Eigentümer zu verfügen. Der Erwerber, der an die Verfügungsbefugnis des Veräußerers geglaubt hat, erlangt das Eigentum an der gekauften Sache, wenn er es erlangt haben würde, falls er an das Eigentum des Veräußerers geglaubt hätte. Wäre er nicht Eigentümer geworden, weil die Voraussetzungen der §§ 932 bis 934 BGB nicht vorliegen oder weil § 935 BGB dem Erwerb im Wege steht, so erhält der Erwerber auch im Rahmen des § 366 HGB nicht das Eigentum.

Der Veräußerer muß Kaufmann sein. Es genügt, daß er Minderkaufmann (§ 4 HGB) oder Kaufmann kraft Eintragung ist, § 5 HGB. Es reicht aber nicht aus, daß er Scheinkaufmann ist.[1] Wer im Handelsverkehr den Rechtsschein setzt, er sei Kaufmann, muß sich von einem Dritten, der diesem Rechtsschein vertraut und vertrauen darf, so behandeln lassen, wie wenn er Kaufmann wäre. Er muß diese Rechtsfolgen hinnehmen, weil die Voraussetzungen des Rechtsscheins auf einem Verhalten beruhen, das ihm zurechenbar ist. Im Rahmen des § 366 HGB würden die nachteiligen Folgen aber den Eigentümer treffen; er verlöre das Eigentum, wenn der Erwerber es erlangte. Dieses Ergebnis wäre nicht gerechtfertigt.

§ 366 HGB greift auch nicht ein, wenn der Veräußerer nicht mehr Kaufmann ist, das Erlöschen dieser Eigenschaft aber nicht im Handelsregister eingetragen ist. Der Veräußerer kann dem Erwerber dann nach § 15 Abs. 1 HGB nicht entgegensetzen, er sei nicht mehr Kaufmann. Diese Beschränkung trifft jedoch nur denjenigen, in dessen Angelegenheiten die einzutragende Tatsache nicht eingetragen ist. Das ist der Veräußerer, nicht

1 *Baumbach/Duden/Hopt*, Komm. zum HGB, 26. Aufl., § 366, 2 A; *Schlegelberger/Hefermehl*, Komm. zum HGB, 5. Aufl., § 366 Rdn. 26 m.w.N.; a.A. *Canaris*, Die Vertrauenshaftung im deutschen Privatrecht (1971), S. 88 f.

der Eigentümer.[2] Dieser behält also das Eigentum, wenn dem Veräußerer die Verfügungsbefugnis gefehlt hat.

Die Sache muß im Betrieb des Handelsgewerbes veräußert sein. Die von einem Kaufmann vorgenommenen Rechtsgeschäfte gelten nach § 344 HGB im Zweifel als zum Betrieb seines Handelsgewerbes gehörig. Wird aber der Gegenbeweis geführt, so liegen die Voraussetzungen des § 366 HGB nicht vor. Dies ist auch der Fall, wenn der Erwerber geglaubt hat, der Kaufmann habe die Sache im Betrieb seines Handelsgewerbes veräußert. Der gute Glaube des Erwerbers wird insoweit nicht geschützt.[3]

In der Rechtslehre[4] ist umstritten, ob § 366 HGB nur eingreift, wenn der Kaufmann die Sache im eigenen Namen veräußert oder ob er auch anwendbar ist, wenn der Kaufmann in fremdem Namen handelt, so daß nicht nur der gute Glaube an die Verfügungsmacht, sondern auch der gute Glaube des Erwerbers an die Vertretungsmacht des Kaufmanns geschützt wird. Der Wortlaut der Bestimmung spricht für die enge Auslegung. Wird der Kaufmann im Namen eines Dritten tätig, so veräußert der Dritte die Ware; er ist Vertragspartner des Erwerbers. Der Wortlaut schließt die weite Auslegung (oder die analoge Anwendung) aber nicht aus, und die Denkschrift[5] (zum Entwurf eines HGB) geht, als selbstverständlich, davon aus, daß beide Fälle erfaßt würden, es also um den Schutz des Erwerbers an die Befugnis des Kaufmanns gehe, „über eine fremde Sache, sei es im eigenen Namen, sei es im Namen des Eigentümers zu verfügen."

Die besseren Gründe sprechen für die enge Auslegung des § 366 HGB. Wer im fremden Namen handelt, heißt es zutreffend bei *Canaris*,[6] sei typischerweise weit stärker von seinem Auftraggeber abhängig und habe weniger weitreichende Befugnisse als derjenige, der im eigenen Namen handele. Die beiden Fälle können auch nur gleich behandelt werden, wenn der Schutz des redlichen Erwerbers sich in gleicher Weise auswirkt.

---

2 *Schlegelberger/Hefermehl*, Komm. zum HGB, 5. Aufl., § 366 Rdn. 26 m.w.N.; *Brox*, Handelsrecht und Wertpapierrecht, 4. Aufl., Rdn. 306; a.A. *Canaris*, Großkomm. zum HGB, 3. Aufl., § 366 Rdn. 7; Staub-*Hüffer*, Großkomm. zum HGB, 4. Aufl., § 15 Rdn. 30.

3 RG, LZ 1929, 778; *Baumbach/Duden/Hopt*, Komm. zum HGB, 26. Aufl., § 366, 2 A; *Schlegelberger/Hefermehl*, Komm. zum HGB, 5. Aufl., § 366 Rdn. 28; a.A. *Canaris*, Großkomm. zum HGB, 3. Aufl., § 366 Rdn. 10.

4 Vgl. *Baumbach/Duden/Hopt*, Komm. zum HGB, 26. Aufl., § 366, 2 B; *Canaris*, Großkomm. zum HGB, 3. Aufl., § 366 Rdn. 27 m.w.N.; *Glaser*, DB 1957, 301; *Langner*, LZ 1929, 1245 ff; *Schlegelberger/Hefermehl*, Komm. zum HGB, 5. Aufl., § 366 Rdn. 32; *Tiedtke*, Jura 1983, 460, 473 f; *Wiegand*, JuS 1974, 545, 547 ff.

5 Vgl. *Hahn/Mugdan*, Materialien zum HGB, Band VI, S. 362.

6 Großkomm. zum HGB, 3. Aufl., § 366 Rdn. 27.

Glaubt der Erwerber an die Verfügungsmacht des Kaufmanns, so erwirbt und behält er die Ware; der Kaufvertrag und die Übereignung sind zwischen ihm und dem Kaufmann zustande gekommen, und die fehlende Verfügungsmacht des Veräußerers wird durch den guten Glauben des Erwerbers an ihr Vorliegen ersetzt. Der gute Glaube des Erwerbers an die Vertretungsmacht führt zwar auch zum Eigentumserwerb. Der Käufer kann die Sache aber nicht behalten. Er muß sie an den Eigentümer herausgeben. Zwischen ihm und dem Eigentümer ist kein Kaufvertrag zustande gekommen. Der Erwerber ist also ungerechtfertigt bereichert.

In der Rechtslehre[7] ist allerdings, wenn auch vereinzelt, die Ansicht vertreten worden, trotz fehlenden Kaufvertrages seien die Voraussetzungen des § 812 BGB nicht gegeben; die causa liege in der Vorschrift des § 366 HGB. Wäre das richtig, dann könnte der Erwerber die Sache behalten, ohne den Kaufpreis zahlen zu müssen. Den Kaufpreis schuldet nur der Käufer, und an einem Kaufvertrag und damit an einem Käufer fehlt es. Die Anwendung der Vorschriften über die ungerechtfertigte Bereicherung kann daher nicht zweifelhaft sein. Daran zweifeln auch die meisten Vertreter[8] der weiten Auslegung des § 366 HGB nicht. Umstritten[9] ist jedoch, ob der Erwerber seine Verpflichtung zur Rückübereignung der Sache davon abhängig machen kann, daß der Eigentümer ihm den Kaufprcis erstattet, den er an den Kaufmann gezahlt hat. Selbst wenn dies der Fall sein sollte, kann aber der Unterschied der Rechtslage, je nachdem, ob der gute Glaube an die Verfügungsmacht oder an die Vertretungsmacht geschützt wird, nicht verkannt werden. Der Umstand, daß der Erwerber bei der Haftung aus ungerechtfertigter Bereicherung möglicherweise besser steht, als er stünde, wenn er dem Eigentümer die Sache nach den §§ 985 ff BGB herausgeben müßte, kann die weite Auslegung des § 366 HGB nicht rechtfertigen. Hierzu wäre erforderlich, daß der Erwerber beim Schutz des guten Glaubens an die Vertretungsmacht des Kaufmanns (in etwa) so steht, wie er stünde, wenn er an die Verfügungsmacht des Kaufmanns glaubt; dieses Ergebnis kann die weite Auslegung des § 366 HGB jedoch nicht herbeiführen.

Mit der Rückgabeverpflichtung des Erwerbers fällt das Hauptargument der Anhänger der weiten Auslegung zusammen, im Geschäftsverkehr

7 *K. Schmidt*, Handelsrecht, 2. Aufl., § 22 III, 2.

8 Vgl. *Baumbach/Duden/Hopt*, Komm. zum HGB, 26. Aufl., § 366, 2 B; *Brox*, Handelsrecht und Wertpapierrecht, 4. Aufl., Rdn. 307; *Schlegelberger/Hefermehl*, Komm. zum HGB, 5. Aufl., § 366 Rdn. 32.

9 Vgl. *Baumbach/Duden/Hopt*, Komm. zum HGB, 26. Aufl., § 366, 2 B; *Brox*, Handelsrecht und Wertpapierrecht, 4. Aufl., Rdn. 307; *Canaris*, Großkomm. zum HGB, 3. Aufl., § 366 Rdn. 27 m.w.N.

werde häufig nicht zwischen der Veräußerung im eigenen und im fremden Namen unterschieden. Diese Unterscheidung muß jedenfalls gemacht werden, entweder bei der Frage, ob der Erwerber Eigentümer geworden ist, oder bei der Frage, ob er die erworbene Sache behalten kann. Stellt der Veräußerer nicht klar, daß er den Kaufvertrag im Namen des Eigentümers schließt, so ist seine Erklärung so auszulegen, daß er im eigenen Namen tätig wird. Hierdurch wird der Erwerber hinreichend geschützt.

Es ist somit der Auffassung[10] zuzustimmen, nach der § 366 HGB sich nur auf den Fall erstreckt, daß der Kaufmann die Sache im eigenen Namen veräußert. Der gute Glaube des Erwerbers an die Vertretungsmacht des Kaufmanns wird nicht geschützt. Die Streitfrage ist in der Praxis nicht von großer Bedeutung. Kaufleute, die fremde Sachen unberechtigt veräußern, werden dies im eigenen Namen tun; sie werden den Käufer nicht hellhörig machen. Einschlägige Entscheidungen sind nicht ergangen.

II. Lastenfreier Erwerb

Der Erwerber erlangt nach § 936 BGB das lastenfreie Eigentum, wenn er hinsichtlich der Belastung gutgläubig ist, er sie also nicht kennt und seine Unkenntnis nicht auf grober Fahrlässigkeit beruht. Auch insoweit wird der gutgläubige Erwerb im Handelsrecht erweitert. Ist die Sache mit einem dinglichen Recht, also mit einem Pfandrecht oder einem Nießbrauch eines Dritten, belastet, so sind nach § 366 Abs. 2 HGB die bürgerlich-rechtlichen Vorschriften über den gutgläubigen Erwerb auch anzuwenden, wenn der gute Glaube die Befugnis des Veräußerers betrifft, ohne Vorbehalt des Rechts über die Sache zu verfügen. Diese Vorschrift wirkt sich in der Praxis kaum aus.

III. Erwerb eines Pfandrechts

Der redliche Erwerber erlangt nach den §§ 1205 ff BGB das Pfandrecht, wenn er den Verpfänder für den Eigentümer hält. Diese Vorschriften werden im Handelsrecht in gleicher Weise erweitert, wie dies beim Erwerb des Eigentums der Fall ist. § 366 HGB gilt nicht nur, wenn der Kaufmann die Sache veräußert; er ist auch maßgebend, wenn er die Sache verpfändet. Gehört die Sache dem Verpfänder, ist sie aber mit einem

10 *Canaris*, Großkomm. zum HGB, 3. Aufl., § 366 Rdn. 27; *Hofmann*, Handelsrecht, 5. Aufl., S. 195; *Medicus*, Bürgerliches Recht, 12. Aufl., Rdn. 567; *Tiedtke*, Jura 1983, 460, 474; *Wiegand*, JuS 1974, 545, 548.

Pfandrecht oder einem Nießbrauch eines anderen belastet, so bleiben diese Rechte bestehen, wenn der Pfandgläubiger das Pfandrecht an der Sache erwirbt; sie gehen dem redlichen Pfandgläubiger aber im Range nach, § 1208 BGB. Diese Regelung gilt nach § 366 Abs. 2 HGB auch dann, wenn der Pfandgläubiger weiß, daß das Pfandrecht oder der Nießbrauch besteht, er aber annimmt, sein Vertragspartner könne lastenfrei über die Sache verfügen, weil der Inhaber dieses Rechts ihn dazu ermächtigt habe.

IV. Gesetzliches Pfandrecht

Nach § 366 Abs. 3 HGB steht das gesetzliche Pfandrecht des Kommissionärs, des Spediteurs, des Lagerhalters und des Frachtführers hinsichtlich des Schutzes des guten Glaubens einem gemäß Absatz 1 durch Vertrag erworbenen Pfandrecht gleich. Im folgenden wird, um die Darstellung zu vereinfachen, nur auf das gesetzliche Pfandrecht des Kommissionärs abgestellt. Die Ausführungen gelten jedoch in gleicher Weise für das Pfandrecht des Spediteurs, des Lagerhalters und des Frachtführers.

§ 366 Abs. 3 HGB verweist wegen des gutgläubigen Erwerbs der gesetzlichen Pfandrechte auf die in § 366 Abs. 1 HGB getroffene Regelung. Dort wird der Schutz des Pfandgläubigers an das Eigentum des Verpfänders nicht geregelt. Dies ist vielmehr in den §§ 1205 ff BGB geschehen. § 366 Abs. 1 HGB erweitert nur den Schutz des guten Glaubens für den Fall, daß der Gläubiger an die Verfügungsbefugnis des Verpfänders glaubt. Durch die Verweisung wird der Eindruck erweckt, als ob dies beim gesetzlichen Pfandrecht ebenso sei, der gute Glaube an das Eigentum des Kommittenten also im bürgerlichen Recht geregelt sei und § 366 Abs. 3 HGB durch die Verweisung auf § 366 Abs. 1 HGB nur den Schutz des redlichen Gläubigers dadurch erweitere, daß nunmehr auch der gute Glaube an die Verfügungsbefugnis des Kommittenten geschützt werde. Dieser Eindruck täuscht jedoch. Ein gesetzliches Pfandrecht kann im bürgerlichen Recht nicht gutgläubig erworben werden; das läßt § 1257 BGB nicht zu.[11] Der Gesetzgeber des § 366 HGB war sich darüber, wie die Entstehungsgeschichte[12] zeigt, auch nicht im unklaren. Er hat das, was er wollte, nur mißverständlich formuliert. Er hat den

11 Vgl. Erster Teil, erstes Kapitel, dritter Abschnitt, III, 1, S. 86.

12 Vgl. Denkschrift zum Entwurf eines HGB in *Hahn/Mugdan*, Materialien zum HGB, Band VI, S. 362; *Frohn*, AcP 161, 31, 33; *Henke*, AcP 161, 1, 11; *Münzel*, NJW 1961, 1233.

Erwerb des gesetzlichen Pfandrechts beim guten Glauben des Kommissionärs an das Eigentum des Kommittenten nicht vorausgesetzt; er hat ihn vielmehr herbeiführen wollen und herbeigeführt.[13]

§ 366 Abs. 3 HGB schützt aber durch die Verweisung auf § 366 Abs. 1 HGB nicht nur den guten Glauben des Kommissionärs an das Eigentum des Kommittenten; er schützt auch seinen guten Glauben an dessen Verfügungsbefugnis. Hier setzen die Schwierigkeiten ein.

Das Gesetz will den Kommissionär so stellen, wie er stünde, wenn ihm der Kommittent ein vertragliches Pfandrecht an einer fremden Sache bestellt hätte. Der Kommissionär erwirbt dieses Pfandrecht, wenn der Kommittent vom Eigentümer ermächtigt ist, ihm ein Pfandrecht zu bestellen, oder wenn der Kommissionär glaubt, dem Kommittenten stehe eine solche Befugnis zu. Soweit der Kommittent zur Bestellung des vertraglichen Pfandrechts ermächtigt ist, kommt es auf den guten Glauben des Kommissionärs nicht an. Er erlangt das Pfandrecht zwar vom Nichtberechtigten; die Verpfändung ist aber nach § 185 Abs. 1 BGB wirksam. Dem Erwerb des vertraglichen Pfandrechts soll der Erwerb des gesetzlichen nach § 366 Abs. 3 HGB gleichstehen. Beim gesetzlichen Pfandrecht gibt es aber nicht den Fall, daß der Eigentümer einen anderen, den Kommittenten, ermächtigt, ein Pfandrecht zu bestellen. Das Pfandrecht entsteht kraft Gesetzes, nicht durch Rechtsgeschäft. § 185 Abs. 1 BGB hat also beim gesetzlichen Pfandrecht keinen Anwendungsbereich. Er setzt ein Rechtsgeschäft (des Nichtberechtigten) voraus; hieran fehlt es. Die in § 366 Abs. 3 HGB enthaltene Verweisung kann nur den Sinn haben, daß der Verpfändung beim gesetzlichen Pfandrecht *der Vorgang* gleichstehen soll, der zur Entstehung des gesetzlichen Pfandrechts führt.[14] Das ist der Abschluß des Kommissionsvertrages und die Aushändigung der Kommissionssache an den Kommissionär. Muß der Gläubiger (beim Erwerb des vertraglichen Pfandrechts) glauben, der Eigentümer habe darin eingewilligt, daß der Verpfänder ihm ein Pfandrecht bestelle (muß also der gute Glaube des Pfandgläubigers an die Verfügungsmacht des Verpfänders vorliegen), so muß der Kommissionär beim Erwerb des gesetzlichen Pfandrechts daran geglaubt haben, der Eigentümer sei damit einverstanden, daß der Kommittent mit ihm einen Kommissionsvertrag schließe und ihm im Hinblick auf diesen Vertrag die Kommissionsache überlasse.

Mit dieser Regelung hat das Gesetz, stillschweigend, angeordnet, daß der Kommissionär das gesetzliche Pfandrecht auch, und zwar erst recht, erwerbe, wenn die Vorstellung des Kommissionärs der Wahrheit ent-

13 *Schlegelberger/Hefermehl*, Komm. zum HGB, 5. Aufl., § 366 Rdn. 41.
14 Vgl. *Schlegelberger/Hefermehl*, Komm. zum HGB, 5. Aufl., § 366 Rdn. 42.

spricht, der Eigentümer also damit einverstanden ist, daß der Kommittent so vorgeht, wie es geschehen ist.[15]

§ 366 Abs. 3 HGB ordnet somit in drei Fällen die Entstehung des gesetzlichen Pfandrechts an:

Erster Fall:	Der Kommissionär glaubt an das Eigentum des Kommittenten.
Zweiter Fall:	Der Eigentümer ist damit einverstanden, daß der Kommittent mit dem Kommissionär einen Kommissionsvertrag schließt und ihm die Kommissionssache aushändigt.
Dritter Fall:	Der Kommissionär glaubt, der Eigentümer sei damit einverstanden, daß der Kommittent mit ihm einen Kommissionsvertrag abschließe und ihm die Kommissionssache aushändige.

Dritter Abschnitt
Schutz des Erwerbers kraft guten Glaubens an die Vertretungsmacht

Wer eine bewegliche Sache von einem Kaufmann erwirbt, wird nicht Eigentümer, wenn der Kaufmann im Betrieb seines Handelsgewerbes im Namen eines anderen tätig wird, ihm jedoch die Vertretungsmacht fehlt; § 366 HGB schützt, wie oben[1] dargelegt, nur den guten Glauben des Erwerbers an die Verfügungsmacht des Kaufmanns, also an seine Befugnis, die Sache im eigenen Namen zu veräußern. Einige Bestimmungen des Handelsgesetzbuchs nehmen sich aber des Erwerbers an, der im Handelsverkehr an die Vertretungsmacht seines Vertragspartners glaubt.

§ 54 Abs. 1 HGB bestimmt den Begriff der Handlungsvollmacht. Sie umfaßt drei Fälle. Diese haben gemeinsam, daß der Handlungsbevollmächtigte keine Prokura hat; hat er Prokura, ist er Prokurist.

Handlungsvollmacht liegt einmal vor, wenn jemand zum Betrieb eines Handelsgewerbes ermächtigt ist; unter der Ermächtigung versteht das Gesetz die Befugnis, im Namen des Kaufmanns tätig zu werden, der ihn bevollmächtigt hat (Generalhandlungsvollmacht). Der zweite Fall ist gegeben, wenn jemand zur Vornahme einer bestimmten zu einem Handelsgewerbe gehörigen Art von Geschäften ermächtigt ist (sogenannte Art-

---

15 Vgl. *Canaris*, Großkomm. zum HGB, 3. Aufl., § 366 Rdn. 71.

1 Vgl. Zweiter Abschnitt, I, S. 227 ff.

handlungsvollmacht). Im dritten Fall ist der Handlungsbevollmächtigte zur Vornahme einzelner zu einem Handelsgewerbe gehöriger Geschäfte ermächtigt (Spezialhandlungsvollmacht).

§ 54 Abs. 1 HGB begnügt sich nicht mit dieser Definition. Er regelt auch den Umfang der Handlungsvollmacht. Die Vollmacht erstreckt sich auf alle Geschäfte und Rechtshandlungen, die der Betrieb eines derartigen Handelsgewerbes (erster Fall) oder die Vornahme derartiger Geschäfte (zweiter und dritter Fall) gewöhnlich mit sich bringt. Im dritten Fall ist mit der Vornahme derartiger Geschäfte die Vornahme der einzelnen Geschäfte gemeint, die der Handlungsbevollmächtigte abschließen darf.

Nach § 54 Abs. 2 HGB, der für alle Handlungsvollmachten gilt, ist der Handlungsbevollmächtigte zur Veräußerung oder Belastung von Grundstücken, zur Eingehung von Wechselverbindlichkeiten, zur Aufnahme von Darlehen und zur Prozeßführung nur ermächtigt, wenn ihm eine solche Befugnis besonders erteilt ist.

Durch diese Regelung wird der Umfang der Vertretungsmacht nicht, ein für allemal, gesetzlich bestimmt, wie dies bei der Prokura der Fall ist. § 54 HGB stellt, anders als § 49 HGB, nur eine Vermutung auf.[2] Der Kaufmann kann diese Vermutung widerlegen. Ihm steht der Nachweis offen, daß er die Handlungsvollmacht gegenüber der gesetzlichen Regelung beschränkt habe. Die Beschränkung ist wirksam. Nach § 54 Abs. 3 HGB braucht ein Dritter sie aber nur gegen sich gelten zu lassen, wenn er sie kannte oder kennen mußte.

§ 54 HGB stellt eine besonders ausgestaltete Regelung der Rechtsscheinhaftung dar. Durch die Erteilung der Handlungsvollmacht erweckt der Kaufmann zurechenbar den Rechtsschein, die Handlungsvollmacht habe den gesetzlich vermuteten Umfang. Hierauf darf der Dritte vertrauen, wenn er die wahre Rechtslage nicht kennt und nicht zu kennen braucht. Der Dritte wird jedoch nicht in seinem Vertrauen darauf geschützt, daß die Hilfsperson des Kaufmanns (überhaupt) Handlungsvollmacht hat;[3] fehlt es hieran, greift § 54 HGB nicht ein. Diese Vorschrift kommt dem Dritten nur zugute, wenn die Handlungsvollmacht besteht und es lediglich um den Umfang der Handlungsvollmacht geht. § 54 HGB ist auch dann unanwendbar, wenn der Dritte glaubt, der Handlungsbevollmächtigte sei Generalhandlungsbevollmächtigter, er aber nur Spezialhandlungsbevollmächtigter ist. Der Dritte wird nur insoweit geschützt, als er annehmen darf, daß der Handlungsbevollmächtigte die Befugnis hat, die ihm im Rahmen der jeweiligen Handlungsvollmacht

---

2 Vgl. Denkschrift zum Entwurf eines Handelsgesetzbuchs, S. 51 in *Hahn/Mugdan*, Die gesamten Materialien zum HGB (1897), S. 231.

3 *K. Schmidt*, Handelsrecht, 2. Aufl., § 16 IV, 4.

kraft der gesetzlichen Vermutung in der Regel zusteht; er wird nicht in seinem Glauben geschützt, es liege ein bestimmter Fall der Handlungsvollmacht vor.[4]

Nach § 55 HGB ist § 54 HGB auch anwendbar, wenn die Handlungsbevollmächtigten damit betraut sind, außerhalb des Betriebes des Prinzipals Geschäfte in dessen Namen abzuschließen, wenn die Handlungsbevollmächtigten also im Außendienst tätig sind. Für diesen Fall trifft § 55 HGB einige zusätzliche Regelungen. Nach § 55 Abs. 4 HGB gelten die Handlungsbevollmächtigten vor allem als ermächtigt, die Anzeige von Mängeln und die Erklärung entgegenzunehmen, eine Ware werde zur Verfügung gestellt. § 55 HGB regelt nicht ausdrücklich, ob der Kaufmann diese Ermächtigung mit Wirkung gegenüber Dritten einschränken kann. Eine ausdrückliche Regelung ist nicht erforderlich, weil der Handlungsbevollmächtigte, der im Rahmen des § 55 HGB tätig wird, Abschlußvollmacht hat und damit § 54 Abs. 3 HGB eingreift. Der Kaufmann kann also die Ermächtigung beschränken; der Dritte braucht aber die Beschränkung nur gegen sich gelten zu lassen, wenn er sie kannte oder kennen mußte.

Für Handlungsgehilfen, die keine Abschlußvollmacht haben, die vielmehr nur damit betraut sind, Geschäfte außerhalb des Betriebes zu vermitteln, ist § 75 h HGB maßgebend. Schließt der Handlungsgehilfe gleichwohl ein Geschäft mit einem Dritten ab, der den Mangel der Vertretungsmacht nicht kannte, so gilt das Geschäft nach § 75 h Abs. 1 HGB als genehmigt, wenn der Kaufmann es dem Dritten gegenüber nicht unverzüglich ablehnt, nachdem er von dem Handlungsgehilfen oder dem Dritten über den Abschluß und den wesentlichen Inhalt benachrichtigt worden ist. Das gleiche gilt nach § 75 h Abs. 2 HGB, wenn der Handlungsgehilfe, der mit dem Abschluß von Geschäften betraut ist, die Vollmacht überschritten hat.

Für einen Handelsvertreter mit Abschlußvollmacht gelten die §§ 55, 54 HGB. Kann er Geschäfte nur vermitteln, greift § 91 a HGB ein, der dem § 75 h HGB entspricht.

Wer in einem Laden oder einem offenen Warenlager angestellt ist, gilt nach § 56 HGB als ermächtigt zu Verkäufen und Empfangnahmen, die in einem derartigen Laden oder Warenlager gewöhnlich geschehen. Mit der Ermächtigung ist auch hier die Vollmacht gemeint. Wer im Laden eines Kaufmanns angestellt ist, schließt die Geschäfte nicht im eigenen Namen ab. Die Hilfsperson ist im Sinne dieser Vorschrift angestellt, wenn sie sich mit Wissen und Willen des Kaufmanns im Laden aufhält und dort beim

4 Vgl. *Baumbach/Duden/Hopt*, Komm. zum HGB, 26. Aufl., § 54, 3 A; *K. Schmidt*, Handelsrecht, 2. Aufl., § 16 IV, 2 a ee.

Verkauf der Waren tätig wird.[5] Ein Arbeitsvertrag im arbeitsrechtlichen Sinne braucht nicht vorzuliegen. Es reicht aus, daß ein Angehöriger oder ein Freund als Aushilfskraft beschäftigt ist. Es ist auch unerheblich, ob die Hilfsperson im Geschäftsbetrieb des Kaufmanns im allgemeinen andere Aufgaben zu erfüllen hat. § 56 HGB greift aber nicht ein, wenn die Putzhilfe, ohne daß der Kaufmann hiervon etwas weiß, Waren verkauft. Es kommt dann nur eine Haftung des Kaufmanns außerhalb des § 56 HGB in Betracht.

Der Begriff des Ladens und des offenen Warenlagers wird zum Schutze der Käufer weit ausgelegt.[6] Seine Voraussetzungen sind auch bei einer Verkaufsfläche im Freien oder auf einer Ausstellung gegeben. Es genügt auch, daß der Kaufmann, der im ersten Stock einen Großhandel betreibt, im Erdgeschoß neben den Lagerräumen einen Verkaufsraum hat, in dem Privatkunden bedient werden. Es ist nicht erforderlich, daß Kaufinteressenten dort zufällig und unaufgefordert kaufen können. § 56 HGB ist auch anwendbar, wenn nur Kunden in Kaufverhandlungen eintreten, die mit dem Personal bekannt sind. Der Käufer soll aufgrund des § 56 HGB von Nachforschungspflichten freigestellt werden, ob und in welchem Umfang den im Laden angestellten Personen eine Ermächtigung zum Abschluß von Geschäften zukommt, die dort gewöhnlich abgeschlossen werden. Er „schützt nicht nur den Fremdbesucher, sondern auch den Kunden, der den Laden, seine Verhältnisse, seinen Inhaber und dessen Personal bereits kennt".[7]

Ein Verkauf, der in dem Laden gewöhnlich geschieht, wie das Gesetz es formuliert, ist auch gegeben, wenn der Kaufvertrag in dem Laden angebahnt, später aber in dem Geschäftsbetrieb des Käufers abgeschlossen wird. „Beide Abschnitte", heißt es in einer Entscheidung des RG[8], „stehen in einem so unmittelbaren sachlichen und zeitlichen Zusammenhange, daß sie als ein einheitlicher Rechtsvorgang aufgefaßt werden müssen . . . In einem Falle solcher Art ist dadurch, daß das Geschäft von dem Ladenangestellten im Laden selbst eingeleitet worden ist, auch der genügende örtliche Zusammenhang zwischen dem Wirkungsbereich des Angestellten und der Tätigung des Geschäftsschlusses hergestellt". Es reicht auch aus, daß der Kaufvertrag telefonisch[9] zustande kommt, wenn

5 RGZ 108, 48; BGH, NJW 1975, 2191; *Baumbach/Duden/Hopt*, Komm. zum HGB, 26. Aufl., § 56, 1 B; *K. Schmidt*, Handelsrecht, 2. Aufl., § 16 V, 3 c.

6 *K. Schmidt*, Handelsrecht, 2. Aufl., § 16 V, 3 a m.w.N.

7 BGH, NJW 1975, 2191.

8 RGZ 108, 48, 49.

9 *K. Schmidt*, Handelsrecht, 2. Aufl., § 16 V, 3 a.

der Angestellte in dem Laden angerufen wird und ein fernmündlicher Vertragsabschluß nicht ungewöhnlich ist.

Sind die Voraussetzungen des § 56 HGB gegeben, so kommt der Kaufvertrag zustande. Der Angestellte kann den Kaufvertrag auch durch Übereignung erfüllen; die Ware kommt dem Kaufmann nicht abhanden, so daß der Eigentumserwerb des Erwerbers nicht etwa an § 935 BGB scheitert.[10] In aller Regel ist der Angestellte, der im Laden des Kaufmanns bei dem Verkaufsgeschäft tätig wird, vom Kaufmann bevollmächtigt worden, den Kaufvertrag zu schließen und zu erfüllen. § 56 HGB greift dann nicht ein. Er ist nur anwendbar, wenn dies, ausnahmsweise, nicht der Fall ist. Der Angestellte hat dann keine Vollmacht. Der Kaufmann muß sich aber so behandeln lassen, wie wenn der Angestellte Vollmacht hätte. Er haftet aus zurechenbar veranlaßtem Rechtsschein auf Erfüllung. § 56 HGB ist ein Sonderfall der Rechtsscheinhaftung. Er kommt dem Falle nahe, der in § 171 BGB geregelt ist. Der Dritte ist demgemäß nur schutzwürdig, wenn er auf den Rechtsschein vertraut hat und vertrauen durfte. Wußte er, daß der Angestellte keine Vollmacht hatte, oder hätte er dies wissen müssen, so wird er nicht geschützt. § 54 Abs. 3 HGB ist im Rahmen des § 56 HGB entsprechend anwendbar. Die Rechtslage deckt sich mit der Regelung, die im bürgerlichen Recht in den §§ 171, 173 BGB getroffen ist.

Neben den Bestimmungen des Handelsgesetzbuchs gelten die allgemeinen Regeln über die Rechtsscheinhaftung, sind also vor allem die Regeln über die Duldungs- und die Anscheinsvollmacht anwendbar. Die Grundsätze über die Anscheinsvollmacht sind, auch wenn man sie im bürgerlichen Recht[11] nicht anerkennt, jedenfalls im Handelsrecht[12] maßgebend, wo die Sicherheit des Rechtsverkehrs von besonders großer Bedeutung ist. Hier genügt es nicht (wie meines Erachtens im bürgerlichen Recht), daß der Vertretende dem Dritten den Vertrauensschaden ersetzt. Der Schein muß vielmehr wie die Wirklichkeit behandelt werden, der Kaufmann also zu dem Geschäft stehen, das aufgrund des von ihm zurechenbar veranlaßten Rechtsscheins zustande gekommen ist. Hätte er erkennen (und verhindern) können, daß der Vertreter in seinem Namen Rechtsgeschäfte schließt, muß er die Geschäfte gegen sich gelten lassen. Diese Sanktion entspricht den Wertungen, die dem § 362 HGB und den Rechtsgrundsätzen zugrunde liegen, die beim Schweigen auf ein kaufmännisches

10 *H. Westermann*, Sachenrecht, 5. Aufl., § 49 I, 6.

11 Vgl. Erster Teil, zweites Kapitel, dritter Abschnitt, III, 2, S. 173 ff.

12 Ebenso *Canaris*, Die Vertrauenshaftung im deutschen Privatrecht (1971), S. 191 ff; *Larenz*, Allgemeiner Teil des deutschen Bürgerlichen Rechts, 6. Aufl., § 33 I a (Fn. 16) m.w.N.; *Medicus*, Allgemeiner Teil des BGB, Rdn. 972.

Bestätigungsschreiben entwickelt worden sind. In der Regel ist der Vertreter auch in den Geschäftsbetrieb des Kaufmanns eingegliedert. „Das praktische Bedürfnis für die Entwicklung der Anscheinsvollmacht", heißt es demgemäß bei *Canaris*[13], „dürfte daher letztlich darauf zurückzuführen sein, daß die interne Funktionsverteilung in einem arbeitsteilig organisierten Betrieb für den Dritten regelmäßig undurchschaubar ist und daß dieser sich daher an das nach außen in Erscheinung tretende Bild muß halten können".

Zweites Kapitel

Gutgläubiger Erwerb im Wertpapierrecht

Erster Abschnitt

Gutgläubiger Erwerb und Einwendungsausschluß im Wechselrecht

I. Gutgläubiger Erwerb von Wechseln

1. Grundzüge

Der Wechsel ist ein geborenes Orderpapier; er wird durch Indossament übertragen. Er kann aber auch ein Rektawechsel sein. Dies ist der Fall, wenn er die negative Orderklausel enthält, der Aussteller ihn also mit dem Vermerk „nicht an Order" versehen hat. Dieser Wechsel kann nach Art. 11 Abs. 2 WG nur in der Form einer gewöhnlichen Abtretung übertragen werden. Mit der Abtretung der Wechselforderungen geht das Eigentum nach § 952 Abs. 2 BGB über; das Recht am Papier folgt dem Recht aus dem Papier.[1] Ein gutgläubiger Erwerb findet nicht statt. Die Abtretung erfolgt nach Art. 11 Abs. 2 WG (nicht nur in der Form, sondern auch) mit den Wirkungen einer gewöhnlichen Abtretung.

Auch ein Orderwechsel kann, obwohl das Wechselgesetz hierüber keine ausdrückliche Regelung trifft, bürgerlich-rechtlich übertragen werden. Dies geschieht durch Abtretung der Wechselforderungen und Über-

13 AaO. (Fn. 12), S. 193.

1 Die (zusätzliche) Übergabe des Papiers ist nicht erforderlich, vgl. *Baumbach/Hefermehl*, Komm. zum WG und SchG, 14. Aufl., Art. 11 WG, Rdn. 5 und WPR, Rdn. 55; *Hueck/Canaris*, Recht der Wertpapiere, 11. Aufl., § 10 I, 1 b; *Zöllner*, Wertpapierrecht, 13. Aufl., § 14 I, 2.

gabe[2] des Wechsels. Der gute Glaube des Erwerbers wird auch hier nicht geschützt.

Der Wechsel kann nicht als Inhaberpapier ausgestaltet werden. Das Blankoindossament hat zwar zur Folge, daß der Wechsel wie ein Inhaberpapier durch Einigung und Übergabe übertragen werden kann (Art. 14 Abs. 2 Nr. 3 WG), er verwandelt den Orderwechsel aber nicht in einen Inhaberwechsel. Wird nach dem Blankoindossament ein Namensindossament auf den Wechsel gesetzt, muß der Wechsel künftig wieder durch Übereignung des indossierten Papiers übertragen werden.

Der Rektawechsel und die bürgerlich-rechtliche Abtretung der in einem Orderwechsel verkörperten Wechselforderungen spielen in der Praxis keine große Rolle. In der Regel liegt ein gewöhnlicher Wechsel, also ein Wechsel vor, der keine negative Orderklausel enthält, also durch Indossament übertragen wird.

In diesem, dem Regelfall, ist ein gutgläubiger Erwerb des Wechsels möglich. Er richtet sich (nicht nach den §§ 932 ff BGB, sondern ausschließlich) nach Art. 16 Abs. 2 WG. Mit dem Eigentumserwerb am Wechsel gehen die Wechselforderungen über; das Recht aus dem Papier folgt dem Recht am Papier.

Ein Wechsel kann nur gutgläubig erworben werden, wenn der Erwerb auf einem Rechtsgeschäft beruht. Der Erwerb kraft Gesetzes oder im Wege der Zwangsvollstreckung wird ebensowenig geschützt, wie dies beim gutgläubigen Erwerb von beweglichen und unbeweglichen Sachen der Fall ist. Das Rechtsgeschäft muß weiter ein Verkehrsgeschäft sein; der einzige Gesellschafter einer GmbH erwirbt den Wechsel trotz seines guten Glaubens nicht, wenn er ihn von der Gesellschaft erlangt, der er nicht gehört. Schließlich muß der rechtsgeschäftliche Erwerb ein wechselrechtlicher Erwerb sein; der Wechsel muß nach den Vorschriften des Wechselgesetzes übertragen werden, Art. 14 WG. Tritt der Eigentümer des Wechsels die in dem Wechsel verkörperten Wechselforderungen durch Abtretungsvertrag[3] und Übergabe des (nicht indossierten) Wechsels ab, so erlangt der Erwerber nur die Rechte, die sein Vorgänger hatte.

Der gutgläubige Erwerb von Wechseln ist in Art. 16 Abs. 2 WG geregelt. Ist der Wechsel einem früheren Inhaber irgendwie abhanden gekommen, so ist der neue Inhaber, der sein Recht nach den Vorschriften

2 RGZ 88, 290; RGZ 160, 341; BGH, NJW 1958, 302; BGH, WM 1970, 245; *Baumbach/Hefermehl*, Komm. zum WG und SchG, 14. Aufl., Art. 11 WG, Rdn. 5 m.w.N.; *Hueck/Canaris*, Recht der Wertpapiere, 11. Aufl., § 10 I, 1 a; a.A. *Muscheler*, NJW 1981, 657 ff; *Zöllner*, Wertpapierrecht, 13. Aufl., § 14 I, 2.

3 Vgl. *Reinicke*, DB 1958, 390 f.

des Art. 16 Abs. 1 WG nachweist, aufgrund des Art. 16 Abs. 2 WG zur Herausgabe des Wechsels nur verpflichtet, wenn er ihn im bösen Glauben erworben hat oder ihm beim Erwerb eine grobe Fahrlässigkeit zur Last fällt. Bei der Auslegung dieser Vorschrift ist zu beachten, daß das Wechselgesetz auf dem Genfer Abkommen[4] vom 7. 6. 1930 beruht. Nach Art. 1 des Abkommens über das Einheitliche Wechselgesetz haben sich die Hohen Vertragsschließenden Teile verpflichtet, in ihren Gebieten das Wechselgesetz einzuführen, das sie gemeinsam ausgearbeitet hatten. Der materielle Inhalt und die sprachliche Fassung der einzelnen Artikel des Wechselgesetzes lassen diese Herkunft oft erkennen. Die einzelnen Staaten mußten häufig Kompromisse schließen, um, nach Inhalt und Form, eine Regelung zu finden, die von allen Teilen akzeptiert werden konnte.

Daß der Inhaber den Wechsel nach Art. 16 Abs. 2 WG nicht herauszugeben braucht, hat seinen Grund darin, daß er Eigentümer des Wechsels geworden ist. Ist das der Fall, dann gehört ihm nicht nur die Wechselurkunde, das Stück Papier, es stehen ihm auch alle Wechselforderungen zu, die in der Wechselurkunde verkörpert sind. Art. 16 Abs. 2 WG bestimmt jedoch nicht, welche Forderungen dies sind. Wer seine Unterschrift auf den Wechsel gesetzt hat, den Wechsel also als Akzeptant, Aussteller, Indossant oder Wechselbürge unterschrieben hat, ist nach Art. 16 Abs. 2 WG nicht daran gehindert, geltend zu machen, daß er trotz seiner Unterschrift kein Wechselschuldner sei, weil es an einem wirksamen Begebungsvertrag fehle und er auch nicht aus zurechenbar veranlaßtem Rechtsschein ohne Abschluß eines derartigen Vertrages hafte. Ob er hiermit durchdringt, richtet sich danach, ob er eine Einwendung gegen den Wechselinhaber hat. Diese Frage beantwortet Art. 16 Abs. 2 WG nicht.

Es sind somit zwei Fragen streng voneinander zu trennen:

1. Frage: Wem gehört der Wechsel?

2. Frage: Welche Wechselverpflichtungen bestehen?

Die erste Frage ist in Art. 16 Abs. 2 WG geregelt. Wird der Wechselschuldner in Anspruch genommen, so kann er demgemäß, unabhängig von Art. 16 Abs. 2 WG, vortragen, er sei nicht Schuldner einer Wechselverpflichtung, wenngleich er den Wechsel unterschrieben habe. Er kann aber auch vorbringen, der Kläger sei nicht Eigentümer des Wechsels. Fehlt es hieran, dann kommt es auf die Frage, ob er, der Beklagte, Wechselschuldner sei, nicht an; sie kann offen bleiben. Jedenfalls ist der

4 Abgedruckt bei *Baumbach/Hefermehl*, Komm. zum WG und SchG, 14. Aufl., Anhang 9 a; vgl. zu diesem Abkommen auch *Huber*, Festschrift für *Flume*, Band II (1978), S. 83, 87 ff.

Kläger nicht Inhaber der eingeklagten Forderung; sie steht dem Eigentümer zu und damit nicht dem Kläger, dem der Wechsel nicht gehört.

2. Die einzelnen Voraussetzungen des Art. 16 Abs. 2 WG

a) Legitimation nach Art. 16 Abs. 1 WG

Der redliche Erwerber muß sein Recht nach den Vorschriften des Art. 16 Abs. 1 WG nachweisen. Wer den Wechsel in Händen hat, gilt nach dieser Bestimmung als rechtmäßiger Inhaber, sofern er sein Recht durch eine ununterbrochene Reihe von Indossamenten nachweist. Art. 16 Abs. 1 WG regelt die förmliche, nicht die sachliche Berechtigung. Ist die formale Legitimation gegeben, so wird vermutet (nicht fingiert), daß der förmlich Berechtigte auch sachlich berechtigt, also Eigentümer des Wechsels sei. Diese Vermutung kann widerlegt werden. Die formale Legitimation ist nicht Voraussetzung für die sachliche Berechtigung. Es kann jemand Eigentümer eines Wechsels sein, ohne daß er förmlich als solcher ausgewiesen ist. Er muß dann, um sein Recht durchzusetzen, den Nachweis führen, daß er trotz fehlender Legitimation Eigentümer des Wechsels sei. Dieser Nachweis ist ihm gestattet; ihm kommt nur die Vermutung des Art. 16 Abs. 1 WG nicht zugute. Die formale Berechtigung ist jedoch Voraussetzung für den Erwerb kraft guten Glaubens. Ohne sie findet kein gutgläubiger Erwerb statt. Sie ermöglicht den redlichen Erwerb der sachlichen Berechtigung, des Eigentums an der Wechselurkunde also und damit der in ihr verkörperten (und bestehenden) Wechselforderungen.

Die formale Berechtigung verlangt eine ununterbrochene Kette von Indossamenten. In der Regel wird der Wechsel an eigene Order ausgestellt, Art. 3 Abs. 1 WG; der Wechsel lautet an eigene Order des Ausstellers, der Aussteller ist mit dem Remittenten identisch. Ist dies der Fall, dann beginnt die Indossamentenkette auf der Rückseite des Wechsels mit dem Indossament des Ausstellers, anderenfalls mit dem Indossament des vom Aussteller verschiedenen Remittenten. Sie endet mit dem Indossament, mit dem der Veräußerer den Wechsel versehen hat, um ihn dem Erwerber zu übertragen. Das letzte Indossament kann ein Blankoindossament sein, Art. 16 Abs. 1 Satz 1 WG. Folgt in der Kette auf ein Blankoindossament ein weiteres Indossament, so wird nach Art. 16 Abs. 1 Satz 3 WG angenommen, daß der Aussteller dieses Indossaments den Wechsel durch das Blankoindossament erworben habe. Ausgestrichene Indossamente gelten als nicht geschrieben, Art. 16 Abs. 1 Satz 2 WG. Ist die Kette unterbrochen, so ist die formale Berechtigung gleichwohl gegeben, wenn der Inhaber nachweist, daß dort, wo die Lücke ist, ein materieller Rechtsübergang stattgefunden hat. Lauten die Indossamente von A an B und von C an D, so ist die formale Legitimation vorhanden, wenn der

Inhaber beweist, daß B verstorben ist und C den Erblasser beerbt hat; der Beweis kann durch Vorlegung eines Erbscheins erbracht werden.

Die Indossamentenkette muß äußerlich in Ordnung sein.[5] Die förmliche Legitimation setzt nicht voraus, daß die einzelnen Indossamente echt sind. Sie können gefälscht sein. Es reicht aus, daß der äußere Anschein einer ordnungsgemäßen Kette gegeben ist. Die Umlaufsfähigkeit des Wechsels würde gefährdet, wenn der Wechselinhaber nachweisen müßte, die einzelnen Unterschriften seien echt, rührten also von den jeweiligen Indossanten her. Stiehlt ein Dieb den Wechsel, der auf den Indossatar X lautet, so ist der Erwerber förmlich berechtigt, wenn der Dieb den Wechsel mit einem Indossament an den Erwerber versieht und mit dem Namen des X unterschreibt oder wenn er den Wechsel mit einem Blankoindossament unterzeichnet und hierbei die Unterschrift des X fälscht. Die Indossamentenkette ist auch dann in Ordnung, wenn ein Vertreter das Indossament im Namen des Indossanten unterzeichnet, ihm aber die Vertretungsmacht fehlt. Müßte der Inhaber des Wechsels die Vertretungsmacht nachweisen, um die Vorteile der formalen Legitimation in Anspruch nehmen zu können, wäre wiederum die Umlaufsfähigkeit des Wechsels gefährdet.

b) Abhandenkommen

Art. 16 Abs. 2 WG setzt für den gutgläubigen Erwerb voraus, daß der Wechsel dem früheren Inhaber „irgendwie abhanden gekommen" ist. Hier zeigt sich die Herkunft des Gesetzes. Der Wechsel ist dem Eigentümer nicht nur abhanden gekommen, wenn er ihm ohne seinen Willen aus seinem unmittelbaren Besitz gekommen ist. Diese Voraussetzung ist vielmehr auch gegeben, wenn der Eigentümer den Wechsel einem Dritten zur Aufbewahrung gegeben und der Dritte den Wechsel veruntreut und an den Erwerber veräußert hat. Die Eigenschaft der Sache, abhanden gekommen zu sein, schließt hier nicht, wie in § 935 BGB, einen gutgläubigen Erwerb aus; sie ermöglicht ihn. Der Wechsel muß dem früheren Inhaber irgendwie abhanden gekommen sein, damit er kraft guten Glaubens erworben werden kann.

Der Wechsel ist dem Eigentümer nicht nur abhanden gekommen, wenn ein nichtberechtigter Dritter ihn dem Erwerber übereignet. Dies ist vielmehr auch der Fall, wenn der Eigentümer den Wechsel selbst an den Erwerber indossiert und übereignet, der Wechselbegebungsvertrag zwischen ihm und dem Erwerber aber nicht wirksam ist, weil er den Vertrag wegen der Drohung eines Dritten angefochten hat oder weil er nicht geschäftsfähig oder in der Geschäftsfähigkeit beschränkt ist. Der Wechsel

5 *Hueck/Canaris*, Recht der Wertpapiere, 11. Aufl., § 10 V, 1.

ist nur dann nicht abhanden gekommen, wenn der Berechtigte ihn durch wirksamen Begebungsvertrag übereignet; dann ist für einen gutgläubigen Erwerb kein Raum. Er ist aber abhanden gekommen, wenn es an der Berechtigung des Veräußerers fehlt oder wenn der Berechtigte den Wechsel dem Erwerber ohne wirksamen Begebungsvertrag übereignet. Der Begriff „abhandengekommen" ist also so weit gefaßt, wie es überhaupt nur möglich ist.

c) Redlichkeit des Erwerbers

Der Erwerber erlangt das Eigentum am Wechsel nicht, wenn er ihn im bösen Glauben erworben hat oder ihm beim Erwerb eine grobe Fahrlässigkeit zur Last fällt. Er muß also Kenntnis haben oder seine Unkenntnis muß auf grober Fahrlässigkeit beruhen. Worauf muß sich aber die Kenntnis oder die Unkenntnis beziehen? Der Erwerber muß glauben, daß er den Wechsel vom Veräußerer wirksam erlangt, also annehmen, daß der Veräußerer Berechtigter und der Wechselbegebungsvertrag gültig ist. Sind diese Voraussetzungen nicht gegeben, so werden sie durch den guten Glauben des Erwerbers an ihr Vorliegen ersetzt; der Erwerber erlangt das (lastenfreie) Eigentum am Wechsel.

Diese Regelung gilt einmal beim guten Glauben an das (unbelastete) Eigentum oder die Verfügungsmacht des Veräußerers. Sie gilt in gleicher Weise beim guten Glauben des Erwerbers an die Vertretungsmacht und an die Geschäftsfähigkeit des Veräußerers. Art. 16 Abs. 2 WG macht für diese Fälle keine Ausnahme. Der Erwerber wird geschützt, wenn er den Veräußerer für berechtigt und für fähig hält, ihm den Wechsel wirksam lastenfrei zu übereignen. Der BGH geht, im Anschluß an die Rechtsprechung des RG,[6] von dieser Rechtslage als selbstverständlich aus. „Entscheidend ist", heißt es in einer Entscheidung des BGH,[7] „ob der Erwerber ohne grobe Fahrlässigkeit an das Eigentum oder die Verfügungsbefugnis, die Vertretungsmacht oder die Geschäftsfähigkeit des Veräußerers geglaubt hat". Dementsprechend ist in einem anderen Urteil[8] für den Scheck, für den die Rechtslage die gleiche ist, ausgeführt: „Abhanden gekommen ist ein Scheck dem Scheckinhaber, wenn er ohne rechtswirksamen Begebungsvertrag in andere Hände gelangt ist, insbesondere wenn derjenige, der das Veräußerungsgeschäft vornimmt, weder berechtigt noch befähigt ist, den Scheck zu freiem Eigentum zu veräußern; sei es, daß er wegen Geschäftsunfähigkeit dazu nicht in der Lage ist, sei es, daß das Veräußerungsgeschäft an einem Mangel der Verfügungsbefugnis des

6 Vgl. RGZ 74, 184; RGZ 103, 89.
7 WM 1968, 4.
8 BGH, NJW 1951, 402.

Veräußerers leidet. Alle diese Rechtsmängel werden aber anders als im Sachenrecht durch den guten Glauben des Erwerbers nach der Vorschrift des Art. 21 ScheckG (der dem Art. 16 Abs. 2 WG entspricht) geheilt". Diese Auffassung wird von der herrschenden Meinung[9] in der Rechtslehre geteilt. Sie kann auch nicht, wie dies vereinzelt[10] geschieht, in Frage gestellt werden, weil der gute Glaube an die Geschäftsfähigkeit des Veräußerers bei der Übereignung von Inhaberpapieren nicht geschützt werde. Für diese Papiere gilt nicht Art. 16 Abs. 2 WG, der sehr weit gefaßt ist und aufgrund seiner internationalen Herkunft aus sich heraus[11] auszulegen ist. Würde jeder Vertragsstaat eine im Einheitlichen Wechselgesetz enthaltene Regelung aufgrund der nationalen Gesetze auslegen, so wäre es mit der Einheitlichkeit des Wechselrechts bald vorbei. Der Erwerb kraft guten Glaubens an die Geschäftsfähigkeit des Veräußerers kann also aufgrund der (deutschen) Rechtslage beim Erwerb von Inhaberpapieren ebensowenig verneint werden, wie er beim Fehlen der Vertretungsmacht aufgrund der entgegengesetzten Regelung im Rahmen des § 366 HGB[12] abgelehnt werden kann.

Art. 16 Abs. 2 WG schützt den Erwerber umfassend. Er schützt sogar den guten Glauben des Erwerbers an die Identität[13] des Veräußerers mit dem letzten Indossatar. Lautet das letzte Indossament auf dem Wechsel auf Hans Schulze und übereignet der Dieb, der sich unter diesem Namen vorstellt, den Wechsel, nachdem er das Indossament an den Erwerber mit dem Namen Hans Schulze unterschrieben hat, so wird der Erwerber in seinem Glauben geschützt, er habe den Wechsel vom Berechtigten erlangt. Heißt der Veräußerer aber nicht, zufällig, auch Hans Schulze, so wird zu prüfen sein, ob der Erwerber sich grobfahrlässig verhalten hat.

Der Schutz des guten Glaubens an die Vertretungsmacht des Veräußerers nützt dem Erwerber allerdings nicht sehr viel. Er erlangt das Eigentum am Wechsel. Er erlangt es aber ohne rechtlichen Grund. Zwischen dem Vertretenen und ihm kommt der vom Vertreter ohne Vertretungs-

---

9 *Baumbach/Hefermehl*, Komm. zum WG und SchG, 14. Aufl., Art. 16 WG Rdn. 10 m.w.N.; *Brox*, Handelsrecht und Wertpapierrecht, 4. Aufl., Rdn. 568; *Liesecke*, WM 1969, 2, 7; *Quassowski/Albrecht*, Wechselgesetz (1934), Art. 16 Rdn. 22; *Schlegelberger/Hefermehl*, Komm. zum HGB, 5. Aufl., § 365 Rdn. 22 m.w.N.

10 *Canaris*, Großkomm. zum HGB, 3. Aufl., § 365 Rdn. 20; *Hueck/Canaris*, Recht der Wertpapiere, 11. Aufl., § 10 IV, 2 b cc; *Nitschke*, JuS 1968, 541, 543 f.

11 Vgl. *Huber*, Festschrift für Flume, Band II (1978), S. 83, 88.

12 Vgl. Zweiter Teil, erstes Kapitel, zweiter Abschnitt, I S. 227 ff.

13 Allgemeine Meinung, vgl. *Baumbach/Hefermehl*, Komm. zum WG und SchG, 14. Aufl., Art. 16 WG, Rdn. 10; *Hueck/Canaris*, Recht der Wertpapiere, 11. Aufl., § 10 IV, 2 b cc.

macht im Namen des Vertretenen abgeschlossene schuldrechtliche Vertrag nicht zustande. Der wirksamen Übereignung fehlt also der Rechtsgrund. Der Vertretene kann das Erlangte, das Eigentum und den Besitz am Wechsel, vom Erwerber nach § 812 Abs. 1 Satz 1 (1. Fall) BGB herausverlangen. Hierüber besteht weitgehend Einigkeit. *Huber*[14] meint allerdings, Art. 16 Abs. 2 WG schließe die Bereicherungsansprüche aus. Wäre das richtig, so könnte der Erwerber den Wechsel, den er vom Vertreter gekauft hat, behalten, ohne den Kaufpreis dafür zahlen zu müssen. Nur der Käufer muß den Kaufpreis zahlen. Da aber kein Kaufvertrag zustande gekommen ist, fehlt es an der Eigenschaft des Erwerbers, Käufer geworden zu sein. *Hefermehl*[15] gibt die allgemeine Meinung wieder, wenn er ausführt: „Nicht geheilt wird die Ungültigkeit des dem Erwerb zugrundeliegenden Verpflichtungsgeschäfts, z. B. bei Geschäftsunfähigkeit oder mangelnder Vertretungsmacht; ein Ausgleichsanspruch nach § 812 Abs. 1 BGB ist daher trotz gutgläubigen Erwerbs möglich."

Zweifelhaft ist aber, ob der Erwerber die Rückübereignung des Wechsels davon abhängig machen kann, daß der Vertretene ihm den Wert der Gegenleistung erstattet, die er dem Vertreter erbracht hat. Dem Bereicherungsschuldner steht grundsätzlich ein derartiges Recht nicht zu.[16] Muß der Käufer einer gestohlenen Sache dem früheren Eigentümer den Wert der Sache nach den Vorschriften über die ungerechtfertigte Bereicherung ersetzen, so kann er hiervon nicht den Kaufpreis abziehen.[17] Er muß sich an seinen Verkäufer halten, der ihm das Eigentum an der verkauften Sache nicht verschafft hat. Das entgegengesetzte „Ergebnis kann nur als unbillige Verlagerung des normalen wirtschaftlichen Risikos auf einen am Geschäft Unbeteiligten erachtet werden."[18] Hat der Käufer die Sache von einem Vertreter ohne Vertretungsmacht erlangt und muß er sie deshalb dem Vertretenen herausgeben, der die Genehmigung des schwebend unwirksamen Vertrages verweigert, so muß er gegen den Vertreter vorgehen und von diesem die Rückzahlung des gezahlten Kaufpreises verlangen. Den Vertretenen geht die Zahlung nichts an. Er braucht sich die Leistung an den Vertreter nicht zurechnen zu lassen.[19] Es fragt sich aber,

---

14 Festschrift für Flume, Band II (1978), S. 83, 117 (Fn. 127).

15 *Baumbach/Hefermehl*, Komm. zum WG und SchG, 14. Aufl., Art. 16 WG, Rdn. 10.

16 Vgl. BGHZ 55, 176, 179 f; BGH, NJW 1976, 1090, 1092 m.w.N.; *Larenz*, Schuldrecht, Band II, 12. Aufl., § 70 II; *Rengier*, AcP 177, 418, 434 f m.w.N.

17 BGHZ 55, 176, 179 f.

18 Staudinger-*Lorenz*, Komm. zum BGB, 12. Aufl., § 818 Rdn. 37.

19 *Canaris*, Großkomm. zum HGB, 3. Aufl., § 366 Rdn. 27.

ob die Rechtslage anders ist, wenn der Erwerber an die Vertretungsmacht des Vertreters glaubt und der gute Glaube hieran kraft ausdrücklicher gesetzlicher Bestimmung geschützt wird. Diese Frage ist vom *OLG Hamm*[20] bei der Anwendung des Art. 21 SchG, der dem Art. 16 Abs. 2 WG entspricht, mit der Begründung bejaht worden, der Umstand, daß Art. 21 SchG den Erwerb vom Vertreter ohne Vertretungsmacht zulasse, müsse für den Bereicherungsanspruch Konsequenzen haben; die an den Vertreter erbrachten Leistungen müßten sich bereicherungsmindernd auswirken. Dieser Auffassung ist zuzustimmen. Art. 16 Abs. 2 WG verlagert dadurch, daß er den guten Glauben des Erwerbers an die Vertretungsmacht des Vertreters schützt, das wirtschaftliche Risiko insoweit auf den Vertretenen. Anderenfalls ginge der gesetzliche Schutz ins Leere.

Die entsprechende Rechtslage ist gegeben, wenn der Veräußerer geschäftsunfähig ist. Der Erwerber erlangt das Eigentum am Wechsel. Er ist hierum aber ungerechtfertigt bereichert, da der schuldrechtliche Vertrag zwischen ihm und dem geschäftsunfähigen Veräußerer nicht wirksam zustande gekommen ist. Art. 16 Abs. 2 WG schützt nur den dinglichen Erwerb, läßt jedoch das ihm zugrundeliegende Kausalgeschäft nicht wirksam zur Entstehung gelangen. Grundsätzlich gilt in derartigen Fällen zum Schutze des Geschäftsunfähigen die Zweikondiktionentheorie. Der Erwerber muß also das Erlangte herausgeben, auch wenn er seine Gegenleistung vom Geschäftsunfähigen nicht zurückerhält, weil dieser sie verbraucht hat, ohne hierdurch Aufwendungen zu ersparen. Durch Art. 16 Abs. 2 WG wird der Erwerber aber auch geschützt, soweit er an die Geschäftsfähigkeit des Veräußerers glaubt. Der Schutz, der dem Erwerber Vorteile bringt, hat für den Geschäftsunfähigen Nachteile. Zwar kann dieser (vertreten durch seinen gesetzlichen Vertreter) die Rückübereignung des Wechsels verlangen. Der Erwerber braucht den Wechsel aber, weil es jetzt nicht um den einseitigen Schutz des Geschäftsunfähigen geht, nur herauszugeben, wenn er den Wert der Gegenleistung vom Geschäftsunfähigen zurückerhält. Anderenfalls wäre der Schutz, den das Gesetz dem Erwerber des Wechsels auch gegenüber dem Geschäftsunfähigen gewährt, ohne Inhalt.

Hat der Eigentümer den Wechsel nach Eröffnung des Konkurses veräußert, so ist das Rechtsgeschäft nach § 6 KO unwirksam.[21] Der gute Glaube des Erwerbers wird nicht geschützt. Die Konkursordnung schützt nur den Erwerb von Grundstücken, § 7 KO. Die Belange der Konkurs-

---

20 WM 1982, 833, 834.

21 Allgemeine Meinung, vgl. *Brox*, Handelsrecht und Wertpapierrecht, 4. Aufl., Rdn. 568; *Hueck/Canaris*, Recht der Wertpapiere, 11. Aufl., § 10 IV, 2 b cc; a.A. Staub-*Stranz*, Komm. zum WG, 13. Aufl., Art. 16 Rdn. 27 b.

gläubiger verdienen den Vorrang vor den Interessen des Wechselerwerbers. Hat der Erwerber aber den Wechsel weiterindossiert, so wird der Dritte, der an das Eigentum des Erwerbers glaubt, ohne grobfahrlässig zu sein, Eigentümer des Wechsels.[22]

II. Einwendungen

1. Allgemeines

Wer den Wechsel vom Berechtigten aufgrund einer wirksamen Übereignung oder wer ihn kraft seines guten Glaubens erworben hat, ist Eigentümer des Wechsels und damit Inhaber der in ihm verkörperten Forderungen, also der Forderungen gegen die Schuldner, die den Wechsel als Akzeptant, Aussteller, Indossant oder Bürgen unterzeichnet haben. Nicht alle Wechselzeichner sind aber Wechselschuldner. Sie sind es nicht, wenn ihre Namen auf dem Wechsel stehen, die Wechselforderung aber gleichwohl nicht entstanden oder untergegangen ist. Der Schuldner hat dann eine rechtshindernde oder rechtsvernichtende Einwendung. Der Begriff der wechselrechtlichen Einwendung ist weiter als der Begriff der Einwendung im bürgerlichen Recht. Dort liegt sie nur vor, wenn der Schuldner die Tatsachen, die die Entstehung der Forderung verhindern oder ihr Erlöschen herbeiführen, beweisen muß. Die wechselrechtliche Einwendung[23] erfaßt auch den Sachverhalt, in dem dies nicht der Fall ist, der Klagegrund vielmehr geleugnet wird, so daß der Kläger den Anspruch beweisen muß; sie hat mit der Beweislast nichts zu tun. Macht der Schuldner geltend, er sei bei der Unterzeichnung des Wechsels geschäftsunfähig gewesen, so muß er diese Tatsache beweisen. Behauptet er, seine Unterschrift auf dem Wechsel sei gefälscht, muß der Wechseleigentümer die Echtheit der Unterschrift nachweisen. In beiden Fällen liegt aber eine wechselrechtliche Einwendung vor, die Einwendung der Geschäftsunfähigkeit oder die Einwendung der Fälschung.

Könnte der Wechselschuldner die Einwendung, die er gegen den alten Wechselgläubiger hat, stets gegen einen neuen erheben, so wäre der Wechsel nicht umlaufsfähig. Dem Erwerber nützt das Eigentum am Wechsel nichts, wenn die Wechselforderungen nicht bestehen. Andererseits können durch die Übertragung des Wechsels nicht alle Einwendungen des Wechselschuldners untergehen. Niemand könnte sonst einen Wechsel unterzeichnen. Der Wechselschuldner darf also nicht alle Ein-

22 Vgl. *Mentzel/Kuhn/Uhlenbruck*, KO, 9. Aufl., § 7 Rdn. 16.

23 Vgl. *Brox*, JA 1980, 72 f.; *ders.*, Handelsrecht und Wertpapierrecht, 4. Aufl., Rdn. 642.

wendungen gegen den neuen Gläubiger geltend machen; er darf sie aber auch nicht alle verlieren. Die Frage ist nur, wann der eine und wann der andere Fall gegeben ist.

Soweit der Wechselschuldner eine Einwendung gegen den neuen Gläubiger verliert, gelangt die Forderung, die bisher nicht bestanden hat, zur Entstehung. Der Erwerber erlangt mehr als der Veräußerer, sein Vorgänger, hatte. Er erwirbt die Einwendungsfreiheit der Wechselforderung und damit eine bisher nicht bestehende Forderung. Es liegt insoweit ein Erwerb kraft guten Glaubens vor. Dieser Erwerb ist aber nicht in Art. 16 Abs. 2 WG geregelt. Dort geht es nur um den Erwerb des Eigentums am Wechsel. Der Erwerb der Einwendungsfreiheit setzt, wie der Erwerb des Eigentums am Wechsel, einen rechtsgeschäftlichen Erwerb voraus, der Erwerb muß ein Verkehrsgeschäft und ein wechselrechtlicher Erwerb sein. Tritt der Wechselgläubiger seine Wechselforderung an einen anderen durch gewöhnlichen Vertrag ab und übergibt er ihm den nicht indossierten Wechsel, so liegt eine bürgerlich-rechtliche Zession vor. Der Wechselschuldner kann nach § 404 BGB alle Einwendungen, die er gegen den alten Gläubiger hatte, gegen den neuen geltend machen.[24]

Das Wechselgesetz regelt die Frage des Einwendungsausschlusses in Art. 17 WG fragmentarisch. Er bestimmt nur, negativ, daß dem Wechselschuldner bestimmte Einwendungen grundsätzlich nicht gegenüber dem neuen Gläubiger zustehen. Er sagt aber nicht, positiv, welche Einwendungen er gegen den neuen Gläubiger erheben kann. Die Vertragsstaaten haben sich hierüber auf der Genfer Wechselrechtskonferenz nicht einigen können, sich vielmehr, resigniert, mit der bescheidenen negativen Lösung begnügt. „Welche Einwendungen der Wechselschuldner im übrigen geltend machen kann", heißt es in der Denkschrift[25] der Reichsregierung zum Entwurf eines Gesetzes über die Abkommen vom 7. 6. 1930 zur Vereinheitlichung des Wechselrechts, „wird nicht bestimmt. Das Einheitliche Wechselgesetz überläßt diese Frage in der Erwägung, daß eine erschöpfende und klare Regelung nicht möglich ist, der Rechtsprechung und Wissenschaft".

2. Persönliche Einwendungen

Wer aus einem Wechsel in Anspruch genommen wird, kann dem Dritten nach Art. 17 WG keine Einwendungen entgegensetzen, die sich auf seine unmittelbaren Beziehungen zu dem Aussteller oder zu einem früheren Inhaber gründen, es sei denn, daß der Inhaber bei dem Erwerb des

24 *Canaris*, JuS 1971, 441, 444; *Reinicke*, DB 1958, 390 f.
25 Verhandlungen des Reichstages V/1442, S. 121.

Wechsels bewußt zum Nachteil des Schuldners gehandelt hat. Diese Einwendungen ergeben sich vor allem aus dem Kausalgeschäft, das der Wechselforderung zugrunde liegt. Die Wechselschuld ist eine abstrakte Schuld. Sie wird durch einen Vertrag begründet. Die Auffassung, sie entstehe bereits durch die Wechselunterzeichnung, durch den bloßen Skripturakt, wie die sogenannte Kreationstheorie meinte, ist überholt. Sie ist durch die Vertragstheorie[26] ersetzt, die, ergänzt durch die Grundsätze der Rechtsscheinhaftung, alle Probleme sachgemäß lösen kann.

Unterzeichnet der Käufer für seine Kaufpreisschuld einen Wechsel als Akzeptant, so hat der Aussteller, an dessen Order der Wechsel lautet, zwei Forderungen: die kausale Kaufpreisforderung und die abstrakte Wechselforderung. Wandelt der Käufer den Kaufvertrag, weil die Ware einen Fehler hat, so verwandelt sich der Kaufvertrag in ein Rückabwicklungsschuldverhältnis; es besteht keine Kaufpreisforderung mehr. Die Wechselforderung bleibt davon unberührt; sie ist abstrakt, losgelöst von dem Schicksal der ihr zugrundeliegenden Forderung. Der Aussteller kann die abstrakte Forderung jedoch nicht durchsetzen. Er muß dem Käufer die empfangenen Leistungen nach den §§ 467, 346 BGB zurückgewähren; hierzu gehört der Wechsel. Muß er dem Käufer aber den Wechsel zurückgeben, so kann er die Wechselforderung nicht gegen ihn geltend machen; anderenfalls verhielte er sich widersprüchlich und übte seine Rechte in unzulässiger Weise aus.

Die gleiche Rechtslage besteht, wenn der Käufer im Rahmen des finanzierten Abzahlungsgeschäftes[27] der Finanzierungsbank für die einzelnen Darlehnsraten Wechsel gegeben hat und die Bank die ihr zur Sicherheit übereignete Kaufsache später an sich nimmt; hierdurch gilt nach § 5 AbzG der Rücktritt als ausgeübt. Die Bank muß dem Käufer/Darlehnsnehmer die Wechsel zurückgeben, darf sie also nicht verwerten.

Ist das Kausalgeschäft nichtig, so ist der Aussteller um den Wechsel ungerechtfertigt bereichert. Er muß das Erlangte nach § 812 Abs. 1 Satz 1 (1. Fall) BGB herausgeben, den Wechsel also dem Akzeptanten zurückgeben. Macht er ihn gleichwohl geltend, steht dem Akzeptanten die Einrede der ungerechtfertigten Bereicherung aus § 821 BGB zu.

Kann der Gläubiger die Kaufpreisforderung nur Zug um Zug gegen Bewirkung der ihm obliegenden Leistung geltend machen, weil dem

---

26 Vgl. zu den Wertpapierrechtstheorien *Baumbach/Hefermehl*, Komm. zum WG und SchG, 14. Aufl., WPR, Rdn. 84 ff; *Brox*, Handelsrecht und Wertpapierrecht, 4. Aufl., Rdn. 538 ff; *Canaris*, JuS 1971, 441, 442 ff; *Hueck/Canaris*, Recht der Wertpapiere, 11. Aufl., § 3.

27 Vgl. BGHZ 43, 258; *Baumbach/Hefermehl*, Komm. zum WG und SchG, 14. Aufl., Art. 17 WG, Rdn. 82; *Reinicke/Tiedtke*, Kaufrecht, 2. Aufl., S. 311.

Käufer die Einrede des nichterfüllten Vertrages zusteht (§ 320 BGB), so kann er aus der Wechselforderung keine weitergehenden Rechte herleiten.[28] Die abstrakte Wechselforderung soll dafür sorgen, daß der Gläubiger das, was er aufgrund der kausalen Forderung zu beanspruchen hat, sicher erhält; sie soll ihm aber nicht mehr Rechte verschaffen, als er in seiner Eigenschaft als Gläubiger der kausalen Forderung zu beanspruchen hat. Der Aussteller mißbraucht seine Rechtsstellung, wenn er gleichwohl die abstrakte Forderung zu diesem Zwecke geltend macht. Das kann ihm der Akzeptant entgegenhalten.

In all diesen Fällen hat der Akzeptant Einwendungen gegen den Aussteller aus dem zugrundeliegenden Kausalgeschäft. Hat der Aussteller den Wechsel an einen Dritten durch Übereignung des indossierten Wechsels weitergegeben, so gehen die Einwendungen den Erwerber nichts an. Er hat die abstrakte Wechselforderung erworben. Die Einwendungen, die gegen die Kaufpreisforderung bestanden, haben ihren Rechtsgrund in den unmittelbaren Beziehungen des Käufers (des Akzeptanten) gegen den Verkäufer (den Aussteller). Der Erwerber braucht sich diese Einwendungen nicht entgegensetzen zu lassen. Das ist der Sinn des Art. 17 WG.

Hiervon besteht nur dann eine Ausnahme, wenn der Dritte beim Erwerb des Wechsels bewußt zum Nachteil des Schuldners gehandelt hat. Ein arglistiges Zusammenwirken zwischen dem Veräußerer und dem Erwerber ist nicht erforderlich. Der Erwerber muß gewußt haben, daß er den Schuldner durch den Verlust der Einwendung schädigt und diese Folge in seinen Willen aufgenommen haben. Kennt er die Tatsachen, die die Schädigung des Wechselschuldners herbeiführen, so liegt es nach der Lebenserfahrung nahe, daß er einen derartigen Willen hatte. Kennt der Erwerber die Einwendung, so weiß er in der Regel auch, daß der Wechselschuldner durch den Verlust der Einwendung geschädigt wird. In den meisten Fällen wird daher die Kenntnis des Erwerbers von der Einwendung genügen, um den Wechselschuldner zu berechtigen, die Einwendung auch gegen den neuen Gläubiger erheben zu können. Grobe Fahrlässigkeit schadet dem Erwerber jedoch nicht.

In vielen Fällen übertragen Banken Wechsel, die ihnen die Käufer im Rahmen finanzierter Abzahlungsgeschäfte gegeben haben, zu Refinanzierungszwecken an eine andere Bank. Der BGH[29] hatte eine Sache zu entscheiden, in der die Refinanzierungsbank mit der Finanzierungsbank eng zusammenarbeitete. Er hat für diesen Fall den Rechtssatz entwickelt: „Überträgt beim finanzierten Abzahlungskauf das Finanzierungsinstitut

---

28 Vgl. BGHZ 85, 346; BGHZ 57, 292; *Miller*, DB 1970, 1370; *Reinicke*, DB 1970, 1368.

29 BGHZ 43, 258; vgl. auch BGHZ 47, 241; BGHZ 51, 69.

die Rechte aus den Kundenwechseln auf eine Bank, deren Geschäftsbetrieb auf die Refinanzierung solcher Geschäfte zugeschnitten ist und mit der sie zu diesem Zweck planmäßig zusammenarbeitet, so kann sich die Bank nicht auf Art. 17 WG berufen, wenn der aus den Wechseln in Anspruch genommene Käufer Einwendungen erhebt, die sich auf sein Verhältnis zum Finanzierungsinstitut gründen". M. E. hätte sich die Bank ruhig auf Art. 17 WG berufen können. Die Anwendung dieser Bestimmung hätte ihr nichts genützt. Sie muß die Einwendungen gegen sich gelten lassen, weil sie bewußt zum Nachteil der Wechselschuldner handelt, wenn sie durch den Erwerb der Wechsel daran mitwirkt, daß die Käufer den Schutz verlieren, den ihnen das Abzahlungsgesetz und die Rechtsprechung zum finanzierten Abzahlungsgeschäft gewähren. Die Finanzierungsbanken brauchten anderenfalls nur die Wechsel an eine Refinanzierungsbank zu veräußern, schon stünden die Käufer schutzlos da. In dem Urteil des BGH[30] heißt es demgemäß, das Geschäftsgebahren der klagenden Bank laufe auf die in Kauf genommene Schädigung der Kunden hinaus, die gegen den Darlehnsanspruch begründete Einwendungen erlangt hätten. Das ist der entscheidende Gesichtspunkt. Diese Erwägung muß m. E. zu der Auffassung führen, daß der Erwerber grundsätzlich bewußt zum Nachteil des Schuldners handelt, wenn er Wechsel erwirbt, von denen er weiß, daß ihnen ein (finanziertes) Abzahlungsgeschäft zugrunde liegt und er beim Erwerb der Wechsel in Kauf nimmt, daß der Käufer durch den Erwerb der Wechsel um seine Rechte als Abzahlungskäufer/Darlehnsschuldner gebracht wird. Eine enge Zusammenarbeit zwischen der Finanzierungs- und Refinanzierungsbank ist nicht erforderlich. Es ist auch nicht notwendig, daß die Einwendungen des Käufers beim Übergang der Wechsel bereits entstanden waren; es genügt, daß die Grundlage für ihre Entstehung gegeben war. Es sind hier die gleichen Erwägungen maßgebend, die bei der Frage[31] angestellt worden sind, ob dem Schuldner Einwendungen gegen eine Grundschuld gemäß § 1157 BGB zustehen, wenn der Erwerber der Grundschuld wußte, daß die Grundschuld eine Forderung aus einem Abzahlungsgeschäft sichert.

Hat der Akzeptant dem Aussteller ein Gefälligkeitsakzept gegeben, so ist der Aussteller verpflichtet, dem Akzeptanten rechtzeitig Deckung zu verschaffen. Geschieht dies nicht und geht der Wechsel zu Protest, so kann der Aussteller, der aus dem Wechsel in Anspruch genommen worden ist, keinen Rückgriff gegen den Akzeptanten nehmen. Im Ver-

30 BGHZ 43, 258.

31 BGHZ 66, 165, und oben Erster Teil, erstes Kapitel, achter Abschnitt, II, 2, S. 143.

hältnis zwischen ihnen soll der Aussteller zahlen; er ist durch die Einlösung des Wechsels, wenn auch verspätet, nur seinen Verpflichtungen gegenüber dem Akzeptanten nachgekommen. Hat der Aussteller den Wechsel aber an einen Dritten indossiert, so kann dieser auch dann gegen den Akzeptanten vorgehen, wenn er weiß, daß der Akzeptant den Wechsel dem Aussteller gefälligkeitshalber gegeben hat. Das Akzept sollte den Aussteller in die Lage versetzen, den Wechsel durch Indossierung an einen Dritten zu verwerten. Geschieht dies, kann der Akzeptant sich nicht beklagen. Ihm stehen keine Einwendungen gegen den Erwerber des Wechsels zu. Die Gefälligkeitsabrede gibt dem Akzeptanten nur eine persönliche Einwendung[32] gegen den Aussteller, und der Dritte hat nicht bewußt zum Nachteil des Akzeptanten gehandelt.

Hat der Wechselschuldner seine Einwendungen gegenüber dem Erwerber gemäß Art. 17 WG verloren, so hat er sie endgültig verloren. Es stellt sich daher nicht die Frage, ob die Nachmänner des Erwerbers bewußt zum Nachteil des Wechselschuldners gehandelt haben. Die Rechtslage ist beim Erwerb der Einwendungsfreiheit nicht anders als beim Erwerb vom Nichtberechtigten. Hat der Erwerber kraft seines guten Glaubens das Eigentum erlangt, so erwirbt es sein Nachmann vom Berechtigten; auf seinen guten Glauben kommt es nicht an.

3. Urkundliche Einwendungen

Das Wechselgesetz gibt nicht, positiv, an, welche Einwendungen der Wechselschuldner dem Wechselgläubiger entgegensetzen kann. Bei der Beantwortung dieser Frage muß die Umlaufsfähigkeit des Wechsels und damit das Interesse des Erwerbers gegen die Belange des Wechselschuldners abgewogen und versucht werden, zu einer gerechten Lösung zu kommen. Der Erwerber verdient keinen Schutz, wenn sich die Einwendung des Wechselschuldners aus der Wechselurkunde ergibt, es sich also um eine urkundliche Einwendung handelt. Bei der Schuldverschreibung auf den Inhaber ist demgemäß in § 796 BGB bestimmt, daß der Aussteller dem Inhaber der Schuldverschreibung Einwendungen entgegensetzen kann, die sich aus der Urkunde ergeben.

Der Wechselschuldner kann also geltend machen, daß der Wechsel formnichtig ist (Art. 1, Art. 2 WG). Der Akzeptant ist berechtigt, wenn er in vollem Umfang in Anspruch genommen wird, die Einwendung zu erheben, er habe schon eine Teilleistung erbracht; dies gehe aus einem auf den Wechsel gesetzten Vermerk hervor (Art. 39 Abs. 3 WG). Der Aus-

32 RGZ 117, 69, 76; *Baumbach/Hefermehl*, Komm. zum WG und SchG, 14. Aufl., Art. 17 WG, Rdn. 70.

steller und die Indossanten können vorbringen, der Wechsel sei nicht protestiert worden (Art. 81 WG), und der Indossant darf einwenden, er habe sein Indossament mit dem Zusatz „ohne Haftung" versehen (Art. 15 WG). Auch die Verjährung des Wechsels ergibt sich aus den Daten, die auf dem Wechsel stehen (Art. 70 WG).

4. Gültigkeitseinwendungen

a) *Einwendungen gegenüber dem Partner des Wechselbegebungsvertrages*

Mit der Gültigkeitseinwendung macht der Wechselschuldner nicht geltend, die der abstrakten Wechselforderung zugrundeliegende kausale Forderung bestehe nicht (das wäre eine persönliche Einwendung, die sich nach Art. 17 WG richtete); er wendet vielmehr ein, die abstrakte Wechselforderung als solche sei nicht zur Entstehung gelangt oder erloschen.

Hat der Schuldner den ihm vom Gläubiger übersandten Wechsel mit seinem Akzept versehen, überlegt er sich aber noch, ob er den Wechsel dem Gläubiger zurücksenden soll, und hat der Gläubiger, der die Bedenken des Schuldners kennt, diesem den Wechsel heimlich entwendet, so ist der geplante Wechselbegebungsvertrag nicht zustande gekommen und damit eine Wechselverbindlichkeit nicht zur Entstehung gelangt. Der Schuldner kann dies dem Aussteller entgegenhalten, wenn er von ihm aus dem Wechsel in Anspruch genommen wird.

Die gleiche Rechtslage besteht, wenn dem Bezogenen, der Autogramme erteilt, ein Wechselformular unterschoben wird, das er ahnungslos unterschreibt, oder wenn sich ein derartiger Vorgang bei der Unterzeichnung von Quittungen und Abrechnungen abspielt.[33] Dem Aussteller, der dieses Spiel in Szene gesetzt hat, steht kein Wechselanspruch gegen den Akzeptanten zu.

In anderen Fällen ist ein Wechselbegebungsvertrag abgeschlossen worden, er ist aber unwirksam. Der Wechselzeichner macht geltend, nicht nur das kausale Geschäft, sondern der Wechselbegebungsvertrag selbst sei wegen Sittenwidrigkeit oder wegen Wuchers nichtig, oder er habe nicht nur den Kaufvertrag, sondern auch den Wechselbegebungsvertrag wegen arglistiger Täuschung oder wegen Drohung angefochten. Das Fehlen eines wirksamen Wechselbegebungsvertrages hat zur Folge, daß der Wechselzeichner kein Wechselschuldner ist. Er kann diesen Einwand dem Wechselnehmer, mit dem er den Wechselbegebungsvertrag geschlossen hat, entgegensetzen. Ein derartiges Recht steht ihm auch zu, wenn er einwendet, er sei beim Abschluß des Begebungsvertrages nicht geschäfts-

33 Vgl. BGH, NJW 1968, 2102.

fähig oder in der Geschäftsfähigkeit beschränkt gewesen, oder wenn er vorträgt, er habe das Akzept dem Aussteller schenkungshalber gegeben; der Wechselbegebungsvertrag ist dann nach den §§ 105, 106, 107, 518 BGB nichtig.

Hat der Akzeptant die Wechselschuld getilgt, sich aber versehentlich den Wechsel nicht zurückgeben lassen, so ist seine Wechselschuld erloschen. Er kann dies dem Aussteller, der ihn (erneut) aus dem Wechsel in Anspruch nimmt, entgegenhalten.

Mit der Feststellung, daß kein (wirksamer) Wechselbegebungsvertrag zustande gekommen oder die Wechselforderung untergegangen ist, ist die Sache entschieden. Dem Gläubiger steht kein Anspruch gegen den Wechselschuldner aus dem Wechsel zu. Dies gilt auch dann, wenn er glaubt, er habe einen derartigen Anspruch erworben. Der gute Glaube des ersten Wechselnehmers (also des Vertragspartners des Wechselgebers, der den Wechsel ohne Vorliegen eines wirksamen Begebungsvertrages unterzeichnet und weitergegeben hat) wird, soweit es um die Entstehung der Wechselverbindlichkeit geht, nicht geschützt. Hat der (geschäftsfähige) Aussteller den Wechsel vom Akzeptanten erhalten und ihn dann, nunmehr geschäftsunfähig geworden, an eine Bank indossiert, die von seiner Geschäftsunfähigkeit nichts weiß und deren Unkenntnis auch nicht auf grober Fahrlässigkeit beruht, so hat die Bank das Eigentum am Wechsel nach Art. 16 Abs. 2 WG gutgläubig erworben. Sie kann gegen den Akzeptanten vorgehen. Der Aussteller kann der Bank aber entgegensetzen, er hafte nicht. Der Wechselbegebungsvertrag zwischen ihm und der Bank ist nichtig. Die Nichtigkeit dieses Vertrages steht zwar nach Art. 16 Abs. 2 WG dem Eigentumserwerb der Bank an dem Wechsel nicht entgegen. Sie verhindert aber die Entstehung einer wirksamen Wechselschuld des Ausstellers; und dies kann der Aussteller gegenüber der Bank, seiner Partnerin beim Abschluß des Wechselbegebungsvertrages, geltend machen. Hier zeigt sich, daß Art. 16 Abs. 2 WG nur die Frage regelt, ob der Erwerber Eigentümer des Wechsels wird, sich jedoch nicht mit der Frage befaßt, ob dem Wechselzeichner die Einwendung zusteht, er sei kein Wechselschuldner, da die Wechselverbindlichkeit, deretwegen er in Anspruch genommen wird, nicht entstanden oder untergegangen sei.

b) Einwendungen gegenüber späteren Wechselinhabern

Es fragt sich, ob der Wechselzeichner die Einwendung, der Wechselbegebungsvertrag sei nicht (wirksam) zustande gekommen, auch gegen spätere Wechselgläubiger erheben kann. Wäre dies stets der Fall, so wäre der Wechsel nicht umlaufsfähig. Dem Wechselnehmer nützte es nichts, daß er Eigentümer des Wechsels würde, wenn die Wechselforderungen Einwendungen ausgesetzt wären, die zur Folge hätten, daß die einwendungsberechtigten Schuldner nicht hafteten. Andererseits kann der Wechselschuldner durch die Weitergabe der Wechsel nicht alle Einwendungen verlieren. Die Frage, ob dies der Fall ist, richtet sich vielmehr nach den Grundsätzen der Rechtsscheinhaftung. Der Wechselbegebungsvertrag ist zwar in allen Fällen nichtig; eine vertragliche Haftung des Wechselzeichners kommt deshalb nicht in Betracht. Hat er aber durch die Unterzeichnung des Wechsels den Rechtsschein gesetzt, es sei ein wirksamer Begebungsvertrag entstanden, und ist ihm die Setzung dieses Rechtsscheins zurechenbar, dann kann er dem späteren Erwerber, der auf den Rechtsschein vertraut und vertrauen darf, das Fehlen des wirksamen Begebungsvertrages nicht entgegenhalten.[34]

Der Wechselzeichner muß also, wenn er von einem Dritten aus dem Wechsel in Anspruch genommen wird, nicht nur das Fehlen eines wirksamen Begebungsvertrages nachweisen; er muß auch dartun, daß er nicht nach Rechtsscheingrundsätzen hafte.

In manchen Fällen *fehlt es*, wenngleich der Name des Wechselschuldners auf dem Wechsel steht, *an einem vom Wechselschuldner gesetzten Rechtsschein*. Dies ist der Fall, wenn seine Unterschrift auf dem Wechsel gefälscht[35] ist, wenn er durch Gewalt [36] (im Sinne der vis absoluta) zur Unterzeichnung des Wechsels gezwungen ist (hier fehlt es an einer Handlung des Wechselzeichners) oder wenn ein Vertreter ohne Vertretungsmacht[37] den Wechsel unterschrieben hat, ohne daß die Voraussetzungen der Duldungs- oder Anscheinsvollmacht vorliegen. Der Wechselgläubiger kann allerdings gegen den Einwand der Fälschung oder der fehlenden Vertretungsmacht die Replik erheben, der Namensträger habe die Unterschrift des Fälschers (seines Sohnes) oder der Vertretene habe den schwebend unwirksamen Begebungsvertrag genehmigt.[38] Ist die Replik aber unbegründet, so kann sich der Wechselzeichner gegen den Wechselgläubiger wehren. Seine Einwendungen sind aboluter Natur. Sie können gegen jedermann erhoben werden. Auf den guten Glauben des Dritten kommt es nicht an.

Die gleiche Rechtslage besteht, wenn der Wechselschuldner den Rechtsschein gesetzt hat, ihm die Setzung dieses Rechtsscheins aber *nicht*

---

34 Herrschende Lehre, vgl. BGH, NJW 1973, 283; BGH, WM 1975, 1002; *Baumbach/Hefermehl*, Komm. zum WG und SchG, 14. Aufl., Art. 17 WG, Rdn. 31 m.w.N.; *Hueck/Canaris*, Recht der Wertpapiere, 11. Aufl., § 19 I, 3.

35 *Baumbach/Hefermehl*, Komm. zum WG und SchG, 14. Aufl., Art. 17 WG, Rdn. 38 m.w.N.

36 BGH, WM 1975, 1002.

37 *Hueck/Canaris*, Recht der Wertpapiere, 11. Aufl., § 19 II, 3 a.

38 Vgl. RGZ 145, 87, 92; BGH, NJW 1952, 64.

zugerechnet werden kann. Dies ist vor allem der Fall, wenn er beim Abschluß des Wechselbegebungsvertrages geschäftsunfähig oder in der Geschäftsfähigkeit beschränkt war.[39]

Hat der Wechselzeichner jedoch den Rechtsschein *zurechenbar veranlaßt*, so haftet er wechselmäßig, wenn der Dritte beim Erwerb des Wechsels den Mangel des Wechselbegebungsvertrages nicht kennt und seine Unkenntnis nicht auf grober Fahrlässigkeit beruht. Hier zeigt sich der Unterschied zwischen der Gültigkeitseinwendung und der persönlichen Einwendung. Die persönlichen Einwendungen stehen dem Wechselschuldner gegen einen Dritten nur zu, wenn dieser beim Erwerb des Wechsels bewußt zu seinem Nachteil gehandelt hat. Bei den Gültigkeitseinwendungen ist der Schutz des Erwerbers schwächer; fällt ihm eine grobe Fahrlässigkeit zur Last, muß er sich die Einwendungen des Schuldners entgegensetzen lassen.

Die unterschiedliche Behandlung der Einwendungen ist sachgerecht.[40] Sie entspricht der Wertung, die dem Art. 10 WG zugrunde liegt, wonach der Erwerber, der einen abredewidrig ausgefüllten Blankowechsel erwirbt, nur geschützt wird, wenn seine Unkenntnis nicht auf grober Fahrlässigkeit beruht. Sie deckt sich auch mit den subjektiven Voraussetzungen beim Erwerb eines Wechsels nach Art. 16 Abs. 2 WG. Hat der Aussteller den Begebungsvertrag mit der Bank, an die er den Wechsel indossiert hat, wegen Drohung durch einen Dritten angefochten, so erwirbt die Bank den Wechsel (mit dem Recht, den Akzeptanten in Anspruch zu nehmen) nach Art. 16 Abs. 2 WG nur, wenn ihre Unkenntnis von der Drohung nicht grobfahrlässig ist. Ist der Akzeptant bedroht worden und ficht er aus diesem Grund den Wechselbegebungsvertrag mit dem Aussteller an, so handelt es sich bei der Bank, an die der Wechsel vom Aussteller indossiert ist, nicht um den Erwerb kraft guten Glaubens gemäß Art. 16 Abs. 2 WG (der Aussteller war Eigentümer des Wechsels), sondern um die Frage, ob der Akzeptant ihr die Einwendung entgegensetzen kann, er habe den Wechselbegebungsvertrag mit dem Aussteller angefochten und könne deshalb nicht aus dem Wechsel in Anspruch genommen werden. Es ist nicht einzusehen, warum die Bank in diesem Fall geschützt werden sollte, wenn sie grobfahrlässig wäre. Die in der Rechtslehre vereinzelt[41] vertretene Auffassung, in den Fällen des zurechenbar veranlaßten Rechtsscheins müsse Art. 17 WG angewendet wer-

---

39 *Baumbach/Hefermehl*, Komm. zum WG und SchG, 14. Aufl., Art. 17 WG, Rdn. 34 m.w.N.

40 *Hueck/Canaris*, Recht der Wertpapiere, 11. Aufl., § 19 I, 3 a.

41 *Huber*, Festschrift für *Flume*, Band II (1978), S. 83, 119 ff; *Ostheim*, Festschrift für *Kastner* (1972), S. 349 ff; *Ulmer*, Festschrift für *Raiser* (1974), S. 225 ff.

den, führt also zu Ergebnissen, die nicht sachgerecht sind.[42] Die Lehre,[43] der Wechselschuldner hafte in derartigen Fällen aus zurechenbar veranlaßtem Rechtsschein nur dann, wenn der spätere Wechselgläubiger den Mangel des Wechselbegebungsvertrages nicht kenne und seine Unkenntnis nicht auf grober Fahrlässigkeit beruhe, ist somit der Anwendung des Art. 17 WG auf die Gültigkeitsanwendungen vorzuziehen.

Schwierigkeiten können sich aber auch bei dieser Auffassung ergeben. Es ist nicht immer leicht zu entscheiden, ob der Rechtsschein dem Wechselzeichner zuzurechnen ist. An dieses Tatbestandsmerkmal werden keine strengen Anforderungen gestellt. Die Umlaufsfähigkeit des Wechsels wäre sonst gefährdet. Es fehlt demgemäß nicht an der Zurechenbarkeit, wenn der Wechselzeichner den Wechselbegebungsvertrag wegen arglistiger Täuschung anficht oder geltend macht, der Vertrag sei wegen Verstoßes gegen die guten Sitten oder wegen Wuchers nichtig oder habe ein formnichtiges Schenkungsversprechen zum Inhalt. Umstritten ist jedoch die Frage, wie die Rechtslage sei, wenn der Wechsel (nicht gefälscht, sondern) verfälscht worden ist. Der Wechselschuldner hat einen Wechsel über 10 000 DM unterschrieben. Auf dem Wechsel steht jetzt aber der Betrag von 100 000 DM. Nach Art. 69 WG haften dann die Altschuldner (die Schuldner vor der Verfälschung) in Höhe des alten Betrages. Gilt dies jedoch auch, wenn der Aussteller den Wechsel nicht sorgfältig ausgefüllt, z. B. hinter der in Ziffern angegebenen Wechselsumme einen Platz frei gelassen oder wenn er die Wechselsumme nicht zusätzlich in Buchstaben angegeben hat? Der Schuldner hat hier die Fälschung erleichtert. Haftet er deshalb aus zurechenbar veranlaßtem Rechtsschein in voller Höhe? Diese Frage, die in der Rechtslehre[44] bejaht wird, ist vom BGH mit Recht verneint worden. Bei jedem Verfälschungseinwand, hat der BGH[45] ausgeführt, wäre sonst „die Haftung danach zu beurteilen, ob sich die Fäschung bei genügender Sorgfalt hätte vermeiden lassen, indem z. B. längere Striche gemacht und keine Lücken gelassen wurden. Die Wechselhaftung würde von der Fälschungstechnik und ihrer zweckmäßigen Bekämpfung abhängig gemacht werden. Nach dem Gesetz trägt die Gefahr der Fälschung grundsätzlich der Erwerber des Wechsels (Art. 7, 69 WG). Diese Rechtslage kann nicht dadurch beseitigt werden,

42 *Canaris*, JuS 1971, 441, 445.

43 Vgl. *Baumbach/Hefermehl*, Komm. zum WG und SchG, 14. Aufl., Art. 17 WG, Rdn. 9 m.w.N.; *Hueck/Canaris*, Recht der Wertpapiere, 11. Aufl., § 19 I, 3 a; *Martens*, JZ 1973, 441, 444.

44 *Hueck/Canaris*, Recht der Wertpapiere, 11. Aufl., § 19 II, 3 c m.w.N.; *Rehfeldt*, JuS 1963, 147 ff.

45 BGHZ 47, 95, 100.

daß eine dem Schutz des Art. 69 WG nicht verdienende verkehrswidrige Mitveranlassung der Täuschung des Dritten angenommen wird, wenn der Geber den Wechsel zeichnet, obwohl er mangels ausreichender Füllstriche oder infolge offener Räume für eine Fälschung besonders geeignet ist."

In einer anderen, viel erörterten Sache[46] hatte ein Bauer, der seine Brille zu Hause gelassen hatte und ohne Brille nicht lesen konnte, Papiere unterzeichnet, die ihm ein Viehhändler vorgelegt hatte. Zwei dieser Papiere waren Wechsel über insgesamt 28 000 DM. Eine Bank nahm den Bauer aus diesen Wechseln in Anspruch. Der Bauer machte geltend, er habe nicht gewußt, daß er Wechsel unterschrieben habe. Er habe geglaubt, er habe eine Ermächtigung zur Besichtigung eines Grundstücks und Abrechnungsquittungen unterzeichnet. Der Anspruch der Bank ist begründet. Der Beklagte haftet aus zurechenbar veranlaßtem Rechtsschein. „Denn hier", heißt es in dem Urteil des BGH,[47] hat der Beklagte Unterschriften für rechtliche Zwecke abgegeben, während derjenige, der nach seiner Vorstellung bloß Autogramme, Glückwunschadressen oder Einladungen unterschreibt, sich ausschließlich im außerrechtlichen Bereich zu bewegen glaubt. Aus diesem Grunde kann der Beklagte nicht einwenden, ein gültiger Begebungsvertrag sei bezüglich der Klagewechsel nicht zustande gekommen. Der BGH hat die Entscheidung allerdings auf Art. 17 WG gestützt, diese Begründung jedoch später[48] aufgegeben und sich der Lehre vom zurechenbar veranlaßtem Rechtsschein angeschlossen, wonach der Erwerber nicht geschützt wird, wenn er sich grobfahrlässig verhalten hat.[49]

III. Gutgläubiger Erwerb von Blankowechseln

Erfüllt der Wechsel nicht alle Formerfordernisse, die nach Art. 1, 2 WG vorgeschrieben sind, so ist der Wechsel formnichtig. Von dieser Regel besteht eine Ausnahme, wenn der Wechselzeichner, vor allem der Akzeptant (aber auch der Aussteller, der Indossant oder der Wechselbürge) den Wechsel bewußt unvollständig läßt, ihn in diesem Zustand weitergibt und den Wechselnehmer ermächtigt, ihn in bestimmter Weise zu vervollstän-

46 BGH, NJW 1968, 2102.
47 NJW 1968, 2102, 2103.
48 BGH, NJW 1973, 282, 283.
49 *Huber*, Festschrift für *Flume*, Band II, (1978), S. 83, 125 meint, die frühere Ansicht des BGH (NJW 1968, 2102) sei zutreffend, *Canaris* hält sie für verfehlt, vgl. *Hueck/Canaris*, Recht der Wertpapiere, 11. Aufl., § 19 II, 3 d.

digen. Häufig steht die Höhe des Kaufpreises oder der Umfang des zu gewährenden Kredites noch nicht fest; der Schuldner gibt dem Gläubiger, dem er vertraut, aber schon jetzt einen Blankowechsel mit der Ermächtigung, ihn später auszufüllen. Geschieht dies, so entsteht der Wechsel. Der Blankowechsel ist (noch) kein Wechsel. Er wird allerdings, wenn er ausgefüllt wird, rechtlich so behandelt, wie wenn er schon bei der Unterzeichnung vollständig gewesen wäre. Die Ausfüllung hat rückwirkende Kraft.[50]

Der Wechselnehmer ist berechtigt, den Blankowechsel selbst auszufüllen. Er darf ihn aber auch in unausgefülltem Zustand weitergeben und die ihm erteilte Ermächtigung auf den Erwerber übertragen. Die Weitergabe des Blanketts kann dadurch geschehen, daß der Blankettnehmer das Blankett (als Aussteller) unterzeichnet, im übrigen unausgefüllt weitergibt und dem Erwerber die restliche Ausfüllung überträgt. Er kann den Wechsel aber auch so, wie er ihn erhalten hat, also ohne seine Unterschrift, dem Dritten weitergeben und mit der Übereignung durch Einigung und Übergabe die Übertragung der Ermächtigung verbinden. Beide Wege sind möglich.[51] In vielen Fällen geht der Wechsel in dem Zustand, in dem er vom Blankozeichner unterschrieben ist, unverändert durch viele Hände. Der Blankowechsel ist kein Wechsel; er ist aber ein umlaufsfähiges Papier.

Der Umfang der Unvollständigkeit des Blankowechsels ist verschieden. Oft fehlt nur die Wechselsumme. Häufig fehlen die Wechselsumme und der Name des Ausstellers. Es ist aber auch nicht selten, daß der Akzeptant den Wechselvordruck nur mit seinem Namen unterzeichnet und alles andere dem Blankowechselnehmer überläßt.

Ist der Wechsel nur versehentlich unvollständig ausgefüllt, so kann ihn der Erwerber nur vervollständigen, wenn die Wechselzeichner damit einverstanden sind. Anderenfalls verfälscht er den Wechsel, mag er auch guten Glaubens sein. Der BGH[52] hatte eine Sache zu entscheiden, in der der Aussteller vergessen hatte, das Ausstellungsdatum einzusetzen. Der Aussteller indossierte den Wechsel an eine Volksbank. Diese setzte im Einverständnis mit dem Aussteller das fehlende Datum auf den Wechsel. Die Klage der Bank gegen den Akzeptanten wurde abgewiesen. Er hatte keinen (formgültigen) Wechsel unterzeichnet und sich mit der Ausfüllung des Wechsels nicht einverstanden erklärt. Die Bank hätte auch die Zustimmung des Akzeptanten einholen müssen, die sie damals voraussichtlich erhalten hätte. Die Bank nahm auch nicht etwa an, der Akzeptant habe

---

50 BGH, NJW 1982, 2823.
51 BGH, WM 1969, 1232.
52 NJW 1957, 1837.

einen Blankowechsel unterschrieben. Diese Annahme hätte beim Fehlen des Datums auch nicht nahe gelegen. Hätte die Bank allerdings den Wechsel nach seiner Ausfüllung weiterindossiert, so hätte der neue Erwerber, der nur den vollständigen Wechsel zu Gesicht bekommen hätte, den Akzeptanten aus zurechenbar veranlaßtem Rechtsschein in Anspruch nehmen können.[53]

Das Wechselgesetz setzt die Zulässigkeit von Blankowechseln voraus. Es regelt nur einen Sonderfall. Wenn ein Wechsel, der bei Begebung unvollständig war, den getroffenen Vereinbarungen zuwider ausgefüllt worden ist, so kann nach Art. 10 WG die Nichteinhaltung dieser Vereinbarungen dem Inhaber nicht entgegengesetzt werden, es sei denn, daß er den Wechsel in bösem Glauben erworben hat oder ihm beim Erwerb grobe Fahrlässigkeit zur Last fällt.

Der Wechsel ist auch dann abredewidrig ausgefüllt, wenn die Ausfüllung in der vorgesehenen Weise geschehen, das Ausfüllungsrecht aber inzwischen erloschen ist. Ein derartiger Fall ist gegeben, wenn der Blankozeichner ein Gefälligkeitsakzept unterschrieben hat und der Wechselnehmer, der Aussteller des Wechsels, in dem Zeitpunkt, in dem er den Wechsel ausfüllt, zahlungsunfähig geworden ist und damit feststeht, daß er seiner Verpflichtung, dem Akzeptanten rechtzeitig Deckung zu verschaffen, nicht nachkommen kann.[54]

Art. 10 WG ist einmal anwendbar, wenn der Wechselnehmer den Wechsel abredewidrig ausfüllt und alsdann an einen Dritten indossiert. Der Erwerber vertraut hier auf den Schein, der Wechselzeichner habe den Wechsel so unterschrieben, wie er jetzt lautet. Sein Vertrauen wird geschützt, wenn er den wahren Vorgang nicht kennt und ihm keine grobe Fahrlässigkeit zur Last fällt.

Art. 10 WG greift weiter ein, wenn der Blankettnehmer den Wechsel als Blankowechsel weitergibt, dem Erwerber aber über den Umfang der Ermächtigung falsche Angaben macht. Der Blankettnehmer darf den Wechsel bis zur Höhe von 1000 DM ausfüllen; er spiegelt dem Erwerber jedoch vor, die Wechselsumme könne 10 000 DM betragen. Glaubt der Erwerber dies dem Veräußerer und beruht sein Glaube nicht auf grober Fahrlässigkeit, so wird der Erwerber auch in diesem Falle geschützt. Es ist hierbei nicht erforderlich, daß der Blankettnehmer den Blankowechsel vor der Weitergabe mit seiner Unterschrift versehen hat. Es reicht aus, daß er den Wechsel, so wie er ist, also ohne jeden Zusatz, vor allem ohne seine Unterschrift, übereignet hat. Der Erwerber des Blankowechsels ist auch in diesem Fall nicht der bürgerlich-rechtliche Nachfolger des Blan-

53 *Reinicke*, DB 1958, 390.
54 RGZ 129, 336, 338; BGHZ 54, 1.

kettnehmers; er wird vielmehr rechtlich so behandelt, wie wenn er den Wechsel, den er später ausgefüllt hat, in dem ausgefüllten Zustand vom Blankettzeichner erhalten hätte.[55]

Der Erwerber muß beim Erwerb des Wechsels gutgläubig sein. Dieses Erfordernis stellt Art. 10 WG auf. Er gibt aber nicht an, wann der Wechsel erworben wird. Ist der Augenblick maßgebend, in dem der Erwerber den Blankowechsel erhält, oder muß er noch gutgläubig sein, wenn er den Blankowechsel ausfüllt? Das RG[56] hat es auf den Zeitpunkt der Ausfüllung abgestellt, weil der Wechsel erst in diesem Augenblick zur Entstehung gelange und damit als Wechsel erworben werde. DerBGH[57] hat sich, der herrschenden Meinung in der Rechtslehre[58] folgend, für die entgegengesetzte Auffassung entschieden. Es genügt, daß der Erwerber in dem Augenblick, in dem er den Blankowechsel erwirbt, der (nicht grobfahrlässigen) Annahme ist, er dürfe ihn in der Weise ausfüllen, in der es später geschehen ist. Dieser Ansicht ist zuzustimmen. Es ist oft reiner Zufall, ob der Erwerber den Blankowechsel sofort oder später ausfüllt. Der Blankettzeichner hat auch kein schutzwürdiges Interesse daran, daß der Erwerber, der den Wechsel jederzeit ausfüllen kann, zu dem Zeitpunkt, in dem er sein Recht ausübt, noch den Angaben des Veräußerers über den Umfang der Ermächtigung Glauben schenkt. Der Blankowechsel wird im Rechtsverkehr wie ein Wechsel behandelt. Wer ihn erwirbt, muß ihn so ausfüllen können, wie es den Angaben des Veräußerers entspricht; dem Erwerber darf nichts mehr passieren, wenn er den Blankowechsel in den Händen hat. Selbst der Konkurs des Blankozeichners hindert die Ausfüllung nicht.[59] Ebensowenig darf es ihm schaden, daß er nach seinem Erwerb den wahren Sachverhalt erfährt. Art. 10 WG ist also so auszulegen, daß mit dem Erwerb des Wechsels der Erwerb des Blankowechsels gemeint ist.

Ist der Wechsel vom ersten oder ist er von einem späteren bösgläubigen Nehmer abredewidrig ausgefüllt worden, so kann der Eigentümer den Blankozeichner nicht in Höhe des ausgefüllten Betrages, wohl aber in der Höhe in Anspruch nehmen, in der der Wechsel hätte ausgefüllt werden

55 RGZ 65, 409, 411; *Baumbach/Hefermehl*, Komm. zum WG und SchG, 14. Aufl., Art. 10 WG, Rdn. 8; *Beuthien*, BB 1966, 603, 604.

56 RGZ 65, 409; RGZ 129, 336, 338.

57 BGHZ 54, 1, 3.

58 *Baumbach/Hefermehl*, Komm. zum WG und SchG, 14. Aufl., Art. 10 WG, Rdn. 8 m.w.N.; *Beuthien*, BB 1966, 603, 606 f; *Hueck/Canaris*, Recht der Wertpapiere, 11. Aufl., § 8 VI, 3 b; *Köhler*, JA 1977, 1, 4; *Liesecke*, WM 1967, 330, 332.

59 RGZ 58, 172; BGHZ 54, 1, 5.

dürfen. Die Auffassung, der Blankozeichner hafte jedenfalls in der vereinbarten Höhe, hat der BGH[60] bei der Vervollständigung einer Blankobürgschaftsurkunde abgelehnt. Im Wechselrecht ist sie jedoch unstreitig.[61] Der Blankozeichner verdient insoweit Schutz, als der Wechsel über die getroffenen Vereinbarungen hinaus ergänzt worden ist. Wäre der Wechsel abredegemäß vervollständigt, haftete der Schuldner in der vereinbarten Höhe. Er kann nicht verlangen, daß ihn die abredewidrige Ausfüllung besser stellt, als er stünde, wenn der Wechsel den getroffenen Vereinbarungen gemäß ergänzt worden wäre. Der BGH[62] hat demgemäß auch den Akzeptanten haften lassen, obwohl der Aussteller den Blankowechsel abredewidrig auf ihn persönlich und nicht auf eine Kommanditgesellschaft gezogen hatte, da er auch als Gesellschafter dieser Gesellschaft wechselmäßig gehaftet hätte; die abredewidrige Ausfüllung habe ihn nicht benachteiligt. Es ergeben sich bei der Ausfüllung des Wechsels auch keine Schwierigkeiten wegen der Formerfordernisse. Der Wechsel ist formgültig, wenn er irgendeine Wechselsumme enthält. Der Umstand, daß die Wechselsumme nicht den getroffenen Vereinbarungen entspricht, berührt die Formgültigkeit des Wechsels nicht. Insofern ist die Rechtslage anders als bei der Ausfüllung der Bürgschaftsurkunde, die nicht irgendeine, sondern die wahre Bürgschaftssumme angeben muß. Diese Unterscheidung wirkt sich jedoch, wie oben dargelegt,[63] im Ergebnis nicht aus.

Es ist streitig,[64] wie die Rechtslage sei, wenn der Wechselzeichner den Wechsel ausgefüllt, die Wechselsumme aber nur in Ziffern angegeben und dem Erwerber gestattet hat, die den Ziffern entsprechende Summe an der dafür vorgesehenen Stelle des Wechselformulars in Buchstaben einzusetzen, der Wechselnehmer aber einen höheren Betrag in Buchstaben eingesetzt und die Ziffern dementsprechend verfälscht (also 1000 DM in 6000 DM verwandelt) hat. Der Akzeptant hat hier keinen Blankowechsel unterzeichnet. Der Wechsel war mit der Angabe der Wechselsumme in Ziffern vollständig. Es ist nicht notwendig, daß die Wechselsumme auf dem Wechsel in Buchstaben angegeben wird. Das RG[65] hat den Wechsel aber wie einen Blankowechsel behandelt und dementsprechend der Klage

60 NJW 1984, 798.

61 Vgl. RGZ 55, 337; RG, HRR 1934 Nr. 1461; BGH, NJW 1982, 2823; *Baumbach/Hefermehl*, Komm. zum WG und SchG, 14. Aufl., Art. 10 WG, Rdn. 7 m.w.N.; *Hueck/Canaris*, Recht der Wertpapiere, 11. Aufl., § 8 VI, 3 a; a.A. nur *Möller*, WM 1964, 806.

62 WM 1984, 1074.

63 Vgl. Erster Teil, zweites Kapitel, dritter Abschnitt, IV, 2 b, S. 181 ff.

64 *Baumbach/Hefermehl*, Komm. zum WG und SchG, 14. Aufl., Art. 10 WG, Rdn. 2.

65 RGZ 164, 10.

des gutgläubigen Dritten gegen den Akzeptanten in voller Höhe in analoger Anwendung des Art. 10 WG stattgegeben. Der BGH[66] hat diese Auffassung mit Recht abgelehnt, weil der Wechsel kein Blankowechsel gewesen sei und auch nicht so behandelt werden könne, wie wenn dies der Fall wäre; der Wechsel sei, wenn die Buchstaben eine höhere Wechselsumme angäben, praktisch nur verwertbar, wenn, wie es auch geschehen sei, die Ziffern der Wechselsumme verfälscht würden, bei der Verfälschung des Wechsels scheide aber eine Haftung aus zurechenbar veranlaßtem Rechtsschein aus.

IV. Gutgläubiger Erwerb eines Pfandrechts am Wechsel

1. Bürgerlich-rechtliche Pfandbestellung

Nach § 1274 Abs. 1 BGB erfolgt die Bestellung des Pfandrechts an einem Recht nach den für die Übertragung des Rechts geltenden Vorschriften; ist zur Übertragung des Rechts die Übergabe der Sache erforderlich, so finden die Vorschriften der §§ 1205, 1206 BGB Anwendung. Da dic Wechselforderung bürgerlich-rechtlich durch Abtretung und Übergabe des Wechsels übergeht, wird das Pfandrecht am Wechsel und damit an den in ihm verkörperten Wechselforderungen durch Einigung über die Entstehung des Pfandrechts an den Wechselforderungen und Übergabe des Wechsels bestellt.

Der gute Glaube des Pfandgläubigers an die Berechtigung des Verpfänders wird ebensowenig geschützt, wie dies bei der bürgerlich-rechtlichen Abtretung der Wechselforderung der Fall ist. Die Wechselschuldner können dem Pfandgläubiger alle Einwendungen entgegensetzen, die sie gegen den Verpfänder erheben konnten, § 404 BGB.

2. Wechselrechtliche Pfandbestellung

a) Offenes Pfandindossament

Der Wechsel kann nach *§ 1292 BGB, Art. 19 WG* durch offenes Pfandindossament verpfändet werden. Der Wechseleigentümer indossiert den Wechsel an den Pfandgläubiger mit dem Vermerk „Wert zum Pfande",

66 BGHZ 47, 95, 99; *a.A. Baumbach/Hefermehl*, Komm. zum WG und SchG, 14. Aufl., Art. 10 WG, Rdn. 2; *Hueck/Canaris*, Recht der Wertpapiere, 11. Aufl., § 19 II, 3 c; *Rehfeldt*, JuS 1963, 147 ff.

„In Verpfändung“ oder mit einem ähnlichen Zusatz, übergibt den auf diese Weise indossierten Wechsel an den Pfandgläubiger und einigt sich mit ihm über die Entstehung des Pfandrechts. Hierdurch kommt ein Wechselbegebungsvertrag zwischen dem Verpfänder, dem Eigentümer des Wechsels, und dem Pfandgläubiger zustande. Der Pfandgläubiger (dem natürlich immer eine zu sichernde Forderung gegen den Verpfänder zustehen muß) wird in seinem guten Glauben an das Eigentum oder die Verfügungsmacht und an die Gültigkeit des Wechselbegebungsvertrages entsprechend Art. 16 Abs. 2 WG geschützt. Der Pfandgläubiger hat, was die Einwendungen des Schuldners angeht, die Rechtsstellung, die er hätte, wenn ihm der Wechsel übereignet worden wäre. Für die persönlichen Einwendungen der Wechselverpflichteten gegen den Eigentümer, der den Wechsel dem Pfandgläubiger verpfändet hat, stellt Art. 19 Abs. 2 WG dies ausdrücklich klar. Der Pfandgläubiger wird aber nur insoweit geschützt, als der Pfandzweck dies erfordert. Die Einwendungen der Wechselschuldner bleiben bestehen, soweit die Wechselforderung, gegen die sich die Einwendung richtet, den Betrag der durch das Pfandrecht gesicherten Forderung übersteigt.[67]

b) Verdecktes Pfandindossament

Der Eigentümer kann dem Pfandgläubiger auch ein Pfandrecht am Wechsel und damit an den Wechselforderungen bestellen, wenn er den Wechsel mit einem gewöhnlichen (Voll-)Indossament versieht und den so indossierten Wechsel dem Pfandgläubiger verpfändet. § 1292 BGB erfaßt auch diesen Fall. Auch hier kommt ein Wechselbegebungsvertrag zwischen dem Eigentümer und dem Pfandgläubiger zustande, der die Bestellung eines Pfandrechts zum Inhalt hat. Der Pfandgläubiger erlangt nur ein Pfandrecht am Wechsel, nicht das Eigentum, mag auch der Umstand, daß er nur ein Pfandrecht erhält, aus dem Wechsel nicht ersichtlich sein; die Bestellung des Pfandrechts durch ein verdecktes Pfandindossament stellt keine Sicherungsübereignung dar. Der gute Glaube des Erwerbers wird in gleichem Umfange geschützt wie beim offenen Pfandindossament. Die Wechselschuldner können dem Pfandgläubiger die Einwendungen entgegensetzen, die sie gegen ihn erheben könnten, wenn er das Pfandrecht durch offenes Pfandindossament erworben hätte. Da das Pfandindossament verdeckt ist, kann der Pfandgläubiger aber den Wechsel redlichen Dritten mit der Rechtsfolge übereignen, daß diese gemäß Art. 16 Abs. 2 WG (lastenfreie) Eigentümer des Wechsels werden.

---

67 *Hueck/Canaris*, Recht der Wertpapiere, 11. Aufl., § 10 VIII, 2 a; *Zöllner*, Wertpapierrecht, 13. Aufl., § 14 VII, 2 a bb.

Zweiter Abschnitt

Gutgläubiger Erwerb und Einwendungsausschluß im Scheckrecht

I. Allgemeine Regelung

Der Scheck kann nach Art. 5 SchG auf eine bestimmte Person mit dem Vermerk „nicht an Order" zahlbar gestellt werden. Er ist dann ein Rektapapier. Er geht durch Abtretung der Scheckforderung auf den Erwerber über;[1] das Eigentum am Papier steht diesem nach § 952 Abs. 2 BGB zu. Ein gutgläubiger Erwerb findet nicht statt. Der Scheckschuldner kann dem neuen Gläubiger nach § 404 BGB alle Einwendungen entgegenhalten, die er dem alten entgegensetzen konnte. In der Praxis kommt der Rektascheck nicht vor.

Der Scheck kann nach Art. 5 SchG an eine bestimmte Person mit oder ohne den ausdrücklichen Vermerk „an Order" oder an den Inhaber zahlbar gestellt werden. Im ersten Fall liegt ein Orderscheck, im zweiten ein Inhaberscheck vor. Ist im Scheck eine bestimmte Person mit dem Zusatz „oder Überbringer" als Zahlungsempfänger bezeichnet, so gilt der Scheck als auf den Inhaber zahlbar gestellt. Die eurocheque-Formulare der Banken enthalten die Überbringerklausel und überdies den Vermerk, die Streichung der Klausel gelte als nicht erfolgt. Dies hat zur Folge, daß es im Inlandsverkehr fast nur Inhaberschecks gibt.

Für den gutgläubigen Erwerb von Order- und Inhaberschecks ist Art. 21 SchG maßgebend, der dem Art. 16 Abs. 2 WG entspricht. Beim Inhaberscheck ist der Inhaber durch den Besitz legitimiert. Auf eine Indossamentenkette kommt es nicht an. Der Inhaberscheck wird durch Einigung und Übergabe übertragen. Etwaige Indossamente haben nur Garantie-, keine Transportfunktion, Art. 20 SchG.

Der Inhaberscheck wird nach den §§ 929 ff BGB übereignet. Für den gutgläubigen Erwerb vom Nichtberechtigten ist ausschließlich Art. 21 SchG maßgebend. Der BGH[2] meint allerdings, die Vorschriften der §§ 932 ff BGB seien anwendbar, sie erhielten durch Art. 21 SchG nur eine wesentliche Abwandlung. Da Art. 21 SchG den gutgläubigen Erwerber sehr weitgehend schützt, läßt er jedoch für eine – auch nur ergänzende – Anwendung der §§ 932 ff BGB keinen Raum. Demgemäß heißt es mit

1 Die Übergabe des Schecks ist entbehrlich, vgl. *Baumbach/Hefermehl*, Komm. zum WG und SchG, 14. Aufl., Art. 14 SchG, Rdn. 3.

2 NJW 1951, 402.

Recht bei *Hefermehl*[3]: „Der gutgläubige Erwerb von Order- und Inhaberschecks bestimmt sich nie nach den §§ 932 ff BGB." Für den Erwerb eines Pfandrechts am Scheck gilt Art. 21 SchG entsprechend.

Art. 21 SchG erstreckt sich auf jeden Scheckerwerb.[4] Er gilt auch für eine Bank, die Schecks diskontiert; sie kauft die Schecks dann an und erwirbt das Eigentum an ihnen wie ein sonstiger Erwerber. Art. 21 SchG ist auch anwendbar, wenn die bezogene Bank den Scheck einlöst. Gehört der Scheck nicht dem Einreicher, so muß der Eigentümer die Einlösung des Schecks hinnehmen; die Bank wird Eigentümerin des Schecks. Kennt sie allerdings den Mangel oder hat sie sich grobfahrlässig verhalten, so erlangt sie kein Eigentum am Scheck. Sie muß den Scheck dem Eigentümer herausgeben. Ist sie hierzu nicht in der Lage, weil sie den Scheck bereits eingelöst hat, so ist sie dem Eigentümer nach den §§ 990, 989 BGB schadensersatzpflichtig. Das gleiche gilt für den Fall, daß die Bank den Scheck (nicht einlöst, sondern nur) zur Einziehung[5] hereinnimmt, also veranlaßt, daß eine andere, die bezogene Bank den Scheck einlöst. Hier will die Bank nicht Eigentümerin werden. Zwischen dem Eigentümer und ihr besteht ein Eigentümerbesitzerverhältnis. Die Bank haftet also in den Fällen des Ankaufs, der Einlösung und der Einziehung in gleicher Weise, wenn sie weiß oder grobfahrlässig nicht weiß, daß der Scheck, den sie entgegennimmt, dem Scheckeigentümer abhanden gekommen ist.

Art. 22 SchG, der die persönlichen Einwendungen des Scheckschuldners gegen den Scheckinhaber betrifft, entspricht Art. 17 WG. Auch er enthält nur eine fragmentarische Regelung, die durch die Grundsätze ergänzt werden muß, die im Wechselrecht von der Rechtsprechung und der Rechtslehre für die Einwendungen des Wechselschuldners gegen den Wechselinhaber entwickelt worden und oben[6] dargestellt sind.

II. Verrechnungsscheck

Da der Besitz des Inhaberschecks zur Legitimation ausreicht, kann ihn jeder der bezogenen Bank vorlegen. Er erhält die Schecksumme bar ausgezahlt. Die Bank fragt zwar nach dem Namen des Scheckeinreichers; sie erhält aber nicht immer die richtige Antwort. Es läßt sich dann später nicht ermitteln, wer den gestohlenen oder unterschlagenen Scheck zur

3 *Baumbach/Hefermehl*, Komm. zum WG und SchG, 14. Aufl., Art. 21 SchG, Rdn. 1.

4 *Reinhardt*, Gedächtnisschrift für *Rudolf Schmidt* (1966), S. 115, 116.

5 Vgl. BGH, NJW 1962, 1056; BGH, WM 1959, 593.

6 Zweiter Teil, zweites Kapitel, erster Abschnitt, II, 2, S. 249 ff.

Einlösung gegeben hat. Dieses Risiko will der Verrechnungsscheck verringern. Der Aussteller kann quer über die Vorderseite des Schecks den Vermerk setzen „Nur zur Verrechnung"; dadurch verwandelt er den Barscheck in einen Verrechnungsscheck, Art. 39 Abs. 1 SchG. Die bezogene Bank darf den Scheck in diesem Fall nur im Wege der Gutschrift einlösen, Art. 39 Abs. 2 SchG. Sie haftet für den entstandenen Schaden bis zur Höhe der Schecksumme, wenn sie ihn bar einlöst, Art. 39 Abs. 4 SchG.

Der Verrechnungsscheck, der weit verbreitet ist, stellt jedoch keine große Sicherheit für den Aussteller des Schecks dar. Die Verrechnungsklausel richtet sich nur an die bezogene Bank.[7] Der Scheck kann an einen Dritten veräußert werden, ohne daß die Klausel sich hier auswirkt; der Verrechnungsscheck kann gegen bar veräußert werden. Nur die Barauszahlung der Schecksumme durch die bezogene Bank ist verboten. Die Veräußerung eines Verrechnungsschecks gegen Barzahlung an einen Dritten (der auch eine Bank sein kann, die den Scheck ankauft, also nicht einlöst) stellt jedoch ein ungewöhnliches Geschäft dar, so daß der Erwerber, wenn er auf diese Weise einen abhanden gekommenen Scheck erlangt, häufig grobfahrlässig handelt und deshalb nicht das Eigentum an ihm erwirbt.

Hat der Einreicher aber, dem normalen Lauf der Dinge entsprechend, den Scheck durch die bezogene Bank seinem Konto gutschreiben lassen, so wird er den Betrag längst abgeholt haben, bevor der Diebstahl oder die Unterschlagung entdeckt worden ist. Es kann dann nur festgestellt werden, wer den Scheck zur Einlösung gegeben hat. Bei der Eröffnung[8] des Girokontos sind die Banken sorgfältig. Der Kunde muß sich ausweisen und der Ausweis mit einem Lichtbild[9] versehen sein. Die Bank stellt auch manche Fragen und prüft die Antworten nach. Dies mag der eine oder andere scheuen, so daß es nicht zur Eröffnung des Kontos kommt. Wer sich ein Konto eröffnen und auf ihm Verrechnungsschecks gutschreiben läßt, muß damit rechnen, daß das Delikt eines Tages entdeckt und seine Täterschaft festgestellt wird. Dies ändert aber nichts daran, daß viele Verrechnungsschecks gestohlen oder unterschlagen werden und die Banken häufig vom Aussteller oder Zahlungsempfänger mit der Begründung auf Schadensersatz verklagt werden, sie hätten bei dem Ankauf oder der

7 RG, JW 1921, 1365; BGHZ 26, 268, 272; BGH, WM 1966, 335.

8 Nach § 154 Abs. 2 AO 1977 ist die Bank verpflichtet, sich vorher Gewißheit über die Person und Anschrift des Verfügungsberechtigten zu verschaffen und die entsprechenden Angaben in geeigneter Form, bei Konten auf dem Konto, festzuhalten.

9 BGH, WM 1977, 1019, 1022.

Einlösung des Schecks grobfahrlässig gehandelt, seien also nicht Eigentümer des Schecks geworden und hafteten demgemäß nach den §§ 990, 989 BGB. Die Banken haben in derartigen Fällen den Scheck nicht bar eingelöst. Sie haben ihn, Art. 39 SchG entsprechend, dem Konto des Einreichers gutgeschrieben. Der Vorwurf, den die Scheckeigentümer den Banken machen, besteht darin, daß sie den Scheck hereingenommen haben; sie hätten dies, meinen die Scheckeigentümer, ablehnen müssen, weil sie dem Einreicher oder dem Scheck hätten ansehen müssen, daß die Sache nicht in Ordnung sei.

Nach der ständigen Rechtsprechung des BGH[10] ist eine Bank, weil die Verfügungsbefugnis über einen Inhaberscheck allein durch den Besitz ausgewiesen werde, grundsätzlich nicht gehalten, die Berechtigung des Einreichers nachzuprüfen. Eine derartige Verpflichtung[11] besteht nur, wenn ganz besondere Umstände den Verdacht nahelegen, der Scheck könne abhanden gekommen sein. Wann sind aber derartige „ganz besondere Umstände" gegeben? Sie können in der Person des Einreichers oder in der Ungewöhnlichkeit des Geschäfts bestehen. Sie liegen in der Person des Einreichers, wenn die Bank Schecks, die auf eine Firma zahlbar gestellt sind, von einem (ihr als solchen bekannten) Angestellten dieser Firma hereinnimmt und auf dessen Privatkonto oder auf einem Konto pro Diverse gutschreibt.[12] Das gleiche gilt, wenn die Bank den Scheck von einem Angestellten des Ausstellers[13] erhält, sie aber, obwohl sie dies weiß, den Scheck (den der Angestellte dem Zahlungsempfänger übersenden sollte) dem Privatkonto des Angestellten gutschreibt.

Eine gesteigerte Sorgfaltspflicht obliegt der Bank auch, wenn der Inhaber, der den Scheck einreicht, sich erst bei dieser Gelegenheit ein Konto eröffnen[14] läßt und möglicherweise sogar erklärt, er wolle den Betrag sofort von seinem Konto abheben.[15] Es braucht einer Bank aber nicht aufzufallen, daß das Girokonto erst kurze Zeit vor der Einreichung des Schecks eröffnet worden ist.

Der Verdacht, der Scheck könne abhanden gekommen sein, kann auch auftauchen, wenn der von einem Dritten eingereichte Scheck einen Zah-

---

10 Vgl. WM 1965, 741 f m.w.N.; WM 1969, 111; WM 1974, 154; WM 1974, 1040; WM 1976, 902; WM 1977, 1019; WM 1980, 891, 892.

11 Vgl. dazu die Übersichten bei *Bundschuh*, WM 1983, 1178, 1183 ff und *Reiser*, WM 1984, 1557 ff.

12 Vgl. RGZ 166, 98; BGHZ 26, 268; BGH, WM 1959, 593; BGH, WM 1963, 454; BGH, WM 1963, 891; BGH, WM 1965, 705; BGH, WM 1965, 972; BGH, WM 1969, 1383.

13 Vgl. BGH, WM 1965, 741, 742; OLG München, WM 1977, 1036.

14 Vgl. BGH, WM 1963, 891; BGH, WM 1969, 111; BGH, WM 1974, 154.

15 BGH, WM 1969, 111.

lungsempfänger angibt, der keine Kundenschecks in Umlauf setzt. Der BGH[16] hatte zu entscheiden, ob eine Bank grobfahrlässig handelt, wenn sie nicht prüft, auf wen der Scheck zahlbar gestellt ist und sie deshalb nicht merkt, daß der Scheck als Zahlungsempfänger das Finanzamt und die Allgemeine Ortskrankenkasse angab, oder wenn sie sich nicht die Rückseite[17] der Schecks ansieht, die Vermerke enthielten, aus denen sich ergab, daß die Schecks bereits einer anderen Bank zur Einziehung gegeben (und dann auf dem Wege zur bezogenen Bank entwendet) waren. Der BGH hat in beiden Fällen eine grobe Fahrlässigkeit der Bank verneint.

Bejaht hat der BGH[18] aber die Haftung einer Bank, die sich bei der Eröffnung des Kontos grobfahrlässig verhalten hatte, weil sie sich keinen Ausweis (mit Lichtbild) des (künftigen) Kontoinhabers hatte vorlegen lassen. Hier ergeben sich dogmatische Schwierigkeiten.[19] Grundsätzlich kommt es auf die grobe Fahrlässigkeit des Schalterbeamten, also des Angestellten an, der den Scheck hereinnimmt. Die Bank kann sich aber, ohne gegen Treu und Glauben zu verstoßen, nicht darauf berufen, es sei nur das Verschulden dieses Angestellten maßgebend. Das Verschulden der Bank bei der Eröffnung des Kontos, ohne das der Schaden nicht eingetreten wäre, kann nicht ohne Sanktion bleiben. Mit Recht führt *Reinhardt*[20] aus, das schuldhaft kausale Verhalten dieses Angestellten müsse der Bank bei der Hereinnahme und Einlösung des Schecks zugerechnet werden.

III. Scheckkarte

1. Allgemeine Regelung

Viele Schecks, die ausgestellt werden, sind nicht gedeckt. Sie werden von der bezogenen Bank nicht eingelöst. Die Schecknehmer haben das Nachsehen. Sie haben daher Bedenken, Schecks von Kunden in Zahlung zu nehmen, die sie nicht kennen. Die Banken können diese Bedenken nicht dadurch ausräumen, daß sie sich durch ihre Unterschrift auf dem Scheck scheckrechtlich zur Einlösung des Schecks verpflichten. Das verbietet Art. 4 SchG, wonach der Scheck nicht angenommen werden kann und ein

16 WM 1966, 64, 65; WM 1980, 891.
17 BGH, WM 1976, 902.
18 WM 1977, 1019, 1021 f.
19 *Canaris*, Bankvertragsrecht, 2. Aufl., Rdn. 800.
20 Gedächtnisschrift für *Rudolf Schmidt* (1966), S. 115, 129 f; ebenso *Baumbach/Hefermehl*, Komm. zum WG und SchG, 14. Aufl., Art. 21 SchG, Rdn. 18; *Canaris*, Bankvertragsrecht, 2. Aufl., Rdn. 800.

gleichwohl auf den Scheck gesetzter Annahmevermerk als nicht geschrieben gilt, so daß auch eine Umdeutung in eine andere Verpflichtung ausscheidet. Die bezogene Bank kann auch nicht Indossantin (Art. 15 Abs. 3 SchG) oder Scheckbürgin (Art. 25 Abs. 2 SchG) sein. Sie kann sich jedoch außerhalb des Schecks durch Abschluß eines bürgerlich-rechtlichen Vertrages verpflichten, den Scheck einzulösen. Diese Möglichkeit nehmen die Banken seit dem Jahre 1968 in großem Ausmaß wahr. Sie haben ein Scheckkartensystem entwickelt. Sie stellen ihren Kunden Scheckkarten aus, die eine bestimmte Nummer enthalten und mit der Unterschrift des Kunden versehen sind. Sie geben den Kunden gleichzeitig eine Reihe von eurocheque-Formularen, auf denen die Kontonummer des Kunden steht. Auf der Rückseite der Scheckkarte befindet sich die Erklärung der Bank, sie garantiere dem Schecknehmer, der den Scheck unter Verwendung der Scheckkarte erwerbe, die Zahlung des Scheckbetrages bis zur Höhe von 400 DM, wenn auf der Rückseite des Schecks die Scheckkartennummer des Ausstellers angegeben sei und der Scheck innerhalb einer kurzen Zeit (innerhalb von 8 Tagen, falls der Scheck im Inland ausgestellt ist) zur Einlösung vorgelegt werde. Stellt der Inhaber der Scheckkarte den Scheck auf diese Weise aus, so schließt er als Vertreter[21] der Bank mit dem ersten Nehmer einen Garantievertrag, durch den die Bank diesem gegenüber zur Einlösung des Schecks verpflichtet wird. Da diese Verpflichtung bürgerlich-rechtlicher Natur ist, verstößt sie nicht gegen Art. 4 SchG.

2. Einwendungen der Bank

Es fragt sich, ob die Bank gegen ihre Verpflichtung aus dem Garantievertrag Einwendungen gegenüber dem Schecknehmer geltend machen kann, der ihr den Scheck zur Einlösung vorlegt.

a) Pflichtwidrige Verwendung der Scheckkarte

Der Inhaber der Scheckkarte darf im Verhältnis zur Bank den Scheck nur ausstellen, wenn sein Konto ein entsprechendes Guthaben ausweist. Stellt er ihn, wenn dies nicht der Fall ist, gleichwohl aus, so haftet die Bank dem Schecknehmer. Dieser soll von dem Risiko befreit werden, daß der Scheck nicht gedeckt ist. Das ist der Sinn der Garantie. Der Schecknehmer braucht sich nicht darum zu kümmern, ob der Aussteller der Bank

21 Herrschende Meinung, vgl. OLG *Nürnberg*, NJW 1978, 2513, 2514 m.w.N.; *Baumbach/Hefermehl*, Komm. zum WG und SchG, 14. Aufl., Art. 4 SchG, Anh., Rdn. 4; *Hueck/Canaris*, Recht der Wertpapiere, 11. Aufl., § 24 II, 1; a.A. *Damrau*, BB 1969, 199; *Dütz*, DB 1970, 189, 192; *Zöllner*, DB 1968, 559 f.

gegenüber zur Ausstellung des Schecks berechtigt oder ob dies nicht der Fall ist.[22] Weiß der Schecknehmer aber, daß der Scheck nicht gedeckt ist und die Bank ihrem Kunden keinen Kredit eingeräumt hat, so weiß er auch, daß der Aussteller die Einrichtung der Scheckkarte mißbraucht.[23] Dann verdient er keinen Schutz. Er beteiligt sich an dem Mißbrauch, wenn er den Scheck in Zahlung nimmt. Er verstößt gegen Treu und Glauben und muß es hinnehmen, daß die Bank die Zahlung aus der übernommenen Garantie verweigert.

Grobfahrlässiges Verhalten des Schecknehmers genügt grundsätzlich nicht, um eine unzulässige Rechtsausübung des Schecknehmers zu begründen.[24] Hiervon ist jedoch eine Ausnahme zu machen, wenn der Scheckaussteller den Scheck funktionell atypisch verwendet. In diesem Fall reicht grobfahrlässiges Verhalten des Schecknehmers aus, um der Bank die Einwendung nach § 242 BGB zu gewähren. Der Aussteller verwendet die Schecks bestimmungswidrig, wenn er sie einem Kreditgeber als Sicherheit für einen Kredit gibt.[25] Die Garantie der Bank soll dazu dienen, den Schecknehmer zu schützen, wenn er im Hinblick auf den Scheck eine Vermögensdisposition trifft, also eine Ware verkauft und liefert. Sie ist aber nicht dazu da, dem Schecknehmer eine Sicherheit für ein zu gewährendes Darlehen zu verschaffen. Der Scheck ist ein Instrument des Zahlungsverkehrs. Er soll nicht als Grundlage für Kredite verwendet werden. Daran ändert die Einführung der Scheckkarte nichts. Der Scheck ist nach wie vor ein Mittel der bargeldlosen Zahlung; er soll keine Kreditquelle eröffnen. Nimmt der Kreditgeber eine Reihe von Schecks als Sicherheit für ein zu gewährendes Darlehen entgegen, so muß sich ihm der Verdacht aufdrängen, daß der Kreditnehmer die Schecks bestimmungswidrig gebraucht und dies zu dem Zwecke geschieht, auf Kosten der Bank einen Kredit zu erhalten. Die gleiche Rechtslage ist gegeben, wenn der Schuldner, der den Kredit bereits erhalten hat, seinem Gläubiger ein Bündel (nicht gedeckter) Schecks übergibt, um damit das ungesicherte Darlehen zurückzuzahlen.[26] Auch hier darf der Schecknehmer nicht die Augen vor der Tatsache verschließen, daß der Schuldner seine Schuld auf Kosten der bezogenen Bank und nicht zu Lasten seines Kontos tilgen will.

---

22 BGHZ 64, 79, 83; OLG *Nürnberg*, NJW 1978, 2513, 2514; *Canaris*, Bankvertragsrecht, 2. Aufl., Rdn. 835 m.w.N.; *Dütz*, DB 1970, 189, 191.

23 *Canaris*, Bankvertragsrecht, 2. Aufl., Rdn. 835.

24 *Baumbach/Hefermehl*, Komm. zum WG und SchG, 14. Aufl., Art. 4 SchG, Anh., Rdn. 14.

25 Vgl. BGHZ 64, 79, 84.

26 BGHZ 83, 28, 33.

In derartigen Fällen kann die Bank ein Mitverschulden[27] daran treffen, daß es zu dem Mißbrauch der Scheckkarte gekommen ist. Das ist zum Beispiel der Fall, wenn der Inhaber der Scheckkarte, der sein Konto überzogen hat, von der Bank ein Darlehen erbeten und ihr, als ihm dies verweigert wurde, damit gedroht hat, er werde die Scheckkarte dazu verwenden, sich von dritter Seite einen Kredit zu besorgen; die Bank muß dann die Scheckkarte zurückfordern und notfalls eine einstweilige Verfügung erwirken, um sicherzustellen, daß der Kunde die Scheckkarte nicht in der angedrohten Weise benutzt. Trägt die Bank ein Mitverschulden an dem später eingetretenen Mißbrauch der Scheckkarte, so kann sie die Erfüllung ihrer Verpflichtung aus der Garantie nicht in vollem Umfang verweigern; sie muß vielmehr den Betrag zahlen, der ihrem Mitverschulden entspricht.[28]

b) Fälschung von Schecks

Hat ein Dieb die Scheckkarte und die Scheckformulare gestohlen, die Schecks mit der (gefälschten) Unterschrift des Inhabers der Scheckkarte versehen, die Scheckkartennummer auf die Rückseite des Schecks gesetzt und die auf diese Weise ausgefüllten Schecks in Zahlung gegeben, so ist zwischen dem Schecknehmer und der bezogenen Bank kein Garantievertrag zustande gekommen. Der Fälscher hat die Bank nicht vertreten können, und der Aussteller hat sie nicht vertreten. Gleichwohl haftet die Bank. In Ziffer 5 der eurocheque-Karten-Bedingungen, die auf der Rückseite der Scheckkarte abgedruckt sind, hat sie sich verpflichtet, Schecks auch dann einzulösen, wenn die Unterschrift des Ausstellers auf ihnen gefälscht worden sei; der Scheck brauche nur nach seinem äußeren Gesamtbild den Eindruck der Echtheit zu erwecken. Auf diese Erklärung darf sich der Schecknehmer verlassen. Die bezogene Bank hat durch die Ausgabe der Scheckkarte und ihre Erklärung auf dieser Karte eine Vertrauensgrundlage gegenüber dem Schecknehmer geschaffen. Die Bank würde sich eines widersprüchlichen Verhaltens schuldig machen, wenn sie dem Schecknehmer, der auf die Angaben auf der Scheckkarte vertraut und im Hinblick hierauf eine Vermögensdisposition zugunsten des Scheckausstellers trifft, den Einwand entgegensetzte, zwischen ihnen sei kein Garantievertrag zustande gekommen.

Der Schecknehmer ist jedoch nur schutzwürdig, wenn er die Fälschung

---

27 Vgl. BGHZ 64, 79, 85; OLG Hamm, WM 1976, 139.

28 *Baumbach/Hefermehl*, Komm. zum WG und SchG, 14. Aufl., Art. 4 SchG, Anh., Rdn. 14; a.A. *Hueck/Canaris*, Recht der Wertpapiere, 11. Aufl., § 24 II, 3 a.

nicht kennt und seine Unkenntnis nicht auf grober Fahrlässigkeit beruht[29] und ihm die Scheckkarte bei der Übergabe der Schecks vorgelegt worden ist. Diese Voraussetzung ist zwar nicht erforderlich, wenn der berechtigte Inhaber der Scheckkarte einen Scheck ausstellt; er kann die Bank beim Abschluß des Garantievertrages mit dem Schecknehmer auch ohne Vorlegung der Scheckkarte wirksam vertreten. Die Scheckkarte muß aber vorgelegt werden,[30] wenn es um die Rechtsstellung des Schecknehmers geht, der den Scheck mit der gefälschten Unterschrift des Ausstellers vom nichtberechtigten Inhaber der Scheckkarte erhält. Der Schecknehmer verdient nur Schutz, wenn er sich auf die Scheckkarte verläßt, und diese Voraussetzung ist nur gegeben, wenn sie ihm bei der Übergabe des Schecks vorgelegt wird.

Löst die Bank einen gefälschten Scheck ein, dann belastet sie das Konto ihres Kunden. Nach Nr. 7 der Bankbedingungen für eurocheque-Karten trägt der Kontoinhaber alle Folgen der Fälschung. Die Banken haben aber, um ihre Kunden nicht zu verstören, eine Scheckkartenversicherung[31] abgeschlossen. Hiernach hat der Inhaber der Scheckkarte nur einen kleinen Teil des Schadens selbst zu tragen.

c) Fehlen des Begebungsvertrages

Der Umstand, daß die Bank die Einlösung des Schecks garantiert, läßt die Anwendbarkeit des Scheckgesetzes unberührt. Zwischen dem Aussteller und dem Nehmer des Schecks muß daher ein Scheckbegebungsvertrag geschlossen werden. Fehlt es hieran, so kann der Aussteller nicht aus dem Scheck in Anspruch genommen werden. Der Mangel der scheckrechtlichen Verpflichtung des Ausstellers hat aber nicht zur Folge, daß der Garantievertrag zwischen der Bank und dem ersten Nehmer nicht zustande kommt; die Garantie ist von der Begründung einer wirksamen scheckrechtlichen Verpflichtung des Ausstellers unabhängig.[32] Der Mangel des wirksamen Begebungsvertrages kann jedoch auch zur Folge haben, daß der Schecknehmer nicht Eigentümer des Schecks wird.[33] Ob diese Rechtsfolge eintritt, richtet sich danach, ob die subjektiven Voraussetzungen des Art. 21 SchG gegeben sind, ob der Schecknehmer also das Fehlen

29 Vgl. *Canaris*, Bankvertragsrecht, 2. Aufl., Rdn. 847.

30 BGHZ 83, 28, 32; *Baumbach/Hefermehl*, Komm. zum WG und SchG, 14. Aufl., Art. 4 SchG, Anh., Rdn. 13.

31 Vgl. *Baumbach/Hefermehl*, Komm. zum WG und SchG, 14. Aufl., Art. 4 SchG, Anh., Rdn. 20.

32 *Baumbach/Hefermehl*, Komm. zum WG und SchG, 14. Aufl., Art. 4 SchG, Anh., Rdn. 10; *Hueck/Canaris*, Recht der Wertpapiere, 11. Aufl., § 24 II, 3 c.

33 *Canaris*, Bankvertragsrecht, 2. Aufl., Rdn. 837.

des Scheckbegebungsvertrages und damit das Abhandengekommensein des Schecks gekannt hat (oder seine Unkenntnis hiervon auf grober Fahrlässigkeit beruht) oder ob er hiervon keine Kenntnis hatte (und ihm insoweit auch keine grobe Fahrlässigkeit zur Last fällt).

Ist der Schecknehmer Eigentümer des Schecks geworden, so steht ihm auch die Forderung gegen die Bank aus dem Garantievertrag zu. Hat er kein Eigentum am Scheck erworben, dann kann er die Bank nicht in Anspruch nehmen. Die Bank hat zwar die Einlösung des Schecks garantiert. Dies ist aber nicht jedem gegenüber geschehen, der ihr später den Scheck vorlegt.[34] Sie ist nicht gegenüber dem Dieb verpflichtet, der den Scheck dem Inhaber der Scheckkarte gestohlen hat, gleichgültig, ob der Aussteller den Scheck bereits ausgefüllt oder ob der Dieb ihm diese Arbeit abgenommen hat. Die gleiche Rechtslage[35] tritt ein, wenn zwischen dem Aussteller und dem ersten Schecknehmer kein Begebungsvertrag zustande kommt und der Schecknehmer dies weiß oder grobfahrlässig nicht weiß. Der Schecknehmer ist in diesem Falle nicht schutzwürdig.

Daß dem Inhaber des Schecks, der nicht Scheckeigentümer ist, keine Forderung gegen die Bank zusteht, zeigt auch der Vergleich mit der Rechtsstellung, die der unredliche Erwerber erlangt hätte, wenn ihm sein Schuldner ohne Abschluß eines wirksamen Begebungsvertrages einen indossierten Wechsel übereignet hätte, der mit dem Akzept einer Bank versehen gewesen wäre. Jeder Wechselverpflichtete, auch der Akzeptant, kann dem Inhaber des Wechsels entgegensetzen, der Wechsel gehöre ihm nicht. Es besteht kein Grund, den Schecknehmer besser zu stellen.

In der Rechtslehre[36] wird demgegenüber die Ansicht vertreten, das Fehlen des Begebungsvertrages lasse die Garantieverpflichtung der Bank stets unberührt; der garantierte Scheck müsse rechtlich wie Bargeld behandelt, der Erwerber des Schecks also so gestellt werden, wie wenn er vom Scheckaussteller bares Geld erhalten hätte. Dieser Ansicht kann nicht für den Fall zugestimmt werden, daß das Fehlen des Begebungsvertrages dazu führt, daß der Erwerber nicht Eigentümer des Schecks wird.[37] Entwendet der Dieb den bereits vom Aussteller ausgefüllten Scheck, so

---

34 OLG Nürnberg, NJW 1978, 2513, 2514; *Baumbach/Hefermehl*, Komm. zum WG und SchG, 14. Aufl., Art. 4 SchG, Anh., Rdn. 5 m.w.N.; *Canaris*, Bankvertragsrecht, 2. Aufl., Rdn. 852; a.A. *Buchmüller*, NJW 1979, 1198 f; *Damrau*, BB 1969, 199, 201; *Dütz*, DB 1970, 189, 192 m.w.N.

35 Vgl. OLG Hamm, WM 1984, 1445, 1448 m.w.N.; *Canaris*, Bankvertragsrecht, 2. Aufl., Rdn. 837 ff.

36 *Brox*, Handelsrecht und Wertpapierrecht, 4. Aufl., Rdn. 685.

37 Ebenso *Baumbach/Hefermehl*, Komm. zum WG und SchG, 14. Aufl., Art. 4 SchG, Anh., Rdn. 13; *Canaris*, Bankvertragsrecht, 2. Aufl., Rdn. 837.

kann er die Bank nicht mit der Begründung in Anspruch nehmen, die Bank müsse den Scheck einlösen, weil der Scheck wie Bargeld angesehen werde, er also im Ergebnis so stehen müsse, wie er stünde, wenn er Bargeld gestohlen hätte. Die Rechtslage ist nicht anders, wenn der Inhaber des Schecks den Scheck zwar nicht gestohlen hat, er aber weiß oder grobfahrlässig nicht weiß, daß der Scheck dem Inhaber der Scheckkarte abhanden gekommen ist (und abhanden gekommen ist der Scheck, wenn es an einem wirksamen Begebungsvertrag zwischen dem Aussteller und dem Erwerber fehlt).

Gibt ein Spieler seinem Mitspieler einen Scheck zur Erfüllung seiner Spielschuld, ohne daß er eine Scheckkarte hat, so kommt kein wirksamer Begebungsvertrag zustande.[38] Die scheckrechtliche Verbindlichkeit ist ebenso unwirksam wie die Spielschuld, § 762 Abs. 2 BGB. Die Rechtslage ist die gleiche, wenn der Spieler eine Scheckkarte hat. Der Erwerber erlangt nicht das Eigentum am Scheck. Der Scheckbegebungsvertrag ist nicht wirksam, und ein gutgläubiger Erwerb nach Art. 21 SchG (der auch das Fehlen eines wirksamen Begebungsvertrages ersetzen kann) scheidet aus, weil der Erwerber nicht gutgläubig ist. Dieses Ergebnis kann nicht durch den Vergleich mit dem akzeptierten Wechsel in Frage gestellt werden. Der Schecknehmer kann nicht besser stehen, als er stünde, wenn er einen akzeptierten Wechsel erhält. Er kann aber schlechter stehen. Tritt der Spieler seinem Mitspieler zur Erfüllung seiner Spielschuld eine Forderung gegen einen Dritten ab, so kann er das Geleistete nach § 762 Abs. 1 Satz 2 BGB nicht zurückfordern; er hat die abgetretene Forderung endgültig verloren. So liegt es, wenn der Spieler einen von ihm an eigene Order ausgestellten und mit dem Akzept eines Dritten versehenen Wechsel an seinen Mitspieler indossiert. Der Erwerber erlangt eine Forderung gegen den Akzeptanten (nicht aber gegen den Aussteller).[39] Die erlangte Forderung kann er behalten. Beim Scheck fehlt es aber auch dann, wenn die Bank die Einlösung garantiert hat, an einer Forderung, die der Aussteller durch die Ausstellung und die Inzahlunggabe des Schecks hätte abtreten können. Hier könnte nur eine Forderung des Schecknehmers gegen die Bank begründet werden, und die Begründung dieser Forderung setzt voraus, daß der Schecknehmer Eigentümer des Schecks ist.[40] Daran fehlt es aber.

38 Vgl. RGZ 51, 156, 159; RGZ 71, 289, 291; BGH, WM 1975, 818; a.A. *Canaris*, Bankvertragsrecht, 2. Aufl., Rdn. 720.

39 Vgl. *Baumbach/Hefermehl*, Komm. zum WG und SchG, 14. Aufl., Art. 17 WG, Rdn. 46.

40 Diese Voraussetzung hat das OLG Nürnberg, NJW 1978, 2513, übersehen; vgl. auch *Canaris*, Bankvertragsrecht, 2. Aufl., Rdn. 841 (Fn. 152).

Auch in diesem Fall führt die Erwägung, der Scheck müsse, wenn die Einlösung garantiert werde, wie Bargeld behandelt werden, nicht zu einem sachgemäßen Ergebnis, falls man hieraus den Schluß zöge, der Spieler habe durch die Übergabe des garantierten Schecks seine Leistung nach § 762 Abs. 2 BGB erbracht, die Bank müsse also den Scheck einlösen, weil der Schecknehmer dadurch nur erhalte, was er eigentlich schon in den Händen habe, er wechsele gewissermaßen nur den Scheck in Bargeld um. § 762 Abs. 2 BGB soll verhindern, daß der Schuldner das, was er geleistet hat, zurückfordern kann. Hat er seine Schuld bar gezahlt oder eine Forderung abgetreten, so bleibt es dabei. Der Spieler hat dem Mitspieler aber nur ein Stück Papier gegeben, kein Geld, und er hat ihm auch keine Forderung abgetreten. Die Leistung, die er nicht zurückfordern könnte, ist erst erbracht, wenn die Bank den Scheck einlöst (und sein Konto belastet).[41] Dazu ist es aber nicht gekommen. Es besteht kein Grund, den Spieler, der vom Gesetz geschützt werden soll, um diesen Schutz zu bringen, weil der garantierte Scheck eigentlich Bargeld sei. Er ist es nicht. Er kann auch nicht zugunsten des Mitspielers so behandelt werden. Der Gläubiger einer Spielschuld verdient keinerlei Schutz.

d) Rechtsstellung des Zweiterwerbers

Ist der erste Schecknehmer Eigentümer des Schecks und Inhaber der Forderung gegen die Bank geworden und übereignet er alsdann den Scheck an einen anderen, so wird der Zweiterwerber Eigentümer des Schecks. Er erwirbt damit aber nicht automatisch die Forderung gegen die Bank; diese Forderung ist keine im Scheck verkörperte scheckrechtliche Forderung. Der Erwerber erlangt sie nur, wenn sie ihm vom ersten Schecknehmer abgetreten wird. Dies kann konkludent geschehen.

Ist der erste Schecknehmer nicht Eigentümer des Schecks geworden, weil es an einem Scheckbegebungsvertrag zwischen dem Aussteller und ihm fehlt und er nicht gutgläubig gewesen ist, so hat er keine Forderung gegen die Bank erlangt. Übereignet er den Scheck an einen anderen, so wird dieser, wenn er redlich ist, nach Art. 21 SchG Eigentümer des Schecks. Er erwirbt aber keine Forderung gegen die Bank. Eine derartige Forderung besteht nicht und kann als schuldrechtliche Forderung auch nicht kraft guten Glaubens erworben werden; der Zweiterwerber erhält sie auch dann nicht, wenn der erste die ihm vermeintlich zustehende Forderung ausdrücklich abgetreten hat.[42] Die Bank hat sich auch nicht etwa gegenüber jedem Scheckeigentümer zur Einlösung des Schecks verpflichtet. Sie hat nur Verpflichtungen gegenüber dem ersten Scheck-

---

41 RGZ 51, 359, 361; RGZ 77, 277, 280; MünchKomm.-*Pecher*, § 762 Rdn. 19, 20.
42 *Canaris*, Bankvertragsrecht, 2. Aufl., Rdn. 842.

nehmer[43] übernommen. Sie hat ein Interesse daran, daß dieser den Scheck in Zahlung nimmt und dadurch den Scheckverkehr belebt. Ihr ist aber nicht daran gelegen, die Umlaufsfähigkeit des Schecks zu erhöhen; daran verdient sie nichts. Der Zweiterwerber ist auch nicht schutzwürdig; ihm wird die Scheckkarte nicht vorgelegt.

Wird dem ersten Schecknehmer, der Eigentümer des Schecks und Gläubiger der Forderung gegen die Bank geworden ist, der Scheck gestohlen und vom Dieb einem anderen übereignet, so erlangt dieser, wenn er redlich ist, nach Art. 21 SchG das Eigentum am Scheck. Er erwirbt aber nicht die Forderung gegen die Bank.[44] Die Forderung bleibt beim ersten Schecknehmer. Sie ist allerdings darauf gerichtet, daß die Bank den Scheck (der dem Zweiterwerber gehört) einlöst; er kann also mit der Forderung nichts anfangen. Er wird daher geneigt sein, sie dem Zweiterwerber abzutreten. Dieser muß sich mit ihm arrangieren. Kraft Gesetzes geht die Forderung nicht über. Der Schutz des Zweiterwerbers verlangt dies nicht; ihm ist die Scheckkarte beim Erwerb des Schecks nicht vorgelegt worden.

Dritter Abschnitt

Gutgläubiger Erwerb und Einwendungsausschluß im sonstigen Wertpapierrecht

I. Kaufmännische Orderpapiere

Nach § 363 HGB können folgende Papiere durch Indossament übertragen werden, wenn sie an Order lauten: kaufmännische Anweisungen, kaufmännische Verpflichtungsscheine, Konnossemente der Verfrachter, Ladescheine der Frachtführer, Lagerscheine der staatlich zur Ausstellung solcher Urkunden ermächtigten Anstalten sowie Transportversicherungspolicen. Diese Papiere sind gekorene Orderpapiere; sie sind also nur Orderpapiere, wenn sie die positive Orderklausel enthalten. Die Indossamente haben Legitimations- und Transportfunktion; sie haben keine Garantiefunktion, §§ 363, 364, 365 HGB.

Gemäß § 365 Abs. 1 HGB ist für den gutgläubigen Erwerb dieser Papiere Art. 16 Abs. 2 WG entsprechend anzuwenden. Der Erwerber

43 Vgl. die Nachweise in Fn. 34.

44 *Baumbach/Hefermehl*, Komm. zum WG und SchG, 14. Aufl., Art. 4 SchG, Anh., Rdn. 13; a.A. *Brox*, Handelsrecht und Wertpapierrecht, 4. Aufl., Rdn. 688.

wird Eigentümer des abhanden gekommenen Papiers, wenn er nicht weiß, daß es abhanden gekommen ist und seine Unkenntnis nicht auf grober Fahrlässigkeit beruht. Das Papier ist dem früheren Inhaber abhanden gekommen, wenn zwischen ihm und dem jetzigen Inhaber kein wirksamer Begebungsvertrag zustande gekommen ist; es wird, wie im Wechselrecht,[1] der gute Glaube an das Eigentum, die Verfügungsbefugnis, an die Vertretungsmacht und an die Geschäftsfähigkeit des Veräußerers geschützt. Hat der Erwerber das Eigentum erlangt, so spielt der gute Glaube seines Nachfolgers keine Rolle; er erwirbt vom Berechtigten.

§ 365 HGB verweist nicht auf Art. 17 WG. Das Handelsgesetzbuch begnügt sich nicht mit einer Regelung, die lediglich anordnet, wann eine Einwendung dem Inhaber nicht entgegengesetzt werden kann. § 364 Abs. 2 HGB bestimmt vielmehr, positiv, der Schuldner könne dem legitimierten Besitzer der Urkunde solche Einwendungen entgegensetzen, welche die Gültigkeit seiner Erklärung in der Urkunde beträfen, sich aus dem Inhalt der Urkunde ergäben oder ihm unmittelbar gegen den Besitzer zustünden. Diese Vorschrift ist so auszulegen,[2] daß sie mit den Grundsätzen übereinstimmt, die sich im Wechselrecht aufgrund der Rechtsprechung und der Rechtslehre entwickelt haben und die oben[3] dargestellt worden sind. Der Schuldner kann also die Gültigkeitseinwendungen gegen jeden erheben, wenn er keinen zurechenbaren Rechtsschein gesetzt hat (Fälschung, Vertretung ohne Vertretungsmacht, fehlende Geschäftsfähigkeit). Hat er einen zurechenbaren Rechtsschein gesetzt, so kann er die Einwendung gegen die Gültigkeit seiner Erklärung nur dem Inhaber entgegenhalten, der die Einwendung kennt oder dessen Unkenntnis auf grober Fahrlässigkeit beruht.

Die Verpflichtung des Ausstellers eines Lagerscheins ist im Zusammenhang mit den gesetzlichen Bestimmungen des Lagergeschäfts zu sehen. Nach § 417 HGB i. Vbdg. mit § 390 HGB ist der Lagerhalter für den Verlust oder die Beschädigung des in seiner Verwahrung befindlichen Gutes nicht verantwortlich, wenn der Verlust oder die Beschädigung auf Umständen beruht, die durch die Sorgfalt eines ordentlichen Kaufmanns nicht abgewendet werden können. Der Lagerhalter kann dementsprechend[4] die Einwendung, die eingelagerte Sache sei ihm gestohlen oder sei beschädigt worden und ihn treffe hieran kein Verschulden, jedem Inhaber des Lagerscheins entgegensetzen. Eine entsprechende Regelung gilt beim

1 Vgl. Zweiter Teil, zweites Kapitel, erster Abschnitt, I, 2, S. 244 ff.
2 *Canaris*, JuS 1971, 441, 448; *Schlegelberger/Hefermehl*, Kommentar zum HGB, 5. Aufl., § 364 Rdn. 1, 10 ff.
3 Vgl. Zweiter Teil, zweites Kapitel, erster Abschnitt, II, S. 248 ff.
4 Vgl. *Schlegelberger/Hefermehl*, Komm. zum HGB, 5. Aufl., § 364 Rdn. 24.

Frachtgeschäft, § 429 HGB. Es handelt sich insoweit um „typusbedingte Einwendungen“,[5] die dem Besitzer der Urkunde als Einwendungen aus dem Inhalt der Urkunde entgegengehalten werden können. Demgemäß kann auch der Schuldner gegenüber dem Inhaber einer Transportversicherungspolice einwenden, der Versicherungsnehmer habe den Versicherungsfall vorsätzlich herbeigeführt, vgl. § 821 Nr. 4 HGB. Das gleiche gilt für den Einwand des Schuldners, er sei kein Kaufmann;[6] Nichtkaufleute sollen vor den Gefahren der Orderpapiere bewahrt bleiben.

Persönliche Einwendungen kann der Schuldner nicht nur gegen den Besitzer erheben, gegen den sie ihm unmittelbar zustehen, sondern, obwohl das Gesetz dies nicht ausdrücklich anordnet, auch gegen den Nachmann, wenn dieser bewußt zum Nachteil des Schuldners gehandelt hat. Es besteht kein Grund,[7] den Schuldner im Rahmen der kaufmännischen Orderpapiere schlechter zu stellen als den Schuldner einer wechselrechtlichen oder scheckrechtlichen Verpflichtung, vgl. Art. 17 WG, Art. 22 SchG.

II. Traditionspapiere

Der Orderlagerschein, der Ladeschein und das Konnossement sind Traditionspapiere. Was darunter zu verstehen ist, soll zunächst am Orderlagerschein dargestellt werden.

1. Orderlagerschein

Ist von dem Lagerhalter, der das Gut übernommen hat, ein Lagerschein ausgestellt, der durch Indossament übertragen werden kann, so hat die Übergabe des Lagerscheins an denjenigen, welcher durch den Schein zur Empfangnahme des Gutes legitimiert ist, nach § 424 HGB für den Erwerb von Rechten an dem Gute dieselben Wirkungen wie die Übergabe des Gutes. Ob der Lagerhalter Lagerscheine, die durch Indossamente übertragen werden können, also Orderlagerscheine ausstellen kann, richtet sich nach der Verordnung[8] über Orderlagerscheine. Ist er hierzu berechtigt und hat er von seiner Berechtigung Gebrauch gemacht, so ist die Übergabe des Orderlagerscheins bei der Übereignung der Ware von Bedeutung, wenn der Lagerhalter die Ware übernommen, er sie also erhalten

5 *Canaris*, Großkomm. zum HGB, 3. Aufl., § 364 Rdn. 33.
6 *Hueck/Canaris*, Recht der Wertpapiere, 11. Aufl., § 25 II, 1 c; *Schlegelberger/Hefermehl*, Komm. zum HGB, 5. Aufl., § 364 Rdn. 15.
7 *Hueck/Canaris*, Recht der Wertpapiere, 11. Aufl., § 25 II, 1 a.
8 Vom 16. 12. 1931, RGBl. I, S. 763.

und bei sich eingelagert hat. Bei der Rolle, die die Übergabe des Scheins spielt, ist zu beachten, daß es bei dem Lagerschein nicht nur um das Eigentum am Papier und das Recht aus dem Papier, den Herausgabeanspruch gegen den Lagerhalter, sondern auch um das Eigentum an der Ware geht. Der Eigentümer des indossierten Lagerscheins ist stets Inhaber des Herausgabeanspruchs gegen den Lagerhalter. Er ist aber nicht immer Eigentümer der Ware. Es besteht kein Parallelismus[9] zwischen dem Eigentum am Papier und dem Eigentum an der Ware. Ist die eingelagerte Ware dem Eigentümer abhanden gekommen,[10] so bleibt er Eigentümer. Daran ändert nichts, daß der Lagerhalter einen Orderlagerschein ausgestellt, der Einlagerer diesen Schein mit einem Indossament versehen und die Ware und den Schein an einen Dritten übereignet hat. Der Dritte ist Eigentümer des Papiers, nicht Eigentümer der Ware geworden.[11]

Ist der Eigentümer der eingelagerten Ware geschäftsunfähig, so kann er den redlichen Erwerber nach § 365 Abs. 1 HGB i. Vbdg. mit Art. 16 Abs. 2 WG zum Eigentümer des Papiers, aber nicht zum Eigentümer der Ware machen. Die gleiche (bescheidene) Rechtsstellung erlangt der Erwerber, wenn ein Vertreter ohne Vertretungsmacht für den Veräußerer bei der Übereignung der eingelagerten Ware tätig gewesen ist.

Was nützt dann dem Erwerber die Übergabe des Orderlagerscheins? Die Besserstellung zeigt sich in folgendem. Zwischen dem Veräußerer und dem Erwerber muß eine Einigung über den Übergang des Eigentums gemäß § 929 BGB stattfinden. Die Übergabe des Scheins ersetzt diese Einigung nicht. Sie erleichtert nicht die dingliche Einigung, sondern die Übergabe der Ware. Die Übergabe des Scheins, und damit meint § 424 HGB die Übereignung des indossierten Lagerscheins, hat für den Erwerb des Eigentums an der Ware dieselben Wirkungen wie die Übergabe des Gutes. Der Erwerber erlangt also das Eigentum nach § 929 Satz 1 BGB, nicht nach § 931 BGB und damit nach § 932 BGB und nicht nach § 934 BGB, wenn der Veräußerer nicht Eigentümer der Ware ist.[12] Der Pfandgläubiger erlangt damit ein Pfandrecht an der eingelagerten Sache nach § 1205 Abs. 1 Satz 1 BGB, nicht nach § 1205 Abs. 2 BGB, so daß die Verpfändung dem Besitzer, dem Lagerhalter, nicht angezeigt zu werden braucht.

---

9 Herrschende Meinung, vgl. *Reinicke*, BB 1960, 1368; *Schlegelberger/Hefermehl*, Komm. zum HGB, 5. Aufl., § 363 Rdn. 54 m.w.N.; *Zöllner*, Wertpapierrecht, 13. Aufl., § 25 IV, 1.

10 BGH, NJW 1958, 1485; *Hueck/Canaris*, Recht der Wertpapiere, 11. Aufl., § 26 II, 1 b.

11 *Reinicke*, BB 1960, 1368 f.

12 *Schlegelberger/Hefermehl*, Komm. zum HGB, 5. Aufl., § 363 Rdn. 57.

Mit dieser Feststellung ist bereits zu einer Theorie Stellung genommen, die sich mit der Auslegung des § 424 HGB befaßt. Es wurde die *relative Theorie*[13] abgelehnt, die meint, § 424 HGB habe keine eigenständige Bedeutung; er verweise lediglich auf die Möglichkeiten, die das Bürgerliche Gesetzbuch dem Veräußerer durch die §§ 931, 870 BGB gewähre. § 424 HGB stellt den Erwerber dadurch besser (und hat damit eigenständige Bedeutung), daß die Übereignung des indossierten Lagerscheins, was den Erwerb von Rechten an dem eingelagerten Gut angeht, wie die Übergabe der Sache behandelt wird. Hat der Einlagerer eine Sache unter Eigentumsvorbehalt gekauft, sie beim Lagerhalter eingelagert und alsdann einem Dritten zur Sicherheit übertragen, so erlangt der Sicherungsnehmer nicht das Eigentum, wenn die Übergabe der Sache durch die Vereinbarung eines Besitzkonstituts nach § 930 BGB ersetzt wird; er wird aber Eigentümer, wenn zu der Einigung über den Eigentumsübergang die Übereignung des indossierten Lagerscheins hinzutritt. Allerdings hätte der Veräußerer den Sicherungsnehmer auch ohne § 424 HGB zum Eigentümer machen können, wenn er die Übergabe der Sache durch die Abtretung des Herausgabeanspruchs nach § 931 BGB ersetzt hätte. Ein derartiger Anspruch steht ihm aber nicht immer zu. Dies ist z. B. nicht der Fall, wenn er die unter Eigentumsvorbehalt gekaufte Sache einem Dritten nach § 931 BGB übereignet hat und nunmehr einem Vierten, dem er die Sache erneut veräußert, den vermeintlichen Anspruch gegen den Lagerhalter abtritt. Hat der Einlagerer A dem B gemäß den §§ 929, 931 BGB das Eigentum übertragen, sich dann vom Lagerhalter, der nichts von der Abtretung weiß, einen Orderlagerschein ausstellen lassen und die eingelagerte Ware nunmehr an C unter Übereignung des indossierten Lagerscheins übereignet, so erlangt der Erwerber das Eigentum (am Papier und) an der Ware,[14] ohne daß die Voraussetzungen des § 934 (2. Fall) BGB vorzuliegen brauchen, also auch dann, wenn der Lagerhalter von der neuen Veräußerung keine Kenntnis erhält, er demgemäß mit dem neuen Erwerber keinen Lagervertrag schließt.

Dieses Beispiel zeigt, daß § 424 HGB keine großen Auswirkungen hat. Die Vorschrift hat ihre Wurzel in Art. 649 des Allgemeinen Deutschen Handelsgesetzbuchs und war dort von erheblicher Bedeutung, weil es früher keine Vorschrift gab, die dem § 931 BGB entsprach.[15] § 424 HGB wirkt sich jedoch, wenn auch in bescheidenem Umfang, zugunsten des Erwerbers aus; er ergänzt insoweit das bürgerliche Recht. Damit entfällt

---

13 Vgl. dazu *Hellwig*, Die Verträge auf Leistung an Dritte (1899), S. 344 ff.

14 *Tiedtke*, WM 1979, 1142, 1146.

15 Vgl. *Stengel*, Die Traditionsfunktion des Orderkonnossements (1975), S. 186 ff m.w.N.

die Berechtigung der relativen Theorie, nach der ausschließlich die Vorschriften des Bürgerlichen Gesetzbuches maßgebend sind.

Es herrscht Streit[16] über den Umfang der Ergänzung des bürgerlichen Rechts. Es geht um die Frage, ob es für die Anwendbarkeit des § 424 HGB genügt, daß der Lagerhalter die Ware übernommen hat *(absolute Theorie)*[17] oder ob es auch erforderlich ist, daß die Ware sich bei der Veräußerung noch beim Lagerhalter befindet und dieser sie noch für den Einlagerer besitzt, diesem also den Besitz vermittelt *(Repräsentationstheorie)*.[18]

Die absolute Theorie kann nicht rechtens sein, weil § 424 HGB hiernach auch dann gälte, wenn der Lagerhalter die Ware bereits an einen Dritten herausgegeben hätte. Der Lagerschein verkörpert den Herausgabeanspruch. Der Lagerhalter kann die Ware aber nicht mehr herausgeben, wenn er sie nicht mehr besitzt. Der Repräsentationstheorie ist daher insoweit zuzustimmen, als sie verlangt, der Lagerhalter müsse die Ware noch in Besitz haben. Die Repräsentationstheorie erfordert jedoch, darüber hinaus, daß der Lagerhalter die eingelagerte Ware zur Zeit der Veräußerung für den Einlagerer besitzt, sie hält also § 424 HGB nicht für anwendbar, wenn der Lagerhalter die Ware bei der Veräußerung durch den Einlagerer mit Hilfe des indossierten Lagerscheins für sich, als Eigenbesitzer, besitzt oder wenn er den Besitz einem anderen vermittelt. Der unmittelbare Besitz am Papier, meint sie, repräsentiere den mittelbaren Besitz an der Ware. Wenn der Veräußerer mittelbarer Besitzer sei (dem Erwerber also den mittelbaren Besitz nach den Vorschriften des Bürgerlichen Gesetzbuchs übertragen könne), dann und nur dann, verschaffe er dem Erwerber, was den Erwerb von Rechten an der Sache angehe, durch die Übereignung (der Ware und) des indossierten Lagerscheins die Rechtsstellung, die dieser hätte, wenn er den unmittelbaren Besitz an der Ware erlangte. Warum sollte die Anwendbarkeit des § 424 HGB aber in dieser Weise eingeschränkt sein? Am besten löst[19] man sich auch von dieser Theorie und versucht die Frage, um die es geht (die Notwendigkeit also des mittelbaren Besitzes in der Person des Veräuße-

---

16 Vgl. dazu *Canaris*, Komm. zum HGB, 3. Aufl., § 363 Rdn. 78 ff m.w.N.

17 Vgl. *Heymann*, Die dingliche Wirkung des Traditionspapiers (1905), S. 160 ff; *Heymann/Kötter*, HGB, 21. Aufl., § 424, 2.

18 Herrschende Meinung, vgl. RGZ 119, 215, 217 f; BGHZ 49, 160, 163; *Baumbach/Duden/Hopt*, Komm. zum HGB, 26. Aufl., § 424, 2 A; *Schlegelberger/Hefermehl*, Komm. zum HGB, 5. Aufl., § 363 Rdn. 50 m.w.N.

19 Vgl. *Canaris*, Großkomm. zum HGB, 3. Aufl., § 363 Rdn. 81; *Hueck/Canaris*, Recht der Wertpapiere, 11. Aufl., § 26 II, 5 b; *K. Schmidt*, Handelsrecht, 2. Aufl., § 23 III, 2 b dd.

rers im Zeitpunkt der Veräußerung der Ware mit Hilfe des indossierten Orderlagerscheins), vom Sinn und Zweck des § 424 HGB her zu entscheiden.

§ 424 HGB will die Veräußerung der eingelagerten Ware erleichtern. Der Orderlagerschein soll den Veräußerer legitimieren und den Erwerber (wenn die Veräußerung wirksam und die Ware nicht gestohlen ist) die Sicherheit verschaffen, daß er Eigentümer der eingelagerten Ware wird. Der Erwerber tappt aber im Dunkeln, wenn es auf den mittelbaren Besitz des Veräußerers ankommt. Der mittelbare Besitzer hängt von der Gnade des unmittelbaren Besitzers ab. Er verliert den Besitz, wenn der unmittelbare Besitzer irgendwie kundtut, daß er dem mittelbaren Besitzer den Besitz nicht mehr vermitteln, die Sache vielmehr als ihm gehörend oder für einen anderen besitzen will. Der mittelbare Besitzer verliert den mittelbaren Besitz auch dann, wenn der unmittelbare Besitzer ihm den Wandel seiner Gesinnung nicht mitteilt, sondern nur anderweit äußert. Der Erwerber hat, wenn er den Veräußerer im Hinblick auf die Repräsentationstheorie fragt, ob er mittelbarer Besitzer der eingelagerten Ware sei, nicht die Gewißheit, daß die Antwort des Veräußerers, er sei es, richtig ist. Dies gilt auch, wenn der Veräußerer glaubt, die Wahrheit zu sagen. Der Orderlagerschein muß daher, wenn er seine Aufgaben erfüllen soll, dem Erwerber des Lagerscheins auch dann das Eigentum verschaffen, wenn der Lagerhalter die eingelagerte Ware, die er für den Einlagerer übernommen hat (jetzt noch im unmittelbaren Besitz hat, aber) nicht mehr für den Veräußerer besitzt, diesem also nicht mehr den mittelbaren Besitz vermittelt.

Diese Auffassung, die den Abschied von den drei Theorien darstellt, ist in der Rechtslehre[20] im Vordringen. Auch in einer neuen Entscheidung des BGH[21] heißt es nicht mehr wie früher,[22] „der mittelbare Besitz am eingelagerten Gut wird durch den unmittelbaren Besitz am Orderlagerschein repräsentiert", sondern, vorsichtiger, „das Order-Konnossement (bei dem sich die gleichen Probleme ergeben) ist ein gekorenes Orderpapier, das zwar nicht die Ware selbst oder deren Besitz, wohl aber den Rechtsanspruch auf Herausgabe der Ware verkörpert".

§ 424 HGB ist nach alledem auch anwendbar, wenn der Lagerhalter die Ware, die er übernommen und weiterhin im Besitz hat, nicht mehr für den Einlagerer, sondern als ihm gehörend oder für einen anderen besitzt.

---

20 Vgl. *Brox*, Handelsrecht und Wertpapierrecht, 4. Aufl., Rdn. 715; *Canaris*, Großkomm. zum HGB, 3. Aufl., § 363 Rdn. 87; *K. Schmidt*, Handelsrecht, 2. Aufl., § 23 III, 2 b dd; *Zöllner*, Wertpapierrecht, 13. Aufl., § 25 IV, 4.

21 WM 1977, 171, 172.

22 BGHZ 49, 160, 163.

Diese Ansicht schützt den Inhaber des Lagerscheins beim Erwerb der Ware.

Der Erwerber muß aber auch vor dem Verlust des Eigentums geschützt werden.

Das Eigentum an der eingelagerten Ware, für die ein Orderlagerschein ausgestellt ist, kann nicht nur durch (Einigung über den Übergang des Eigentums und) Übereignung des indossierten Lagerscheins übertragen werden. Die §§ 929 ff BGB und damit auch die §§ 932 ff BGB sind weiterhin anwendbar. Die Ausstellung des Orderlagerscheins hat nicht zur Folge, daß die Ware ausschließlich mit Hilfe des Lagerscheins übereignet werden kann. Das würde die Rechtssicherheit gefährden. Der Eigentümer der Ware und des Lagerscheins muß es hinnehmen, daß der Lagerhalter die Ware durch Einigung und Übergabe an einen Dritten veräußert; dieser erlangt das Eigentum nach § 932 BGB. Der Inhaber des Lagerscheins muß aber solange vor dem Verlust seines Eigentums an der Ware geschützt werden, als sie sich noch beim Lagerhalter befindet. Es muß also verhindert werden, daß der Veräußerer, von dem der Eigentümer den Lagerschein und die Ware erworben hat, den ihm vermeintlich noch zustehenden Anspruch auf Herausgabe der Ware gegen den Lagerhalter mit der Rechtsfolge an einen Dritten abtritt, daß dieser Eigentümer der Ware wird, wenn ihm der Lagerhalter im Hinblick auf diese Veräußerung künftig den Besitz vermittelt, § 934 (2. Fall) BGB. Der Eintritt eines derartigen Rechtszustandes wird durch die Auffassung vermieden, daß der Herausgabeanspruch nur abgetreten werden kann, wenn der Lagerschein dem Abtretungsempfänger übergeben wird; eine Indossierung ist nicht erforderlich. Kann der Eigentümer den ihm zustehenden Herausgabeanspruch nur wirksam abtreten, wenn er dem Abtretungsempfänger den Schein übergibt, dann kann die ohne Herausgabe des Scheins erfolgte Abtretung des vermeintlichen Herausgabeanspruchs durch einen Dritten keine größere Wirkung haben. Das RG[23] und der BGH[24] vertreten demgemäß die Ansicht, die Abtretung des Herausgabeanspruchs sei nur wirksam, wenn sie zusammen mit der Übergabe des Scheins erfolge; der Herausgabeanspruch sei in dem Lagerschein verkörpert, er sei mit ihm untrennbar verbunden. Dieser Ansicht[25] ist zuzustimmen, weil der Or-

---

23 RGZ 119, 215, 217.

24 LM § 931 BGB Nr. 1; BGHZ 49, 160, 163; WM 1977, 171, 172; NJW 1979, 2037, 2038.

25 Herrschende Meinung, vgl. *Canaris*, Komm. zum HGB, 3. Aufl., § 363 Rdn. 111 und § 364 Rdn. 15 m.w.N.; *Gursky*, JZ 1984, 604 f, 608; *Tiedtke*, WM 1979, 1142, 1146 f; a.A. vor allem *Zöllner*, Festschrift für Ludwig Raiser (1974), S. 249, 277 f; *Zöllner*, Wertpapierrecht, 13. Aufl., § 14 I, 2.

derlagerschein seine Aufgabe, den Inhaber des Scheins zu schützen, nur auf diese Weise sachgemäß erfüllen kann und nur hierdurch ein Auseinanderfallen vom Eigentum an der Ware und vom Besitz und Eigentum an dem Schein für den Fall der späteren Abtretung des (vermeintlichen) Herausgabeanspruchs vermieden wird.

Diese Meinung hat auch zur Folge, daß der Erwerber der eingelagerten Ware nicht das Eigentum erlangt, wenn ihm die Ware nach § 929 Satz 1 BGB in der Weise übergeben wird, daß der Lagerhalter die Sache auf Geheiß des nichtberechtigten Veräußerers künftig für den Erwerber besitzt, mit dem er einen Lagervertrag schließt. Es geht hier zwar nicht um den Erwerb des Eigentums nach § 934 (2. Fall) BGB, sondern um den Erwerb des Eigentums nach § 932 BGB.[26] Entscheidend ist aber, daß der Erwerber nicht den unmittelbaren Besitz erhält, dieser vielmehr beim Lagerhalter bleibt und der Inhaber des Orderlagerscheins solange vor dem Verlust der Ware geschützt werden muß, als der Lagerhalter die Ware in seinem unmittelbaren Besitz hat.[27]

Auf diese Weise wird der Eigentümer des indossierten Lagerscheins sowohl beim Erwerb der eingelagerten Ware als auch vor einem Verlust des Eigentums an ihr geschützt; Voraussetzung ist nur, daß die Ware sich nach wie vor bei dem Lagerhalter befindet.

2. Ladeschein und Konnossement

Lauten Ladeschein und Konnossement an Order, so gelten die Erwägungen, die zur Traditionswirkung des Orderlagerscheins angestellt worden sind, für sie in gleicher Weise. Der Ladeschein und das Konnossement sind aber, anders als der Lagerschein, auch Traditionspapiere,[28] wenn sie nicht an Order lauten, also Rektapapiere sind, §§ 450, 650 HGB. In diesem Fall kann es nicht auf die Übereignung des indossierten Papiers ankommen; Rektapapiere können nicht indossiert werden. Hier reicht die Übergabe des Scheins bei der Veräußerung der Ware aus, um die Traditionswirkung herbeizuführen. Im übrigen sind für sie die Ausführungen zum Orderlagerschein maßgebend.

3. Inhaberpapiere

Inhaberpapiere werden durch Einigung und Übergabe übereignet. Es gelten die §§ 929 ff BGB und damit auch die §§ 932 ff BGB. § 935 Abs. 1

---

26 Vgl. Erster Teil, erstes Kapitel, erster Abschnitt, II, 4 b cc, S. 17.
27 *Tiedtke*, WM 1979, 1142, 1147.
28 *Canaris*, Komm. zum HGB, 3. Aufl., § 363 Rdn. 114, 115; *Schlegelberger/Hefermehl*, Komm. zum HGB, 5. Aufl., § 363 Rdn. 47.

BGB ist nicht anwendbar. Auch gestohlene Inhaberpapiere können nach § 935 Abs. 2 BGB kraft guten Glaubens erworben werden. Nach § 367 HGB gilt aber ein Kaufmann, der Bankier- oder Wechselgeschäfte betreibt, als bösgläubig, wenn der Verlust des Papiers im Bundesanzeiger bekanntgemacht und seit dem Ablauf des Jahres, in dem die Veröffentlichung erfolgt ist, nicht mehr als ein Jahr verstrichen ist.

Der Aussteller einer Inhaberschuldverschreibung kann dem Inhaber nach § 796 BGB nur solche Einwendungen entgegensetzen, welche die Gültigkeit der Ausstellung betreffen, sich aus der Urkunde ergeben oder dem Aussteller unmittelbar gegen den Inhaber zustehen. § 796 BGB entspricht der Regelung, die § 364 Abs. 2 HGB für die kaufmännischen Orderpapiere getroffen hat. Sie ist wie diese Vorschrift auszulegen.[29] Maßgebend sind auch hier die Grundsätze, die Rechtsprechung und Rechtslehre für die Einwendungen des Wechselschuldners[30] entwickelt haben.

III. Rektapapiere

Bei der Übertragung von Rektapapieren wird das Recht abgetreten, das dem Inhaber des Papiers zusteht. Das Eigentum am Papier steht dem Erwerber dann nach § 952 Abs. 2 BGB zu. Ein gutgläubiger Erwerb ist ausgeschlossen, wenn er nicht, wie beim Erwerb einer Briefhypothek oder Briefgrundschuld (vgl. §§ 1155, 1192 BGB), im Einzelfall angeordnet worden ist.

Der Schuldner kann die Einwendungen, die er gegen den alten Gläubiger hat, nach § 404 BGB gegen den neuen erheben. Auch hiervon kann das Gesetz Ausnahmen zulassen, wie dies bei der Annahme einer Rektaanweisung in § 784 BGB geschehen ist.

Die Frage, ob zur Abtretung des Rechts die Übergabe (also nicht die Übereignung) des Rektapapiers erforderlich ist, kann nicht allgemein beantwortet werden.[31] Sie ist für jedes Papier selbständig zu prüfen. Das Gesetz ordnet die Übergabe oder deren Ersatz für die Abtretung der verbrieften Hypothekenforderung in § 1154 BGB an; das gleiche gilt nach § 1192 BGB für die Abtretung einer verbrieften Grundschuld.

---

29 *Canaris*, JuS 1971, 441, 448; *Hueck/Canaris*, Recht der Wertpapiere, 11. Aufl., § 27 III, 2; *Huber*, Festschrift für *Flume*, Band II (1978), S. 83, 106.

30 Vgl. Zweiter Teil, zweites Kapitel, erster Abschnitt, II, S. 248 ff.

31 Vgl. *Baumbach/Hefermehl*, Komm. zum WG und SchG, 14. Aufl., WPR, Rdn. 55 m.w.N.; *Zöllner*, Wertpapierrecht, 13. Aufl., § 2 II, 2 c.

Die Forderung des Kunden gegen eine Bank oder eine Sparkasse aus einem Sparvertrag kann jedoch ohne die Übergabe des Sparbuchs abgetreten werden.[32] Das gleiche gilt für den Herausgabeanspruch gegen den Lagerhalter, wenn dieser dem Einlagerer einen Namenslagerschein ausgehändigt hat. Die Rechtslage ist hier anders als beim Orderlagerschein. Die wahre Rechtslage und der Rechtsschein sollen möglichst nicht auseinanderfallen. Das war einer der Gründe, weshalb die im Orderlagerschein verkörperte Forderung nur wirksam abgetreten werden kann, wenn das Papier übergeben wird. Diese Erwägung trifft bei einem Rektalagerschein nicht zu. Der Namenslagerschein erzeugt keinen Rechtsschein. Wer darauf vertraut, daß der Besitzer eines Namenslagerscheins Inhaber des Herausgabeanspruchs gegen den Lagerhalter ist, wird (anders als der Erwerber eines Orderlagerscheins) nicht geschützt. Hat der Einlagerer A die Ware vor Ausstellung eines Namenslagerscheins durch Abtretung des Herausgabeanspruchs nach § 931 BGB wirksam übereignet und veräußert er die Ware, nachdem er sich inzwischen einen Namenslagerschein hat ausstellen lassen, unter Übergabe des Scheins an einen anderen, so wird dieser (anders als der Erwerber eines indossierten Orderlagerscheins) nicht geschützt. Er erlangt allerdings das Eigentum an der Ware gemäß § 934 (2. Fall) BGB, wenn er den (unmittelbaren oder mittelbaren) Besitz vom Lagerhalter erhält. Diese Rechtsfolge tritt jedoch auch ein, wenn dem Zweiterwerber kein Lagerschein übergeben ist.

Die Notwendigkeit, den Orderlagerschein bei der Abtretung des in ihm verbrieften Anspruchs zu übergeben, beruht weiter auf der Erwägung, der Inhaber des Orderlagerscheins müsse nicht nur beim Erwerb der Ware, sondern auch gegen den Verlust des Eigentums durch die spätere Veräußerung der Ware durch einen Nichtberechtigten an einen Dritten geschützt werden, solange sich die Ware noch beim Lagerhalter befinde. Der Inhaber eines Namenslagerscheins, der beim Erwerb der Ware nicht geschützt wird, verdient aber auch keinen Schutz gegen den Verlust des Eigentums, wenn der Veräußerer, von dem er die Ware erworben hat, diese später zum zweiten Male (durch Abtretung seines vermeintlichen Herausgabeanspruchs) veräußert und der neue Erwerber den Besitz an der Ware vom Lagerhalter erhält.

Die Gründe, die die Übergabe des Orderlagerscheins bei Abtretung des in ihm verbrieften Anspruchs erfordern, liegen also bei der Abtretung einer Forderung, für die ein Namenslagerschein ausgestellt ist, nicht vor. Andere Gründe, die die Übergabe notwendig machen, sind nicht gegeben.

---

32 Allgemeine Meinung, vgl. RGZ 89, 401, 402; *Hueck/Canaris*, Recht der Wertpapiere, 11. Aufl., § 30 I, 2 b m.w.N.

Der Herausgabeanspruch kann somit ohne Übergabe des Namenslagerscheins abgetreten werden.[33]

Es bleibt dem Lagerhalter und dem Inhaber des Namenslagerscheins allerdings unbenommen, die Abtretung des Herausgabeanspruchs an die Übergabe des Papiers zu knüpfen. Sie können die Abtretbarkeit des Anspruchs nach § 399 BGB ausschließen, sie können sie daher auch an besondere Voraussetzungen knüpfen.[34] Sie sind jedoch berechtigt, diese Vereinbarung jederzeit aufzuheben, und sie machen von dieser Berechtigung Gebrauch, wenn der Einlagerer den Herausgeberanspruch gegen den Lagerhalter ohne Übergabe des Lagerscheins abtritt und der Lagerhalter im Hinblick auf diese Abtretung mit dem Erwerber der Ware einen Lagervertrag schließt, aufgrund dessen er ihm künftig den Besitz vermittelt. Der Erwerber wird in einem derartigen Fall auch dann Eigentümer der Ware, wenn der Veräußerer weder Inhaber des Lagerscheins noch Eigentümer der Ware war und ihm auch nur vermeintlich ein Herausgabeanspruch zustand. Er wäre es nach § 931 BGB geworden, wenn der Veräußerer Eigentümer der Ware und Gläubiger des Herausgabeanspruchs gewesen wäre; er wird es, wenn diese Voraussetzungen nicht gegeben sind, nach § 934 (2. Fall) BGB in dem Augenblick, in dem der Lagerhalter ihm aufgrund der Veräußerung den Besitz vermittelt.

Der BGH[35] hatte eine Sache zu entscheiden, in der der Einlagerer A (dem ein Namenslagerschein mit der Vereinbarung übergeben war, die Abtretung des Herausgabeanspruchs könne nur zusammen mit Übergabe des Scheins vorgenommen werden) das Eigentum an der eingelagerten Ware unter Übergabe des Scheins gemäß § 929, 931 BGB an eine Bank B übertragen hatte, die Ware aber später gleichwohl durch Abtretung seines vermeintlichen Herausgabeanspruchs an C übereignete, mit dem der Lagerhalter im Hinblick auf diese Veräußerung einen Lagervertrag schloß. Der BGH hat einen gutgläubigen Erwerb des C verneint, weil der Herausgabeanspruch nur unter Übergabe des Scheins hätte abgetreten werden können. Da aber der Lagerhalter die Abtretung des (dem A vermeintlich zustehenden) Herausgabeanspruchs anerkannte, obwohl die Abtretung ohne Übergabe des Scheins erfolgt war, konnte B aus der

---

33 Vgl. *Canaris*, Großkomm. zu HGB, 3. Aufl., § 364 Rdn. 16; *Gursky*, JZ 1984, 604, 608; *Hager*, WM 1980, 666, 669; *K. Schmidt*, Handelsrecht, 2. Aufl., § 23 III, 4; *Tiedtke*, WM 1979, 1142, 1148 f; a.A. BGH, NJW 1979, 2037, 2038; *Schlegelberger/Schröder*, Komm. zum HGB, 5. Aufl., § 424 Rdn. 9; *Serick*, Eigentumsvorbehalt und Sicherungsübertragung, Band II, § 22 I, 2.

34 BGH, WM 1977, 819, 820 m.w.N.; MünchKomm.-*Roth*, § 399 Rdn. 30.

35 NJW 1979, 2037; vgl. hierzu *Gursky*, JZ 1984, 604, 608; *Hager*, WM 1980, 666; *K. Schmidt*, Handelsrecht, 2. Aufl., § 23 III, 4.

früheren Vereinbarung zwischen dem Lagerhalter und A keine Rechte für sich herleiten. Der BGH[36] hat dem Lagerschein aufgrund der Vereinbarung zwischen dem Lagerhalter und A im Ergebnis die Wirkungen eines Orderlagerscheins beigemessen und damit B geschützt, obwohl nur der Lagerhalter durch die Erschwerung der Abtretung geschützt werden sollte und dieser auf seinen Schutz verzichtet hat.[37]

Drittes Kapitel

Gutgläubiger Erwerb in der Zwangsvollstreckung

Erster Abschnitt

Zwangsvollstreckung zur Erwirkung von Handlungen

Der gute Glaube eines Erwerbers wird nur geschützt, wenn dem Erwerb ein Rechtsgeschäft zugrunde liegt; er wird also nicht geschützt, wenn der Erwerb in der Zwangsvollstreckung erfolgt. Von dieser Regel besteht eine Ausnahme.

Ist der Schuldner zur Abgabe einer Willenserklärung verurteilt, so gilt die Erklärung nach § 894 Abs. 1 Satz 1 ZPO als abgegeben, sobald das Urteil die Rechtskraft erlangt hat. Hat der Verkäufer eine unbewegliche Sache verkauft, steht dem Käufer ein Anspruch auf Auflassung zu. Klagt er diesen Anspruch ein, so wird der Verkäufer, der Beklagte, verurteilt, zu erklären, er lasse das Grundstück auf. Mit Rechtskraft des Urteils gilt die Erklärung als abgegeben. Nimmt der Käufer sie in notarieller Form an, ist die Auflassung (der dingliche Übereignungsvertrag zwischen dem Veräußerer und dem Erwerber) zustande gekommen. Mit der Eintragung wird der Käufer Eigentümer des Grundstücks. Hat der Käufer eine bewegliche Sache gekauft, muß er den Verkäufer auf Abgabe der Übereignungserklärung und Übergabe der Sache verklagen. Erwirkt er ein entsprechendes Urteil, so gilt die Übereignungserklärung mit der Rechtskraft des Urteils als abgegeben. Der Käufer muß diese Erklärung annehmen; dies kann formlos und stillschweigend geschehen. Gibt der Verkäufer die Sache nicht freiwillig heraus, nimmt ihm der Gerichtsvollzieher die Sache nach

36 NJW 1979, 2037.
37 *Tiedtke*, WM 1979, 1142, 1151 f.

§ 883 ZPO weg. Ist der Schuldner zur Übertragung des Eigentums an einer beweglichen Sache verurteilt, so gilt die Übergabe der Sache nach § 897 ZPO als erfolgt, wenn der Gerichtsvollzieher die Sache zum Zwecke der Ablieferung an den Gläubiger wegnimmt.

Stellt sich später heraus, daß das Grundstück oder die bewegliche Sache nicht dem verurteilten Schuldner gehört hat, so wird die Rechtslage so angesehen, wie wenn der Schuldner die Willenserklärung freiwillig abgegeben hätte. Hätte der Schuldner die Übereignung durch Rechtsgeschäft erklärt, so wäre der Gläubiger, der Käufer, Eigentümer geworden, wenn die Voraussetzungen des § 892 BGB oder des § 932 BGB vorgelegen hätten. Die gleiche Rechtslage wird aufgrund der in § 894 ZPO enthaltenen Fiktion herbeigeführt. Es heißt demgemäß in § 898 ZPO, auf den Erwerb, der sich nach den §§ 894, 897 ZPO vollziehe, seien die Vorschriften des bürgerlichen Rechts zugunsten derjenigen, die Rechte von einem Nichtberechtigten herleiteten, anzuwenden.

Diese Regelung gilt auch, wenn der Schuldner verklagt worden ist, ein Recht zu übertragen.[1] Der Schuldner wird dann verurteilt, zu erklären, er trete das Recht ab. Mit Rechtskraft des Urteils gilt die Erklärung als abgegeben. Nimmt der Gläubiger die Abtretungserklärung an, vollendet er die Abtretung und damit den Rechtsübergang. War der Schuldner nicht Inhaber des Rechts, so wird der Gläubiger in seinem guten Glauben an die Inhaberschaft geschützt, wenn er das Recht gutgläubig erworben hätte, falls der Schuldner es ihm durch Rechtsgeschäft übertragen hätte. Das kommt bei Rechten nur (ausnahmsweise) in Betracht, wenn das Gesetz es im einzelnen Fall anordnet. Dies ist geschehen, soweit es sich um den Erwerb eines Nießbrauchs[2] oder eines Pfandrechts[3] an beweglichen Sachen, um Rechte an Grundstücken oder Rechte an solchen Rechten[4] oder um Forderungen handelt, die in Wertpapieren[5] verkörpert sind.

Ist der Bucheigentümer, der ein Grundstück verkauft hat, rechtskräftig verurteilt worden, dem Käufer eine Auflassungsvormerkung zu bewilligen, so ist der redliche Erwerber mit der Eintragung Inhaber der Vormerkung geworden, § 894 ZPO, § 893 BGB. Hierüber besteht kein Streit.[6]

Umstritten ist die Rechtslage jedoch, wenn die Vormerkung gemäß § 895 ZPO eingetragen wird. Nach dieser Vorschrift gilt die Eintragung einer Vormerkung als bewilligt, wenn der Schuldner durch ein vorläufig

1 Vgl. *Blomeyer*, Vollstreckungsverfahren (1975), § 90 V.
2 Vgl. Erster Teil, erstes Kapitel, vierter Abschnitt, S. 88.
3 Vgl. Erster Teil, erstes Kapitel, zweiter Abschnitt, S. 60 ff.
4 Vgl. Erster Teil, erstes Kapitel, neunter Abschnitt, S. 144 ff.
5 Vgl. Zweiter Teil, zweites Kapitel, S. 239 ff.
6 MünchKomm.-*Wacke*, § 883 Rdn. 69.

vollstreckbares Urteil zur Abgabe einer Willenserklärung verurteilt worden ist, aufgrund deren eine Eintragung in das Grundbuch erfolgen soll, wenn er also verurteilt worden ist, die Auflassung des verkauften Grundstücks zu erklären. Da die Auflassungsvormerkung als bewilligt gilt, liegt es nahe anzunehmen, daß auch in diesem Falle die Rechtslage so angesehen wird, wie wenn der verurteilte Schuldner die Bewilligung freiwillig, durch Rechtsgeschäft, erteilt hätte. § 898 ZPO, der die Vorschriften des bürgerlichen Rechts über den gutgläubigen Erwerb für anwendbar erklärt, schützt jedoch nur den Rechtserwerb nach den §§ 894, 897 ZPO, erwähnt also nicht den Erwerb nach § 895 ZPO. Dies ist der Grund, weshalb vielfach die Ansicht[7] vertreten wird, die Vormerkung, die nach § 895 ZPO eingetragen werde, könne nicht kraft guten Glaubens vom Bucheigentümer erworben werden.

Diese Auffassung ist mit der in der Rechtslehre[8] im Vordringen befindlichen Meinung abzulehnen. Der Grund, weshalb § 898 ZPO die Vorschrift des § 895 ZPO nicht erwähnt, besteht ausschließlich darin, daß der Gesetzgeber bei Erlaß der Zivilprozeßordnung von der damals unbestrittenen Ansicht ausging, eine Vormerkung könne auch durch Rechtsgeschäft nicht gutgläubig erworben werden; die Heranziehung der Vorschriften über den gutgläubigen Erwerb wäre also insoweit ins Leere gegangen. Die Auffassung, eine Vormerkung könne Gegenstand eines redlichen Erwebs sein, ist erst später entwickelt worden; dies ist vor allem durch die Entscheidungen des RG[9] aus den Jahren 1923 und 1928 geschehen. § 898 ZPO enthält demgemäß eine Lücke; der Gesetzgeber hat den Fall, daß die Auflassungsvormerkung durch Rechtsgeschäft gutgläubig erworben werden kann, nicht gesehen und deshalb die Frage der entsprechenden Anwendbarkeit in der Zwangsvollstreckung nicht geregelt. Die Lücke ist durch eine analoge Anwendung des § 898 ZPO auszufüllen. Es besteht kein Grund, eine nach § 895 ZPO als bewilligt geltende Vormerkung rechtlich anders zu behandeln als den Erwerb einer Vormerkung, die der Bucheigentümer durch Rechtsgeschäft bewilligt hat oder deren Bewilligung nach § 894 ZPO als erteilt gilt.

---

7 *Baumbach/Lauterbach/Albers/Hartmann*, Komm. zur ZPO, 43. Aufl., § 898, 1; *Blomeyer*, Vollstreckungsverfahren (1975), § 90 V, 3.

8 *Baumann/Brehm*, Zwangsvollstreckung, 2. Aufl., § 28 II, 3; *Mohrbutter*, Handbuch des gesamten Vollstreckungs- und Insolvenzrechts, 2. Aufl., § 21 IV; MünchKomm.-*Wacke*, § 883 Rdn. 69 m.w.N.; *Reinicke*, NJW 1964, 2373, 2380; *Stein/Jonas/Münzberg*, Komm. zur ZPO, 19. Aufl., § 898, 1; *Tiedtke*, Jura 1981, 354, 363.

9 RGZ 118, 230; RGZ 121, 44.

Zweiter Abschnitt
Zwangsvollstreckung wegen Geldforderungen in bewegliche Sachen

Pfändet der Gläubiger eine schuldnerfremde Sache, so erlangt er nach der herrschenden[1] gemischt privat-öffentlichrechtlichen Theorie kein Pfändungspfandrecht. Sein guter Glaube, die Sache gehöre dem Schuldner, wird nicht geschützt. Ein Erwerb kraft guten Glaubens scheidet, wie beim vertraglichen Pfandrecht, auch aus, wenn der Gläubiger die mit dem vermeintlichen Pfändungspfandrecht versehene Forderung abtritt. Schließlich haben die Vorschriften über den gutgläubigen Erwerb auch bei der Versteigerung der gepfändeten Sache keinen Anwendungsbereich. Die Versteigerung einer gepfändeten Sache nach den Regeln der Zivilprozeßordnung unterscheidet sich von der Versteigerung einer verpfändeten Sache nach den §§ 1233 ff BGB dadurch, daß der Gerichtsvollzieher als Hoheitsträger tätig wird und der Ersteigerer demgemäß das Eigentum durch Hoheitsakt und damit unabhängig von seinem guten Glauben erwirbt.[2]

In der Rechtslehre[3] wird allerdings die Auffassung vertreten, § 1244 BGB sei gleichwohl entsprechend anwendbar; die Rechtslage müsse, was den Eigentumserwerb des Ersteigerers und damit den Eigentumsverlust des (alten) Eigentümers angehe, so angesehen werden, wie wenn der Ersteigerer das Eigentum durch Rechtsgeschäft erlangt hätte. Der Gesetzgeber habe bei Erlaß der Zivilprozeßordnung § 1244 BGB für anwendbar gehalten, also den Interessenkonflikt zwischen dem Sacheigentümer und dem Ersteigerer so gelöst, daß der Ersteigerer das Eigentum nur erlange, wenn er, ohne grobfahrlässig zu sein, an das Eigentum des Schuldners und damit an das Pfändungspfandrecht des Gläubigers geglaubt habe; diese Wertentscheidung bleibe bestehen, auch wenn die Tätigkeit des Gerichtsvollziehers inzwischen anders beurteilt werde. Dieser Auffassung könnte jedoch nur zugestimmt werden, wenn feststünde, daß der Gesetzgeber

---

1 Vgl. *Reinicke/Tiedtke*, Gesamtschuld und Schuldsicherung durch Bürgschaft, Hypothek, Grundschuld, Pfandrecht an beweglichen Sachen und Rechten (1981), S. 245 m.w.N.

2 Herrschende Meinung, vgl. RGZ 156, 395, 397; BGHZ 55, 20, 25; *Jauernig*, Zwangsvollstreckungs- und Konkursrecht, 17. Aufl., § 18 IV A; *Stein/Jonas/Münzberg*, Komm. zur ZPO, 20. Aufl., § 814 Rdn. 2 und § 817 Rdn. 21 m.w.N.

3 *Huber*, Die Versteigerung gepfändeter Sachen (1970), S. 147 ff; *Marotzke*, NJW 1978, 133 ff; *Säcker*, JZ 1971, 156 ff; Staudinger-*Wiegand*, Komm. zum BGB, 12. Aufl., Anh. zu § 1257 Rdn. 29.

§ 1244 BGB auch dann für anwendbar gehalten hätte, falls er erkannt hätte, daß der Gerichtsvollzieher bei der Versteigerung gepfändeter Sachen hoheitlich tätig wird. Eine derartige Feststellung kann aber nicht getroffen werden. Es ist möglich, daß der Gesetzgeber den Ersteigerer auch in diesem Falle das Eigentum nur hätte erlangen lassen, wenn er bezüglich des dem Gläubiger zustehenden Pfändungspfandrechts gutgläubig gewesen wäre. Sicher ist das aber nicht. Es ist nicht einmal wahrscheinlich. Der Erwerb kraft guten Glaubens hat seine Funktion im rechtsgeschäftlichen Bereich. Der Ersteigerer wird im bürgerlichen Recht durch Einigung mit dem Pfandgläubiger (und Übergabe) Eigentümer der Sache; steht dem Gläubiger kein Pfandrecht zu, wird der Mangel durch den guten Glauben des Ersteigerers an das Bestehen des Pfandrechts ersetzt. Für eine derartige Regelung fehlt die Grundlage, wenn der Ersteigerer das Eigentum durch Hoheitsakt und damit unabhängig davon erlangt, ob dem Gläubiger ein Pfändungspfandrecht zusteht. Der Gerichtsvollzieher prüft diese Frage nicht; Grundlage der Zwangsvollstreckung ist die Pfändung, nicht das Bestehen eines Pfandrechts. Die Auffassung des Gesetzgebers, § 1244 BGB sei auch im zivilprozessualen Bereich anwendbar, setzt die privatrechtliche Tätigkeit des Gerichtsvollziehers voraus. Der Gesetzgeber ist bei Erlaß der Zivilprozeßordnung nicht auf den Gedanken gekommen, der Gerichtvollzieher werde bei der Versteigerung gepfändeter Sachen in anderer Weise tätig als bei der Versteigerung verpfändeter Sachen. Daraus ergab sich für ihn die zwangsläufige Folge, § 1244 BGB in beiden Fällen anzuwenden. Er hat diese Entscheidung aber nicht losgelöst von der Beurteilung der Tätigkeit des Gerichtsvollziehers, sondern als Folge der privatrechtlichen Tätigkeit des Gerichtsvollziehers oder jedenfalls im Zusammenhang damit getroffen. Wie er entschieden hätte, wenn er den wahren Charakter der Tätigkeit des Gerichtsvollziehers erkannt hätte, wissen wir nicht. Diese Frage bleibt offen. Der Gesetzgeber hat nicht einen Fall entschieden (Eigentumserwerb des Ersteigerers bei hoheitlicher Tätigkeit des Gerichtsvollziehers), den zu entscheiden er aus seiner Sicht keinen Anlaß hatte. Die Auffassung des Gesetzgebers von der Tätigkeit des Gerichtsvollziehers hindert also den Richter heute nicht, aufgrund der neuen Beurteilung dieser Tätigkeit von der Anwendbarkeit des § 1244 BGB abzusehen.

Diese Lösung führt auch zu sachgemäßen Ergebnissen. Der Ersteher muß sich, wenn er gepfändete Sachen ersteigert, darauf verlassen können, daß er das Eigentum erlangt. Müßte er damit rechnen, das Eigentum nicht zu erwerben, könnte dies seine Lust zu bieten, verringern und zu einer Verschleuderung der gepfändeten Sachen führen. Der Ersteigerer verdient auch einen höheren Schutz, wenn der Gerichtsvollzieher als Hoheitsträger und nicht als Interessenvertreter des Gläubigers tätig wird. Er darf nur dann nicht geschützt werden, wenn er weiß, daß dem Gläubiger kein Pfandrecht zusteht. In diesem Falle braucht aber nicht auf § 1244 BGB zurückgegriffen zu werden. Der Ersteher verstößt in einem derartigen Fall gegen Treu und Glauben, wenn er sich darauf beruft, er habe das Eigentum an der Sache erlangt. Es ist demnach der herrschenden Lehre[4] zuzustimmen.

Gehörte die Sache einem Dritten, so ist dieser und nicht der Gläubiger Eigentümer des Erlöses geworden, den der Gerichtsvollzieher vom Ersteigerer erhalten hat.[5] § 1247 Satz 2 BGB gilt auch im Zwangsvollstreckungsverfahren. Der Dritte verliert das Eigentum aber, wenn der Gerichtsvollzieher das Geld dem Gläubiger übergibt und ihn damit kraft Hoheitsaktes zum Eigentümer hieran macht. An die Stelle des Eigentums tritt ein Anspruch aus ungerechtfertigter Bereicherung. Der Gläubiger hat zwar das Eigentum am Geld wirksam erworben. Er darf das Geld aber, weil ihm kein Pfändungspfandrecht und damit kein Verwertungsrecht an der gepfändeten Sache zustand, nicht behalten; er muß das Erlangte dem (alten) Sacheigentümer nach § 812 Abs. 1 Satz 1 (2. Fall) BGB herausgeben; er hat das Eigentum am Geld auf sonstige Weise und nicht etwa durch eine Leistung des Gerichtsvollziehers erlangt, da die Leistung eine Zuwendung im Bereich des bürgerlichen Rechts voraussetzt, der Gerichtsvollzieher aber hoheitlich tätig wird. § 816 Abs. 1 BGB ist nicht anwendbar, da der Gläubiger den Ersteigerer nicht (durch eine unberechtigte, aber wirksame Verfügung) zum Eigentümer gemacht hat, dessen Eigentumserwerb vielmehr ebenfalls auf der hoheitlichen Tätigkeit des Gerichtsvollziehers beruht.

4 Vgl. die Nachweise in Fn. 2.
5 Vgl. RGZ 156, 395, 399.

Sachregister

W DE G

Walter de Gruyter Berlin · New York

Jura Extra

Studium und Examen

2., neubearbeitete und erweiterte Auflage.
Oktav. 280 Seiten. 1983. Plastik flexibel. DM 19,80.

Das praktische Handbuch für jeden Jura-Studenten vom ersten Studiengang an bis zur Staatsprüfung:

Assessor *Karl-Heinz Millgramm*, Bochum:
Studienbeginn Rechtswissenschaft. Studium und BAföG.

Prof. Dr. *Gerd Geilen*, Bochum:
Methodische Hinweise zur Bearbeitung von Strafrechtsfällen.

Rechtsanwalt *Johannes Velte*, München:
Methodische Hinweise zur Fallösung im Zivilrecht.

Prof. Dr. *Peter Schlosser*, München:
Die Sachurteilsvoraussetzungen.

Prof. Dr. *Hans-Uwe Erichsen*, Münster:
Hinweise für die Übungen im Öffentlichen Recht.

Prof. Dr. *Albert von Mutius*, Kiel:
Das Widerspruchsverfahren der VwGO in Studium und Examen.

Prof. Dr. *Hans-Uwe Erichsen:*
Die Zulässigkeit einer Klage vor dem Verwaltungsgericht. Die Verfassungsbeschwerde.

Assessor *Karl-Heinz Millgramm:*
Die erste juristische Staatsprüfung.

Prof. Dr. *Albert von Mutius:*
Das Prüfungsrecht in der neueren Rechtsprechung.

Abkürzungen für Juristen

Alphabetisches Verzeichnis der Abkürzungen sowie Zitiervorschläge für Kommentare

von Hildebert Kirchner und Fritz Kastner

Oktav. XII, 234 Seiten. 1983. Plastik flexibel. DM 19,80

Der „Kirchner" als Studienausgabe.

Keine Hausarbeit oder Klausur kommt ohne Abkürzungen aus. Richtige Zitate mit richtig verwendeten Abkürzungen verschaffen einen ersten guten Eindruck.

Preisänderung vorbehalten

34,-/4698 L5

Jura
Juristische Ausbildung

W DE G

Herausgeber:
Prof. Dr. Hans-Uwe Erichsen, Münster
Prof. Dr. Gerd Geilen, Bochum
Prof. Dr. Klaus Geppert, Berlin
Prof. Dr. Albert von Mutius, Kiel
Prof. Dr. Harro Otto, Bayreuth
Prof. Dr. Peter Schlosser, München
Prof. Dr. Peter Schwerdtner, Bielefeld

unter Mitwirkung zahlreicher weiterer Professoren

Rubriken:
Jura Aufsätze
Jura Rechtsprechung
Jura Repetitorium
Jura Methodik
Jura Examinatorium
Jura Forum
Jura aktuell
Jura Kartei

Die Zeitschrift für Ausbildung und Examen

mit der blauen Rechtsprechungskartei

Ab Heft 10/1984 in völlig neuer Gestalt:

- Mit ca. ⅓ mehr Text durch Zweispaltensatz.
- Mit mehr Rechtsprechung (zusätzlich zu der beliebten Jura Kartei).
- Mit noch mehr didaktischer Aufbereitung der Beiträge (Lernkontrollen zu jedem Jura Aufsatz).
- Mit dem neuen Jura Examinatorium.

Jura — *ein bewährtes Konzept weiter verbessert.*

deGruyter · Berlin · New York